기초

경제수학 특강

수험생을 위한

개정4판

기초

경제수학 특강

이재민 · 정영숙 · 장선구 공저

형설출판사
www.hyungseul.co.kr

머리말

“수학이 싫어서 문과를 지망했는데…….” 경영학과나 경제학과에 진학한 학생들이 경제학을 접하면서 자기도 모르게 내뱉는 말이다. 최근에는 고등학교에서 미적분이 선택 과목이 되어 그런 고충을 호소하는 학생이 더 늘어나고 있다.

집필 당시에 필자들이 몸담았던 “웅지세무대학교”는 회계사, 세무사, 감정평가사, 7급 공무원 등 경제학 시험을 치르기 위해 공부하는 학생들로 구성되어 있다. 그러다 보니 이런 고충은 꼭 해결해야 되는 현실적 문제가 아닐 수 없었다. 우리들의 지속적인 관심은 보다 체계적이고 수월하게 경제학을 공부시키고 시험에서도 높은 점수를 맞게 할 지름길을 찾는 것이었다. 그래서 개교 당시부터 특색 있게 교과 과정을 구성하였다. 경제학에 필요한 기초수학을 경제학 과정에 들어가기 직전에 짧게나마 정규 교과 과정에 넣은 것이다. 우리는 경제학이 필요한 과에 입학한 학생들이 1학년 3~4월에 모두 기초수학을 이수하도록 했다. 이런 집중이수 방식은 효과가 매우 컸다. 경제학 수업에 들어와서는 수강생들이 수학적 표현 도구에 전혀 애로를 느끼지 않다 보니 수업에서는 경제 이론 설명에만 더 집중할 수 있게 되었다.

개교 당시 우리는 경제학에 필요한 기초수학 강의를 준비하면서 몇 가지 원칙을 세웠다. 본서는 그 정신을 토대로 수년간의 강의 내용과 교육 경험을 다듬은 것이다. 첫째, 수학 전공 교육과 달리 수학 공식의 유도와 증명에 치중하지 않고, 이들 공식이 경제학에 어떻게 응용되는지 보여 주는 데 심혈을 기울이는 것이다. 한마디로 수강생의 목적에 강의 방향을 맞추는 것이다. 필자도 대학교에 다닐 때 경상수학을 수학과 전공자에게 배웠다. 그 교수는 경제학에서 그 내용들이 어떻게 사용되는지 전혀 몰랐고, 필자도 공식의 증명 과정만 앵무새처럼 외워서 시험을 봤던 기억이 지금도 생생하다. 수학 전공자에게는 증명의 엄밀성이 중요하겠지만, 경제학 분야에서는 공식을 활용하는 직관이 더 중요하다. 이것은 경제학 전공자만 알 수 있다.

둘째, 다룰 내용을 경제학 공부에 필요한 수준과 범위에 한정하자는 것이다. 초심자들이 가지는 선입견과 달리 경제 이론에 사용되는 수학적 개념은 그 범위가 그다지 넓지 않다. 필자 가 고시학원에서 경제학을 강의할 때 경험이다. 첫 강의에서 몇 가지 중요한 수학 개념을 설명했더니, 그 다음 주 한 수강생이 고등학생들이 보는 『수학의 정석』 책을 들고 수업에 들어와서는 “이것으로 공부하면 되나요?” 하고 물었다. 사실 우리의 의도는 학생들이 가지는 이런 부담스런 선입견을 최대한 줄여 주려는 것이다. 우리가 하고 싶은 말은 "이것도 알아야 됩니다"가 아니라, "이것만 알면 됩니다"이다. 따라서 본서는 수험생의 입장에서 불필요한 내용은 과감하게 줄였고, 사용되는 수식꼴들도 경제학에서 사용되는 것만 집중적으로 다루었다.

셋째, 고등학교까지 배운 수학적 지식을 잊어버렸다고 간주하고 기초부터 차근차근 짚어 주자는 것이다. 구굿셈을 외우고 사칙연산의 개념 정도만 알고 있는 사람도 본서를 읽는 데는 전혀 무리가 없을 것이다. 또 본서를 읽고 나면 수식이나 그래프 때문에 학부 수준의 경제이론을 이해하지 못하는 경우는 거의 없을 것이다. 수학적 사고를 요하는 경제문제의 출제비중이 높은 상황에서도 본서의 내용을 소화하면 수학실력 부족으로 문제를 풀지 못하는 수험생은 없을 것이다.

본서는 크게 세 부분으로 나눌 수 있다.

첫째 부분은 6장까지로 경제학에서 사용되는 중요한 기초연산개념을 다루고 있다. 초등학교 저학년 때 배웠던 사칙연산에서부터 초월함수개념까지, 간략하지만 경제개념과 연관시켜 다루었다. 본서의 독자들이라면 이 부분의 내용 중 처음 보는 것은 거의 없을 것이다. 그렇지만 필자의 경험으로 볼 때 기억이 희미해져 능숙하게 다루는 데는 애로를 느끼는 독자가 상당히 많을 것으로 생각된다. 몇 가지 경제학 개념을 익히면서 정확하게 기억을 복구하길 당부한다.

둘째 부분은 7장부터 9장까지이다. 이곳에서는 미분 개념을 다양한 측면에서 설명하고 있다. 경제이론은 미분 개념과 너무 친해서 따로 놓고 생각할 수 없다. 우선 그래프를 이용하여 직관적으로 설명해 놓고, 수식과 자연스럽게 연결시키려고 노력하였다. 이 장을 왜 읽어야 하는지 피부로 느끼고 싶은 독자는 먼저 부록을 읽을 것을 권장한다. 필자가 주류경제이론의 패러다임에 대해 연구한 내용이다. 미시경제학 공부를 하는 데도 상당히 도움이 되리라 확신한다.

마지막 부분은 10장 기초통계개념이다. 금융시장에 대한 지식이 보편화되면서 재무경제학(재무관리)개념이 일상에서도 많이 사용되고 있다. 또 재무경제학의 중요한 부분 중 하나는 불확실성 하에서의 의사결정이론이다. 이곳에서는 경제이론을 소화하는데 필요한 확률, 분산, 상관계수 등에 대해서만 집중적으로 다루었다. 이 정도의 내용이면 학부 수준의 재무관리 책을 읽는 데도 크게 애로가 없을 것이다. 더 깊은 통계학적 지식은 통계학 책을 이용하여 공부하기 바란다.

개정판을 낼 때마다 독자들에게 필요한 내용을 부록에 추가하였다. 수험생들이 실제 직면하는 면적 계산하는 방법, 그래프의 형태를 추론하는 데 필요한 그래프의 변형 방법, 미시경제이론을 단일한 체계로 이해하고 정리할 수 있는 두 개의 패러다임 등은 유용하게 활용될 것으로 생각한다.

본서가 출간된 지 10년이 훌쩍 넘었다. 수험생들의 고충을 덜어주려고 쓴 것이 이렇게 꾸준히 사랑받는 스테디셀러가 되리라고는 생각하지 못했다. 장선구 박사님께서 귀한 시간을 내셔서 동영상을 제작해 무료로 공급해주셔서 수험생들에게도 큰 도움이 되고 있으리라 믿는다. 같은 저자로서 감사의 마음을 전한다. 독자들의 지속적인 사랑이 없었다면 개정판을 거듭 내면서 지금처럼 완성도를 높이지도 못했을 것이다. 오타가 있어도 추천하고 싶다거나, 오타가 있어도 정말 잘 구입하였다고 생각한다는 평을 볼 때마다 부끄러운 마음과 감사의 마음이 혼재했었다. 이번에 그런 오타들을 대부분 다 잡아서 마음이 한결 가볍다.

출판을 허락해 주신 형설출판사의 장진혁 사장님과 원고에 생기를 불어넣어 좋은 책을 만들어 주신 편집부 담당자분들께도 다시 한 번 사의를 표하는 바이다. 30여 년을 수험생들과 함께 걸어온 길! 본서가 경제학 입문자, 경제학 시험 준비생 모두에게 항상 곁에서 등을 토닥여 주는 길동무가 되었으면 좋겠다. 앞으로도 경제학 입문자들에게 더욱더 사랑받는 친근한 벗이 되길 바라마지 않는다.

전주대학교 연구실에서
저자를 대표해서 이재민 씀.

차 례

제4장 곡선방정식

제5장 함수와 그래프 이동

제6장 수열과 복리

제7장 단일변수함수의 미분과 활용

제8장 다변수함수의 미분과 활용

제9장 미분의 여러 활용

제10장 기초통계개념

부록

경제이론별 문제분류표

일러두기

본 목차는 경제학책의 일반적 목차를 따랐다. 각 항목 뒤 숫자는 해당 내용을 다루고 있는 본서의 예제번호이다. 경제학 책을 공부하면서 참고하기 바란다.

[미시경제]

항목		예제번호
시장원리	생산가능곡선	5.3.7
	수요곡선	3.3.2, 4.4.4, 5.1.2, 5.3.2, 0.2.1
	공급곡선	5.3.3
	직각쌍곡선	4.4.4, 9.3.8
	시장균형	3.4.1, 3.4.2, 0.2.1
	탄력성	2.1.4, 9.3.1, 9,3.2, 9.3.2, 9.3.4, 9.3.5, 9.3.7, 9.3.8, 9.3.9, 9.3.10
	종량세	5.3.3, 0.2.1
소비자이론	예산선	3.3.4, 3.2.4
	한계효용, 평균효용	7.1.3, 7.3.2, 7.3.4, 8.1.2, 8.2.5
	한계효용체감	7.2.2, 7.4.3, 8.1.3
	무차별곡선	4.4.1, 4.4.3, 4.4.6, 4.4.7, 0.4.4
	한계대체율	1.5.3, 8.2.1, 8.2.3, 8.2.4, 8.2.5
	한계대체율체감	8.2.5
	효용극대화	3.4.1, 9.2.6, 9.2.8, 9.2.9
	동차성, 동조성	8.3.1, 8.3.4, 9.2.8
	동조적 소비의 소득－소비곡선	9.2.8
	콥－더글라스형 효용함수	4.4.5, 9.1.3, 9.2.8
	완전보완관계 효용함수	4.4.3, 4.4.7
	최적소비결합비율	4.4.7
	완전대체관계 효용함수	4.4.3, 9.2.11
	현재가치, 미래가치	6.4.2, 6.5.1
	시간에 걸친 소비	6.4.3
	지수	2.2.1

비용극소화	한계생산성, 평균생산성	7.1.2, 8.1.1
	한계기술대체율	8.2.2
	등비선	3.3.3
	비용극소화	3.4.1, 9.2.7, 9.2.10
	동차성	15.4, 8.3.1
	비용곡선	4.3.2, 0.4.2
	한계비용, 평균비용	7.1.2, 7.1.4, 7.3.5, 7.4.4, 7.4.5, 7.4.6
	한계비용체증	7.2.3
	오일러의 완전배분정리	8.3.3
	요소대체탄력성	9.3.11, 9.3.12
	콥-더글라스 생산함수	8.3.1, 8.3.2, 9.1.2, 9.1.4, 9.2.7, 9.3.6, 9.3.12
	CES생산함수	8.3.1, 8.3.2
	완전보완관계생산함수	8.3.1, 8.3.2, 9.2.12
	완전대체관계생산함수	8.3.1, 8.3.2, 0.3.1
생산물시장	평균수입, 한계수입	7.3.3, 7.4.8
	아모로조-로빈슨공식	9.3.13
	이윤극대화	4.2.2, 7.2.4, 7.5.3, 0.4.2
	가격차별	5.3.10, 9.2.2, 9.2.2
	다공장생산	9.2.4
	쿠르노-내쉬균형	9.2.5
요소시장	평균요소비용, 한계요소비용	7.3.3
	이윤극대화	5.3.11, 8.1.4, 9.2.1
일반균형과 시장실패	공공재	5.3.4
	외부효과	5.3.5
불확실성	확률	10.1.1
	기대가치, 평균	10.2.1, 10.2.2, 10.3.3, 10.3.4
	분산, 표준편차(위험)	10.2.2, 10.3.3, 10.3.4
	공분산, 상관계수	10.3.1, 10.3.3, 10.3.4
	포트폴리오이론	10.3.3, 10.3.4
	효용곡선	4.4.6, 0.4.4
	복합복권정리	10.4.4
	기대효용이론	10.4.3

	기대효용	1.6.3, 10.4.2
	기대가치	2.1.5, 10.4.2
	확실성등가	10.4.1

[거시경제]

항목		예제번호
생산물시장	물가지수	2.1.1, 2.2.2, 2.2.4
	경제성장율	2.1.2, 2.2.3
	유효수요식	3.4.3, 5.4.1
	균형국민소득	3.4.3
	승수	6.3.2
	소비성향	7.1.5
	투자수익률	2.1.2
	영구채권	6.2.2, 6.4.1
화폐시장	통화승수	6.2.2, 6.3.1
	EC방식	9.1.7
노동시장	노동통계	2.1.3
	필립스곡선	3.3.5, 5.3.9
IS – LM, AD – AS	IS – LM곡선	5.4.1
	루카스공급곡선	3.3.6, 5.3.8

[국제경제]

항목	예제번호
비교우위	1.3.3
상대적 구매력평가설	9.1.5
실질환율의 변동율	9.1.6

[경제성장]

항목	예제번호
솔로우성장모형	8.3.5
솔로우잔차항	9.1.4
균형성장조건	8.3.5

자기진단문제

일러두기

본 문제는 본문에 있는 문제를 발췌한 것입니다. 정답과 해설은 따로 달지 않았습니다. 여러분들이 정답을 확인하시는 가운데 각 장을 대략적으로 훑어보도록 하는데 목적이 있기 때문입니다. 여러분이 해당 장의 문제를 능숙하게 해결하였다면 그 장을 굳이 공부하지 않고 다음 장으로 넘어가도 좋습니다. 본 문제에서 다루지 않은 7장부터는 설사 미적분 공부를 마친 독자라도 새로 공부할 것을 권장합니다. 경제학 책에 빨리 적응할 수 있도록 도움을 줄 것입니다.

제1장 연산의 기초개념

- **다음을 계산하시오. (4칙연산)**

1. $10-\{-5-(3-4)+1\}+1$
2. $16-4\times 2+81\div 3-36\times 3\div 2$
3. $12\div(-2)-(-9)\times 3+(-18)\div(-9)$

- **다음을 계산하시오. (분수)**

4. $\frac{4}{3}\times\left(-\frac{7}{12}\right)\div\left(-\frac{14}{5}\right)+\frac{2}{3}\div\left(-\frac{6}{5}\right)$
5. $X:2=3:5$에서 X는 얼마인가?

- **다음을 계산하시오. (소수)**

6. $(0.5-2.25)\times 1.5\div 0.01$
7. $0.5\times\frac{1}{2}+1.6\times\frac{1}{4}+0.9\times\frac{1}{4}$

- **다음을 계산하여 정리하시오. (지수)**

8. $(5^3\times 7^3)^2$
9. $7^{-\frac{4}{5}}\times 7^{\frac{5}{2}}\div 7^{-\frac{1}{2}}$
10. $\dfrac{\frac{2}{3}X^{-\frac{2}{3}}Y^{\frac{2}{3}}}{\frac{1}{3}X^{\frac{1}{3}}Y^{-\frac{1}{3}}}$

- **다음을 계산하시오. (루트)**

11. $\sqrt{3}\times\sqrt{4}\div\sqrt{6}$
12. $3\frac{\sqrt{K}}{\sqrt{L}}\div 2\frac{\sqrt{L}}{\sqrt{K}}$

제2장 비율과 평균

13. 특정 지역의 가격지수를 조사한 결과이다. 해당 품목가격지수의 가중평균값은 얼마인가?

품 목	가격지수	가중치
파	121	0.05
배추	130	0.3
고구마	117	0.15
상치	108	0.1
콩나물	95	0.4

14. 다음 표는 어떤 시장경제의 대표적인 소비자 가계의 소비행동을 관찰한 것이다. 이 가계는 자신의 소득을 재화 X와 재화 Y를 소비하는 데 모두 지출한다고 한다.

	기준연도		비교연도	
	가 격	소비량	가 격	소비량
재화 X	10	10	25	25
재화 Y	20	20	15	15

(1) 비교연도의 명목소득지수를 계산하시오.
(2) 비교연도의 라스파이레스물가지수를 계산하시오.
(3) 비교연도의 파쉐물량지수를 계산하시오.

제3장 직선의 방정식

• **다음 식에서 X를 구하시오.**

15. $\frac{1}{3}(X-2)^2-2=1$

16. $100=\frac{130}{(1+X)}$

• **다음 직선식(1차 방정식)을 계산하시오.**

17. Y축 절편이 -2이고, X축 절편이 5인 직선의 식은?
18. 직선 $Y=2X+3$과 평행하고, 좌표 (5, 7)을 지나는 직선의 식은?

• 다음 1차 연립방정식을 풀어 두 문자의 값을 구하시오.

19. $Q = 100{,}000 - 15P$

    $Q = -50{,}000 + 35P$

제4장 곡선의 방정식

• 다음 물음에 답하시오.

20. 다음 식의 그래프에서 극소인 Y는 얼마인가? 또 Y축 절편은 얼마인가?

$$Y = 3\left(X - \frac{1}{2}\right)^2 + \frac{2}{3}$$

21. $AX^2 + BX + C = 0$에서 두 해를 찾는 공식을 쓰시오. 단, 변수는 X이고 나머지는 상수이다.
22. $5X^2 - 12X = -4$의 두 해를 구하시오.

• 다음 식의 그래프를 $X-Y$ 평면에 그리시오.

23. $X^{\frac{1}{2}}Y^{\frac{1}{2}} = 10$
24. $Y = 3\sqrt{X}$
25. $\min(2X,\ 3Y) = 12$

제5장 함수의 그래프 이동

• 다음 질문에 답하시오.

26. $Y = 2X + 3$의 그래프를 수직으로 10개 합한 그래프의 식과 수평으로 10개 합한 그래프의 식을 계산하시오. 단, 수평축의 변수는 X이다.
27. 다음 함수의 그래프는 세로축이 P이다. 식의 하첨자는 각기 다른 그래프를 표현한 것이다. 다음 두 식의 그래프를 세로로 합했을 때와 가로로 합했을 때, 그래프의 식을 유도하시오.

$$P_A = 250 - \frac{1}{2}Q$$

$$P_B = 100 - \frac{1}{3}Q$$

제6장 수열과 복리

• **다음 무한등비수열의 합을 구하시오.**

28. 초항 $a=M$, 공비 $r=s\times b$인 무한등비수열(단, $0<r<1$)

29. $\frac{a}{1+r}+\frac{a}{(1+r)^2}+\frac{a}{(1+r)^3}+\frac{a}{(1+r)^4}+\frac{a}{(1+r)^5}+\cdots$ (단, $r>0$)

• **다음 질문에 답하시오.**

30. 매년 b원씩을 영구히 지급받는 채권은 연리가 10%일 때 현재가치로 얼마인가? 단, 채권의 가치는 매년 지급받는 이자의 현재가치 합이다.

31. 이자율 10%로 5년 동안 1,000만 원을 예치할 경우 이자 지급 횟수가 무한대라면 미래가치는 얼마인가?

제1장 연산의 기초개념

일러두기

본서는 경제학을 처음 접하는 독자들도 무리 없이 읽을 수 있도록 내용을 구성하였습니다. 다만, 좀 더 수월하게 본서를 마치고 싶은 독자는 본문과 문제에 다음 표시가 있는 부분을 제외시키고 공부해도 좋습니다. 굳이 분류기준을 밝히면 다음과 같습니다.

- ⧗ : 경제원론을 읽었으면 익숙한 내용
- ⧗⧗ : 굳이 보지 않아도 되는 내용

1.1 중요한 연산부호

(1) 4칙연산의 의미

① "$n+m$"은 "n과 m을 더(합)하라"는 의미이다.

② "$n-m$"은 "n에서 m을 빼(제하)라"는 의미이다.

③ "$n\times m$"은 "n을 m번 더(합)하라"는 의미이다.

예 $2\times3=2+2+2,\ 3\times2=3+3$

④ "$n\div m$"은 "n을 m개로 나누어라"는 의미이다.

(2) X^n는 "X를 n번 곱하라"는 의미이며 "X의 n승"이라고 읽는다. X를 "밑"이라고 하고 n을 "지수"라고 한다.

예 $2^3=2\times2\times2,\ 5^2=5\times5$

(3) $\sum_{i=1}^{n}$는 "i를 1부터 n까지 순서대로 대입하면서 나온 값을 모두 더하라"는 의미이다. "서메이션 i는 1에서 n까지"라고 읽는다.

예 $\sum_{i=1}^{3}(2\times i+3)=(2+3)+(4+3)+(6+3)$

주의 $\sum_{i=1}^{n}$ 상수 $=n\times$상수"이다. 즉, $\sum_{i=1}^{5}2=2+2+2+2+2=2\times5$이다.

(4) A!는 "A부터 1이 될 때까지 1씩 줄여가면서 계속 곱하라"는 의미이다. "A 펙토리얼"이라고 읽는다.

예 $3!=3\times2\times1,\ n!=n\times(n-1)\times(n-2)\times\cdots\times3\times2\times1$

(5) $a>0$일 때 $|-a|=|a|$이다. 즉 "a의 부호를 무시하고 양수로 표시하라"는 의미이다. "a의 절대값"이라고 읽는다. 연산에서는 $|\ \ |$ 안쪽을 먼저 계산한다.

예 $|3|=3,\ |-5|=5,\ 7-|-5+3|=7-2=5$

예제 1.1.1

(1) $\sum_{i=1}^{5}2i+\sum_{i=1}^{4}i$

(2) 4^3-5

(3) $5!-7$

(4) $|-4|+5-|-3|$

(5) $\sum_{k=1}^{3}3^k+2$

(6) 3^2+2^3

(7) $4!+5$

(8) $|-8|-6$

풀이

(1) $(2\times1)+(2\times2)+(2\times3)+(2\times4)+(2\times5)+(1+2+3+4)=40$

(2) $4\times4\times4-5=59$

(3) $5\times4\times3\times2\times1-7=113$

(4) $4+5-3=6$

(5) $3+3^2+3^3+2=3+9+27+2=41$

(6) $3\times3+2\times2\times2=9+8=17$

(7) $4\times3\times2\times1+5=24+5=29$

(8) $8-6=2$

1.2 4칙연산의 순서

(1) +, −는 순서와 무관하게 계산한다. 그러나 연산부호 앞뒤의 숫자를 바꾸어서는 안 된다.

예 $8-4+5-2=4+3=7$

$8-4+5-2=8+1-2=7$

(2) 곱셈과 나눗셈의 계산

① ×만으로 된 식은 순서와 무관하게 계산한다.

예 $2\times3\times4=4\times2\times3=4\times3\times2=24$

② ÷만으로 된 식은 순서대로 계산한다.

예 $24\div4\div2=6\div2=3$

주의 $12\div4\div2=12\div2=6$(계산순서를 바꾸면 답이 잘못 계산된다.)

③ ×, ÷의 혼합식은 순서대로 계산한다.

예 $48\div4\times6\div2=36$

주의 $48\div4\times6\div2=48\div24\div2=2\div2=1$(순서가 바뀌어 계산오류가 발생했다.)

(3) 4칙연산이 혼합된 계산은 ×, ÷를 +, −보다 먼저 계산한다.

예 $4\times3-4\div2+6=12-2+6=16$

주의 $4\times3-4\div2+6=12-4\div8=8\div8=1$(계산순서를 잘못하여 계산오류가 발생했다.)

(4) 괄호를 포함한 4칙연산

① ( )나 { }이 존재하면 ( )나 { }의 안쪽 식을 먼저 계산한다.

예 $7\times(6-3)\div(5-2)=7\times3\div3=7$

② 괄호 안에 괄호가 존재할 때는 안쪽 괄호를 먼저 계산한다.

예 $4\times\{15\div(8-5)-2\}+25=4\times\{15\div3-2\}+25$

$=4\times3+25=37$

(5) 곱셈과 나눗셈에서 부호는 다음과 같이 결정된다.

① 양수×양수 = 양수 예 $3\times5=15$

② 양수×음수 = 음수 예 $10\times(-5)=-50$

③ 음수×양수 = 음수 예 $-7\times10=-70$

④ 음수×음수 = 양수 예 $-8\times(-7)=56$

⑤ 양수÷양수 = 양수 예 $15\div5=3$

⑥ 양수÷음수 = 음수 예 $45\div(-3)=-15$

⑦ 음수÷양수 = 음수 예 $-25\div5=-5$

⑧ 음수÷음수 = 양수 예 $-10\div(-2)=5$

(6) $-(-a)=(-1)\times(-a)=a$

① $+(-a)=-a$

② $-(+a)=-a$

③ $a>0$일 때, $(-a)^n$에서 n이 짝수이면 a^n이고, 홀수이면 $-a^n$이다.

예 $-(-10)=10,\ +(-8)=-8$

$(-7)^{12}=7^{12},\ (-5)^{11}=-5^{11}$

예제 1.2.1

다음을 계산하시오.

(1) $10-\{-5-(3-4)+1\}+1$

(2) $16-4\times2+81\div3-36\times3\div2$

(3) $\{(20-8)\div4+60\}\div(9-6)\times5-40$

(4) $40-(-4)+(-10)-16$

(5) $4\times(-3)+(-12)\times(-4)-(-12)\times3$

(6) $12\div(-4+2)-(-9)\times3+(-18)\div(-9)$

풀이

(1) 괄호를 계산할 때는 '소괄호 → 중괄호 → 대괄호'의 순으로(안쪽에 있는 괄호부터) 계산한다.

$10-\{-5+1+1\}+1=10+3+1=14$

(2) 사칙연산이 혼합된 수식을 계산할 때는 '괄호 → 곱셈 · 나눗셈 → 덧셈 · 뺄셈' 순으로 계산한다.

$16-(4\times2)+(81\div3)-(36\times3)\div2=16+(-8)+27-(108\div2)=8+27+(-54)=-19$

(3) $\{(20-8)\div4+60\}\div(9-6)\times5-40=\{(12\div4)+60\}\div3\times5-40=\{3+60\}\times\frac{1}{3}\times5-40=21\times5-40=65$

(4) $40-(-4)+(-10)-16=40+4-10-16=18$

(5) $4\times(-3)+(-12)\times(-4)-(-12)\times3=(-12)+48+36=72$

(6) $12\div(-2)-(-9)\times3+(-18)\div(-9)=-6-(-27)+2=23$

1.3 분 수

(1) 분수는 $\frac{a}{b}$로 표시한다(단, $b \neq 0$). "a를 b개로 나눈다"는 의미이다. a를 분자, b를 분모라고 한다. 분모가 0인 분수는 정의되지 않는다.

① 분자가 0인 분수는 0이다.

예 $\frac{0}{5}=0$, $\frac{0}{7}=0$

② 분모와 분자가 같은 분수는 1이다.

예 $\frac{5}{5}=1$, $\frac{200}{200}=1$

③ 정수를 분수로 고칠 때는 분모로 정수를 곱해서 분자를 만든다.

예 $3=\frac{21}{7}=\frac{9}{3}=\frac{15}{5}$, $6=\frac{12}{2}=\frac{30}{5}=\frac{42}{7}$

④ 분모가 0에 가까워질수록 분수는 무한대에 가까워진다.

(2) **분수의 분류**(단, $b \neq 0$)

① $\frac{a}{b}$에서 $a < b$이면 "진분수"라고 한다.

② $\frac{a}{b}$에서 $a > b$이면 "가분수"라고 한다.

예 $\frac{7}{9}$(진분수), $\frac{15}{8}$(가분수)

③ $A\frac{a}{b}$꼴로 표현된 분수를 "대분수"라고 한다. 이것은 "$A+\frac{a}{b}$"를 의미한다.

예 $7\frac{3}{5}=7+\frac{3}{5}$, $2\frac{4}{9}=2+\frac{4}{9}$

(3) **분수의 성질**

① 분모와 분자에 0이 아닌 같은 수를 곱해도 분수의 크기는 같다.

$$\frac{b}{a}=\frac{b\times c}{a\times c}=\frac{b\times d}{a\times d}=\frac{b\times e}{a\times e} \quad \text{단, } a\neq0,\ c\neq0,\ d\neq0,\ e\neq0$$

예 $\frac{3}{4}=\frac{3\times5}{4\times5}=\frac{3\times10}{4\times10}$

② 분모와 분자에 0이 아닌 같은 수로 나누어도 분수값은 같다. 분모와 분자를 같은 인수[1])로 나누는 것을 "약분"한다고 한다.

$$\frac{b}{a}=\frac{b\div c}{a\div c}=\frac{b\div d}{a\div d}\quad \text{단, } a\neq0,\ c\neq0,\ d\neq0$$

예 $\frac{8}{36}=\frac{8\div4}{36\div4}=\frac{8\div2}{36\div2}$

(4) 분수의 덧셈과 뺄셈

① 분모가 같은 분수는 직접 분자를 더하거나 뺀다.

$$\frac{a}{b}\pm\frac{c}{b}=\frac{a\pm c}{b}\quad \text{단, } b\neq0$$

예 $\frac{3}{8}+\frac{1}{8}=\frac{4}{8}=\frac{1}{2},\ \frac{3}{8}-\frac{1}{8}=\frac{2}{8}=\frac{1}{4}$

② 분모가 다른 분수는 통분해야만 계산할 수 있다. 분수의 분모와 분자에 같은 숫자를 곱해도 크기가 같다는 원리를 이용하여 연산하려는 분수들의 분모를 모두 같게 만든 것을 "통분"이라고 한다.

$$\frac{b}{a}\pm\frac{d}{c}=\frac{b\times c}{a\times c}\pm\frac{d\times a}{c\times a}=\frac{b\times c\pm d\times a}{a\times c}$$

예 $\frac{3}{5}+\frac{2}{3}=\frac{3\times3}{5\times3}+\frac{2\times5}{3\times5}=\frac{9+10}{15}=\frac{19}{15}$

$\frac{4}{5}-\frac{1}{3}=\frac{4\times3}{5\times3}-\frac{1\times5}{3\times5}=\frac{12-5}{15}=\frac{7}{15}$

③ 대분수는 가분수로 고치거나 정수와 분수부분을 +로 표기해 분리한 후 계산한다.

예 $3\frac{5}{9}-2\frac{4}{5}=(3-2)+\left(\frac{5}{9}-\frac{4}{5}\right)=1-\frac{11}{45}=\frac{34}{45}$

$3\frac{5}{9}-2\frac{4}{5}=\frac{32}{9}-\frac{14}{5}=\frac{160-126}{45}=\frac{34}{45}$

(5) 분수의 곱셈과 나눗셈

① 곱셈과 나눗셈할 때 대분수는 가분수로 고쳐서 계산하는 것이 편리하다(정수부분과 분수부분을 +로 표기해서 곱하거나 나누어도 된다).

예 $2\frac{3}{4}\times5\frac{2}{7}=\left(2+\frac{3}{4}\right)\times\left(5+\frac{2}{7}\right)=\frac{11}{4}\times\frac{37}{7}$

② 분수를 곱할 때는 분모는 분모끼리 분자는 분자끼리 곱한다.

$$\frac{b}{a}\times\frac{d}{c}=\frac{b\times d}{a\times c}$$

예 $\frac{2}{3}\times\frac{4}{5}=\frac{2\times4}{3\times5},\ 1\frac{3}{4}\times3\frac{2}{3}=\frac{7}{4}\times\frac{11}{3}=\frac{77}{12}=6\frac{5}{12}$

---

1) "인수" 또는 "약수"란 어떤 수를 나눌 수 있는 정수이다. 예를 들어, 10의 인수는 1, 2, 5, 10이다.

③ 분수로 나눌 때는 곱셈으로 고쳐서 계산한다(곱셈으로 고칠 때는 나누는 분수의 분모와 분자를 뒤집어 곱한다).

$$\frac{a}{b} \div \frac{c}{d} = \frac{a}{b} \times \frac{d}{c}$$

예 $\frac{3}{4} \div \frac{5}{6} = \frac{3}{4} \times \frac{6}{5} = \frac{18}{20} = \frac{9}{10}$

$\frac{4}{7} \div \frac{6}{11} = \frac{4}{7} \times \frac{11}{6} = \frac{44}{42} = 1\frac{1}{21}$

(6) 분모와 분자가 모두 분수인 경우에는 다음과 같이 계산한다.

① 분수의 분수는 다음과 같이 정리한다.

$$\frac{\left(\frac{a}{b}\right)}{\left(\frac{c}{d}\right)} = \frac{a}{b} \div \frac{c}{d} = \frac{a}{b} \times \frac{d}{c} = \frac{a \times d}{b \times c}$$

예 $\frac{\left(\frac{3}{5}\right)}{\left(\frac{2}{7}\right)} = \frac{3 \times 7}{5 \times 2} = \frac{21}{10} = 2\frac{1}{10}$

② 분수로 만들어진 분수에서 분모와 분자의 위치를 바꿀 때는 각 분수의 분모와 분자의 위치를 바꾼다($1 = \frac{1}{1}$로 두면 당연한 결과이다).

$$\frac{a}{b} = \frac{1}{\left(\frac{b}{a}\right)}, \quad \frac{1}{\left(\frac{b}{a}\right)} = \frac{a}{b}$$

예 $\frac{5}{6} = \frac{1}{\left(\frac{6}{5}\right)}$

$4\frac{3}{5} = \frac{23}{5} = \frac{1}{\left(\frac{5}{23}\right)}$

(7) 비례식 $a:b=c:d$는 좌변의 비율과 우변의 비율이 동일하다는 의미이므로 $\frac{a}{b} = \frac{c}{d}$(또는 $ad=bc$)이다.

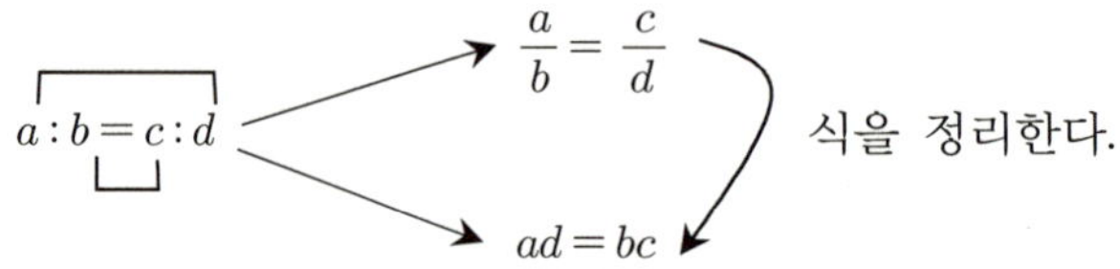

예 $3:4=12:X \rightarrow 3X=4 \times 12$

(8) 분수의 크기변화($a,\ b,\ c,\ d > 0$)

① 분모와 분자에 0이 아닌 같은 수를 곱하거나 나누어도 값은 변하지 않는다.

$$\frac{b}{a} = \frac{b \times c}{a \times c} = \frac{b \div c}{a \div c}$$

② 분수의 크기를 비교할 때는 분모를 같게 (통분)하여 비교한다.

예 $\frac{3}{4}$와 $\frac{7}{9}$를 비교하면, $\frac{27}{36} < \frac{28}{36}$이다.

③ 분모보다 분자가 작을 때 분모와 분자에 같은 양수를 더하면 분수는 더 커진다. 분자가 분모보다 더 큰 비율로 증가했기 때문이다.

$$\frac{b}{a} < \frac{b+c}{a+c} \quad 단,\ a > b$$

예 $\frac{2}{5} < \frac{2+3}{5+3}$, $\frac{5}{2} > \frac{5+3}{2+3}$(분자가 분모보다 클 때는 작아짐)

④ 분모보다 분자가 작을 때 문모와 분자에 같은 양수를 빼면 분수는 더 작아진다. 분자가 분모보다 더 큰 비율로 줄었기 때문이다.

$$\frac{b}{a} > \frac{b-c}{a-c} \quad 단,\ a > b$$

예 $\frac{5}{7} > \frac{5-2}{7-2}$, $\frac{5}{2} < \frac{5-3}{2-3}$(분자가 분모보다 클 때는 커짐)

⑤ 두 분수의 분모와 분자를 뒤집으면 부등호가 바뀐다.

$$\frac{b}{a} > \frac{d}{c} \Rightarrow \frac{a}{b} < \frac{c}{d}$$

예제 1.3.1

다음을 계산하시오.

(1) $\frac{3}{4} - \frac{2}{5}$

(2) $3\frac{1}{3} + 2\frac{2}{5}$

(3) $\frac{3}{2} \times \frac{4}{7}$

(4) $2\frac{1}{2} \times 3\frac{2}{3}$

(5) $\frac{2}{5} \div \frac{3}{4}$

(6) $\dfrac{\left(\frac{2}{3}\right)}{\left(\frac{4}{5}\right)}$

(7) $X:5 = 4:3$을 분수식으로 정리해서 X값을 구하시오.

풀이

(1) $\dfrac{3\times5-4\times2}{4\times5}=\dfrac{7}{20}$

(2) $\dfrac{10}{3}+\dfrac{12}{5}=\dfrac{10\times5+12\times3}{3\times5}=\dfrac{86}{15}=5\dfrac{11}{15}$ 또는 $\left(3+\dfrac{1}{3}\right)+\left(2+\dfrac{2}{5}\right)=(3+2)+\left(\dfrac{1}{3}+\dfrac{2}{5}\right)=5\dfrac{11}{15}$

(3) $\dfrac{3}{2}\times\dfrac{4}{7}=\dfrac{12}{14}=\dfrac{6}{7}$

(4) $\dfrac{5}{2}\times\dfrac{11}{3}=\dfrac{55}{6}$

(5) $\dfrac{2}{5}\times\dfrac{4}{3}=\dfrac{8}{15}$

(6) $\dfrac{2\times5}{3\times4}=\dfrac{5}{6}$

(7) $\dfrac{X}{5}=\dfrac{4}{3}$ 또는 $3X=20,\ X=\dfrac{20}{3}$

예제 1.3.2

다음을 계산하시오.

(1) $\dfrac{7}{5}-\dfrac{3}{2}+\dfrac{3}{5}$

(2) $(-20)\div\left(-\dfrac{5}{3}\right)\times\dfrac{15}{14}$

(3) $\dfrac{\dfrac{2}{5}\div\dfrac{3}{4}}{\dfrac{1}{3}\div5}$

(4) $\dfrac{4}{3}\times\left(-\dfrac{7}{12}\right)\div\left(-\dfrac{14}{5}\right)+\dfrac{2}{3}\div\left(-\dfrac{6}{5}\right)$

(5) $X:2=3:5$을 분수식으로 정리해서 X를 구하시오.

풀이

(1) $\dfrac{14-15+6}{10}=\dfrac{1}{2}$

(2) $(-20)\times(-\dfrac{3}{5})\times\dfrac{15}{14}=\dfrac{90}{7}=12\dfrac{6}{7}$

(3) $\dfrac{\dfrac{2}{5}\times\dfrac{4}{3}}{\dfrac{1}{3}\times\dfrac{1}{5}}=\dfrac{\dfrac{8}{15}}{\dfrac{1}{15}}=\dfrac{8\times15}{15\times1}=8$

(4) $\dfrac{4}{3}\times\left(-\dfrac{7}{12}\right)\times\left(-\dfrac{5}{14}\right)+\dfrac{2}{3}\times\left(-\dfrac{5}{6}\right)=\dfrac{5}{18}-\dfrac{5}{9}=-\dfrac{5}{18}$

(5) $\dfrac{X}{2}=\dfrac{3}{5}$ 또는 $5X=6,\ X=\dfrac{6}{5}$

예제 1.3.3

쌀과 우유를 모두 소비하는 A국과 B국에서 쌀 1kg과 우유 1L를 생산하는 데 소요되는 노동량이 아래의 표와 같다고 한다. 다음 질문에 답하시오.

	쌀	우유
A국	2	3
B국	4	5

(1) 위 표를 노동 1단위로 생산가능한 수량으로 표현하시오.

(2) A국에서 쌀 1kg과 우유 1L 생산할 노동력으로 B국에서는 쌀과 우유를 얼마나 생산할 수 있는가?

(3) A국에서는 쌀 1kg을 생산할 노동력으로 우유를 얼마나 생산가능한가?

풀이

(1) 다음과 같이 비례식을 이용하여 해결한다.

쌀 $1\text{kg} : 2 = X : 1 \rightarrow X = \frac{1}{2}$, $1\text{kg} : 4 = X : 1 \rightarrow X = \frac{1}{4}$

우유 $1\text{L} : 3 = X : 1 \rightarrow X = \frac{1}{3}$, $1\text{L} : 5 = X : 1 \rightarrow X = \frac{1}{5}$

	쌀(kg)	우유(L)
A국	1/2	1/3
B국	1/4	1/5

(2) 쌀 $1\text{kg} : 4 = X : 2 \rightarrow X = 0.5$

우유 $1\text{L} : 5 = X : 3 \rightarrow X = \frac{3}{5}$

(3) 우유 $1\text{L} : 3 = X : 2 \rightarrow X = \frac{2}{3}$

1.4 소 수

(1) "정수.xxx" 형식으로 표현되는 숫자를 소수라고 한다.

① '.'은 점이라고 읽고, 'xxx'는 낱낱의 숫자로 읽는다.

예 45.231 → "사십오 점 이삼일"

② 소수는 소수점 이하 0이 아닌 자연수로 끝나는 자리까지만 표기하는 것이 원칙이다.

예 2.00450 → 2.0045, 0.000200 → 0.0002

(2) 소수의 분수표현

① 소수는 분모가 10^n인 분수로 표현 가능하다.

$$0.1 = \frac{1}{10}$$

$$0.01 = \frac{1}{10^2}$$

$$0.001 = \frac{1}{10^3}$$

$$\cdots$$

$$\underbrace{0.0000000 \cdots 001}_{n\text{자리 숫자}} = \frac{1}{10^n}$$

예 $32.428 \rightarrow 32 + 0.428 \rightarrow 32 + \frac{428}{10^3} \rightarrow 32\frac{428}{1,000}$

② 소수의 소수점을 옮겨 표현할 때, 뒤로 옮기는 자리수가 n이라면 $\frac{1}{10^n}$을 곱한다(소수점을 앞으로 옮길 때는 10^n을 곱한다).

$$546.472 \rightarrow \frac{5464.72}{10^1} \rightarrow \frac{54647.2}{10^2} \rightarrow \frac{546472}{10^3} \text{ 또는 } 546\frac{472}{10^3}$$

예 $123.456 \rightarrow 1234.56 \times \frac{1}{10} \rightarrow 12345.6 \times \frac{1}{10^2} \rightarrow 123456 \times \frac{1}{10^3}$, $123.456 \rightarrow 1.23456 \times 10^2$

(3) 덧셈과 뺄셈을 할 때는 소수점을 기준으로 정렬한 뒤 계산한다.

예
$$\begin{array}{r} 456.789 \\ -\ \ 23.76543 \\ \hline 433.02357 \end{array} \qquad \begin{array}{r} 456.789 \\ +\ \ 23.76543 \\ \hline 480.55443 \end{array}$$

(4) 두 소수를 곱할 때는 소수점을 무시하고 곱한 뒤, 두 소수의 소수점 아래 숫자자리수를 합만 만큼 소수점 아래 숫자가 위치하도록 점을 찍는다.

$427.54 \times 23.435 = 10,019.39990$(맨 뒷자리 0은 생략한다)

예 $0.001 \times 3.12 \rightarrow 1 \times 312 = 312$
$\rightarrow 0.00312$(소수점 이하 5자리)
$3.001 \times 0.210 \rightarrow 3001 \times 21$
$\rightarrow 63021 \rightarrow 0.63021$(자리수를 셀 때 맨 뒤 0은 제외시킨다)

(5) 소수의 나눗셈을 $10.3545 \div 4.5$를 통해 알아보자(생략해도 된다.).

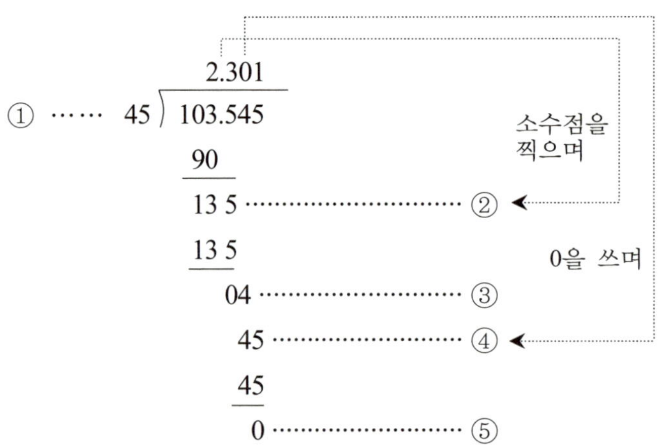

① 나누는 소수가 정수가 될 때까지 나누는 수와 나누어지는 수에 10씩 곱해 나간다(예에서는 10을 곱했다).

② 소수점 앞 정수부분이 나누어지지 않으면 몫의 자리에 소수점(.)을 찍고 소수점 아래 다음 자리수를 내린다.

③ 소수점 아래에서는 나눌 때마다 나머지수에 나누어지는 수의 다음 한자릿수씩을 추가로 내려놓으며 나누어 간다.

④ 나머지에 한자리를 내려도 나누어지지 않으면 몫의 자리에 0을 쓰며 나누어지는 수의 다음 한자릿수씩 내려 놓는다.

⑤ 나머지가 0이 될 때까지 계속 위의 과정을 반복한다.

예제 1.4.1

정수가 한자리인 소수를 A라고 할 때, 다음 숫자를 $A\times10^n$, 또는 $A\times\frac{1}{10^n}$꼴로 고치시오.

(1) 4599.4502

(2) 0.0243

(3) 320.452×10^2

(4) $112.334\times\frac{1}{10^3}$

풀이

(1) 4.5994502×10^3(A꼴을 만드는 데 소수점을 앞으로 3자리 이동)

(2) $2.43\times\frac{1}{10^2}$(A꼴을 만드는 데 소수점을 뒤로 2자리 이동)

(3) $32045.2 \rightarrow 3.20452\times10^4$($A$꼴을 만드는 데 소수점을 앞으로 4자리 이동)

(4) $0.112334 \rightarrow 1.12334\times\frac{1}{10^1}$($A$꼴을 만드는 데 소수점을 뒤로 1자리 이동)

예제 1.4.2

다음을 계산하시오.

(1) $23.02+141.33-5.254$

(2) $(3.5-2.4)\times2-0.75$

(3) 2.12×23.87

(4) $2.44\div0.4$

(5) $(0.5-2.25)\times1.5\div0.01$

(6) $\frac{3}{4}\times0.4$

(7) $5.88\div0.28\times\frac{1}{2}$

(8) $1.5\div\frac{3}{4}$

(9) $0.5\times\frac{1}{2}+1.6\times\frac{1}{4}+0.9\times\frac{1}{4}$

풀이

(1) 159.096

(2) 1.45

(3) 50.6044

(4) 6.1

(5) -262.5

(6) 0.3(소수를 분수로 고쳐 계산)

(7) 10.5(소수를 분수로 고쳐 계산)

(8) 2(소수를 분수로 고쳐 계산)

(9) 0.875(소수를 분수로 고쳐 계산)

1.5 지 수

(1) 지수의 정의

① X^n에서 X는 “밑”, n은 “지수”라고 한다.

② X^n은 “X를 n번 곱한다”는 의미이다.

예 $4^3 = 4\times4\times4$, $X^4 = X\times X\times X\times X$

$2X^3 = 2\times X\times X\times X$, $(2X)^3 = (2X)\times(2X)\times(2X)$

(2) 밑이 같은 지수 간의 곱셈과 나눗셈

① 지수 간의 곱셈과 나눗셈은 계수는 계수끼리, 문자는 문자끼리 모아서 계산한다.

② $X^n\times X^m = X^{n+m}$

예 $5^2\times5^7 = 5^9$, $3a^2\times2^2ab^5 = (3\times2^2)\times(a^2\times a)\times b^5 = 12a^3b^5$

③ $(X^n)^m = X^{n\times m}$

예 $(5^2)^7 = 5^{14}$, $(2^3a^2X)^3 = 2^9a^6X^3$

④ $X^n\div X^m = \dfrac{X^n}{X^m} = X^{n-m}$ 단, $X\neq0$(분모가 0이면 안 된다)

$$X^n\div X^m = \frac{X\times X\times X\times\cdots\times X}{X\times X\times X\times\cdots\times X} = X^{n-m}(\text{분모와 분자를 } X\text{로 약분한 결과})$$

예 $3^5\div3^2 = \dfrac{3^5}{3^2} = 3^{5-2} = 3^3$, $2a^2b\div3a = \dfrac{2ab}{3}$

㉠ $X^0 = 1$, 단, $X\neq0$

$$X^5\div X^5 = \frac{X^5}{X^5} = X^{5-5} = X^0 = 1$$

예 $5^0 = 1$, $3^0 = 1$, $3a^0 - 3$

주의 $0^0\neq1$. 분모가 0이어야만 이런 꼴이 나온다. 정의되지 않는다.

㉡ $X^{-n} = \dfrac{1}{X^n}$ 단, $X\neq0$

$$X^5\div X^7 = \frac{X^5}{X^7} = X^{5-7} = X^{-2} = \frac{1}{X^2}$$

예 $3^{-3} = \dfrac{1}{3^3} = \dfrac{1}{27}$, $\dfrac{10a^3b^{-2}}{5a^{-2}b^{-3}} = 10a^3b^{-2}\times\dfrac{1}{5}a^2b^3 = 2a^5b$

$$\frac{\frac{1}{2}X^{0.5}Y^{-0.5}}{\frac{1}{3}X^{-0.5}Y^{0.5}}=\frac{\frac{1}{2}X^{0.5}X^{0.5}}{\frac{1}{3}Y^{0.5}Y^{0.5}}=\frac{3X}{2Y}$$

(3) 밑이 다른 지수의 정리

① $X^n \times Y^n = (X \times Y)^n$

$$\begin{aligned} X^n \times Y^n &= \overbrace{X\times X\times X\times\cdots\times X}^{n\text{개}}\times\overbrace{Y\times Y\times Y\times\cdots\times Y}^{n\text{개}} \\ &= (X\times Y)(X\times Y)(X\times Y)\cdots(X\times Y)(X\times Y) \\ &= (X\times Y)^n \end{aligned}$$

예 $7^3\times4^3=(7\times4)^3$, $10^5=(2\times5)^5=2^5\times5^5$, $7^3+4^3\neq(7+4)^3$

주의 $A^{\frac{1}{2}\times2}=(A^{\frac{1}{2}})^2\neq A^{\left(\frac{1}{2}\right)^2}=A^{\frac{1}{4}}$

② $(X^n\times Y^m)^k=X^{n\times k}\times Y^{m\times k}$

예 $(5^3\times2^6)^4=5^{12}\times2^{24}$, $(5^3+2^6)^4\neq5^{12}+2^{24}$, $2^2(X^3Y^2)^{0.5}=2^2X^{1.5}Y$

참고

숫자와 문자의 곱표기

$2\times X\rightarrow2\cdot X\rightarrow2X$

$4\times X\times Y\rightarrow4\cdot X\cdot Y\rightarrow4XY$

예제 1.5.1

다음을 계산하시오.

(1) $2^2+4^2-3^2$

(2) $6^{-3}\times2^2\times3^2$

(3) $9^3\times9^5$

(4) $(5^3\times7^3)^2$

(5) $5^4\div5^2\times5^3$

(6) $7^{-\frac{4}{5}}\times7^{\frac{5}{2}}\div7^{-\frac{1}{2}}$

풀이

(1) $2^2+4^2-3^2=2\times2+4\times4-3\times3=11\neq(2+4-3)^2=9$

(2) $6^{-3}\times2^2\times3^2=6^{-3}\times(2\times3)^2=6^{-1}=\frac{1}{6}$

(3) $9^{3+5}=9^8$

(4) $(5^3\times7^3)^2=5^{3\times2}\times7^{3\times2}=5^6\times7^6=(5\times7)^6$

(5) $5^4\div5^2\times5^3=5^{4-2+3}=5^5$

(6) $7^{-\frac{4}{5}}\times7^{\frac{5}{2}}\div7^{-\frac{1}{2}}=7^{-\frac{4}{5}}\times7^{\frac{5}{2}}\times7^{\frac{1}{2}}=7^{-\frac{4}{5}+\frac{5}{2}+\frac{1}{2}}=7^{\frac{22}{10}}$

예제 1.5.2

다음 식의 지수를 간단히 정리하시오.

(1) $(a^3)^2\times(a^5)^4$

(2) $3(X^3Y^5)^2\times(2XY^2)^3$

(3) $0.3(\lambda L)^{0.2}(\lambda K)^{0.8}$

(4) $\dfrac{2X^{-0.5}Y^{0.5}}{2X^{0.5}Y^{-0.5}}$

(5) $\dfrac{\frac{2}{3}X^{-\frac{2}{3}}Y^{\frac{2}{3}}}{\frac{1}{3}X^{\frac{1}{3}}Y^{-\frac{1}{3}}}$

풀이

(1) $a^{6+20}=a^{26}$

(2) $3\times2^3\times X^{6+3}Y^{10+6}=24X^9Y^{16}$

(3) $\lambda^{0.2+0.8}0.3L^{0.2}K^{0.8}=\lambda0.3L^{0.2}K^{0.8}$

(4) $\dfrac{Y^{0.5}Y^{0.5}}{X^{0.5}X^{0.5}}=\dfrac{Y}{X}$

(5) $\dfrac{2Y^{\frac{1}{3}}Y^{\frac{2}{3}}}{X^{\frac{1}{3}}X^{\frac{2}{3}}}=\dfrac{2Y}{X}$

예제 1.5.3

사과(X는 사과소비량) 하나를 소비할 때 만족도(효용)를 사과의 한계효용(MU_X)이라고 하고, 배(Y는 배소비량) 하나를 소비할 때 만족도(효용)를 배의 한계효용(MU_Y)이라고 하자. 사과와 배의 한계효용이 다음과 같이 식으로 정의될 때 사과는 배보다 몇 배 만족도(효용)가 높은가? 각 식에 대하여 계산하시오.

(1) $MU_X=1.5X^{-0.5}Y^{0.5},\quad MU_Y=1.5X^{0.5}Y^{-0.5}$

(2) $MU_X=\alpha AX^{\alpha-1}Y^{\beta},\quad MU_Y=\beta AX^{\alpha}Y^{\beta-1}$

풀이

사과와 배의 만족도 비율 $=\dfrac{\text{사과의 한계효용}}{\text{배의 한계효용}}=\dfrac{MU_X}{MU_Y}$

(1) $\dfrac{1.5X^{-0.5}Y^{0.5}}{1.5X^{0.5}Y^{-0.5}}=\dfrac{Y}{X}$

(2) $\dfrac{\alpha AX^{\alpha-1}Y^{\beta}}{\beta AX^{\alpha}Y^{\beta-1}}=\dfrac{\alpha Y}{\beta X}$

예제 1.5.4

다음은 한 기업의 생산을 표현하는 식이다. L은 노동투입량, K는 자본투입량, Q는 생산량이다. 노동과 자본투입량을 각기 λ배씩 늘릴 때 Q도 λ배 늘어나는지 확인하시오.

$$\text{생산식}:\ Q=2L^{0.4}K^{0.6}$$

풀이

노동과 자본의 투입량을 모두 λ배씩 늘릴 때의 수식은 다음과 같다.

$$2(\lambda L)^{0.4}(\lambda K)^{0.6}=\lambda^{0.4+0.6}2L^{0.4}K^{0.6}=\lambda Q$$

생산량 Q도 정확하게 λ배 늘어난다.

1.6 $\sqrt{\ }$의 계산

(1) $\sqrt{\ }$의 개념

① $a^{\frac{1}{2}}=\sqrt{a}$, $\sqrt{a}$는 "루트 a"라고 읽는다.

주의 $\sqrt{a}$는 $\sqrt[2]{a}$를 줄여 표현한 것으로서 "2 루트 a"를 줄여 읽은 것이다.

② $\sqrt{a}=a^{\frac{1}{2}}$, $a=\sqrt{a^2}$

예 $2=\sqrt{2^2}$, $3X=\sqrt{3^2X^2}$, $\sqrt{\frac{1}{4}}=\left(\frac{1}{4}\right)^{\frac{1}{2}}=\left(\frac{1}{2}\right)^{2\times\frac{1}{2}}=\frac{1}{2}$

③ $A\sqrt{a}=Aa^{\frac{1}{2}}=A\times a^{\frac{1}{2}}\neq A+a^{\frac{1}{2}}$

예 $4\sqrt{3}=4\times 3^{\frac{1}{2}}$, $2\sqrt{aX}=2\times(aX)^{\frac{1}{2}}$

(2) 루트의 연산은 지수가 분수형태인 지수연산이다.

① $\sqrt{a}\times\sqrt{b}=\sqrt{a\times b}$

$\sqrt{a}\times\sqrt{b}=a^{\frac{1}{2}}\times b^{\frac{1}{2}}=(a\times b)^{\frac{1}{2}}=\sqrt{a\times b}$

예 $3\sqrt{XY}=3X^{0.5}Y^{0.5}$, $2\sqrt{(X+Y)}=2(X+Y)^{0.5}$

② $\sqrt{a}\div\sqrt{b}=\sqrt{\frac{a}{b}}$

$\sqrt{a}\div\sqrt{b}=\frac{\sqrt{a}}{\sqrt{b}}=\frac{a^{\frac{1}{2}}}{b^{\frac{1}{2}}}=\left(\frac{a}{b}\right)^{\frac{1}{2}}=\sqrt{\frac{a}{b}}$

예 $\sqrt{2}\div\sqrt{3}=\sqrt{\frac{2}{3}}$

(3) 루트의 일반적 표현

$$\sqrt[n]{a^m}=a^{\frac{m}{n}}$$

예 $\sqrt[4]{81^2}=81^{\frac{2}{4}}=81^{\frac{1}{2}}=(9^2)^{\frac{1}{2}}=9$

예제 1.6.1

루트를 제거하시오.

(1) $2\sqrt{16}$

(2) $\frac{2}{3}\sqrt{\frac{9}{16}}$

(3) $3\sqrt{16a^2b^4}$

(4) $10\sqrt{0.0001}$

(5) $(4\sqrt{3})^2$

(6) $\frac{2}{\sqrt{16}}$

풀이

(1) $2\times(16)^{\frac{1}{2}}=2\times(4^2)^{\frac{1}{2}}=8$

(2) $\frac{2}{3}\times\left(\frac{9}{16}\right)^{\frac{1}{2}}=\frac{2}{3}\times\left(\left(\frac{3}{4}\right)^2\right)^{\frac{1}{2}}=\frac{2}{3}\times\frac{3}{4}=\frac{1}{2}$

(3) $3\times(4^2a^2b^4)^{0.5}=3\times4ab^2=12ab^2$

(4) $10\times\left(\frac{1}{10^4}\right)^{0.5}=\frac{1}{10}$

(5) $(2^2\times3^{0.5})^2=2^4\times3=48$

(6) $\frac{2}{(4^2)^{0.5}}=\frac{1}{2}$

예제 1.6.2

다음을 간단히 계산하시오.

(1) $\sqrt{3}\times\sqrt{4}\div\sqrt{6}$

(2) $\sqrt{9}\times0.6+\sqrt{1,600}\times0.4$

(3) $3\frac{\sqrt{K}}{\sqrt{L}}\div2\frac{\sqrt{L}}{\sqrt{K}}$

풀이

(1) $\sqrt{3\times4}\times\frac{1}{\sqrt{6}}=\sqrt{\frac{12}{6}}=\sqrt{2}$

(2) $3\times0.6+40\times0.4=17.8$

(3) $3K^{0.5}L^{-0.5}\div2K^{-0.5}L^{0.5}=3K^{0.5}L^{-0.5}\times\frac{1}{2}K^{0.5}L^{-0.5}=\frac{3}{2}\frac{K}{L}$

예제 1.6.3

한 소비자는 w만큼의 확실한 부(wealth)로 부터 $\sqrt{w}$의 효용(만족도)을 얻는다. 0.4의 확률로 10,000원을 0.6의 확률로 90,000원을 탈 수 있는 복권이 그 소비자에게 주는 기대효용은 얼마인가?

$$\text{기대효용}=\sum(\text{당첨확률}\times\text{당첨금에서 얻을 효용})$$

풀이

기대효용 $=\sqrt{10,000}\times0.4+\sqrt{90,000}\times0.6=220$

제 2 장 비율과 평균

일러두기

본서는 경제학을 처음 접하는 독자들도 무리 없이 읽을 수 있도록 내용을 구성하였습니다. 다만, 좀 더 수월하게 본서를 마치고 싶은 독자는 본문과 문제에 다음 표시가 있는 부분을 제외시키고 공부해도 좋습니다. 굳이 분류기준을 밝히면 다음과 같습니다.

· ⧗ : 경제원론을 읽었으면 익숙한 내용

· ⧗⧗ : 굳이 보지 않아도 되는 내용

2.1 비중과 평균

1 퍼센테이지(%)의 계산

(1) 기준크기를 1로 만들 때 비중

① 전체 m개 중에서 k개의 비율(비중)은 $\frac{k}{m}$이다. 비율은 전체 크기를 1로 볼 때 비교 대상이 차지하는 크기이다.

$$m : k = 1 : \text{비율} \rightarrow \text{비율} = \frac{k}{m}$$

예 전체 학생 1,400명 중에서 1학년은 450명이다.

전체에서 1학년이 차지하는 비율은 $\frac{450}{1,400} = 0.3214\cdots$이다. 즉, 전체 학생수를 1로 잡을 때 1학년 학생수의 크기(비율)는 약 0.32이다.

② 비율(비중) 1은 기준이 되는 대상수와 비교되는 대상수가 일치한다는 의미이다.

비율 = 1 → 기준대상수(크기) = 비교대상수(크기)
비율 < 1 → 기준대상수(크기) > 비교대상수(크기)
비율 > 1 → 기준대상수(크기) < 비교대상수(크기)

예 소득에서 지출이 차지하는 비중이 1.2라면 소득을 1이라고 볼 때 지출은 1.2라는 의미이다.

(2) 기준크기를 100으로 잡을 때 비중

① 기준대상수(크기)를 100으로 잡을 때, 비교대상수(크기)가 차지하는 크기(비중)를 계산한 것이 퍼센테이지(%)이다.

예 비례식을 이용하면, $m : k = 100 : X$에서 X가 퍼센테이지이다.

② m개 중에서 k개가 차지하는 퍼센테이지(%)는 다음과 같이 계산한다.

$$\text{퍼센테이지}(X\%) = \frac{k}{m} \times 100\% \text{ 또는 퍼센테이지} = \text{비율} \times 100$$

주의 물가지수가 112%에서 115%로 상승하면 3% 포인트 상승했다고 한다.

예 전체 학생 1,400명 중에서 1학년은 450명이다. 전체에서 1학년이 차지하는 비중은 $\frac{450}{1,400} \times 100 = 32.14\cdots\%$ 이다. 즉, 100명 중 약 32명이 1학년이다. 김씨가 전 재산 중에서 15%를 주식으로 보유하고 있다면, $\frac{\text{주식가치}}{\text{재산}} \times 100 = 15\%$라는 의미이다.

2 평균

(1) 단순평균의 계산

민수의 과목별성적은 다음과 같다. 평균점수를 계산해보자.

과 목	경영학	회계학	경제학	세법	민법총칙
점 수	100	85	90	75	80

$$평균점수 = \frac{100+85+90+75+80}{5} = 86$$

따라서 n개의 값이 있을 때 이들의 평균($\overline{X}$)을 구하는 공식은 다음과 같다.

$$X_1,\ X_2,\ X_3,\ X_4,\ X_5,\ \cdots,\ X_n$$

$$\overline{X} = \frac{X_1+X_2+X_3+\cdots\ +X_n}{n}$$

또는 $\overline{X} = \dfrac{\sum_{i=1}^{n} X_i}{n}$

(2) 가중평균의 계산

영수와 민희는 놀이공원에 놀러가서 공기총을 쏘았다. 영수가 10발을 쏜 점수는 다음과 같다. 영수의 평균점수를 계산해보자.

발 수	1	2	3	4	5	6	7	8	9	10
점 수	90	100	80	80	90	90	80	100	90	70

$$평균점수 = \frac{90+100+80+80+90+90+80+100+90+70}{10} = 87$$

다른 방법으로 구해보자. 100점이 2개, 90점이 4개, 80점이 3개, 70점 1개라는 점을 이용하자.

$$\begin{aligned}평균점수 &= \frac{100\times2+90\times4+80\times3+70\times1}{10}\\ &= 100\times\frac{2}{10}+90\times\frac{4}{10}+80\times\frac{3}{10}+70\times\frac{1}{10}\\ &= 100\times0.2+90\times0.4+80\times0.3+70\times0.1\end{aligned}$$

전체에서 각 점수의 개수가 차지하는 비중

다시 정리해보자. 평균을 낼 때 사용되는 값들의 개수가 여러 개씩 존재할 때는 다음과 같이 비중(가중치)을 이용하여 평균을 계산할 수 있다. 이렇게 계산된 평균을 "가중평균"이라고 한다.

점 수	갯 수	비율(가중치)	가중치 반영
100	2	$\frac{2}{10}=0.2$	100×0.2
90	4	$\frac{4}{10}=0.4$	90×0.4
80	3	$\frac{3}{10}=0.3$	80×0.3
70	1	$\frac{1}{10}=0.1$	70×0.1
합 계	10	$\frac{10}{10}=1$	87

총 m개의 값을 분류하여 여러 개의 값을 포함하는 n개 Y_1, Y_2, Y_3, ⋯, Y_n의 그룹으로 묶을 때, 이것의 가중평균은 다음과 같이 계산한다(가중평균을 계산할 대 가중치로 사용되는 비율을 모두 합하면 1이 된다).

$$\text{가중평균} = Y_1\times Y_{1\text{의 비율}} + Y_2\times Y_{2\text{의 비율}} + Y_3\times Y_{3\text{의 비율}} + \cdots + Y_n\times Y_{n\text{의 비율}}$$
$$= \sum_{i=1}^{n} Y_i\times Y_{i\text{의 비율}}$$

예제 2.1.1

다음 물음에 답하시오.

(1) 한 지역에서 시군지역 통폐합을 묻는 투표결과이다. 찬성표, 반대표, 기권표, 무효표의 %를 계산하시오.

설문에 대한 의사표시	표 수
찬 성	320,054
반 대	287,468
무 효	1,320
기 권	523,796

(2) 다음은 15주 동안 매주 자기학습에 불참하여 체크된 횟수이다. 매주 체크된 평균 횟수는 얼마인가?

체크 횟수	주 수
1	4
2	2
3	3
4	3
5	1

(3) 영광이의 감정평가사 1차 시험 응시점수이다. 작년에 비해 평균 몇 %나 성적이 향상되었는가?

	경제학	회계학	민 법	부관법
작 년	55	45	50	70
금 년	80	55	60	65

(4) 특정 지역의 가격지수(%)를 조사한 결과이다. 해당 품목 가격지수의 가중 평균값은 얼마인가?

품 목	가격지수	가중치
파	121	0.05
배추	130	0.3
고구마	117	0.15
상추	108	0.1
콩나물	95	0.4

풀이

(1) 총 유권자는 1,132,638명이다.

$$찬성비율 = \frac{320,054}{1,132,638} \times 100 = 28.257 \cdots \%$$

$$반대비율 = \frac{287,468}{1,132,638} \times 100 = 25.380 \cdots \%$$

$$무효비율 = \frac{1,320}{1,132,638} \times 100 = 0.116 \cdots \%$$

$$기권비율 = \frac{523,796}{1,132,638} \times 100 = 46.245 \cdots \%$$

(2) $평균 = \frac{1\times4+2\times2+3\times3+4\times3+5\times1+0\times2}{15} = 2.266\cdots$

(3) $작년\ 평균 = \frac{55+45+50+70}{4} = 55$

$$금년\ 평균 = \frac{80+55+60+65}{4} = 65$$

$$성적상승율 = \frac{65-55}{55} \times 100 = 18.181 \cdots \%$$

(4) 가격지수의 가중평균 $= 121 \times 0.05 + 130 \times 0.3 + 117 \times 0.15 + 108 \times 0.1 + 95 \times 0.4 = 111.4\%$

예제 2.1.2

다음 물음에 답하시오.

(1) 어떤 두 투자안으로부터 구한 투자수익률이 다음과 같을 때 어느 표본의 투자수익률이 높다고 말할 수 있는가?(힌트, 평균으로부터 추정)

① 12%, 25%, 30%, 24%, 15%　　② 21%, 29%, 35%, 8%, 5%

(2) 다음은 2008년에서 2010년 사이의 국내총생산(GDP)에 관한 가상의 데이터이다. 국내총생산의 증가율 몇 %인가?

연 도	2008년	2010년
국내총생산	110	143

풀이

(1) 단순평균을 구해서 비교해 보면 ①이 ②보다 수익률이 높다.

① $\frac{12+25+30+24+15}{5} = 21.2\%$　　② $\frac{21+29+35+8+5}{5} = 19.6\%$

(2) 증가율은 $\frac{변화량}{기준값} \times 100\%$이다.

$$\frac{33}{110} \times 100 = 30\%$$

예제 2.1.3

다음은 우리나라의 최근 경제활동인구에 관한 통계이다. a, b, c를 계산하시오(단위 : 천 명, %).

	15세 이상 인구	경제활동인구	취업자	실업자	경제활동참가율	실업율
1995년	33,664	20,853	a	420	61.9	b
1999년	35,765	21,634	20,281		c	

단, 경제활동인구 = 취업자 + 실업자

$$경제활동참가율 = \frac{경제활동인구}{15세이상\ 인구} \times 100$$

$$실업률 = \frac{실업자}{경제활동인구} \times 100$$

풀이

① 취업자 $= 20,853 - 420 = 20,433$ ② 실업률 $= \frac{420}{20,853} \times 100 = 2.01\%$

③ 경제활동참가율 $= \frac{21,634}{35,765} \times 100 = 60.489\%$

예제 2.1.4

K 기업이 독점 제공하는 소프트웨어에 대한 소비자층은 중고생이 2만 명, 대학생이 5만 명, 일반 소비자가 3만 명이며 이 소프트웨어에 대한 수요의 가격탄력성은 중고생층이 1.5, 대학생층이 1, 일반층이 0.5라고 한다. 현재 이 소프트웨어 총 판매수입의 30%는 중고생층, 50%는 대학생층, 20%는 일반층이 차지하고 있다고 할 때 시장 전체의 탄력성은 얼마인가?

풀이

각 계층의 가중평균탄력성을 계산한다.

대상집단	수요의 가격탄력성	비중(가중치)
중고생	1.5	0.3
대학생	1	0.5
일반인	0.5	0.2

시장 전체의 탄력성 $= 1.5 \times 0.3 + 1 \times 0.5 + 0.5 \times 0.2 = 1.05$

예제 2.1.5

중고차시장은 구매자가 상품의 질을 잘 모르는 '정보비대칭'이 존재하는 시장이다. 다음 표는 중고차의 품질별 구매자와 판매자의 평가액을 나타내고 있다. 구매자는 중고차 품질에 대한 정보의 비대칭으로 인해 각 유형(품질)의 중고차를 만날 확률(비율)을 1/3로 평가하고 있다. 구매자가 평가한 중고차의 평균가치는 얼마인가?

	판매자의 평가	구매자의 평가	구매자의 자동차 품질에 대한 기대확률
좋은 중고차	450만 원	500만 원	1/3
보통 중고차	300만 원	400만 원	1/3
나쁜 중고차	200만 원	300만 원	1/3

풀이

각 상황에 직면할 비율을 확률이라고 한다. 확률을 가중치로 하여 가중평균한 값을 기댓값(통계학에서 사용되는 개념)이라고 한다(본서 288쪽 참조).

$$확률에\ 의한\ 가중평균 = 500 \times \frac{1}{3} + 400 \times \frac{1}{3} + 300 \times \frac{1}{3} = 400만\ 원$$

2.2 지 수

1 지수화 : 기준시점의 값을 1 또는 100으로 절대수치화

지수화는 여러 시점의 값을 비교하기 쉽도록 기준시점의 값을 1 또는 100이 되게 모든 수치를 조정하는 과정이다. 다음은 배추 한 단 가격의 흐름이다.

연 도	2017년				2018년			
분 기	1	2	3	4	1	2	3	4
배춧값	2,000	1,500	1,400	3,000	2,200	1,800	2,000	2,500

이 표를 이용하여 2018년 1분기를 기준시점 삼아 배추값을 지수화해 보자. 2018년 1분기 배추값 2,200원을 1로 만들기 위해서는 그 시점의 배추값 2,200원으로 나누면 된다. 따라서 배추값의 가격 지수는 모든 시점의 배추값을 기준시점의 가격 2,200원으로 나누어 계산한다.

연 도	2017년				2018년			
분 기	1	2	3	4	1	2	3	4
배추값 지수화	$\frac{2,000}{2,200}$	$\frac{1,500}{2,200}$	$\frac{1,400}{2,200}$	$\frac{3,000}{2,200}$	$\frac{2,200}{2,200}$	$\frac{1,800}{2,200}$	$\frac{2,000}{2,200}$	$\frac{2,500}{2,200}$
배추값 지수	0.909	0.681	0.636	1.363	1	0.818	0.909	1.136

정리하면 지수는 다음과 같이 계산한다.

$$\text{기준시점을 1로 잡는 지수} = \frac{\text{비교시점의 값}}{\text{기준시점의 값}}$$

$$\text{기준시점을 100으로 잡는 지수} = \frac{\text{비교시점의 값}}{\text{기준시점의 값}} \times 100$$

2 물가지수와 물량지수

농장을 운영하는 김씨의 매년 수확량과 판매가격을 표로 만든 것이다. 김씨는 감과 사과 농사만 짓고 있다고 가정하자.

		2008년	2009년	2010년	2011년	2012년
감	수 량	800	850	1,000	900	1,050
	가 격	500	550	450	500	600
사 과	수 량	1,000	1,050	1,200	1,100	1,050
	가 격	900	800	1,100	900	950
총수입		1,300,000	1,307,500	1,770,000	1,440,000	1,627,500

(1) 명목소득지수 : 물량과 가격변화를 동시 반영

김씨가 매년 벌어들인 총수입을 명목소득(당시 시장가격으로 계산된 가치를 "명목가치"라고 한다)이라고 한다. 2010년을 기준연도로 잡아 김씨의 명목소득지수를 계산하려면 매년 명목소득을 1,770,000으로 나누고 100을 곱하면 된다.

	2008년	2009년	2010년(기준년)	2011년	2012년
총(명목)수입	1,300,000	1,307,500	1,770,000	1,440,000	1,627,500
명목소득지수	73.446	73.870	100	81.355	91.949

$$\text{비교시점명목지수} = \frac{\sum_{i=1}^{n} \text{비교시점 물량}_i \times \text{비교시점 가격}_i}{\sum_{i=1}^{n} \text{기준시점 물량}_i \times \text{기준시점 가격}_i} \times 100$$

(2) 물량지수 : 가격을 고정시켜 작성해 물량 변화만 반영

물량지수는 물량의 변화를 파악하기 위해 작성하는 지수이다. 앞에서 계산된 명목소득지수의 움직임으로는 사과나 감의 수확량 변화를 파악할 수 없다. 이 지수는 가격의 변화도 반영되어 있기 때문이다.

만약 사과와 감의 가격이 변화가 없다면 위 지수는 물량 변화만 반영하겠지만, 우연이 아니라면 그런 일이 일어나지 않기 때문에 물량지수는 가격이 변화되지 않은 것처럼 가정하고 계산해야 된다.

기준연도 2010년의 가격으로 매년 수확물의 가치를 환산하여 물량지수를 계산해보자.

		2008년	2009년	2010년	2011년	2012년
감	수 량	800	850	1,000	900	1,050
	가 격	500	550	450	500	600
사 과	수 량	1,000	1,050	1,200	1,100	1,050
	가 격	900	800	1,100	900	950
환산된 가치		1,460,000	1,537,500	1,770,000	1,615,000	1,627,500
물량지수		82.485	86.864	100	91.242	91.949

2008년 가치 $= 800 \times 450 + 1{,}000 \times 1{,}100 = 1{,}460{,}000$
2009년 가치 $= 850 \times 450 + 1{,}050 \times 1{,}100 = 1{,}537{,}500$
2010년 가치 $= 1{,}000 \times 450 + 1{,}200 \times 1{,}100 = 1{,}770{,}000$
2011년 가치 $= 900 \times 450 + 1{,}100 \times 1{,}100 = 1{,}615{,}000$
2012년 가치 $= 1{,}050 \times 450 + 1{,}050 \times 1{,}100 = 1{,}627{,}500$

2010년을 기준연도로 잡은 물량지수는 2010년의 가치인 1,770,000으로 모든 연도의 가치를 나누고 100을 곱해서 계산한다.

물량지수를 계산하는 공식을 정리하면 다음과 같다. 여기서 기준가격으로 고정시켜 계산에 사용되는 가격을 “불변가격”이라고 한다.

$$
\begin{aligned}
\text{비교시점물량지수} &= \frac{\sum_{i=1}^{n} \text{비교시점물량}_i \times \text{불변가격}_i}{\sum_{i=1}^{n} \text{기준시점물량}_i \times \text{불변가격}_i} \times 100 \\
&= \frac{\text{비교시점의 금액}}{\text{기준시점의 금액}} \times 100
\end{aligned}
$$

(3) 물가지수 : 물량을 고정시켜 작성해 평균적 가격 변화만 반영

물량지수와 반대로 여러 가격의 평균적 변화를 파악하기 위해 작성하는 것이 물가지수이다. 예를 들어 김씨가 생산하는 감과 사과의 평균적인 가격 변화를 파악하고 싶으면 어떻게 하면 되겠는가? 동일한 물량을 매년 다른 가격으로 팔았을 때 벌어들일 수 있는 수입의 변화를 파악하면 된다.

실제로 이런 일은 발생하기 힘드므로 특정시점의 물량을 매기가격에 거래할 때 발생하는 수입의 흐름을 계산하여 지수로 만들면 될 것이다. 여기서는 2010년의 물량(감 1,000, 사과 1,200)을 기준으로 물가지수를 작성해보자.

		2008년	2009년	2010년(기준년)	2011년	2012년
감	수 량	800	850	1,000	900	1,050
	가 격	500	550	450	500	600
사 과	수 량	1,000	1,050	1,200	1,100	1,050
	가 격	900	800	1,100	900	950
환산된 가치		1,580,000	1,510,000	1,770,000	1,580,000	1,740,000
물가지수		89.265	85.310	100	89.265	98.305

2008년 가치 = 1,000×500 + 1,200×900 = 1,580,000
2009년 가치 = 1,000×550 + 1,200×800 = 1,510,000
2010년 가치 = 1,000×450 + 1,200×1,100 = 1,770,000
2011년 가치 = 1,000×500 + 1,200×900 = 1,580,000
2012년 가치 = 1,000×600 + 1,200×950 = 1,740,000

2010년을 기준연도로 잡아 물가지수를 작성하려면 2010년의 금액 1,770,000으로 모든 연도의 수치를 나누고 100을 곱하면 된다. 이상의 내용을 정리하면 물가지수를 구하는 공식은 다음과 같다.

$$\text{비교시점물가지수} = \frac{\sum_{i=1}^{n} \text{고정물량}_i \times \text{비교시점 가격}_i}{\sum_{i=1}^{n} \text{고정물량}_i \times \text{기준시점 가격}_i} \times 100$$

$$= \frac{\text{비교시점의 금액}}{\text{기준시점의 금액}} \times 100$$

3 파쉐지수와 라스파이레스지수

물량지수와 물가지수를 산정할 때 가격과 물량을 특정시점의 값으로 고정시켜 계산하였다. 이때 고정시키는 시점이 달라지면 지수는 어떤 영향을 받을까?

다시 앞의 도표를 보자.

연 도		2008년	2009년	2010년	2011년	2012년
감	수 량	800	850	1,000	900	1,050
	가 격	500	550	450	500	600
사 과	수 량	1,000	1,050	1,200	1,100	1,050
	가 격	900	800	1,100	900	950

2010년과 2012년을 비교해보자. 만약 2010년의 수량으로 고정시키면 2012년의 수량으로 고정시키는 것보다 감은 상대적으로 수량이 적게, 사과는 수량이 많게 잡힐 것이다. 반면, 가격을 같은 방식으로 고정시키면 감은 상대적으로 가격이 낮게, 사과는 상대적으로 가격이 높게 반영될 것이다. 가격과 수량을 2012년으로 고정시키면 반대현상이 나타난다. 따라서 고정시키는 연도에 지수는 다소 차이가 나타나게 된다.

(1) 라스파이레스지수 : 기준시점의 가격과 수량을 매기에 반복 사용(과대추정)

라스파이레스는 기준시점의 가격과 수량으로 고정시켜서 지수를 산정할 것을 제안하였다. 라스파이레스지수는 실제보다 과대 추정되는 경향이 있지만 비교 시점이 움직여도 식의 분포값이 변동하지 않기 때문에 지수를 계산하는 과정이 단순해진다. 따라서 일반적으로 지수는 라스파이레스지수가 사용된다.

$$\text{라스파이레스물가지수} = \frac{\sum_{i=1}^{n} \text{기준시점 물량}_i \times \text{비교시점 가격}_i}{\sum_{i=1}^{n} \text{기준시점 물량}_i \times \text{기준시점 가격}_i} \times 100$$

$$\text{라스파이레스물량지수} = \frac{\sum_{i=1}^{n} \text{비교시점 물량}_i \times \text{기준시점 가격}_i}{\sum_{i=1}^{n} \text{기준시점 물량}_i \times \text{기준시점 가격}_i} \times 100$$

(2) 파쉐지수 : 비교시점이 변할 때마다 새 시점의 가격과 수량으로 조정(과소추정)

파쉐는 비교시점의 가격과 수량을 이용하여 지수를 계산하자고 주장하였다. 그의 방식은 과소 계산되는 단점도 있지만 비교시점이 바뀔 때마다 지수를 계산하기 위해 매번 식의 분모값을 다시 계산해야 하는 번거로움도 크다. 따라서 일반적으로 파쉐지수는 잘 사용하지 않는다.

$$\text{파쉐물가지수} = \frac{\sum_{i=1}^{n} \text{비교시점 물량}_i \times \text{비교시점 가격}_i}{\sum_{i=1}^{n} \text{비교시점 물량}_i \times \text{기준시점 가격}_i} \times 100$$

$$\text{파쉐물량지수} = \frac{\sum_{i=1}^{n} \text{비교시점 물량}_i \times \text{비교시점 가격}_i}{\sum_{i=1}^{n} \text{기준시점 물량}_i \times \text{비교시점 가격}_i} \times 100$$

4 단순평균물가지수와 가중평균물가지수

여러 지수를 평균하여 새로운 지수를 만드는 방법은 2가지이다. 주어진 지수들을 단순평균하는 방법과 주어진 지수들에 일정한 가중치를 부여하여 가중평균하는 방법이다. 물론 물가를 잘 반영시키려면 지출 비중을 가중치로 사용해야 한다. 다음 예를 보자.

연 도		2007년	2010년(기준년)	2013년
돼지고기	가격지수	0.9	1	1.05
	지출비중	0.42	0.4	0.45
콩나물	가격지수	0.8	1	1.2
	지출비중	0.58	0.6	0.55
가중평균지수		A	항상 1	B

2010년은 기준연도로서 가격지수가 모두 1이다. 2010년은 어느 해의 지출비중을 이용하던 항상 1이 나오므로 물가지수가 가중치와 무관하다. 그러나 A와 B는 지출비중에 영향을 받는다.

사람들은 돼지고기와 콩나물의 상대적 가격 변화에 대응하여 상대적으로 가격이 낮은 쪽을 더 많이 구입할 것이다. 이 때문에 지출비중이 변동한다. A, B 두 곳 모두 가중치를 사용하는 연도가 바뀌면 그 값이 변한다. 이제 라스파이레스지수를 사용하느냐, 파쉐지수를 사용하느냐에 따라 왜 가중평균물가지수가 다르게 나올 수 있는지 이해했을 것이다. 기준시점의 지출비중을 사용하면 라스파이레스물가지수이고, 비교시점의 지출비중을 사용하면 파쉐물가지수이다.

$$\text{가중평균 물가지수} = \sum_{i=1}^{n}(\text{상품의 가격지수}_i \times \text{지출비중}_i)$$

극단적으로 모든 가격지수를 동일한 가중치로 고려한 것이 단순평균물가지수이다. 물가지수는 상품을 살 수 있는 돈의 힘(구매력이라고 함)을 잘 반영해야 잘 측정된 것이다. 그러므로 지출비중을 가중치로 사용하는 것이 합리적이다. 따라서 단순평균물가지수가 가중평균물가지수에 비해 물가동향을 훨씬 잘못 반영할 것은 말할 것도 없다.

$$\text{단순평균물가지수} = \frac{\sum_{i=1}^{n}(\text{상품의 가격지수}_i)}{n} \quad \cdots\cdots\cdots\cdots \text{지출비중 반영 안 됨}$$

예제 2.2.1

다음 표는 어떤 시장경제의 대표적인 소비자 가계의 소비행동을 관찰한 것이다. 이 가계는 자신의 소득을 재화 X와 재화 Y를 소비하는 데 모두 지출한다고 한다.

	기준연도		비교연도	
	가 격	소비량	가 격	소비량
재화 X	10	10	25	25
재화 Y	20	20	15	15

(1) 비교연도의 명목소득지수를 계산하시오.
(2) 비교연도의 라스파이레스물가지수를 계산하시오.
(3) 비교연도의 파쉐물량지수를 계산하시오.

풀이

기준연도의 지수는 모두 1이므로 계산할 필요가 없다.

(1) 비교연도 명목소득지수 $= \dfrac{\text{비교연도의 명목소득}}{\text{기준연도의 명목소득}} \times 100 = \dfrac{25 \times 25 + 15 \times 15}{10 \times 10 + 20 \times 20} \times 100 = 170$

(2) 비교연도 라스파이레스물가지수 $= \dfrac{\sum_{i=1}^{n} \text{기준연도물량}_i \times \text{비교연도가격}_i}{\sum_{i=1}^{n} \text{기준연도물량}_i \times \text{기준연도가격}_i} \times 100 = \dfrac{25 \times 10 + 15 \times 20}{10 \times 10 + 20 \times 20} \times 100 = 110$

(3) 비교연도 파쉐물량지수 $= \dfrac{\sum_{i=1}^{n} \text{비교연도물량}_i \times \text{비교연도가격}_i}{\sum_{i=1}^{n} \text{기준연도물량}_i \times \text{비교연도가격}_i} \times 100 = \dfrac{25 \times 25 + 15 \times 15}{10 \times 25 + 20 \times 15} \times 100 = 154.54$

예제 2.2.2

다음과 같은 가계의 소비지출 구성으로 소비자물가지수를 만들었다고 하자.

식료품비 교통비 주거비 교육, 의료 의류, 기타	30% 10% 20% 30% 10%
계	100%

전년도에 비해 식료품비가 10%, 주거비가 20% 상승하였고 나머지 품목에는 변화가 없다면 소비자 물가지수의 상승률은 얼마인가?

풀이

지출비중을 가중치로 사용하여 가중평균물가지수 변화량을 구하면 다음과 같다.

물가지수 상승률 $= 10\% \times 0.3 + 20\% \times 0.2 = 7\%$

예제 2.2.3

쌀과 옷 두 재화만 생산하는 한 나라의 경제 데이터가 아래 표와 같다고 하자. 이 경제의 실질경제성장률은 얼마인가? 단, 실질경제성장률은 라스파이레스물량지수의 증가율이다.

구 분	쌀		옷	
	가격(원)	생산량(가마)	가격(원)	생산량(벌)
2006년 (기준연도)	10	150	12	50
2007년	12	200	15	100

풀이

2006년 라스파이레스물량지수 =100(기준연도이므로)

2007년 라스파이레스물량지수 $= \frac{3,200}{2,100} \times 100 = 152.38$

2007년은 2006년에 비해 생산물량이 약 52% 성장하였다.

예제 2.2.4

유명한 야구스타 베이브 루스는 1930년 당시에 연봉 8만 불을 받았다. 베이브 루스의 연봉이 2000년 기준으로는 어느 정도의 구매력을 가지는지를 2000년 기준 물가지수를 이용하여 나타내시오.

풀이

다음과 같은 비례식을 이용하여 2000년 기준 가치로 환산하면 된다.

1930년 물가지수 : 8만 불 = 2000년 물가지수 : X

$$X = \frac{\text{8만 불} \times \text{2000년 물가지수}}{\text{1930년 물가지수}}$$

$$= \text{8만 불} \times \frac{1}{\frac{\text{1930년 물가지수}}{\text{2000년 물가지수}}} = \frac{\text{8만 불}}{\text{2000년 기준 1930년 물가지수}}$$

$\frac{\text{1930년 물가지수}}{\text{2000년 물가지수}}$은 2000년의 물가지수로 1930년의 물가지수를 나누었기 때문에 2000년을 기준연도로 삼아 1930년의 물가지수를 계산한 것이 된다.

제3장 직선방정식

일러두기

본서는 경제학을 처음 접하는 독자들도 무리 없이 읽을 수 있도록 내용을 구성하였습니다. 다만, 좀 더 수월하게 본서를 마치고 싶은 독자는 본문과 문제에 다음 표시가 있는 부분을 제외시키고 공부해도 좋습니다. 굳이 분류기준을 밝히면 다음과 같습니다.

· ⌛ : 경제원론을 읽었으면 익숙한 내용
· ⌛⌛ : 굳이 보지 않아도 되는 내용

3.1 식의 전개

다항식과 숫자, 또는 다항식과 다항식이 곱(또는 나눗셈)으로 표현되어 있을 때 이것을 덧셈이나 뺄셈으로 된 식으로 만드는 과정을 식의 전개라고 한다. 식을 전개하면 동류항(같은 변수와 차수로 이루어진 항)끼리 묶어서 정리하고 마무리 한다. 식을 전개하는 규칙을 알아보자.

(1) 단항식과 다항식의 곱 전개

A를 임의의 숫자라고 하고 가장 단순한 다항식을 $aX+b$라고 하면 숫자와 다항식의 곱은 다음과 같이 전개한다. 이하의 식에서 X, Y를 제외한 문자는 임의의 숫자이다.

$$A(aX+b)=A\times aX+A\times b$$

이제 미지수 Y를 포함한 가장 단순한 단항식을 AY라고 하자. 이 단항식과 $aX+b$의 곱은 다음과 같이 전개한다.

$$AY(aX+b)=AY\times aX+AY\times b$$

(2) 다항식과 다항식의 곱 전개

또 다른 가장 단순한 형태의 다항식을 $cY+d$라고 하자. 이 식과 $aX+b$의 곱은 다음과 같이 전개한다.

$$\begin{aligned}(cY+d)(aX+b)&=cY(aX+b)+d(aX+b)\\&=cY\times aX+cY\times b+d\times aX+d\times b\end{aligned}$$

다른 형태의 다항식의 곱을 보자.

$$\begin{aligned}(aX+bY)(cX+dY)&=aX(cX+dY)+bY(cX+dY)\\&=aX\times cX+aX\times dY+bY\times cX+bY\times dY\\&=acX^2+(ad+bc)XY+bdY^2\end{aligned}$$

이것의 특수한 형태로 다음과 같은 형태가 있다. AX^2+BX+C꼴의 단일변수 2차식은 이러한 일반적인 형태의 단일변수 1차식(3.2 참고)의 곱을 전개한 결과이다.

$$\begin{aligned}(aX+b)(cX+d) &= aX(cX+d)+b(cX+d) \\ &= acX^2+(ad+bc)X+bd\end{aligned}$$

(3) 인수분해

어떤 숫자나 식을 곱해서 다른 숫자나 식을 만들었다고 하자. 이때 곱한 숫자나 식을 만들어진 숫자나 식의 인수라고 한다. 예를 들어 8의 인수는 1, 2, 4, 8이고, $2X^2+2X$의 인수는 1, 2, X, $2X$, $X+1$, $2X^2+2X$이다.

인수분해는 다항식에서 인수를 뽑아 곱의 형태로 만드는 과정이다. 쉽게 말하면 식의 전개과정을 역으로 적용하는 것이 인수분해이다. 다음 예가 인수분해이다.

$$2X^2+2X=2X(X+1)$$

두 항의 공통인수 $2X$를 찾아서 곱의 형태로 나타냈다. 다음의 예를 보자.

$$X^2-4X-12=(X-6)(X+2)$$

이렇게 인수를 찾아 분해한 것은 앞의 전개공식을 역으로 적용한 것이다.

$$(aX+b)(cX+d)=acX^2+(ad+bc)X+bd$$

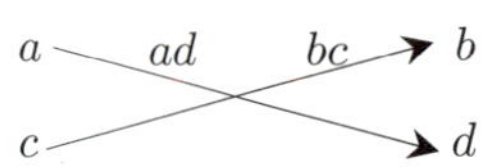

$$X^2-4X-12=(X-6)(X+2)$$

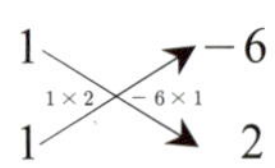

인수분해를 공부하는 것은 방정식을 풀기 위해서인데 2차 방정식은 "근의 공식"이라는 것을 활용해서 해를 찾으면 되기 때문에 굳이 인수분해공식을 암기할 필요는 없다. 식을 전개하는 과정만 잘 숙지해두기 바란다.

예제 3.1.1

다음을 전개하여 정리하시오.

(1) $(X^3-3X^2Y+2XY^2+5Y^3+47)-(4X^2+2X^2Y-4Y^3-50)$

(2) $(2X-4)(X+5)$

(3) $(3X+2Y)(5X-4Y)$

(4) $\left(\frac{1}{2}X-\frac{1}{3}Y\right)^2$

풀이

(1) 괄호를 풀어서 동류항끼리 정리한다.

$X^3-3X^2Y+2XY^2+5Y^3+47-4X^2-2X^2Y+4Y^3+50=X^3-4X^2-5X^2Y+2XY^2+9Y^3+97$

(2) $2X^2+(10-4)X-20=2X^2+6X-20$

(3) $15X^2+(-12+10)XY-8Y^2=15X^2-2XY-8Y^2$

(4) $\left(\frac{1}{2}\right)^2X^2-2\left(\frac{1}{2}X\right)\left(\frac{1}{3}Y\right)+\left(\frac{1}{3}Y\right)^2=\frac{1}{4}X^2-\frac{1}{3}XY+\frac{1}{9}Y^2$

3.2 방정식에서 $X=?$꼴로 정리방법

방정식이란 양변(등호의 좌측을 좌변, 우측을 우변이라 함)이 "등호(=)"가 성립하게 하는 미지수를 찾는 식을 말한다.

미지수가 1개(X)이고 그 차수가 1(X^1)인 방정식을 "단일변수 1차 방정식"이라고 하고, 그 차수가 2(X^2)인 방정식을 "단일변수 2차 방정식"이라고 한다. 다음은 1차 방정식이다.

$$\frac{1}{3}(X-4)=\frac{1}{2}(-X+2)$$

주어진 1차 방정식을 푼다는 것은 다음과 같은 꼴로 유도하여 등식이 성립하는 미지수 X를 찾는 것이다. 이렇게 찾은 미지수 값을 "해"라고 한다.

$$X=?$$

이렇게 방정식을 유도하는 과정에 사용되는 몇 가지 원리를 생각해보자.

(1) 4칙연산 활용

① 양변에 같은 수를 더하거나 빼도 등호는 성립한다.

$$aX-b=c \longrightarrow aX-b+b=c+b \longrightarrow aX=c+b$$

$$aX+b=c \longrightarrow aX+b-b=c-b \longrightarrow aX=c-b$$

② 양변에 0이 아닌 수로 곱하거나 나누어도 등호는 성립한다.

$$aX=c \rightarrow \frac{1}{a}\times aX=\frac{1}{a}\times c \rightarrow X=\frac{c}{a}$$

$$\frac{1}{a}X=c \rightarrow a\times\frac{1}{a}X=a\times c \rightarrow X=a\times c$$

예 $\frac{1}{3}X-4=-7 \rightarrow \frac{1}{3}X=-7+4 \rightarrow X=-9$

③ 방정식을 풀기 위해 등호를 넘길 때 4칙연산 규칙

㉠ $X+a=b \rightarrow X=b-a$ (+는 −로)

㉡ $X-a=b \rightarrow X=b+a$ (−는 +로)

㉢ $aX=b \rightarrow X=\frac{b}{a}$ 또는 $a\times X=b \rightarrow X=b\div a$ (×는 ÷로)

㉣ $\frac{X}{a}=b \rightarrow X=ab$ 또는 $X\div a=b \rightarrow X=b\times a$ (÷는 ×로)

(2) 지수법칙 활용

1차 방정식이 아닌 경우 $X=?$꼴로 유도하기 위해서는 다음과 같은 몇 가지 지수법칙을 활용해야 한다.

① $X^n=c$인 꼴은 양변에 $\frac{1}{n}$승 하여 좌변을 X^1으로 만든다.

$$X^n=c \rightarrow (X^n)^{\frac{1}{n}}=c^{\frac{1}{n}} \rightarrow X=c^{\frac{1}{n}}$$

② $X^{\frac{1}{n}}=c$인 꼴은 양변에 n승 하여 좌변을 X^1으로 만든다.

$$X^{\frac{1}{n}}=c \rightarrow (X^{\frac{1}{n}})^n=c^n \rightarrow X=c^n$$

예 $X^{\frac{1}{2}}=10 \rightarrow (X^{\frac{1}{2}})^2=10^2 \rightarrow X=10^2$

(3) 1차 방정식 풀이 순서

앞에서 제시된 1차 방정식을 풀어보자. 해를 찾는 절차는 다음과 같다.

① 양변의 계수(미지수와 곱해지는 수)에 분수나 소수가 있으면 양변에 알맞은 수를 곱하여 계수를 정수로 고친다(물론 꼭 이 과정을 우선하지 않아도 되지만 그렇게 되면 계산과정이 복잡해질 수 있다).

예 식에서 분수를 없애기 위해 양변에 6을 곱했다.

$$\frac{1}{3}(X-4)=\frac{1}{2}(-X+2) \rightarrow 2(X-4)=3(-X+2)$$

② 괄호가 있으면 괄호를 풀고 정리한다.

예 $2(X-4)=3(-X+2) \rightarrow 2X-8=-3X+6$

③ 미지수 X를 포함한 항은 좌변으로 상수항(미지수가 없은 항)은 우변으로 모은다.

예 $2X-8=-3X+6 \rightarrow 2X+3X=6+8$

④ 양변을 정리하여 $aX=b(a\neq 0)$의 꼴로 고친다.

예 $2X+3X=6+8 \rightarrow 5X=14$

⑤ 미지수 X의 계수로 양변을 나누어 $X=?$꼴로 만든다.

예 $5X=14 \rightarrow X=\frac{14}{5}=2\frac{4}{5}$

예제 3.2.1

다음 방정식을 $X=?$꼴로 정리하시오.

(1) $\frac{1}{2}X-\frac{1}{3}=\frac{3}{4}$

(2) $3X^{\frac{1}{2}}-\frac{1}{2}=5\frac{1}{2}$

(3) $\frac{1}{3}(X-2)^2-2=1$

(4) $-3(X-8)+1=-(X+2)+7$

(5) $2.1X+1.3=-0.1X+9.3$

(6) $100=\frac{130}{(1+X)}$

풀이

(1) $\frac{1}{2}X-\frac{1}{3}=\frac{3}{4} \rightarrow \frac{1}{2}X=\frac{3}{4}+\frac{1}{3} \rightarrow X=2\times\frac{13}{12} \rightarrow X=2\frac{1}{6}$

(2) $3X^{\frac{1}{2}}-\frac{1}{2}=5\frac{1}{2} \rightarrow 3X^{\frac{1}{2}}=5\frac{1}{2}+\frac{1}{2} \rightarrow X^{\frac{1}{2}}=6\div 3 \rightarrow (X^{\frac{1}{2}})^2=2^2 \rightarrow X=4$

(3) $\frac{1}{3}(X-2)^2-2=1 \rightarrow \frac{1}{3}(X-2)^2=1+2 \rightarrow (X-2)^2=3\times 3 \rightarrow [(X-2)^2]^{\frac{1}{2}}=9^{\frac{1}{2}}$

$\rightarrow \pm(x-2)=3 \rightarrow x-2=\pm 3 \rightarrow x=\pm 3+2 \rightarrow x=5$ 또는 $x=-1$

주의 $x^n=A$에서 n이 짝수이면, $x=\pm A^{\frac{1}{n}}$이다. 즉, $x^2=9$라면, $x=3$ 또는 -3이 된다.

(4) 괄호부터 정리하면

$-3X+24+1=-X-2+7$

$-3X+X=-20,\ X=10$

(5) 문자가 있는 항끼리 정리하면

$2.1X-0.1X=9.3-1.3$

$2.2X=8.0,\ X=\frac{80}{2.2}=\frac{400}{11}=36\frac{4}{11}$

(6) $100(1+X)=130,\ 1+X=1.3,\ X=0.3$

3.3 1차 방정식의 그래프

1 1차식의 그래프

(1) 1차식의 그래프는 직선이다.

다음 1차식을 고려해 보자.

$$Y=\frac{1}{2}X+5$$

이 식에 X값을 1씩 늘리면서 Y값을 계산한 표는 다음과 같다.

X	−3	−2	−1	0	1	2	3	4	5
Y	3.5	4	4.5	5	5.5	6	6.5	7	7.5

이 표를 좌표상에 그래프로 옮겨 윤곽을 잡고 X값이 아주 조금씩 증가한다고 가정하면 다음과 같이 직선이 그려진다[1]. 이 식은 X값에 의해 Y값이 결정되는 것을 의미한다. 이때 X를 독립변수, Y를 종속변수라고 한다. 그래프를 그릴 때는 독립변수를 수평축(통상 X축이라고 한다)에 종속변수를 수직축(통상 Y축이라고 한다)에 놓는 것이 원칙이다.

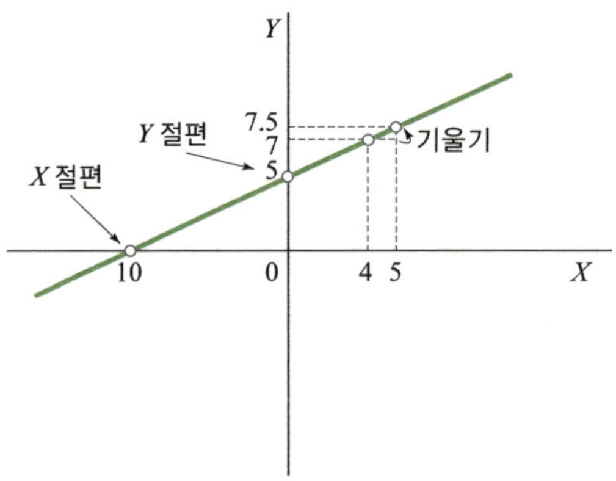

그래프를 보면서 1차식의 성질을 정리해보자.

1) 좌표평면은 수직선과 수평선에 의해 4개의 구역으로 분할된다. 수평축에서는 0 우측이 양의 값, 좌측이 음의 값이고, 수평축은 0 위쪽이 양의 값, 아래쪽이 음의 값을 갖는다. 경제학은 보통 모두 양인 평면을 다룬다.

① 다음과 같은 꼴의 1차식은 $X-Y$좌표상에서 직선으로 표현된다.

$$Y=aX+b$$

② $X=0$일 때 $Y=b$이다. 이때 b는 직선이 Y축(세로축)을 끊고 통과하는 점으로서 "Y절편"이라고 한다.

③ $Y=0$일 때 $X=-\frac{b}{a}$이다. 이때 $-\frac{b}{a}$는 직선이 X축(가로축)을 끊고 통과하는 점으로서 "X절편"이라고 한다.

④ 직선의 기울기는 X가 1 변동할 때 움직이는 Y의 변량이다. 그래프에서 X가 4에서 5로 변동할 때 변화된 Y의 크기 0.5가 기울기이다. 기울기는 다음과 같이 식으로 표현할 수 있다.

$$\begin{aligned}\text{기울기} &= X\text{축(가로축) 변수가 1 변동할 때 움직이는 } Y\text{축(세로축) 변수의 변량}\\ &= a = \frac{Y\text{의 변화량}}{X\text{의 변화량}}\end{aligned}$$

예 $Y=3X+2$에서 X가 4에서 8로 4 변할 때 Y는 14에서 26으로 12 변한다.

$$\text{기울기} = \frac{12}{4} = 3$$

(2) 좌표에서 직선식 구하기

직선의 식은 다음과 같이 해석한다.

$$Y = aX + b$$

기울기 (a), Y축 절편 (b)

직선상의 두 점 (X_0, Y_0)[2]과 (X_1, Y_1)을 지나는 직선식을 유도하기 위해서는 기울기와 Y축 절편을 계산하면 된다. 이것들을 찾아내는 방법은 다음과 같다.

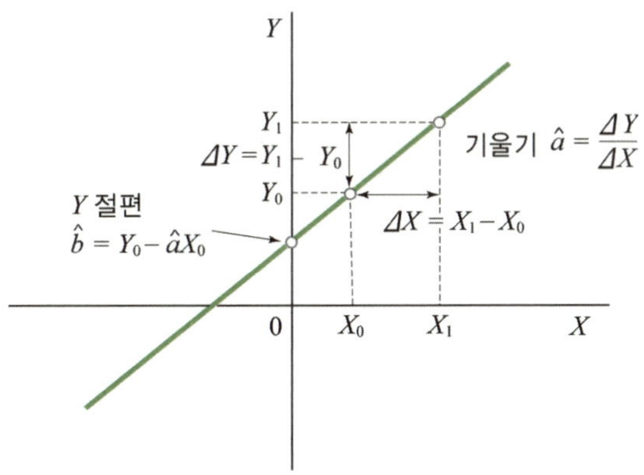

2) 좌표 (X_0, Y_0)과 같이 표현할 때는 좌측 수가 X값이고, 우측 수가 Y값이다. 즉, 좌표 (3, 4)에서 3이 수평축의 값이고, 4가 수직축의 값이다.

① 기울기$(\hat{a}) = \dfrac{Y\text{변화량}(\triangle Y)}{X\text{변화량}(\triangle X)}$

$$= \frac{Y_1 - Y_0}{X_1 - X_0}$$

② $Y=\hat{a}X+b$에 $(X_0,\ Y_0)$이나 $(X_1,\ Y_1)$을 대입하여 Y절편$(\hat{b})$을 찾는다.

$$\hat{b} = Y_0 - \hat{a}X_0$$

또는

$$\hat{b} = Y_1 - \hat{a}X_1$$

③ 찾은 직선식은 다음이다.

$$Y = \hat{a}X + \hat{b}$$

예 두 좌표점 (2, 4)와 (5, 3)를 지나는 직선식을 구해보자.

기울기$(\hat{a}) = \dfrac{3-4}{5-2} = -\dfrac{1}{3}$

Y 절편$(\hat{b}) = 4-\left(-\dfrac{1}{3}\times 2\right) = 4\dfrac{2}{3}$

직선식은 $Y = -\dfrac{1}{3}X + 4\dfrac{2}{3}$

(2) 직선의 성질

직선의 성질은 다음과 같다.

① 두 점을 지나는 직선은 유일하다.

② 특정 기울기를 가지고 한 점을 지나는 직선은 유일하다.

③ 기울기가 양수이면 우상향하고 음수이면 우하향한다.

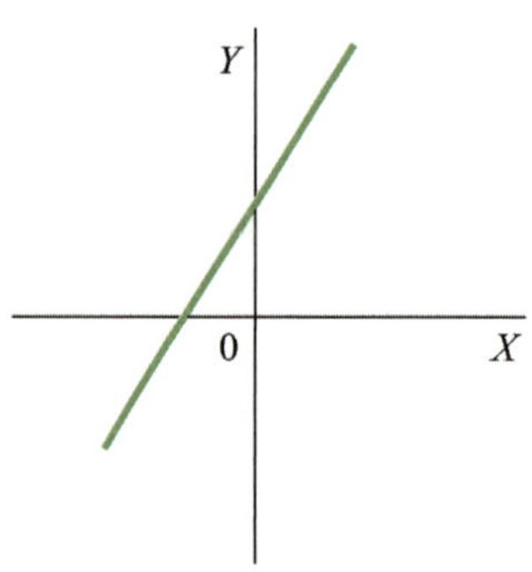

$a > 0$이면 우상향하는 형태

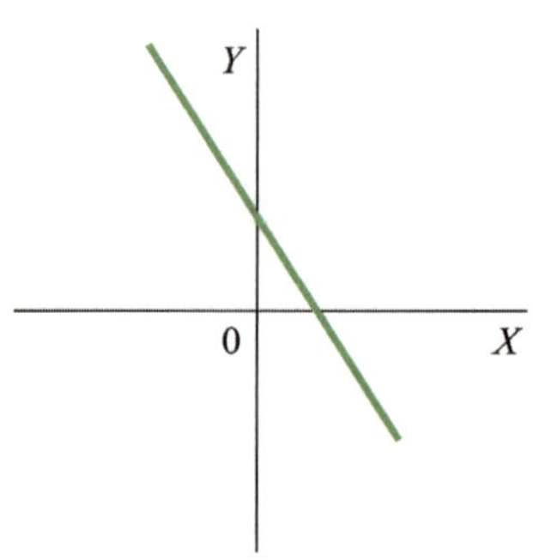

$a < 0$이면 우하향하는 형태

④ 기울기가 같고 절편이 다른 두 직선은 평행(서로 만나지 않고 같은 간격을 유지함)하다.

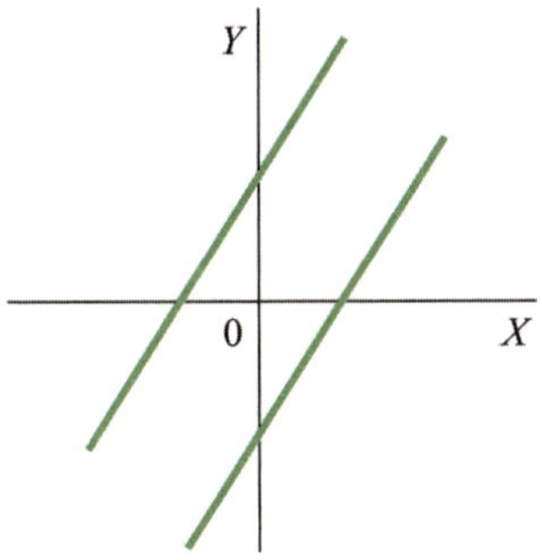

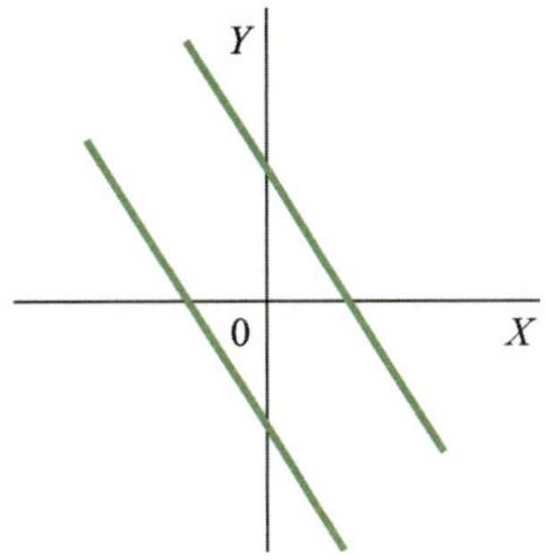

⑤ 기울기와 절편이 모두 같은 두 직선은 일치한다.

예제 3.3.1

다음 질문에 답하시오.

(1) 좌표 (2, 3)과 (5, 9)를 지나는 직선의 식을 구하시오.

(2) 기울기가 5이고 좌표 (3, 2)를 지나는 직선의 식을 구하시오.

(3) Y축 절편이 -2이고, X축 절편이 5인 직선의 식은?

(4) Y축 절편이 5이고, X축과 평행인 직선의 식은?

(5) 직선 $Y=2X+3$과 평행하고, 좌표(5, 7)을 지나는 직선의 식은?

풀이

(1) 기울기 $= \dfrac{\Delta Y}{\Delta X} = \dfrac{9-3}{5-2} = 2$

$Y=2X+b$라는 식에서 b를 구하려면 $b=Y-2X$이고, 이 그래프는 좌표 (2, 3)을 지나므로

$b=3-2\times2=-1$, $\therefore Y=2X-1$

(2) 직선의 식 $Y=aX+b$에서 기울기$(a)=5$이므로 $Y=5X+b$이다. 따라서 $b=Y-5X=2-15=-13$이다.

(3) Y절편이 b, X절편이 a인 직선은 좌표 $(0, b)$, $(a, 0)$을 지나는 직선이다.

따라서 기울기는 $\dfrac{\Delta Y}{\Delta X} = \dfrac{0-b}{a-0} = \dfrac{-b}{a}$, $\therefore Y=\dfrac{-b}{a}X+b$

주어진 값을 대입하면

$Y=\dfrac{2}{5}X-2$

(4) 수평인 직선은 기울기가 0이다. 이 직선의 Y절편이 5이므로 직선의 식은 $Y=5$이다.

(5) 평행하면 기울기가 같고 절편이 다르다. 따라서 이 직선은 기울기가 2이므로

$7=2\times5+b$, $b=-3$

이 직선식은 $Y=2X-3$이다.

예제 3.3.2

어떤 재화의 시장수요곡선이 직선이고, 그 수요곡선상의 가격과 수요량이 다음과 같을 때 수요곡선식을 유도하시오. 단, 가격은 P, 수량은 Q로 표시하시오.

	(1)	(2)	(3)	(4)	(5)
가격(원)	200	300	400	500	600
시장수요량(개/월)	260	220	180	140	100

풀이

$Q=aP+b$라고 할 때

$$\hat{a}=\frac{\Delta Q}{\Delta P}=\frac{-40}{100}=-0.4$$

$$\hat{b}=Q+0.4P=260+0.4\times 200=340$$

그러므로 수요곡선식은 $Q=-0.4P+340$이다.

예제 3.3.3

한 기업의 비용식이 다음과 같이 표현된다고 한다. 이 기업이 비용 40을 가지고 최대로 투입가능한 노동과 자본의 투입량을 그래프로 표현하시오. 또 기울기를 계산하시오. 단, TC는 비용, L은 노동투입량, K는 자본투입량이다.

$$TC=2L+K$$

풀이

비용 40을 모두 지출한다는 조건을 만족해야 하므로 비용식은 다음과 같이 된다.

$$40=2L+K$$

이것을 $L-K$ 평면에 그려보자. 직선을 그리는 방법은 2가지였다.

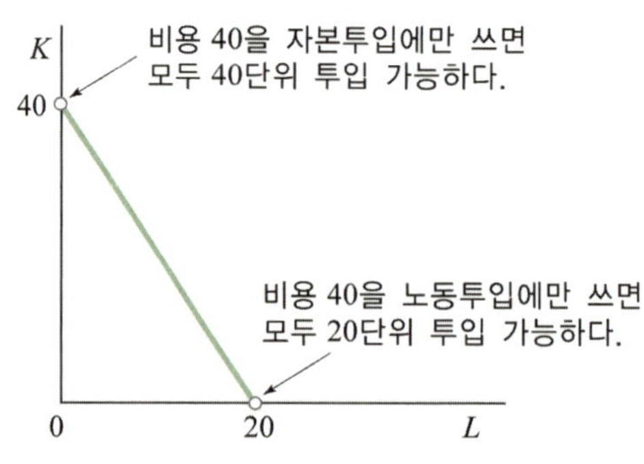

① 주어진 기울기에서 한 점을 지나는 직선은 유일하다.

② 두 점을 지나는 직선은 유일하다.

①을 활용할 때 경제학에서는 각 축의 절편을 파악하여 그릴 것을 추천한다.
수식을 이용해서 기울기를 계산해 보자. $40=2L+K$를 K에 대해 정리하면

$K=-2L+40$이므로 -2이다.

그래프에서 두 절편의 길이를 이용해도 된다. 원점에서 X가 20갈 때 Y는 40 줄었으므로

$$\text{기울기} = \frac{\Delta K}{\Delta L} = \frac{-40}{20} = -2$$

예제 3.3.4

명수는 예산 12,000원으로 오뎅(X)과 붕어빵(Y)을 사려고 한다. 오뎅은 1,000원에 3개이고 붕어빵은 1,000원에 4개이다. 명수가 12,000원을 모두 지출하여 구입가능한 붕어빵과 오뎅의 수량을 파악할 수 있는 직선식을 유도하고, $X-Y$평면에 그래프로 표현하시오. 단, X와 Y는 각 상품의 구매량을 의미한다.

풀이

오뎅 구입에 지출한 돈(오뎅가격×오뎅구매량)과 붕어빵구입에 지출한 돈(오뎅가격×오뎅구매량)을 합하여 12,000원이 되어야 한다.

$$12,000 = \frac{1,000}{3}X + \frac{1,000}{4}Y \rightarrow 144 = 4X + 3Y$$

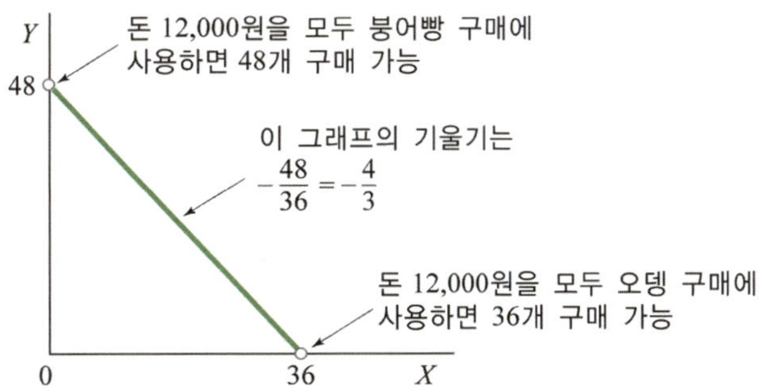

직선의 식이므로 두 축의 절편을 잡아서 그려보자. $Y=0$일 때 X축 절편은 36, $X=0$일 때 Y축 절편은 48이다.

예제 3.3.5

경제학자 필립스는 실업률 U와 인플레이션율(물가상승율) $\dot{P}$이 단기에 반대로 움직인다는 사실을 통계자료를 통해 입증하였다. 이렇게 유도된 식을 그래프로 옮긴 것이 유명한 "필립스곡선"이다. 경제학자 프리드만은 여기에 기대인플레이션율을 추가하여 필립스곡선식을 유도하였다. 만약 필립스곡선이 다음과 같이 직선식으로 표현된다면 인플레이션율이 2%, 기대인플레이션율 $E\dot{P}$가 2.5%일 때 실업율은 얼마인가?

$$\dot{P} = E\dot{P} + 0.1(3-U)$$

풀이

$$U = 10(\dot{E}P - \dot{P}) + 3 = 10(2.5 - 2) + 3 = 8\%$$

예제 3.3.6

노벨경제학상을 수상한 루카스는 국민소득(국민총생산) YS를 결정하는 식을 다음과 같이 유도하였다. 이것을 "루카스공급함수"라고 한다. 현재 이 경제의 기대물가상승율 $\dot{E}P$은 5%이고, 완전고용국민소득(경제 전체의 투입물을 정상적으로 사용할 때 도달가능한 생산량) Y_F를 500조 원이라고 하자. 물음에 답하라.

$$YS = Y_F + 5(\dot{P} - \dot{E}P)$$

(1) 가로축에 국민소득 YS, 세로축에 물가상승율 $\dot{P}$를 할당할 때 루카스공급곡선의 그래프를 그려라.

(2) 루카스는 사람들은 정보만 완전하면 물가상승율과 기대물가상승율이 일치한다고 주장한다. 그의 주장이 옳다면 루카스공급곡선은 어떻게 그려지는가?

풀이

(1) 주어진 조건을 식에 대입하면 다음과 같다.

$YS = 500 + 5(\dot{P} - 5) = 475 + 5\dot{P}$

$\dot{P} = 0.2\,YS - 95$ ······································· 우상향직선

(2) 정보가 완전할 때는 $\dot{P} = \dot{E}P$이므로 다음 식이 된다.

$YS = 500$ ······································· 수직선

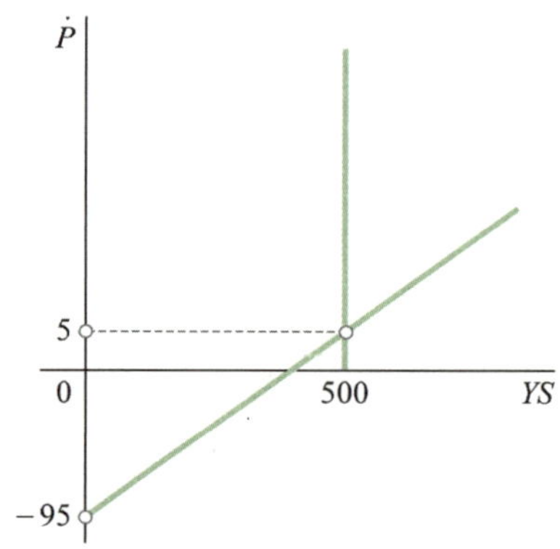

3.4 1차 연립방정식

1 1차 연립방정식의 해

앞에서는 방정식이 1개일 경우 해를 찾는 방법에 대하여 살펴보았다. 연립방정식의 해를 구하는 것은 여러 방정식을 동시에 충족하는 미지수 값을 찾는 것이다. 여기서는 1차 방정식 2개를 동시에 충족하는 미지수 X, Y값을 찾는 방법에 대해 알아보자. 다음 두 식을 상정하자.

$$Y = \frac{1}{2}X - 4$$

$$3Y = -2X + 30 \quad \text{또는} \quad Y = -\frac{2}{3}X + 10$$

(1) 연립방정식의 해에 대한 그래프적 의미

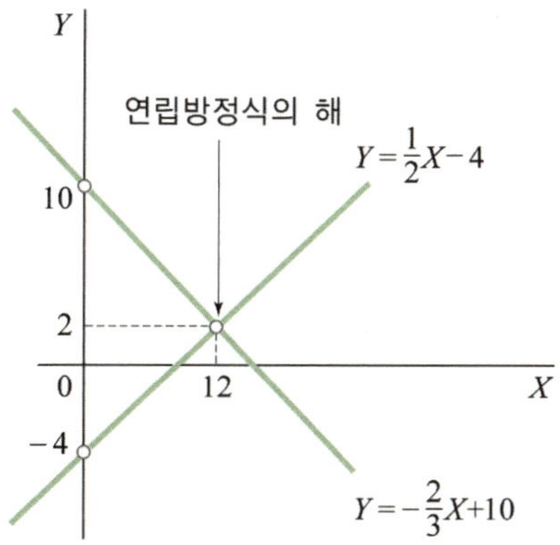

두 1차식의 직선을 하나의 그래프로 표현하였다. 두 직선이 만나는 점의 좌표가 (12, 2)라고 해보자. 이 값을 두 1차식에 대입하면 등식이 성립할 것이 분명하다. 그러므로, 두 1차식의 조건을 동시에 만족하는 (X, Y)의 값은 두 직선이 만나는 좌표점이다.

(2) 연립방정식의 풀이 방법

연립방정식을 풀기 위해서는 식의 수와 미지수의 수를 점차 줄여나가야 한다. 마지막으로 하나의 식에 하나의 미지수가 남으면 앞에서 다룬 1차 방정식의 해 풀이과정을 거쳐 그 미지수에 대한 해를 찾는다. 그 후에 역으로 그 해를 대입하면서 나머지 미지수의 해를 하나씩 찾아나간다. 방정식과 미지수를 줄여나가는 방법은 일반적으로 다음 3가지가 있다.

① **등치법(等値法)** : 두 연립방정식을 하나의 미지수(결국 줄일 미지수이다)에 대해 정리한 다음 두 미지수 값이 같다고 놓고 해를 찾는 방식이다. 앞의 예에서 우선 두 방정식을 모두 Y에 대해 정리한다. 첫 번째 식은 이미 Y에 대해 정리되어 있으므로 두 번째 식만 정리하면 된다.

$Y=\frac{1}{2}X-4$

$Y=-\frac{2}{3}X+10$ ……………………… 두 번째 식 변형식

두 식의 좌변 Y값을 같다고 두면 미지수 Y가 제거된 하나의 식이 된다.

$\frac{1}{2}X-4=-\frac{2}{3}X+10$ ……………………… 하나의 1차 방정식이 됨

이제 1차 방정식의 해를 구하는 절차를 밟아 해를 찾는다.

$3X-24=-4X+60$ ……………… 계수의 분수를 제거(양변에 6을 곱함)
$7X=84$ ……………………… 좌변에 미지수항만 모아 정리함
$X=12$ ……………………………… 해

먼저 찾은 X값을 두 식 중 하나에 대입하면 $Y=2$가 나온다.

② **대입법(代入法)** : 대입법은 하나의 식을 한 미지수에 대해 정리한 다음 다른 식의 미지수에 그 식을 대입해서 미지수를 제거해 나가는 방법이다. 앞의 예를 보자.

$Y=\frac{1}{2}X-4$ ……………………… Y에 대해 정리된 식
$3Y=-2X+30$

첫 번째 식을 두 번째 식의 Y자리에 대입하여 식과 미지수를 하나 줄인다.

$3\left(\frac{1}{2}X-4\right)=-2X+30$ ……………… 두 번째 식에 대입한 결과

$\frac{3}{2}X-12=-2X+30$ ……………………… 좌변의 ( ) 풀어냄

$3X-24=-4X+60$ ……………… 좌변의 분수로 된 계수 없앰(양변에 2를 곱함)

결국 해는 전과 같이 $X=12, Y=2$이다.

③ **가감법(加減法)** : 가감법은 식에서 식을 더 하거나 빼서 하나의 변수를 제거하는 방식이다. 이때 변수가 제거되기 위해서는 제거하려는 미지수가 동일한 계수를 가져야 한

다. 그러므로 두 식에서 제거하려는 변수의 계수가 같도록 식을 변형하는 절차를 가장 먼저 해야 한다.

$$Y = \frac{1}{2}X - 4$$

$$3Y = -2X + 30$$

먼저, 제거하려는 변수를 결정해야 한다. Y를 제거하려면 첫 번째 식의 양변에 3을 곱하거나 두 번째 식의 양변에 $\frac{1}{3}$을 곱하면 된다. 계산이 쉽도록 첫 번째 식에 3을 곱해보자.

$$3Y = \frac{3}{2}X - 12 \quad \cdots\cdots \text{ 양변에 3을 곱함(두 식의 } Y\text{를 일치시킴)}$$

첫 번째 식에서 두 번째 식을 빼 보자.

$$\begin{array}{rrcl} & 3Y & = & \frac{3}{2}X - 12 \\ - & 3Y & = & -2X + 30 \\ \hline & 0 & = & \frac{7}{2}X - 42 \end{array} \quad \cdots\cdots \quad 7X = 84$$

이렇게 해도 $X=12$, $Y=2$가 나온다. X를 제거해도 결과는 마찬가지다. 첫 번째 식을 두 번째 식과 같이 $2X$로 만들기 위해 양변에 4를 곱해보자.

$$4Y = 2X - 16 \quad \cdots\cdots \text{ 양변에 4를 곱함(두 식의 } X\text{를 일치시킴)}$$

이제 첫 번째 식과 두 번째 식을 더하여 X를 제거한다.

$$\begin{array}{rrcr} & 4Y & = & 2X - 16 \\ + & 3Y & = & -2X + 30 \\ \hline & 7Y & = & 14 \end{array}$$

결과적으로 $Y=2$, $X=12$가 유도된다.

(3) 시장균형

1차 연립방정식을 이용하여 경제학에서 가장 기본이 되는 시장균형을 살펴보자. 거래가 이루어지는 추상적 공간인 시장은 수요와 공급으로 구성된다. 수요량(특정 가격에서 상품을 사고자 하는 수량)과 공급량(특정 가격에서 상품을 팔고자 하는 수량)은 각기 시장가격에 의해 결정된다. 수요곡선식과 공급곡선식이 각기 1차식으로 다음과 같이 주어졌다고 가정하자. 여기서 Q는 수량이고, P는 시장가격이다.

수요곡선식 : $Q=50-P$

공급곡선식 : $Q=2P-10$

이 식들을 그래프로 그려보자. 그래프를 그릴 때는 원인변수를 X축에, 반응변수를 Y축에 그리는 것이 일반적인 원칙이다.

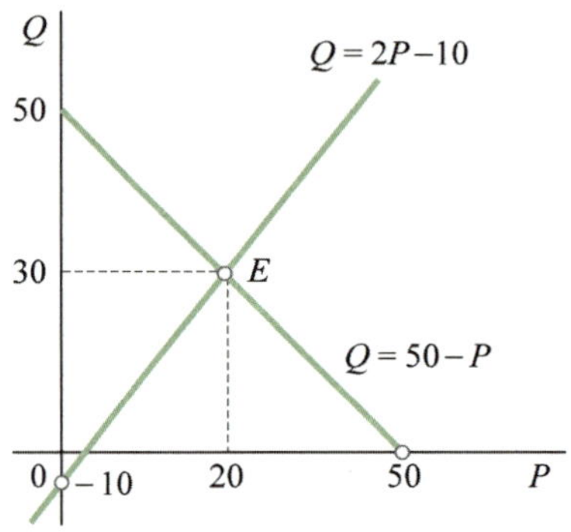

그래프에서 수요곡선과 공급곡선이 만나는 E점을 시장균형이라고 한다. 이때 거래량을 균형거래량, 시장가격을 균형가격이라고 부른다. E점에서 균형가격과 균형거래량을 계산해 보자.

수요곡선식과 공급곡선식이 모두 Q에 대해 정리되어 있으므로 등치법을 이용하면 편리하다.

$2P-10=50-P$ ························ Q가 같다고 놓음(등치법 적용)

$3P=60$

$P=20,\ Q=30$ ························ $P=20$을 한 식에 대입

그러나 독자들이 막상 경제학 책을 펴보면 그래프축이 바뀌어 그려져 있다는 사실을 발견하게 될 것이다. 사실 앞와 같은 그래프는 경제학자 왈라스의 이론적 시각을 표현한 것이다. 그는 가격에 대해 사람들이 수요량과 공급량을 결정해서 시장에 의사표시한다고 가정하는 소위 "왈라스체계"를 기초로 경제이론을 전개하였다. 현재 우리가 배우는 교과서의 시장모형은 기본적으로 이 모형을 따른다.

그럼에도 불구하고 왜 시장그래프는 축의 변수를 바꾸어 쓰는 것일까? 경제학의 수학적 초석을 다진 경제학자 마샬이 시초로 그린 그래프 축을 그대로 사용하기 때문이다. 마샬은 대학원에서 좋은 성적을 거둔 수학자로서 그래프축을 잘못 그릴 인물이 아니다. 그가 시장을 보는 시각이 왈라스와 반대였기 때문이다. 그는 시장에 공급할 상품의 양이 제시되면 수요자가 구매하기 위해 지불할 최고가격을 제시한다고 보았다. 이때 공급된 상품이 모두 팔리는 최고가격을 "수요가격"이라고 한다. 반대로 공급자는 제시된 수량을 공급하기

위해 최소한 받을 가격을 염두하고 있을텐데 이것을 "공급가격"이라고 한다. 기업은 수요가격이 공급가격보다 높아야만 실제 생산을 결정할 것이다. 앞의 왈라스모형식을 마샬모형식으로 정리하면 다음과 같다.

수요가격식 : $P=50-Q$
공급가격식 : $P=0.5Q+5$

왈라스모형의 식을 P에 대해 다시 정리한 것이다. 이 모형에서는 수량 Q가 원인변수이고 가격 P가 반응변수이다. 따라서 경제학 교과서와 같은 그래프가 유도된다.

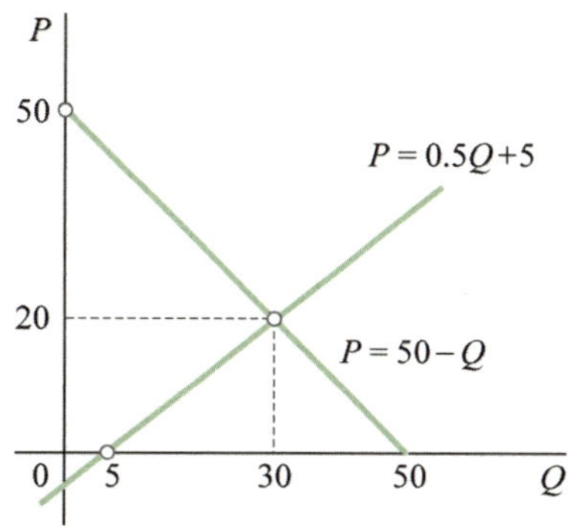

수요가격선과 공급가격선이 일치하는 점이 시장균형이다. 두 식을 연립해서 풀면 왈라스모형과 동일한 균형값을 얻게 된다. 독자들 각자가 P가 같다고 놓고 등치법으로 계산해 보기 바란다.

2 해의 존재 판정

우리가 찾고자 하는 것은 연립방정식의 유일한 해이다. 그런데, 직관적으로 연립방정식의 해가 몇 개 존재하는지 알아볼 수 있는 방법이 있다. 1차 방정식을 중심으로 살펴보자.

(1) 무한해(식의 수 $<$ 미지수의 수)

다음 $X-Y$평면에 그려진 그래프는 변수(미지수)가 2개이다. 하나의 1차 방정식을 좌측에 직선으로 그렸다. 여기서 직선 위의 모든 좌표점들은 이 방정식을 만족하는 해이다. 우측 그래프는 두 개의 직선이 완전히 일치하는 경우이다. 다음 수식 예로서 한 식을 변형하면 다른 식과 똑같아진다. 이 경우에도 직선 위의 모든 점들은 두 식을 동시에 만족하는 해들이다. 따라서 사실상 식의 수가 미지수의 수보다 적으면 해는 무한히 많다.

$Y=X+2$
$2Y=2X+4$ ··· 식을 변형하면 첫 번째 식과 일치한다.

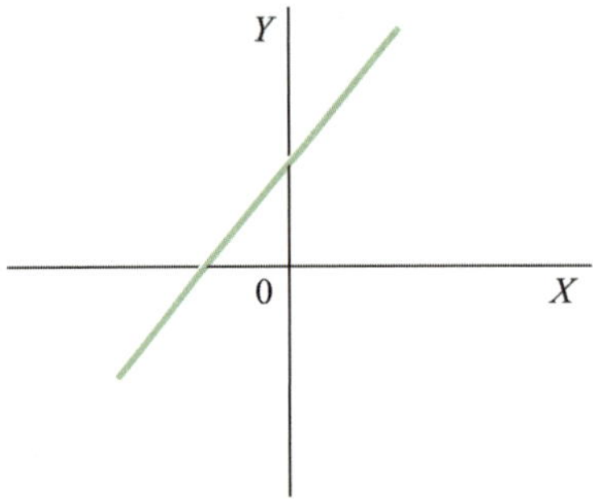

식이 1개인 경우

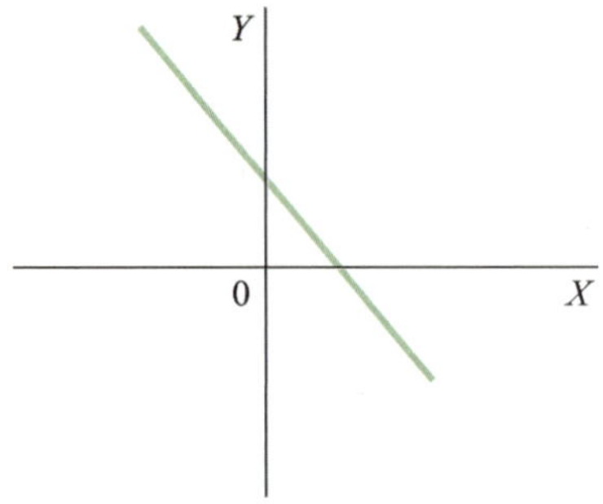

2개의 식이 동일한 그래프인 경우

(2) 유일해(식의 수 = 미지수의 수)

두 개의 식이 그래프와 같이 교차될 때 교차점에서 유일한 해를 갖게 된다. 지금까지 살펴본 경우이다.

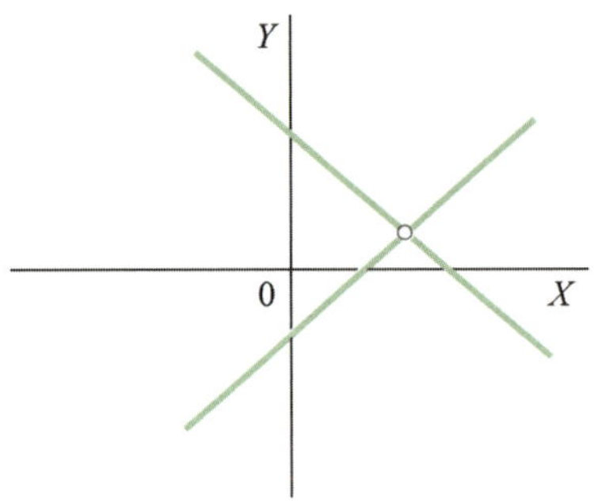

(3) 해의 부재(식의 수 > 미지수의 수)

다음 그래프는 두 개의 미지수에 세 개의 식이 서로 다른 점에서 교차하는 경우이다. 일반적으로 이렇게 되면 세 개의 식을 동시에 만족하는 점을 찾을 수 없기 때문에 연립방정식의 해는 존재하지 않는다.

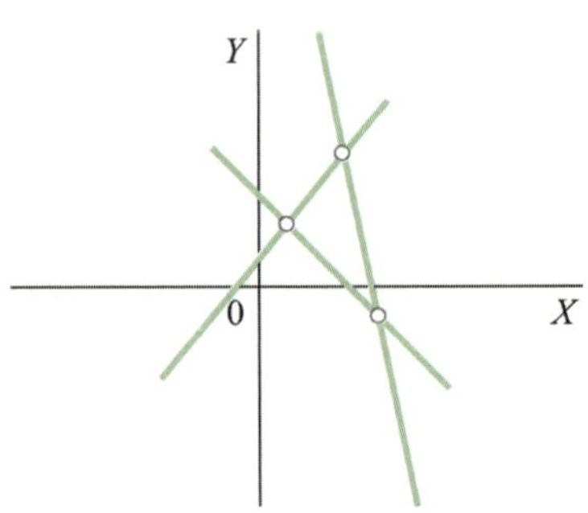

이상의 내용을 다음과 같이 정리할 수 있다. “유일한 해가 존재하기 위해서는 미지수의 개수와 식의 수가 일치해야 한다.” 역으로 말하면 유일한 해를 찾고자 할 때는 미지수의 수만큼 식의 수를 세울 수 있어야 한다. 1차 방정식이 아닌 경우에도 이러한 직관은 그대로 적용된다.

예제 3.4.1

다음 질문에 답하시오.

(1) 다음 연립방정식에서 X, Y의 해를 구하시오.

$$X+Y=312$$

$$\frac{8}{100}X=\frac{5}{100}Y$$

(2) 다음 연립방정식에서 Q, P의 해를 구하시오.

$$Q=100{,}000-15P$$

$$Q=-50{,}000+35P$$

(3) 다음 연립방정식에서 X, Y의 해를 구하시오.

$$72=9X+4Y$$

$$\frac{Y}{X}=\frac{9}{4}$$

(4) 다음 연립방정식에서 L, K의 해를 구하시오.

$$100=2LK$$

$$\frac{K}{L}=1$$

(5) 다음 연립방정식에서 P, Q의 해를 구하시오.

$$P=4Q$$

$$P=100-\frac{9}{10}Q$$

풀이

(1) $\frac{8}{100}X=\frac{5}{100}Y$의 양변에 100을 곱하면 $8X=5Y$, $8X-5Y=0$이다.

$X+Y=312$의 양변에 5를 곱하고 가감법에 의해 Y를 제거하면

$$13X=1{,}560,\ X=120$$

$X=120$을 $X+Y=312$에 대입하면 $Y=192$이다.

(2) 등치법을 이용한다.

$$100{,}000-15P=-50{,}000+35P$$

$$50P=150{,}000$$

$$P=3{,}000$$

P를 $100{,}000-15P$에 대입하면 $Q=55{,}000$이다.

(3) 아래의 분수식을 정리하면 $4Y=9X$이다.

이를 윗 식 $4Y$에 대입하면 $72 = 9X + 9X$, $18X = 72$, $X = 4$이다.

$X = 4$이면 $4Y = 39$이므로 $Y = 9$이다.

(4) $K = L$이므로 $100 = 2L^2$이다.

$L = \sqrt{50}$ 이므로 $L = \sqrt{50}$, $K = \sqrt{50}$ 이다.

(5) $4Q = 100 - \frac{9}{10}Q$ ………………………………………… 등치법으로 P 제거

$40Q = 1{,}000 - 9Q$

$49Q = 1{,}000$, $Q = \frac{1{,}000}{49}$, $P = \frac{4{,}000}{49}$

예제 3.4.2

연탄의 수요곡선식은 $Q^D = 1{,}000 - 2P$, 공급곡선식은 $Q^S = 100 + P$이다. 여기서 Q^D는 연탄의 수요량, Q^S는 공급량, P는 가격이다. 수요곡선과 공급곡선이 일치하는 균형가격과 균형거래량은 얼마인가?

풀이

수요곡선식 : $Q^D = 1{,}000 - 2P$

공급곡선식 : $Q^S = 100 + P$

두 식을 연립해서 등치법으로 풀면 $1{,}000 - 2P = 100 + P$이다.

$P = 300$, $Q = 400$

이 내용을 그래프로 표현하면 다음과 같다.

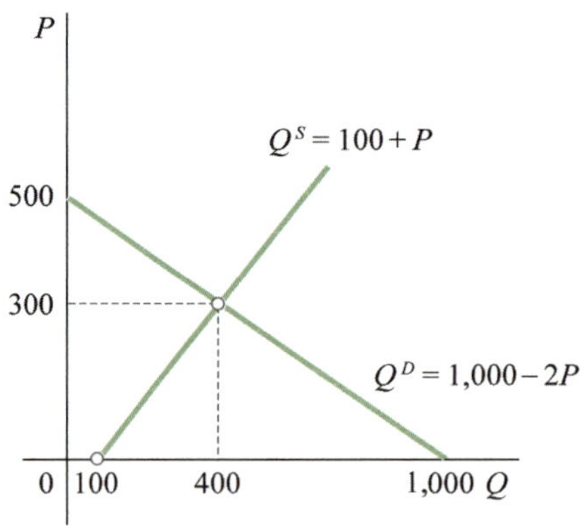

예제 3.4.3

다음과 같은 거시경제모형을 이용하여 답하시오. 거시경제의 균형은 유효수요와 국민총생산이 일치($YD = YS$)하는 것이다(YD : 유효수요, YS : 국민총생산, C : 소비지출, ID : 투자지출, G : 정부지출, T : 조세).

$$YD = C + ID + G$$

$$C = 0.8(YS - T) + 300$$
$$ID = 100$$
$$G = 100$$
$$T = 0.25\,YS$$

(1) 유효수요식에 주어진 변수식들을 대입하여 YD를 유도하시오.

(2) 국민총생산과 유효수요가 일치할 때 경제 전체는 균형이 된다. 그 상태에서 국민소득은 얼마인가?

풀이

(1) 유효수요식에 주어진 식들을 대입하여 정리하면 유효수요식이 된다.

$$\begin{aligned} YD &= 0.8(YS - 0.25\,YS) + 300 + 100 + 100 \\ &= 0.6\,YS + 500 \end{aligned}$$

(2) 균형국민총생산은 $YS = YD$에서 달성되므로 $YS = 0.6\,YS + 500$에서 경제 전체의 균형이 달성된다. 그 때의 국민소득 $YS = \dfrac{500}{0.4} = 1{,}250$이다. 결국, 이 내용은 다음과 같은 두 식을 연립해서 푸는 것이다.

$$YD = 0.6\,YS + 500$$
$$YD = YS$$

이 내용을 그래프로 그리면 다음과 같다.

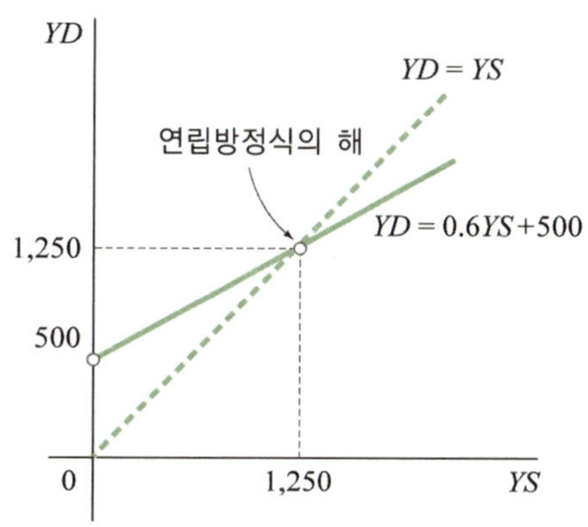

예제 3.4.4

지연이는 피자와 샐러드를 주식으로 한다. 피자와 샐러드의 단위당 가격이 각각 2원과 4원이며 지연의 소득은 20원이다. 체중조절에 힘쓰고 있는 그녀는 하루에 4,000칼로리를 초과하여 섭취하지 않는다. 피자와 샐러드의 단위당 열량은 각각 850칼로리와 200칼로리라고 한다. 지연이가 소득을 모두 지출하면서 4,000칼로리를 섭취하려면 피자와 샐러드를 각각 몇 단위씩 소비해야 하는가?

풀이

피자소비량을 X, 샐러드소비량을 Y라고 할 때 지연이의 제약식은 다음과 같이 표현된다.

소득 20원을 다 쓸 때 : $20 = 2X + 4Y$

4,000칼로리를 섭취할 때 : $4,000 = 850X + 200Y$

두 식을 연립해서 풀기 위해 첫 번째 식을 X에 대해 정리한다.

$$X = -2Y + 10$$

대입법에 의해 두 번째 식에 대입하면

$$4,000 = 850(-2Y + 10) + 200Y$$

이 식을 풀면, $Y=3$, $X=4$이다.

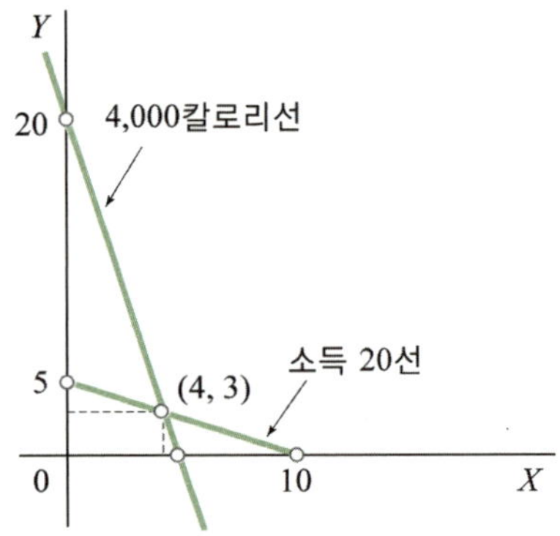

제 4 장 곡선방정식

4.1 2차식의 그래프

4.2 2차 방정식의 해

4.3 3차식과 그래프

4.4 분수식 등

일러두기

본서는 경제학을 처음 접하는 독자들도 무리 없이 읽을 수 있도록 내용을 구성하였습니다. 다만, 좀 더 수월하게 본서를 마치고 싶은 독자는 본문과 문제에 다음 표시가 있는 부분을 제외시키고 공부해도 좋습니다. 굳이 분류기준을 밝히면 다음과 같습니다.

· Ⅰ : 경제원론을 읽었으면 익숙한 내용

· Ⅱ : 굳이 보지 않아도 되는 내용

4.1 2차식의 그래프

1 2차식의 그래프

다음 식의 우변을 생각해보자. 변수가 1개이고 최고차수가 2차이다. 이런 식을 "단일변수 2차식"이라고 한다.

$$Y=2X^2-4X+5$$

X를 1씩 늘려 가면서 이에 대응하는 Y값을 표로 정리하면 다음과 같다.

X	−3	−2	−1	0	1	2	3	4	5
Y	35	21	11	5	3	5	11	21	35

이 표를 그래프로 $X-Y$ 평면에 옮겨보자. 이 2차식은 보통 한쪽으로 볼록한 컵모양(이를 "포물선"이라고 한다)의 좌우 대칭형태를 갖는다.

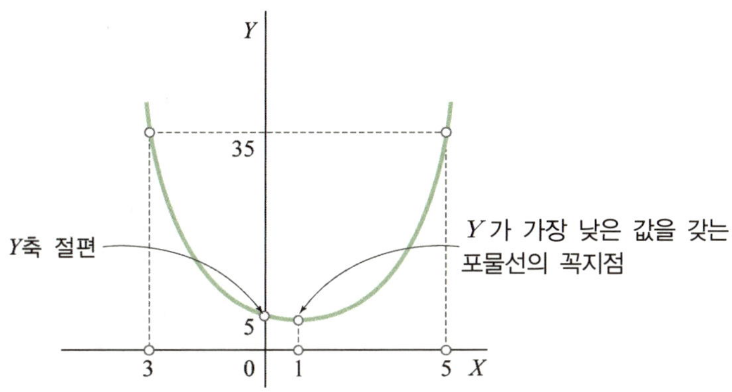

2 2차식 곡선의 성질

일반적으로 2차식은 앞에서 예로 든 $Y=AX^2+BX+C$ 형태를 갖는다. 포물선의 성질을 파악하기 쉽도록 $Y=AX^2$ 꼴의 단순한 2차식으로부터 점차 확장해가면서 살펴보도록 하겠다.

(1) $Y=AX^2$에서 $A>0$이면 포물선은 아래로 볼록하다.

2차식에서 2차항의 계수값(A)이 갖는 부호는 포물선이 볼록한지, 오목한지를 결정한다. 계수의 부호가 양수이면 아래로 볼록하여 아래쪽에 꼭지점이 있고, 음수이면 위로 볼록하여 위쪽에 꼭지점이 존재한다.

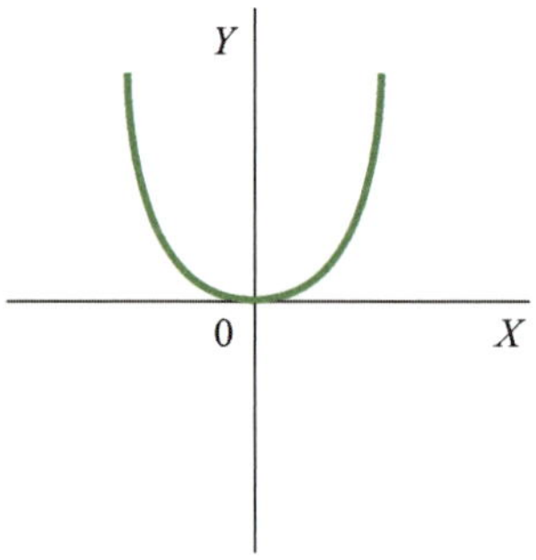

$A>0$인 경우

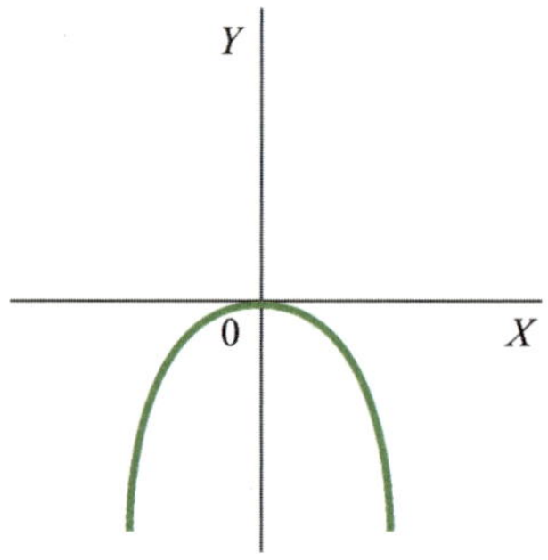

$A<0$인 경우

앞에서 예로 든 식 $Y=2X^2-4X+5$는 2차항의 계수부호가 양수 2이므로 그래프가 아래로 볼록한 모양을 보이고 있다.

(2) $Y=AX^2$의 꼭지점은 원점(0, 0)이다.

예를 들어 $Y=2X^2$의 그래프를 그리기 위해 대응하는 값들을 살펴보자.

X	−3	−2	−1	0	1	2	3	4	5
Y	18	8	2	0	2	8	18	32	50

원점을 기준으로 좌우 대칭이며 원점에서 가장 작은 Y값을 갖는 포물선이라는 사실을 확인할 수 있다. 만약 $Y=-2X^2$라면, 원점에서 가장 큰 Y값을 갖는 좌우대칭의 포물선 형태를 보일 것이다.

(3) $Y-n=A(X-m)^2$의 꼭지점은 좌표(m, n)이다.

2차식 $Y=AX^2+BX+C$은 $Y-n=A(X-m)^2$꼴로 정리할 수 있다. 이때 꼭지점의 좌표는 (m, n)이다($X=m$일 때 $(X-m)^2=0$이므로 $Y=n$). 앞에서 예로 든 식을 정리해 보자.

$$Y=2X^2-4X+5$$
$$=2(X-1)^2+3 \text{ 또는 } Y-3=2(X-1)^2$$

따라서 꼭지점의 좌표는 (1, 3)이다. 그래프를 그리기 위해 수치를 대입한 표를 보면 이 사실을 알 수 있다.

Y절편 꼭지점

X	-3	-2	-1	0	1	2	3	4	5
Y	35	21	11	5	3	5	11	21	35

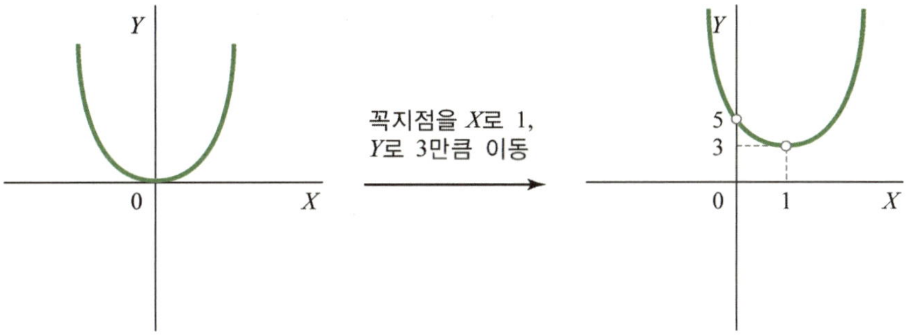

$Y=2X^2$ $\qquad$ $Y-3=2(X-1)^2$

예제 4.1.1

다음 물음에 답하시오.

(1) 다음 2차식의 그래프 중 아래로 볼록한 U자 형태인 것을 모두 고르시오.

① $Y=4X^2-10X$

② $Y=-\dfrac{3}{2}X^2+\dfrac{2}{3}$

③ $Y=X^2-3$

④ $Y=-3X^2-X+20$

(2) 다음 식의 Y축 절편을 계산하시오.

① $Y=4X^2-X+5$

② $Y=3(X-2)^2-8$

풀이

(1) $Y=AX^2$에서 $A>0$이면 포물선은 아래로 볼록하다.

2차식의 계수가 0보다 큰 것은 ①, ③이다.

$A<0$이면 당연히 위로 볼록하다.

(2) 1차식과 마찬가지로 Y축 절편은 (0, Y절편)이다.

그러므로 2차식의 일반형 $Y=AX^2+BX+C$에서 Y축 절편의 좌표는 (0, C)가 될 것이다.

① (0, C)이므로 5이다.

② $Y=AX^2+BX+C$의 형태로 고치면 $3X^2-6X+4$이므로 Y축 절편은 4이다.

예제 4.1.2

다음 질문에 답하시오.

(1) 다음 식의 그래프에서 극소인 Y는 얼마인가? 또 Y축 절편은 얼마인가?

$$Y=3\left(X-\frac{1}{2}\right)^2+\frac{2}{3}$$

(2) $Y=AX^2+BX+C$의 꼭지점이 $\left(-\frac{B}{2A},\ -\frac{B^2-4AC}{4A}\right)$이라는 사실을 보이시오(힌트, $Y-n=A(X-m)^2$꼴로 정리해 본다).

풀이

(1) $Y=A(X-m)^2+n$에서 $A>0$일 때(아래로 볼록) $X=m$에서 최소값 n을 갖는다.

그러므로 $X=\frac{1}{2}$일 때 극소값은 $\frac{2}{3}$이다.

$X=0$에서 Y값이 Y축 절편이다. 식에 대입하면

$$Y=3\left(\frac{1}{2}\right)^2+\frac{2}{3}=1\frac{5}{12}$$

(2) $Y=AX^2+BX+C$을 $Y-n=A(X-m)^2$꼴로 정리해 보자.

$$\begin{aligned}AX^2+BX+C&=A\left(X^2+\frac{B}{A}X\right)+C\\&=A\left[X^2+\frac{B}{A}X+\left(\frac{B}{2A}\right)^2-\left(\frac{B}{2A}\right)^2\right]+C\\&=A\left[X+\frac{B}{2A}\right]^2-\frac{B^2}{4A}+C \quad\cdots\cdots\ (X+b)^2=X^2+2bX+b^2\ \text{적용}\\&=A\left(X+\frac{B}{2A}\right)^2-\frac{B^2-4AC}{4A}\end{aligned}$$

또는 $Y+\frac{B^2-4AC}{4A}=A\left(X+\frac{B}{2A}\right)^2$ ·········· [부록 3] 참고

4.2 2차 방정식의 해

1 $AX^2=B$ 꼴의 해

$4X^2=9$를 만족하는 X를 찾아보자. 1차 방정식을 해결할 때처럼 $X=?$꼴로 정리하면 된다.

$X^2=\frac{9}{4}$ ·········· 4를 우변으로 옮김

$X=\pm\left(\frac{9}{4}\right)^{\frac{1}{2}}=\pm\frac{3}{2}$ ·········· 양변에 $\frac{1}{2}$승을 함

2 $AX^2+BX+C=0$꼴의 해

앞에서 살펴본 $AX^2=B$꼴은 $AX^2-B=0$꼴로 변형된다. 마찬가지로 $AX^2+BX=-C$꼴은 $AX^2+BX+C=0$로 변형된다. 이 꼴의 해를 구하는 2가지 방식을 살펴보자.

(1) 인수분해 활용

식의 전개과정을 역으로 적용하면, AX^2+BX+C꼴은 다음과 같이 두 개의 1차식을 전개한 결과이다.

$$(aX+b)(cX+d)=AX^2+BX+C$$

따라서 $AX^2+BX+C=0$꼴에 인수분해를 적용하면 $(aX+b)(cX+d)=0$꼴이 된다. 결국 $AX^2+BX+C=0$이 성립하려면 $aX+b=0$이거나 $cX+d=0$이면 된다.

$$AX^2+BX+C=\underline{(aX+b)(cX+d)}=0$$

둘 중 하나가 0이면 이 등식은 성립한다.

그러므로 이 등식의 해는 $X=-\frac{b}{a}$ 또는 $X=-\frac{d}{c}$이다. 왜냐하면

$$aX+b=0 \rightarrow X=-\frac{b}{a}$$

$$cX+d=0 \rightarrow X=-\frac{d}{c}$$

예를 들어, $5X^2+7X-6=0$을 만족하는 X를 구해보자. 인수분해를 하면

$$(5X-3)(X+2)=0$$

그러므로 두 해는

$$5X-3=0 \rightarrow X=\frac{3}{5}$$

$$X+2=0 \rightarrow X=-2$$

인수분해가 익숙하지 않은 사람도 이 과정에 부담을 가질 필요가 없다. 다음에 소개되는 근의 공식을 활용하면 인수분해를 하지 않아도 2차 방정식의 해를 구할 수 있다.

(2) 근의 공식 활용

실제로 2차 방정식은 인수분해를 이용해서 해결하기보다는 암기한 근의 공식을 활용하는 것이 더 편리하다.

$$AX^2+BX+C=0 \quad \cdots\cdots \quad Y=0\text{에서 } X\text{값으로서 } X\text{축 절편}$$

의 두 해("근"이라고 함)는 다음 식에 대입하여 쉽게 얻을 수 있다(예제 4.1.2 풀이 참고).

$$X=\frac{-B\pm\sqrt{B^2-4AC}}{2A} \quad \cdots\cdots \quad \text{포물선의 } X\text{축 두 절편값}$$

앞의 예를 다시 들어 보자. $5X^2+7X-6=0$에서 $A=5$, $B=7$, $C=-6$으로 보고, 근의 공식에 대입하면,

$$\begin{aligned} X&=\frac{-B\pm\sqrt{B^2-4AC}}{2A} \\ &=\frac{-7\pm\sqrt{7^2-4\times5\times(-6)}}{2\times5} \\ &=\frac{-7\pm13}{10} \end{aligned}$$

인수분해를 통해 찾은 해와 일치함을 확인할 수 있다. 다시 한 번 강조하지만 단일변수 2차식의 두 해는 인수분해보다는 근의 공식을 활용하여 계산하기 바란다.

예제 4.2.1

다음 2차 방정식의 해를 구하시오.

(1) $\frac{1}{3}X^2=\frac{1}{12}$

(2) $2(X-1)^2=18$

(3) $5X^2-12X=-4$

(4) $3X^2+2X-5=0$

풀이

(1) $X^2=\frac{1}{4}$, $X=\pm\frac{1}{2}$

(2) $(X-1)^2=9$, $X-1=\pm3$, $X=-2, 4$

(3) $5X^2-12X+4=0$

근의 공식 $X=\frac{-B\pm\sqrt{B^2-4AC}}{2A}$를 이용하면

$$X=\frac{12\pm\sqrt{144-4\times5\times4}}{10}=\frac{12\pm8}{10}=2,\ \frac{2}{5}$$

(4) 근의 공식을 이용하면,

$$X=\frac{-2\pm\sqrt{4-4\times3\times(-5)}}{2\times3}=\frac{-2\pm8}{6}$$

이므로 $X=-\frac{5}{3}$, 1

예제 4.2.2

다음은 한 기업의 총판매수입(TR)과 총비용(TC)을 보여주는 식이다. 이들 식을 이용하여 답하시오. 단, Q는 생산량이다.

$$\text{총판매수입} : TR = 100Q - 1.5Q^2$$

$$\text{총비용} : TC = 150 + 35Q + 0.5Q^2$$

(1) 총판매수입과 총비용을 나타내는 그래프를 그리시오. 단, 가로축에 생산량 Q, 세로축에 금액을 위치시키시오. 두 그래프의 교차점을 찾아서 표시하시오.

(2) 기업의 이윤은 총판매수입에서 총비용을 뺀 것이다. 이윤식을 유도하고 그래프를 그리시오. 이윤식의 수량축 절편을 찾아서 표시하시오.

풀이

(1) 두 곡선 모두 2차식으로 포물선이다. 비용곡선은 2차항의 계수가 양수로서 아래로 볼록하고 총판매수입곡선은 2차항의 계수가 음수로서 위로 볼록하다. 두 곡선의 교차점은 총판매수입과 비용이 일치하는 점이므로 다음과 같이 계산한다.

$$100Q - 1.5Q^2 = 150 + 35Q + 0.5Q^2$$

$$2Q^2 - 65Q + 150 = 0$$

근의 공식을 활용하여 두 해를 찾으면 2.5와 30이다.

$$Q = \frac{65 \pm \sqrt{65^2 - 4\times2\times150}}{2\times2} = \frac{65 \pm 55}{4}$$

다음 해설의 좌측그래프가 비용곡선과 총판매수입 그래프이다(꼭지점은 [부록 3] 참고).

(2) 이윤 $\pi = TR - TC$

$$= (100Q - 1.5Q^2) - (150 + 35Q + 0.5Q^2) = -2Q^2 + 65Q - 150$$

이 곡선은 ∩모양의 포물선이다. 수량축 절편, 즉 $\pi = 0$인 Q점을 찾으려면 다음 식의 해를 찾으면 된다. 결과는 (1)과 당연히 일치한다.

$$2Q^2 - 65Q + 150 = 0$$

$$Q = \frac{65 \pm \sqrt{65^2 - 4\times2\times150}}{2\times2} = \frac{65 \pm 55}{4}$$

수량축 절편 $Q = 30, 2.5$이다. 따라서 그래프의 윤곽은 다음과 같다(꼭지점은 [부록 3] 참고).

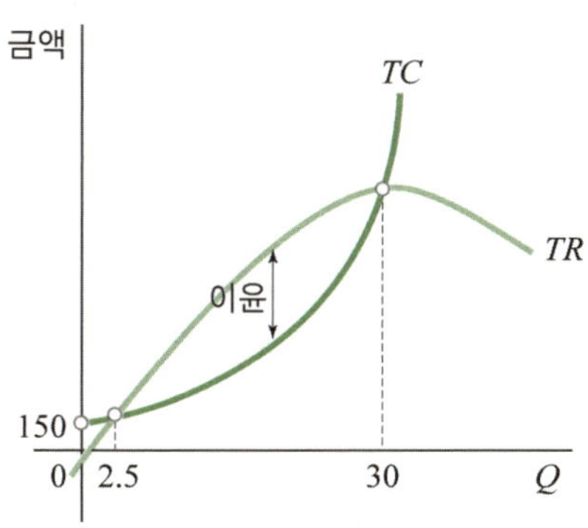

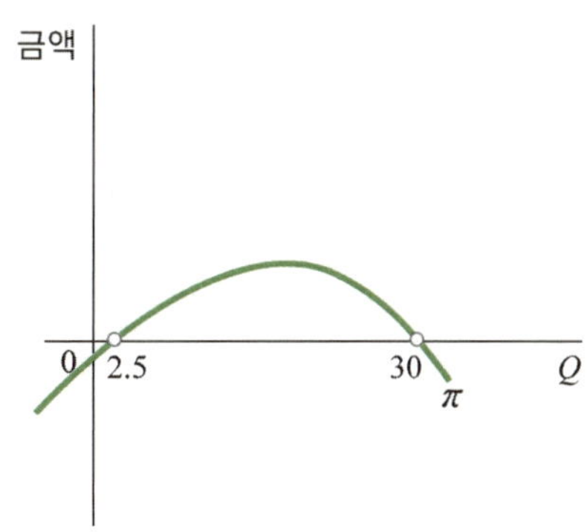

좌측의 그래프에서 교차점은 이윤이 0인 점들이다. 우측 그래프에서 이 점들은 수량축 절편으로 나타난다. 교차점을 계산하는 식과 절편을 계산하는 식이 일치한다는 사실을 확인할 수 있다.

예제 4.2.3

2차방정식 $AX^2+BX+C=0$에서 근의 공식을 유도하시오(힌트, 예제 4.1.2의 풀이에서 포물선의 꼭지점을 구하는 식으로 유도한 다음, $X=?$꼴로 정리한다).

$$X=\frac{-B\pm\sqrt{B^2-4AC}}{2A}$$

풀이

$AX^2+BX+C=0$을 변형하면

$$A\left(X+\frac{B}{2A}\right)^2-\frac{B^2-4AC}{4A}=0$$

$$\left(X+\frac{B}{2A}\right)^2=\frac{B^2-4AC}{4A^2}$$

$$X+\frac{B}{2A}=\pm\sqrt{\frac{B^2-4AC}{4A^2}}$$

$$X=\frac{-B\pm\sqrt{B^2-4AC}}{2A}$$

4.3 3차식과 그래프

1 $Y=AX^3$꼴의 그래프

가장 단순한 3차식 $Y=X^3$의 그래프를 살펴보자. 먼저 각 X에 대응하는 Y의 값을 표로 만들었다.

X	−3	−2	−1	0	1	2	3	4	5
Y	−27	−8	−1	0	1	8	27	64	125

↘ Y 절편

이 표를 그래프로 옮기면 Y축 절편이 0인 다음과 같은 그래프가 나온다.

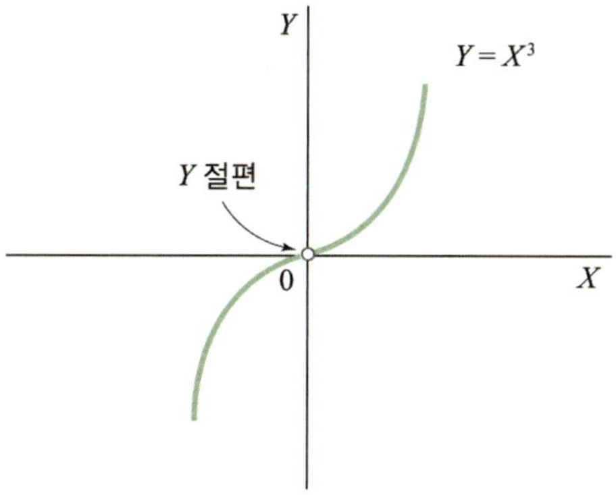

2 $Y=AX^3+BX^2+CX+D$

이제는 가장 단순한 일반적인 형태의 3차식 $Y=X^3-X^2+X+2$의 그래프를 살펴보자. 역시 각 X에 대응하는 Y값을 표로 만들어 그래프의 윤곽을 잡아보자([부록 4] 참고).

X	−3	−2	−1	0	1	2	3	4	5
Y	−37	−12	−1	2	3	8	23	54	107

↘ Y 절편

이 그래프도 앞의 그래프와 형태는 같지만 Y축 절편이 2이다.

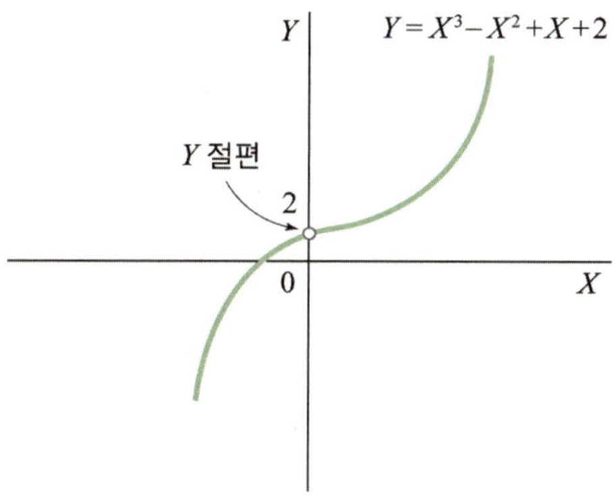

(1) 곡선의 방향을 결정하는 A

일반화된 꼴 $Y=AX^3+BX^2+CX+D$에서 곡선의 방향을 결정하는 것은 A이다. A가 양수이면 X가 증가할 때 궁극적으로 Y는 상승한다. 반대로 A가 음수이면 X가 증가할 때 궁극적으로 Y는 감소한다[1].

1) 그래프의 꼭지점은 몇 차식인가에 의해 결정된다. 2차식에서는 꼭지점이 하나였고, 3차식에서는 그래프에서 보는 것처

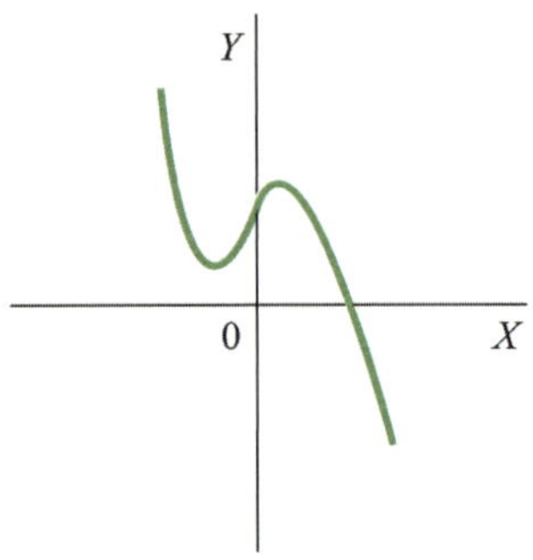

*A*가 음수

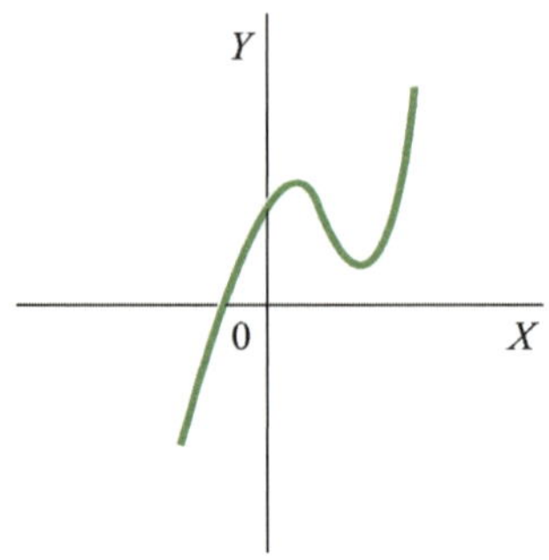

*A*가 양수

(2) 곡선의 Y절편은 D가 결정

$X=0$에서 $Y=D$이므로 Y절편은 D이다. D가 양수이면 Y절편은 양수이고, D가 음수이면 Y절편은 음수이다.

예제 4.3.1

다음 두 식 그래프의 Y절편을 잡고, 대체적인 윤곽을 그리시오.

(1) $Y=X^3-4X^2+45X$

(2) $Y=X^3-4X^2+45X+10$

풀이

(1)

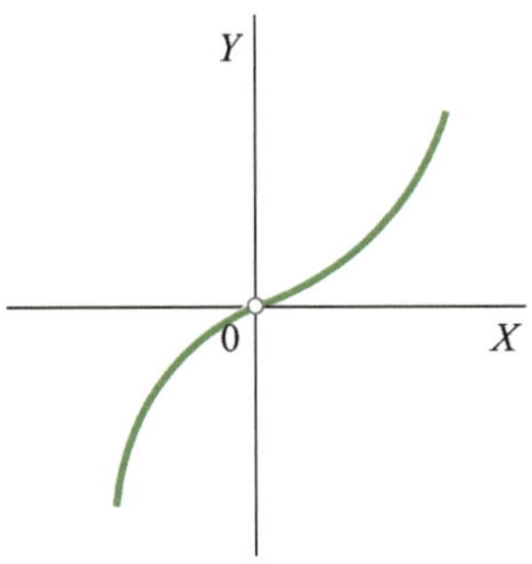

(2)

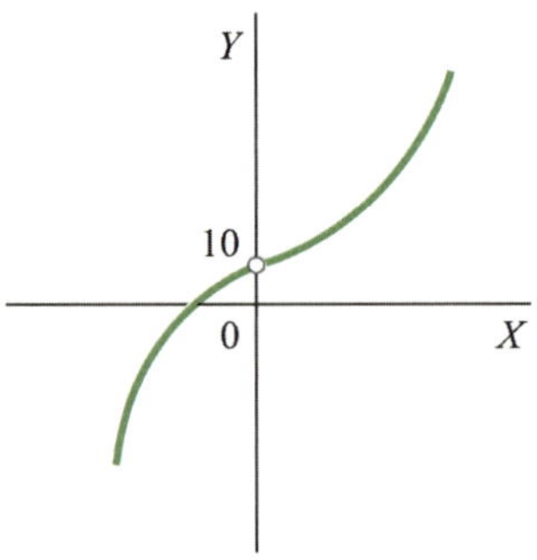

(1) 식은 $X=0$일 때 $Y=0$(Y절편)이다.

(2) 식은 $X=0$일 때 $Y=10$(Y절편)이다.

두 식의 3차항 계수는 양수이므로 궁극적으로 우상향하는 곡선이 된다.

럼 많아야 두 개의 꼭지점을 갖는다. 그래프의 꼭지점수는 다항식의 차수에서 1을 뺀 수 이상 존재할 수 없다. 다시 말해, 1차식은 꼭지점이 없고, 2차식은 한 개, 3차식은 많아야 두 개, 4차식은 많아야 세 개를 갖는 것이다.

예제 4.3.2

다음은 한 기업의 비용식 TC이다. 이 기업은 생산량 Q가 0일 때도 일정한 비용이 발생한다. 이렇게 생산량과 무관하게 발생하는 비용을 고정비용이라고 한다. 생산량이 점차 늘어남에 따라 비용도 증가하게 되는데, 이 비용을 가변비용(회계학에서는 변동비용)이라고 한다. 이 기업에 대해 질문에 답하시오.

$$TC = Q^3 - 4Q^2 + 6Q + 10$$

(1) 생산량 0에서 5까지 생산량과 비용 간의 대응표를 작성하시오.
(2) 가로축을 생산량, 세로축을 비용으로 잡은 그래프에 대응표의 좌표를 찍으시오. 그리고 좌표를 곡선으로 매끄럽게 연결하여 비용곡선의 윤곽을 표현하시오.

풀이

(1)

생산량	0	1	2	3	4	5
비 용	10	13	14	19	34	65

(2)

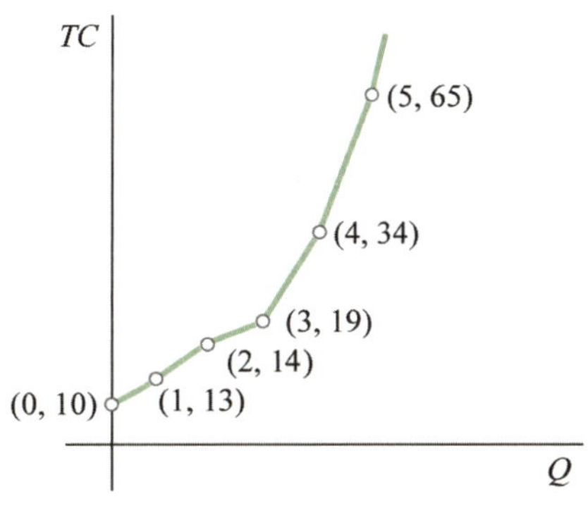

4.4 분수식 등

이 곳에서는 경제학에서 활용되는 몇 가지 특수한 꼴을 살펴보려고 한다.

1 $Y \times X = C$ 또는 $Y = \frac{C}{X}$ 꼴 (단, $Y > 0,\ X > 0,\ C > 0$)

$Y = \frac{12}{X}$의 그래프를 고려해보자. X와 Y의 대응관계표를 보면 항상 $X \times Y = 12$이다.

절편이 정의되지 않음(분모가 0)

X	-3	-2	-1	0	1	2	3	4	5
Y	-4	-6	-12	부정	12	6	4	3	2.4

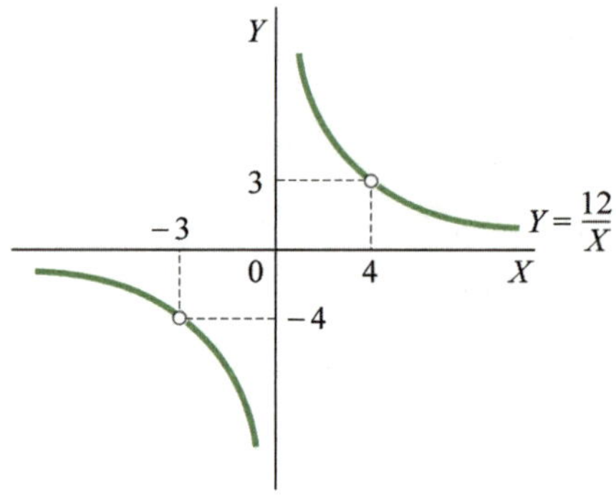

이 그래프는 각 축을 향하여 끝없이 점근해가는 형태를 보인다. 그래프에 표시된 것처럼 X축의 값과 Y축의 값을 곱하면 항상 12이다. 12는 그래프에서 각 축과 점선이 만드는 직사각형의 면적이다. 이런 꼴의 그래프를 "직각쌍곡선"이라 한다([부록 4] 참고).

$Y=\dfrac{12}{X-3}+2$와 같이 $Y=\dfrac{C}{X-b}+a$ 꼴을 하면 직각쌍곡선 기본꼴의 그래프가 이동하여 Y절편 $\dfrac{C}{-b}+a$를 가진다. 경제학에서는 직각쌍곡선의 기본꼴을 자주 활용한다.

2 $X^{\alpha}Y^{\beta}=C$ 또는 $Y=\dfrac{C^{\frac{1}{\beta}}}{X^{\frac{\alpha}{\beta}}}$ 꼴 (단, $Y>0,\ X>0,\ C>0,\ \alpha>0,\ \beta>0$)

$X^{\alpha}Y^{\beta}=C$꼴도 분수식의 특수한 형태이다. Y에 대해 정리해보자.

$$Y^{\beta}=\frac{C}{X^{\alpha}}$$

$$Y=\frac{C^{\frac{1}{\beta}}}{X^{\frac{\alpha}{\beta}}} \quad \cdots\cdots \text{양변에 } \frac{1}{\beta}\text{승을 함}$$

$X^{\frac{1}{3}}Y^{\frac{2}{3}}=9$를 생각해보자. Y에 대해 정리하면 $Y=\left(\dfrac{9}{X^{\frac{1}{3}}}\right)^{\frac{3}{2}}=\dfrac{27}{X^{\frac{1}{2}}}$이다. 이것을 다시 정리하면 $X^{\frac{1}{2}}Y=27$이다. 직각쌍곡선 기본꼴의 약간 변형된 형태로서 직각쌍곡선과 유사한 모양을 보이는 그래프가 그려질 것이다.

$X\times Y=27$의 그래프와 이 그래프를 비교해보자.

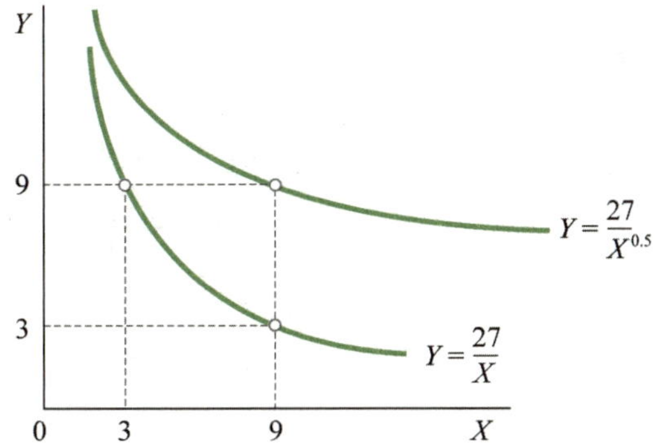

위 꼴도 직각쌍곡선의 기본꼴 그래프처럼 양 축에 닿지 않으면서 점근하는 형태를 보인다. 정확히 말하면 직각쌍곡선의 기본꼴은 이 꼴의 특수한 형태에 불과하다. 이 꼴에서는 X와 Y의 지수에 따라 직각쌍곡선의 기본꼴 형태에서 그래프가 약간 뒤틀리는 형태를 보인다. 이 꼴은 "콥－더글라스 꼴"이라 하며 경제학에서 많이 사용되는 형태 중 하나이다.

3 $Y=\sqrt{X}$ 또는 $Y^2=X$ 꼴 (단, $Y>0$, $X>0$)

경제학에서 자주 사용하는 또 다른 수식 꼴이 $Y=\sqrt{X}$, 또는 $Y=X^{\frac{1}{2}}$이다. $0^{\frac{1}{2}}$는 정의되지 않기 때문에 부정이다. X와 Y의 대응관계는 다음 표와 같다. X값이 음수이면 경제학에서는 무의미한 공간이 되므로 일반적으로 고려하지 않는다.

X	0	1	4	9	16	25	36
Y	부정	1	2	3	4	5	6

이 표를 좌표상에 그래프로 옮기면 다음과 같은 형태가 된다.

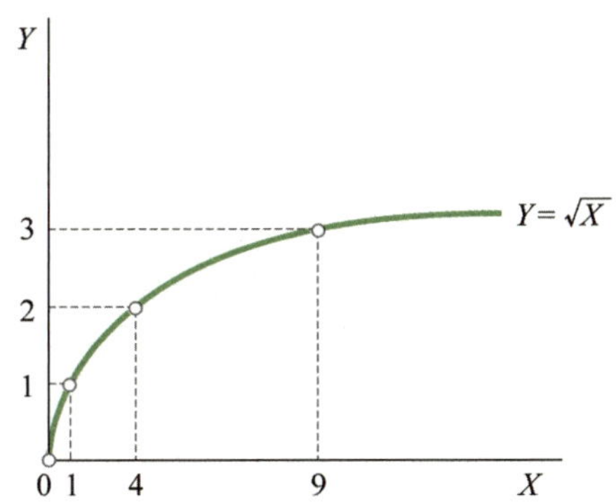

4 $\min\left(\frac{X}{\alpha}, \frac{Y}{\beta}\right) = C$ 꼴

경제학에서 간혹 사용되는 아주 특수한 수식꼴이다. 이해를 돕기 위해 $\min\left(\frac{X}{2}, \frac{Y}{3}\right)=5$를 예로 살펴보자. 이 식은 $\frac{X}{2}$와 $\frac{Y}{3}$ 중 작은 값이 5이어야 한다는 의미이다. 다시 말해, $X=10$이고 $Y=21$이면 $\min(5, 7)$이므로 작은 값은 5가 되어 식이 성립한다. 이 상태에서 X가 12나 14로 늘어나면 $\min(6, 7)$, $\min(7, 7)$이기 때문에 C값은 6이나 7로 증가한다. 그러나 Y만 늘어나면 C 값은 영향을 받지 않는다.

$\min\left(\frac{X}{2}, \frac{Y}{3}\right)=C$꼴을 놓고 C 값을 표로 만들면 다음과 같다.

Y \ X	0	2	4	6	8	10	12	14	16
0	0	0	0	0	0	0	0	0	0
3	0	1	1	1	1	1	1	1	1
6	0	1	2	2	2	2	2	2	2
9	0	1	2	3	3	3	3	3	3
12	0	1	2	3	4	4	4	4	4
15	0	1	2	3	4	5	5	5	5
18	0	1	2	3	4	5	6	6	6
21	0	1	2	3	4	5	6	7	7
24	0	1	2	3	4	5	6	7	8

이 표를 그래프로 옮기면 다음과 같이 L자 형태가 된다.

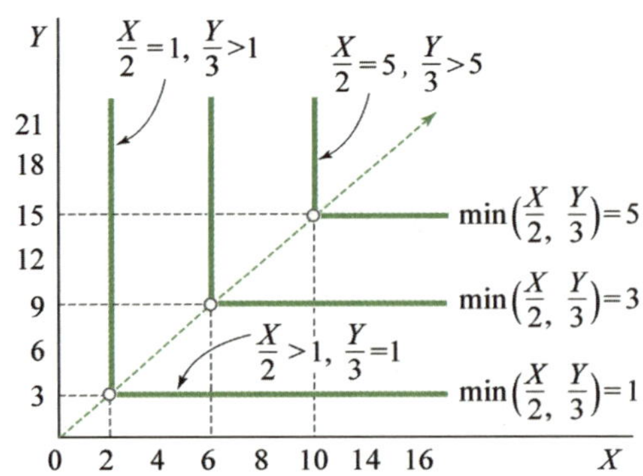

이 그래프에서 원점을 통과하는 우상향하는 점선은 $\frac{X}{2}$와 $\frac{Y}{3}$가 정확하게 동일한 값을 갖는 점이다. 즉, 이 선의 식은 다음과 같이 유도한다.

$$\frac{X}{2} = \frac{Y}{3} \rightarrow Y = \frac{3}{2}X$$

이상의 내용을 정리해보자.

① $\min\left(\frac{X}{\alpha}, \frac{Y}{\beta}\right) = C$의 그래프는 $X-Y$ 평면에서 L자형을 갖는다.

② 한 그래프의 C가 주어지면 X, Y는 최소한 다음의 크기가 되어야 한다.

$$\frac{X}{\alpha} = C \rightarrow X = \alpha \times C$$

$$\frac{Y}{\beta} = C \rightarrow Y = \beta \times C$$

예 $\min\left(\frac{X}{2}, \frac{Y}{3}\right) = C$에서 $C=9$가 되기 위해서 X는 최소 18, Y는 최소 27이 되어야 한다.

③ L자형 곡선의 꼭지점을 연결한 직선, 즉 원점을 통과하는 우상향하는 직선의 점선식은 다음과 같다.

$$\frac{X}{\alpha} = \frac{Y}{\beta} \rightarrow Y = \frac{\beta}{\alpha}X$$

예제 4.4.1

다음 3개 식은 각기 다른 방법으로 표현되고 있지만 동일한 그래프로 표현된다. 각 식을 Y에 대해 정리해서 동일한 그래프임을 보이시오.

$$X \times Y = 100$$

$$X^{\frac{1}{2}} Y^{\frac{1}{2}} = 10$$

$$\sqrt{XY} = 10$$

풀이

$$X \times Y = 100 \rightarrow Y = \frac{100}{X}$$

$$X^{\frac{1}{2}} Y^{\frac{1}{2}} = 10 \rightarrow X \times Y = 100 \rightarrow Y = \frac{100}{X}$$

$$\sqrt{XY} = 10 \rightarrow (XY)^{\frac{1}{2}} = 10 \rightarrow X \times Y = 100 \rightarrow Y = \frac{100}{X}$$

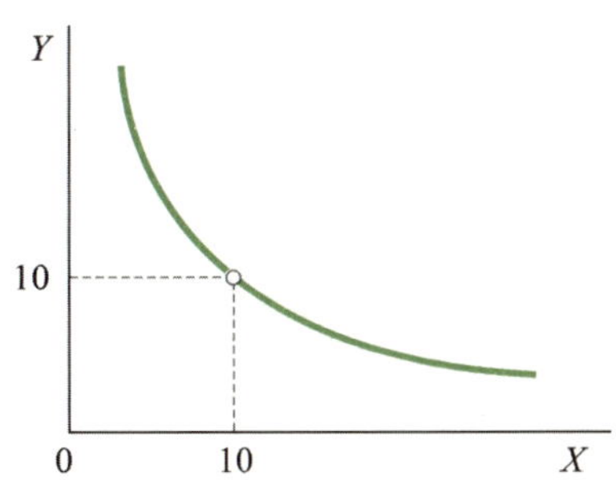

예제 4.4.2

다음 두 식을 이용하여 각 X에 대응하는 Y값의 표를 완성하고 이를 그래프로 옮기시오.

$$Y=\sqrt{X}$$
$$Y=3\sqrt{X}$$

X		0	1	4	9	16	25	36
Y	$Y=\sqrt{X}$	부정						
	$Y=3\sqrt{X}$	부정						

풀이

X		0	1	4	9	16	25	36
Y	$Y=\sqrt{X}$	부정	1	2	3	4	5	6
	$Y=3\sqrt{X}$	부정	3	6	9	12	15	18

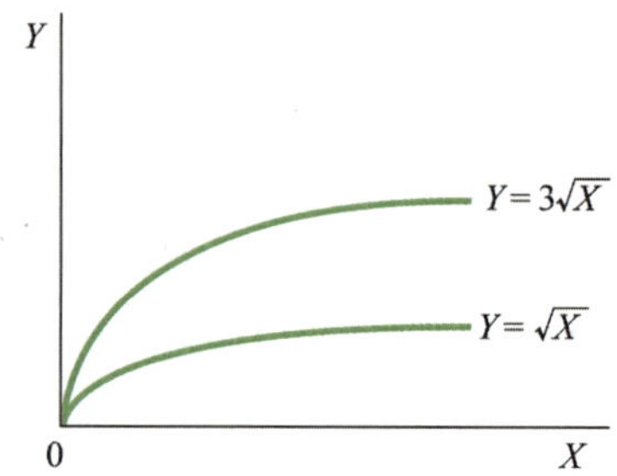

예제 4.4.3

다음 두 식에서 C값이 12가 되는 그래프를 각각 $X-Y$평면에 그리시오.

(1) $2X+3Y=C$

(2) $\min(2X, 3Y)=C$

풀이

(1) $2X+3Y=12$의 그래프는 1차식의 직선그래프이다. 두 축의 절편($X=6$, $Y=4$)을 잡아서 직선으로 연결하면 된다.

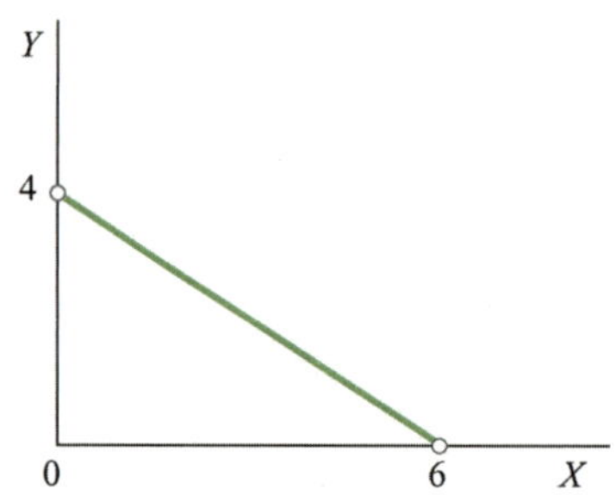

(2) $\min(2X,\ 3Y) = 12$는 L자형 그래프로서 모서리점에서 $X=6,\ Y=4$이다.

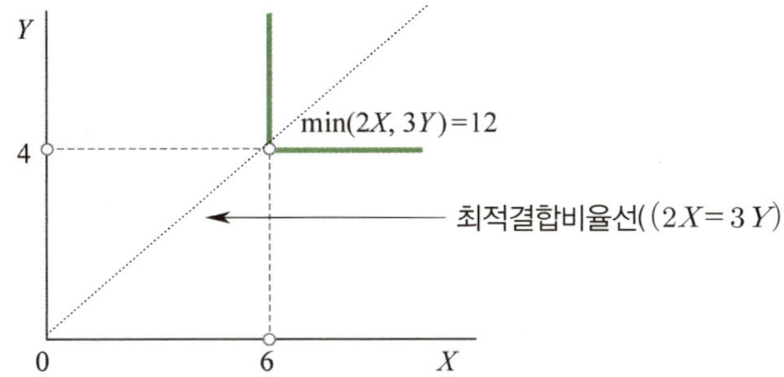

예제 4.4.4

한 농부가 있다. 그는 자급자족을 하면서 오직 쌀만 구입해서 소비하고 있다. 그는 매달 농사를 지어서 벌어들이는 소득 I를 모두 쌀 구입에 사용한다. 이 달 이 농부의 소득은 50만 원이다. 이 농부의 이달 쌀 수요곡선을 그리시오. 단, 쌀가격은 P, 쌀구입량은 Q이다. 그래프의 가로축은 쌀구입량, 세로축은 쌀가격으로 잡는다.

풀이

이 농부는 50만 원을 모두 쌀구입에 지출하므로 다음 식을 만족한다.

$$I = P \times Q \rightarrow 50 = P \times Q$$

$$P = \frac{50}{Q} \quad \cdots\cdots\cdots\cdots \text{직각쌍곡선꼴}$$

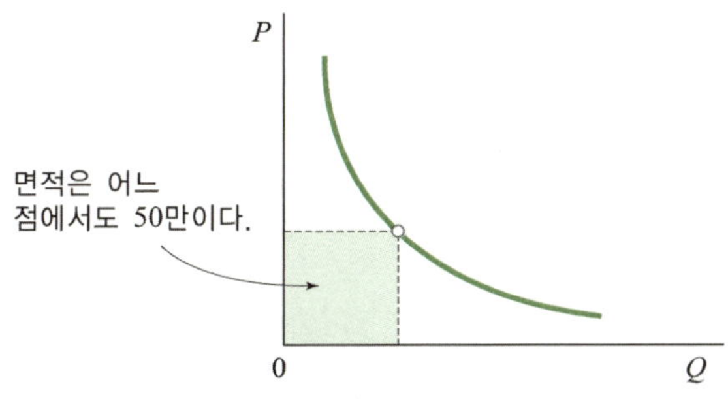

예제 4.4.5

박 대리가 사과 X개와 배 Y개를 소비함으로써 얻는 효용(만족도) U는 $U = 3\sqrt{XY}$로 표시된다고 한다. 박 대리가 효용 30을 얻을 수 있는 두 재화의 소비조합은 무수하게 많을 것이다. 이렇게 효용을 동일하게 얻을 수 있는 소비조합을 무차별곡선이라고 한다. 효용 30을 나타내는 박대리의 무차별곡선을 그리시오. 단, 가로축은 사과수량, 세로축은 배수량으로 잡는다.

풀이

효용 30을 얻을 수 있는 박대리의 소비조합은 다음 식을 따른다.

$$30 = 3\sqrt{XY}$$

$$\sqrt{XY} = 10 \rightarrow XY = 100$$

$$Y = \frac{100}{X}$$ ………………………………………… 직각쌍곡선꼴

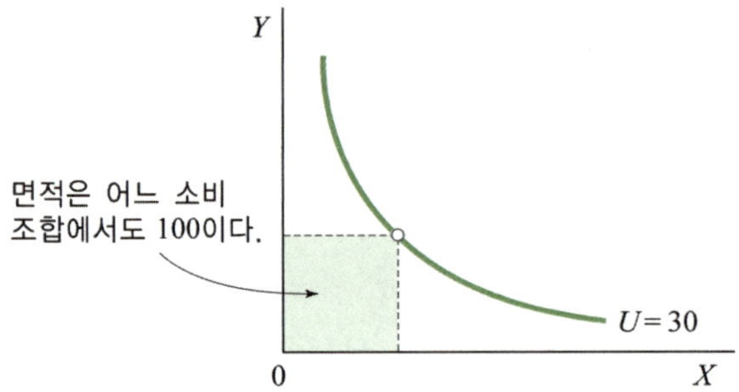

예제 4.4.6

여러분의 효용이 $U = V^{1/2}$로 결정되고 현재 자산수준(V)은 1,000원이며, 동전던지기를 하여 동전의 앞면이 나오면 600원을 받고, 뒷면이 나오면 100원을 준다고 하자. $V-U$평면에 여러분의 효용곡선을 그리고 동전의 앞면이 나올 때와 뒷면이 나올 때 자산의 크기와 효용을 표시하시오. 단, 가로축을 자산수준으로 잡으시오.

풀이

$U = \sqrt{V}$ 이므로 그래프와 같은 형태가 나온다.

앞면이 나오면 $V = 1,600$, $U = \sqrt{1,600} = 40$

뒷면이 나오면 $V = 900$, $U = \sqrt{900} = 30$

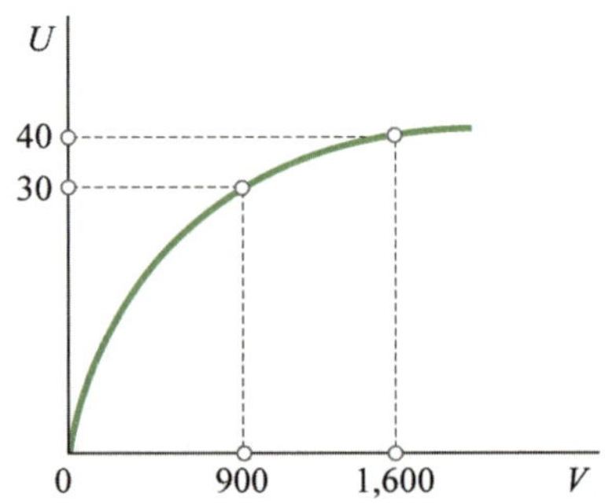

예제 4.4.7

두 상품 X, Y를 소비함으로써 갑이 얻는 효용 U은 다음 효용곡선식으로 표현된다. 이것에 대하여 다음 질문에 답하시오.

$$U=\min(4X, Y)$$

(1) 갑이 효용 40을 얻기 위해 최소한 소비해야 되는 두 상품의 소비량을 계산하시오.
(2) 갑이 효용을 얻기 위해 구입한 상품을 낭비하지 않기 위해서는 두 상품의 비율 $\frac{Y}{X}$를 얼마로 유지해야 하는가?
(3) 가로축에 상품 X의 소비량을 표시하는 좌표평면에 효용 40을 얻을 수 있는 상품조합과 합리적인 두 상품의 소비비율 $\frac{Y}{X}$를 그래프로 표현하시오.

풀이

(1) $40=\min(4X, Y)$이 되려면, 최소한 $\min(40, 40)$은 되어야 한다. 즉,

$$4X=40 \rightarrow X=10,\ Y=40$$

(2) $\min(4X, Y)$에서 특정 효용을 얻기 위해 상품의 낭비가 없으려면 다음 조건이 만족해야 한다.

$$U=4X=Y \rightarrow 4X=Y \quad \text{따라서,}\ \frac{Y}{X}=4$$

즉, 낭비되는 상품이 없으려면 X 하나당 Y 네 개씩을 소비해야 한다.

(3) 동일한 만족을 얻을 수 있는 곡선이 L자형인 곡선이고, 모서리점은 항상 합리적인 소비 비율선에 위치한다. 여러분이 합리적인 소비자라면 당연히 이 비율선에서 소비할 것이다.

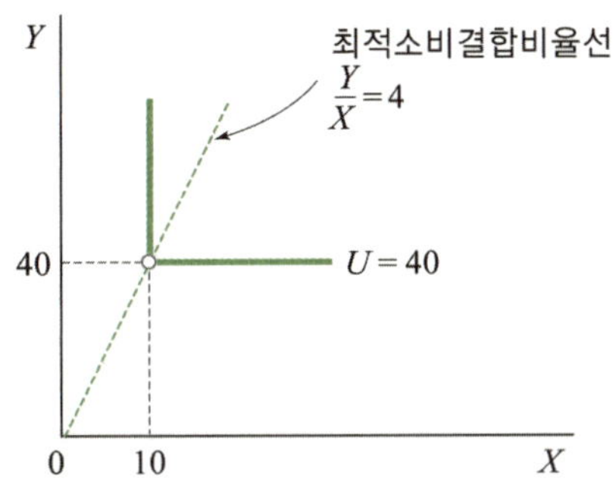

제 5 장 함수와 그래프 이동

5.1 함 수

5.2 시장의 이론적 모형

5.3 그래프의 이동

5.4 *IS*–*LM*곡선의 이동

일러두기

본서는 경제학을 처음 접하는 독자들도 무리 없이 읽을 수 있도록 내용을 구성하였습니다. 다만, 좀 더 수월하게 본서를 마치고 싶은 독자는 본문과 문제에 다음 표시가 있는 부분을 제외시키고 공부해도 좋습니다. 굳이 분류기준을 밝히면 다음과 같습니다.

· Ⅰ : 경제원론을 읽었으면 익숙한 내용

· ⅠⅠ : 굳이 보지 않아도 되는 내용

5.1 함 수

1 함수의 정의

(1) 함수의 개념

1차식 $Y=|2X+1|$이 있다고 하자. X값이 -2에서 3까지의 정수로 주어질 때 이에 대응하는 Y는 1에서 7까지의 홀수들이다.

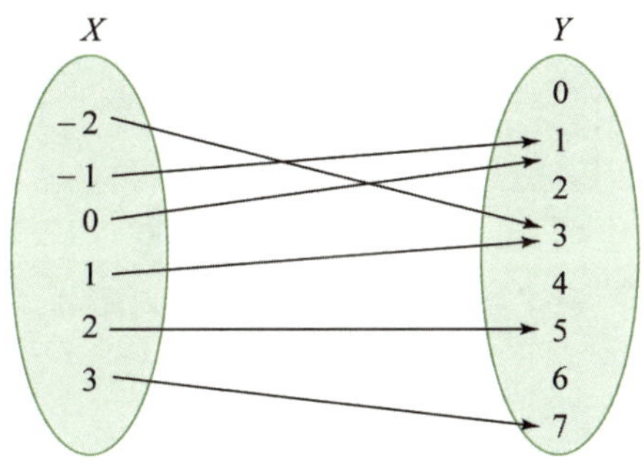

이때 X값을 구성하는 수를 "정의역"이라고 하고, 다음과 같이 집합기호 { } 안에 각 수를 나열하여 표시한다. 이때 각 수를 "원소"라고 부르며, 이렇게 표현하는 방법을 "원소나열법"이라고 한다.

정의역 : $X=\{-2, -1, 0, 1, 2, 3\}$

Y값을 구성하는 수의 집합을 "공역"이라고 한다. 예를 들어,

공역(공변역) : $Y=\{0, 1, 2, 3, 4, 5, 6, 7\}$

공역 중에서 정의역의 각 값에 대응되는 값들의 집합을 "치역"이라고 한다.

치역 : $Y=\{1, 3, 5, 7\}$

정의역과 공역 사이에 존재하는 X와 Y의 대응양상을 "관계"라고 한다. 함수는 관계보다 더 엄격한 조건을 갖추어야 한다. 그 조건은 다음과 같다.

① 함수는 정의역 X에 대응되는 Y가 공역에 항상 존재한다.

예 $Y=|2X+1|$에서 정의역이 $X=\{-2,\ -1,\ 0,\ 1,\ 2,\ 3,\ 5\}$이고, 공역이 $Y=\{0,\ 1,\ 2,\ 3,\ 4,\ 5,\ 6,\ 7\}$라면 $X=5$에 대응하는 Y값은 존재하지 않으므로 함수가 아니다. $Y=|2X+1|$는 주어진 정의역 구간에서 함수가 아니다.

② 함수는 정의역 X에 대응되는 Y가 공변역에 유일하게 존재한다.

예 $X^2+Y^2=8$라는 식이 있다고 해보자. 정의역과 공역이 -2와 2 사이의 모든 실수라고 할 때, $X=2$에 대응하는 Y는 2, -2 두 개가 존재한다. 따라서 $X^2+Y^2=4$는 함수가 될 수 없다. 하지만, 공역의 구간을 0과 양의 실수로 좁힌다면 $Y=\sqrt{4-X^2}$은 함수가 된다.

따라서 함수는 그림과 같이 정의역의 각 값이 투입되면 어떤 과정을 거쳐서 유일한 출력값이 공역 안에 항상 존재한다.

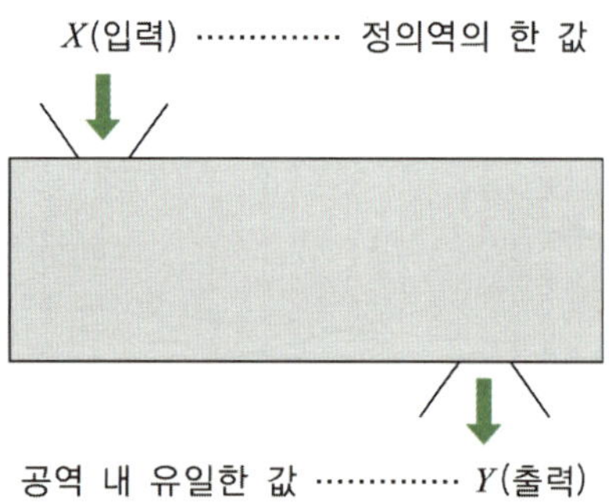

(2) 함수의 표현

두 변수 X와 Y 사이에 함수관계가 존재할 때 다음과 같이 표현한다.

$$\underset{(정의역)}{X} \xrightarrow{\quad f \quad} \underset{(공역)}{Y}$$

또는

$$Y=f(X)$$

- Y: 종속변수(반응변수, 출력변수)
- X: 독립변수(원인변수, 입력변수)

① 정의역 구간에서 자유롭게 결정되어 들어가는 입력변수를 "독립변수"라고 한다.

② 함수식에 각 독립변수 값을 대입함에 따라 그 값이 결정되는 변수를 "종속변수"라고 한다. 독립변수에 종속되어 결정되기 때문에 종속변수라고 부르는 것이다. 종속변수의 값은 치역을 구성한다.

수식 $Y=2X+1$이 함수일 때 함수관계임을 다음과 같이 표현한다.

$$f : X \rightarrow 2X+1$$

또는 $f(X)=2X+1$

(3) 함수의 유용성

과학은 인과성을 밝히는 분야이다. 또 어떤 원인에 대해 그 결과가 유일하게 결정되는 "인과의 규칙"을 밝히는 것이 과학의 목적이다.

함수는 다양한 독립변수에 대응하는 유일한 종속변수를 갖는다. 따라서 과학적 표현에 적합한 수학도구라고 볼 수 있다.

함수관계는 구체적인 수식 없이 이론적 인과성을 설명할 때 유용하게 사용될 수 있다. 예를 들어 가격 P가 수요량 Q에 함수관계를 가지고 영향을 미친다면 두 변수의 함수관계를 기호로 간단히 표현할 수 있다.

수요함수 : $Q=f(P)$

2 역함수

함수 $Y=f(X)$에서 X와 Y를 바꾸어 정리해도 다시 함수가 되면 이 함수를 $Y=f(X)$의 역함수라고 하며 f^{-1} 또는 $f(X)^{-1}$로 표시한다.

예를 들어 함수 $Y=f(X)=2X+1$의 역함수를 구해보자.

① 변수 X, Y를 바꾼다.

$$Y=f(X)=2X+1 \;\rightarrow\; X=f(Y)=2Y+1$$

② Y에 대해 정리한다.

$$Y=\frac{X-1}{2}=\frac{X}{2}-\frac{1}{2}$$

③ 새로운 식이 함수인가 확인한다. 즉, 각 X에 대해 유일한 Y가 대응하는지 검토한다.

이상의 과정을 그래프로 보면, 그래프를 원점에서 45도 선을 따라 접었을 때 원함수 그래프의 자욱이 역함수의 그래프이다.

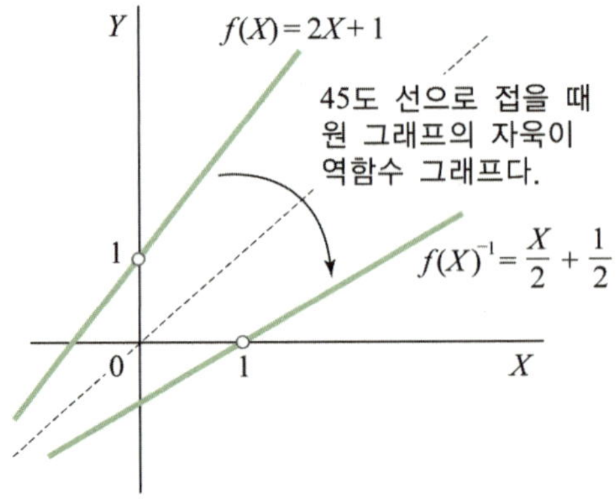

종합해보면 어떤 함수의 역함수가 존재하기 위해서는 X, Y가 서로 "1 대 1 대응"해야만 한다. 하지만, 보통 이론에서 사용되는 함수들은 이 조건을 만족하는 함수들만 사용하기 때문에 역함수의 조건을 만족하는지 굳이 검증할 필요가 없다.

3 합성함수

다음 2개의 함수를 상정하자. 함수의 기호를 보통 f로 사용하지만, 여러 함수를 구분해서 표현하기 위해서는 임으로 기호를 정의해 사용해도 무방하다(경제학에서는 보통 구분하기 쉽게 종속변수를 함수 기호로 사용한다).

$$Y=f(Z)=2Z-4$$
$$Z=g(X)=X^2-2X+3$$

이 두 개의 함수를 연결해 보면 다음과 같이 X가 Y에 영향을 미친다.

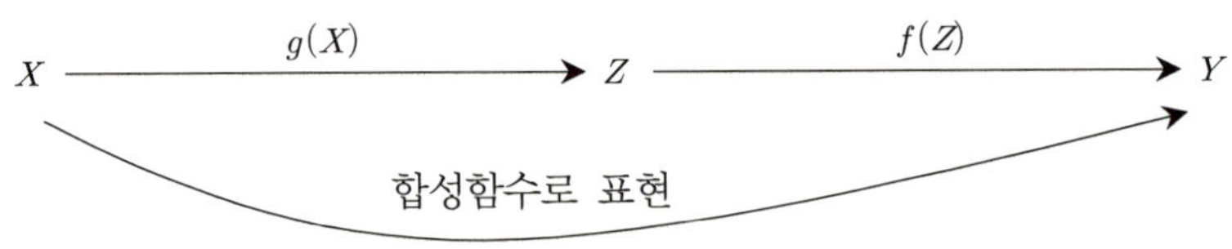

따라서 X가 Y에 미치는 영향을 합성함수를 이용해 직접 함수로 표현할 수도 있다.

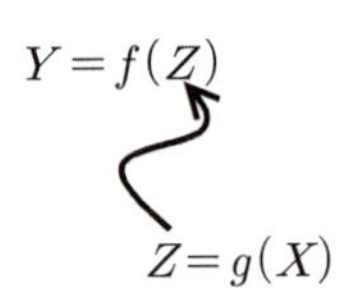

위 내용은 $Y=f(g(X))$ 또는 $Y=(f\circ g)(X)$로 표현한다. 이것을 "합성함수"라고 한다. 결국 합성함수 $Y=(f\circ g)(X)$는 함수 $g(X)$를 함수 $f(Z)$의 Z에 대입하여 정리하라는 의미이다.

$$Y=(f\circ g)(X)=2(X^2-2X+3)-4=2X^2-4X+2=2(X-1)^2$$

다른 예를 들어보자. 두 함수가 다음과 같다.

$$Y=f(X)=X^2+1$$
$$Y=g(X)=X-1$$

이때 $(f\circ g)(X)$는 얼마인가? $g(X)$를 $f(X)$의 X에 대입하여 계산한다(Y에 대입하지 않는다는 사실에 유의하자).

$$(f\circ g)(X)=(X-1)^2+1$$

그러면 $(g\circ f)(X)$는 얼마인가? $f(X)$를 $g(X)$의 X에 대입하여 계산한다.

$$(g\circ f)(X)=(X^2+1)-1$$

그러므로 $(f\circ g)(X)\neq(g\circ f)(X)$ 합성함수에서는 항상 뒤에 표기한 함수의 종속변수를 앞에 표기한 함수의 독립변수에 대입한다.

예제 5.1.1

다음 물음에 답하시오.

(1) $Y=\sqrt{X}$는 정의역이 양의 실수일 때 함수인가? 그래프로 설명하시오.

(2) 정의역과 공역이 실수일 때 $Y=X^2$은 역함수가 존재하는가? 그래프로 설명하시오.

(3) $Y=f(X)=X-1$, $Y=g(X)=-2X$라 할 때 합성함수 $(f\circ g)(X)$와 $(g\circ f)(X)$를 각각 계산하시오.

풀이

(1) 정의역에 있는 임의의 한 점에 대응하는 공역의 값이 유일하면 함수이다. 그래프에서 보는 것처럼 X가 양의 실수인 구간에서 함수이다.

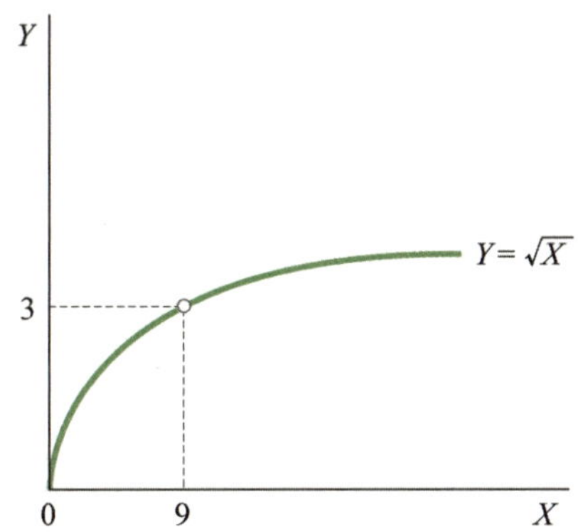

(2) 역함수가 존재하기 위해서는 독립변수와 종속변수가 서로 "1 대 1 대응"해야 한다. 그래프에서 보는 것처럼 Y에서 X로는 "1 대 2 대응"하기 때문에 역함수가 존재하지 않는다.

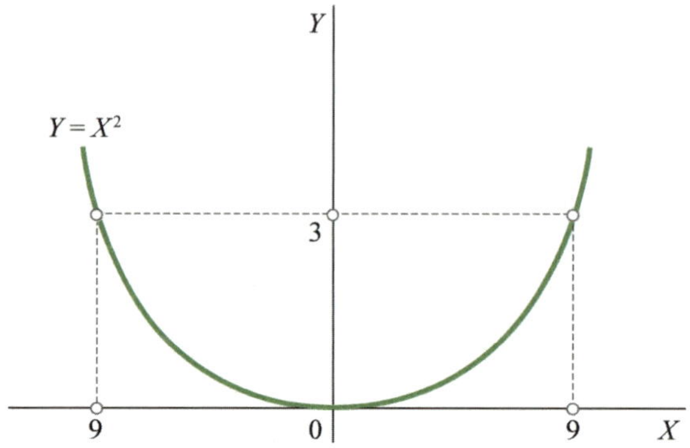

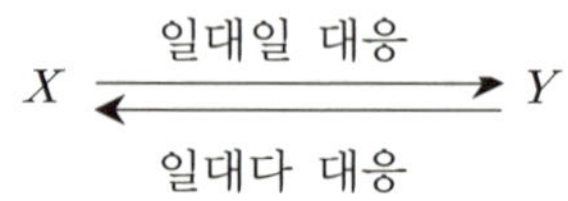

(3) $(f\circ g)(X)=f(g(X))=f(-2X)=-2X-1$
$(g\circ f)(X)=g(f(X))=g(X-1)=-2(X-1)=-2X+2$

예제 5.1.2

다음 수요함수의 역수요함수를 구하시오. 본래 수요함수는 가격(P)이 독립변수이고 수량(Q)이 종속변수이다. 이를 거꾸로 표현한 식이 역수요함수이다.

(1) $Q=Q(P)=-\frac{1}{2}P+100$

(2) $Q=Q(P)=-2P+50$

(3) 역수요함수는 본래 수요함수의 역함수인가?

풀이

(1) $P=-2Q+200$

(2) $P=-0.5Q+25$

(3) 역함수는 두 변수를 완전히 바꾸어서 다시 정리한 것이다. 그러나 역수요함수는 두 변수를 바꾸지 않고 단지 종속변수와 독립변수를 바꾸어 정리하는 것에 불과하다. 역함수와 달리 그래프가 동일하다. (107쪽의 왈라스체계를 기준으로 수요함수를 표현하면, 마샬체계의 표현은 인과가 뒤바뀌어 나타나므로 역수요함수라고 부른다.)

5.2 시장의 이론적 모형

1 시장모형

갑자기 시장모형이라는 내용을 다루게 되어 당황스러운 독자들도 있을 것이다. 하지만, 경제학에 필요한 수학적 내용을 다루다보면 시장의 이론적 모형을 계속 언급하게 되므로 가볍게 이해하고 가는 것도 도움이 될 것 같아 몇 쪽을 할애하기로 결심했다.

시장은 수요와 공급으로 구성된다. 앞에서도 언급한 것처럼 시장의 움직임을 표현하는 이론적 모형은 마샬과 왈라스 두 경제학자에 의해 제시되었다. 여기서 이들 두 학자의 모형을 간단하게 살펴보자.

(1) 왈라스체계

① 왈라스체계는 가격을 먼저 제시하는 경매모형이다.

왈라스는 경매인모형을 제시하였다. 이를 "왈라스체계"라고 한다. 왈라스는 경매인(경제학에서는 시장가격을 하나님이 결정하는 가격이라고 한다)이 가격을 제시하면 이것에 근거하여 수요자와 공급자는 각자 합리적인 수량을 제시한다고 가정하였다.

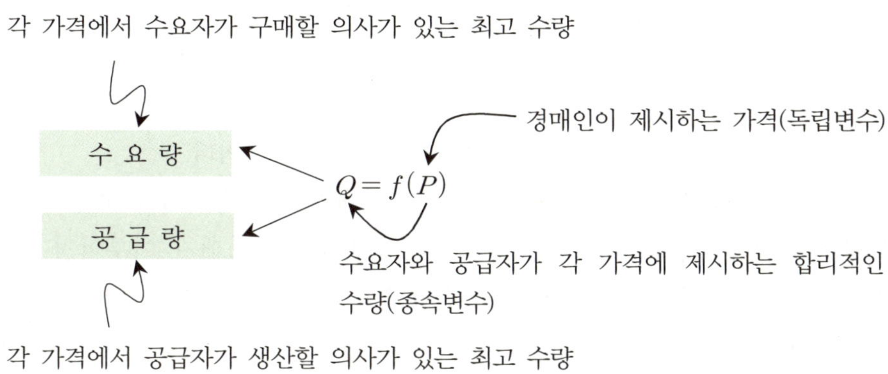

② 수요량과 공급량은 일정 기간을 정해서 계산한 크기이다.

여기서 수요량과 공급량은 "일정한 기간"을 기준으로 판단한 수량이다. 예를 들어 여러분이 하나에 1,000원 하는 아이스크림을 일주일에 5개 소비하고자 한다면 일주일간의 수요량은 5개이다.

③ 경매인은 수요량과 공급량이 일치할 때까지 거래를 성사시키지 않는다.

경매인은 다음과 같이 경매를 진행한다.

수요량 > 공급량 : 가격을 올린다.
수요량 < 공급량 : 가격을 내린다.
수요량 = 공급량 : 낙찰되어 거래를 성사시킨다.

경매인은 낙찰될 때까지 빠르게 가격을 조정해 나간다. 이를 "모색과정"이라고 한다. 수요량과 공급량이 일치하면 이를 시장균형이라고 한다.

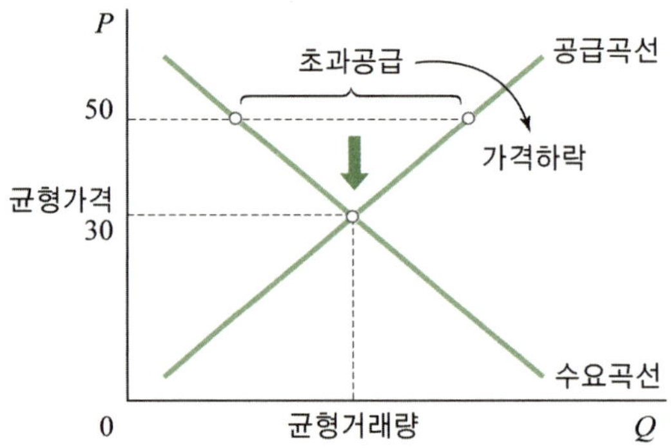

그래프를 보자. 이미 언급한 것처럼 왈라스체계를 옮겨놓았다면 가로축이 가격 세로축이 수량이어야 한다. 그러나 현재 우리가 사용하는 시장모형은 왈라스체계를 기준으로 축을 잡은 것이 아니기 때문에 반대로 그려져 있다.

가격이 하락하면 소비하고자 하는 수량은 늘어날 것이다. 이를 "수요법칙"이라고 한다. 수요곡선이 우하향하는 것은 수요법칙이 만족됨을 의미한다. 공급자, 즉 기업은 가격이 하락하면 생산량을 줄이고자 할 것이다. 이를 "공급법칙"이라고 한다. 공급법칙에 맞게 그래프를 그리면 우상향하는 공급곡선이 그려진다. 수요곡선과 공급곡선을 직선으로 그린 것은 설명을 쉽게 하기 위해 단순화시킨 것이다.

그래프에서 시장균형가격은 30원이다. 만일 경매인이 시장가격을 50원으로 불렀다면 수요량은 공급량에 비해 적을 것이다. 이 상황에서는 거래가 이루어지지 않고 다만 경매인이 가격을 떨어뜨리게 된다(가격 하락). 또한 "수요량이 공급량보다 적으면 가격이 떨어진다"는 상식적인 내용을 설명하고 있다. 반대로 공급량이 수요량보다 적으면 경매인은 가격을 올릴 것이다(가격 상승).

(2) 마샬체계

① 마샬은 생산자가 공급량을 먼저 제시하는 모형을 제시했다.

마샬은 왈라스와 반대로 공급량이라는 수량이 먼저 제시되면 시장에서 가격반응이 나타난다고 가정하였다. 이것이 "마샬체계"이다. 마샬체계를 함수로 표시하면 다음과 같다. 수요곡선과 공급곡선을 그리는 그래프의 좌표축이 마샬체계와 일치한다는 사실은 이미 지적하였다. 원인변수인 수량을 수평축에 위치시키고 있다.

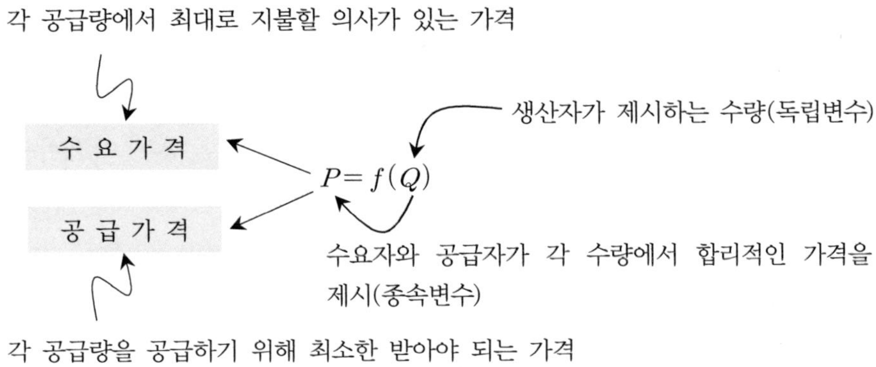

② 수요가격과 공급가격은 일정 기간을 정해서 계산한 크기이다.

왈라스체계와 마찬가지로 마샬체계도 일정기간을 정해서 수요가격과 공급가격을 제시한다. 예를 들어 일주일 동안 아이스크림을 10개 소비하는데 최대로 개당 1,000원까지 낼 의사가 있다는 식이다.

③ 수요가격은 수요자가 지불할 의사가 있는 최고가격이다.

수요자가 지불할 의사가 있는 최고가격은 무엇을 의미하는가? 예를 들어 여러분이 아이스크림을 소비하는 데 개당 최고 1,500원을 지불할 의사가 있다면 여러분이 1,500원어치의 만족(효용)을 얻는다고 판단하기 때문이다. 이렇게 한 단위 소비에서 얻는 만족도의 화폐가치를 경제학에서는 "한계편익"이라고 한다[1]. 여러분이 아이스크림 소비를 점차 늘려나간다고 해보자. 아무리 맛있는 반찬도 매일 먹으면 냄새도 맡기 싫어지듯이 아이스크림 소비량을 늘리면 늘릴수록 아이스크림의 한계편익(한 개에서 얻는 만족도의 화폐가치)은 점점 더 줄어들게 될 것이다. 마샬은 이런 이유로 수량이 늘어나면 수요가격을 나타내는 곡선(결국 왈라스체계에서 보면 수요곡선)이 우하향하는 형태를 보인다고 설명하였다.

④ 공급가격은 공급자가 최소한 받아야 되는 금액이다.

공급자는 일정 수량을 생산하는 데 최소한 받아야 하는 가격을 염두하고 있을 것이다. 예를 들어 아이스크림을 생산하는 기업은 한 개에 최소한 얼마를 받아야 될지를 계산하고 있을 것이다. 만약 최소한 600원은 받아야 된다면 600원도 받지 못한다면 생산할 포기할 것이다. 사실, 이 금액은 아이스크림 생산 대신 무엇인가를 통해 얻을 수 있는 수익과 관련되어 있다. 아이스크림 대신 냉차를 생산하면 700원을 벌

1) 한계의 의미는 7장에서 자세히 보게 될 것이다. 그냥 용어라고 생각하기 바란다.

수 있다면 아이스크림 생산을 포기하는 것이 합리적이다. 따라서 이론적으로 볼 때 공급가격은 생산을 한 단위 포기할 때 얻을 수 있는 최고수익과 일치한다. 경제학에서는 이를 "생산의 한계 기회비용"이라고 한다.

공급가격곡선(왈라스체계의 공급곡선)이 우상향한 것은 생산량을 늘릴 때 공급가격(한 단위 생산의 기회비용)이 점차 상승함을 의미한다. 이것은 여러 가지 원인 때문이다. 예를 들어 생산을 늘리면 생산성이 떨어지면서 생산물 단위당 생산비가 상승할 수도 있다. 또 생산을 늘리기 위해 타인자본(차입금)을 사용할 경우 이자비용이 점차 상승할 수도 있다.

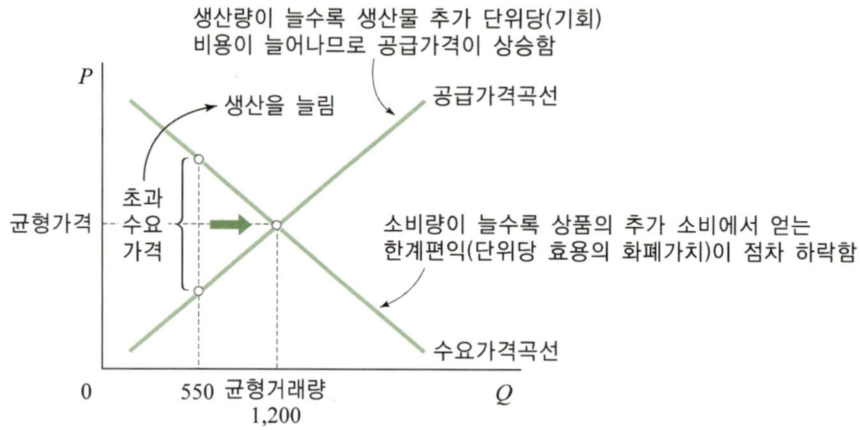

⑤ 수요가격과 공급가격이 일치할 때까지 생산량을 조정한다.

마샬체계의 생산자는 수요가격이 공급가격보다 높은 상황(초과수요가격)이면 생산을 결정하는 것이 합리적이다. 생산자의 의사결정과정은 다음과 같다.

수요가격 > 공급가격 : 생산을 늘림
수요가격 < 공급가격 : 생산을 줄임
수요가격 = 공급가격 : 균형

결국, 수요가격과 공급가격이 일치하는 상태가 시장균형이다.

⑥ 수요가격과 공급가격 개념을 사용하는 이론은 마샬체계에서 나온 것이다.

일반적으로 경제학 책은 왈라스체계의 모색과정으로 시장움직임을 설명한다. 그럼에도 불구하고 그래프는 마샬체계로 그려져 있다. 하지만, 경제이론을 보면서 마샬체계와 왈라스체계를 구분하면 이해가 한결 쉬워진다. 수요가격과 공급가격을 이용하여 설명하면 마샬체계에서 나온 이론이고, 수요량과 공급량을 이용하여 설명하면 왈라스체계에서 나온 이론이다.

5.3 그래프의 이동

1 그래프의 이동과 함수표현

함수 $Y=f(X)$가 있다고 하자. 이 그래프를 각 축방향으로 일정거리 평행 이동할 때 함수적 표현은 다음과 같다(일반적인 원리는 [부록 4] 참고).

(1) X축으로 n씩 평행이동하면 $Y=f(X-n)$이 된다.

$Y=f(X)=X^2+1$를 살펴보자. 이 그래프를 X축 방향으로 2씩 평행이동시킨 함수는 $Y=f(X-2)=(X-2)^2+1$이 된다(X 대신 $X-2$ 대입).

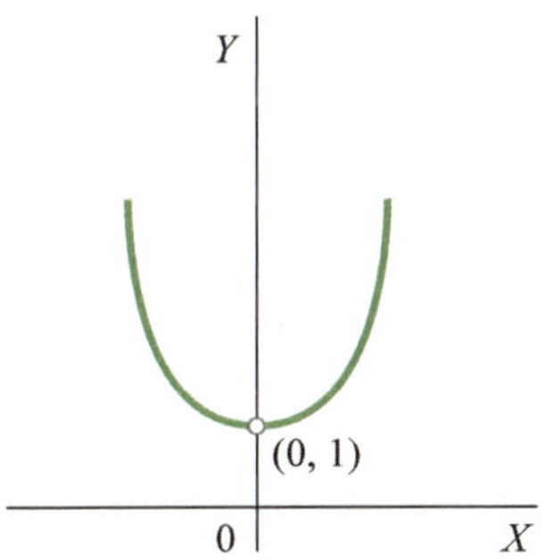

X축 방향으로 2씩 이동

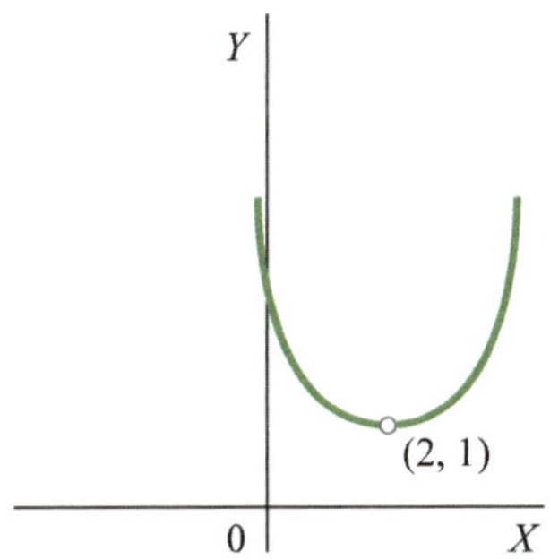

(2) Y축으로 m씩 평행이동하면 $Y-m=f(X)$이 된다.

이 그래프를 Y축 방향으로 2씩 평행이동시킨 함수는 $Y-2=f(X)$, $Y=f(X)+2=X^2+1+2=X^2+3$이 된다(Y 대신 $Y-2$ 대입). 다시 말해, Y축 절편이 1에서 3으로 2 이동한다.

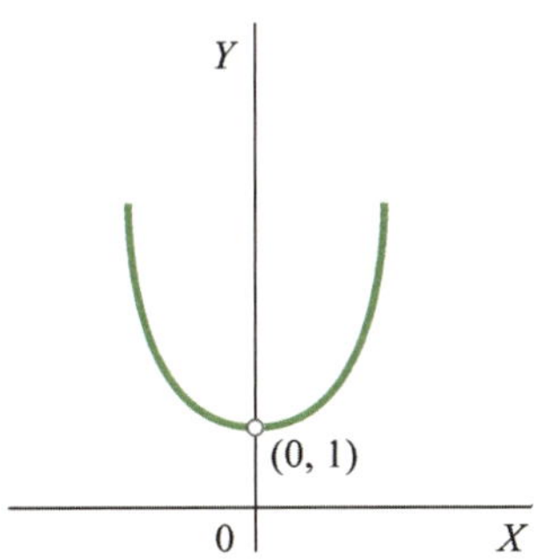

Y축 방향으로 2씩 이동

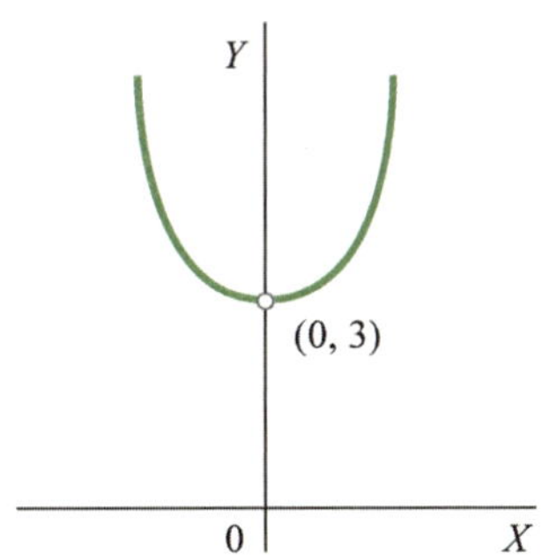

(3) X축으로 n, Y축으로 m씩 평행이동하면 $Y-m=f(X-n)$이 된다.

이상과 같은 그래프의 이동원리는 식의 차수와 관계없이 적용된다.

2 함수의 4칙연산 표현

여러 개의 함수를 4칙연산하여 새로운 함수를 만드는 과정을 살펴보자.

(1) 상수와 함수의 곱

함수 $f(X)$를 A배하여 새로운 함수 $Z(X)$를 만들 경우 다음과 같이 표현한다.

$$Z(X)=Af(X)$$

예를 들어 보자. (주)삼성전자는 노동을 L만큼 투입하면 생산량 Q를 얻는다. 이 기업의 생산함수가 다음과 같다고 가정하자. 경제학의 관행에 따라 생산함수는 생산량을 나타내는 부호인 Q를 함수 기호로 사용하기로 하자.

$$Q=Q(L)=4\sqrt{L}$$ ································ $4\sqrt{L}$은 가상의 수치임

이 기업의 생산물이 모두 가격 P로 판매된다고 가정하면 총판매수입(TR)은 다음식에 따라 결정된다.

$$TR=P\times Q(L)=P\times 4\sqrt{L}$$

참고로 이때 TR은 노동투입량 L과 판매가격 P의 함수이기도 하고 생산량 Q와 판매가격 P의 함수이기도 하다.

따라서 다음과 같이 2가지 함수로 표현할 수도 있다. 역시 경제학의 관행에 따라 TR을 직접 함수기호로 사용하겠다.

$$TR=TR(P,\ L)=P\times 4\sqrt{L}$$
$$TR=TR(P,\ Q)=P\times Q$$

이 기업의 총생산비 TC는 노동투입량 L과 노동투입의 단위당 임금 W에 의해 결정되며 다음과 같이 표현된다고 가정하자. 300은 노동투입량과 무관하게 결정되는 비용이다.

$$TC(W,\ L)=W\times L+300$$

생산함수를 이용하면 이것도 생산량에 대해 표현할 수 있다.

$$TC(W,\ Q) = W \times \frac{Q^2}{16} + 300 \cdots\cdots\cdots\cdots\cdots\cdots \quad Q = 4\sqrt{L}\text{은 } L = \frac{Q^2}{16}\text{이므로}$$

(2) 함수의 덧셈과 뺄셈

X를 독립변수로 하는 두 함수 $f(X)$, $g(X)$를 더하거나 빼서 새로운 함수 $Z(X)$를 만들 때는 다음과 같이 표현한다.

$$Z(X) = f(X) + g(X)$$
$$Z(X) = f(X) - g(X)$$

앞에서 가정한 기업을 다시 고려해보자. 이 기업의 이윤은 총판매수입(TR)에서 총비용(TC)을 뺀 것이다. 따라서 이윤 π은 다음과 같이 독립변수를 노동량 L과 생산량 Q에 대한 함수로 각기 표현할 수 있다. 먼저 노동량 L을 명시적으로 표현하면,

$$\begin{aligned}\pi(P,\ W,\ L) &= TR(P,\ L) - TC(W,\ L)\\ &= (P \times 4\sqrt{L}) - (W \times L + 300)\end{aligned}$$

생산량 Q에 대한 함수로 표현하면,

$$\begin{aligned}\pi(P,\ W,\ Q) &= TR(P,\ Q) - TC(W,\ Q)\\ &= (P \times Q) - \left(W \times \frac{Q^2}{16} + 300\right)\end{aligned}$$

어떤 변수를 독립변수로 다룰 것인지는 설명하려는 내용에 따라 결정한다.

(3) 함수의 곱셈과 나눗셈

X를 독립변수로 하는 두 함수 $f(X)$, $g(X)$를 서로 나누거나 곱해 새로운 함수 $Z(X)$를 만들 때는 다음과 같이 표현한다.

$$Z(X) = f(X) \times g(X),\ \ Z(X) = \frac{f(X)}{g(X)}$$

3 식의 연산과 그래프의 이동

(1) $Y = f(X)$와 $Y = Af(X)$ (단, $A > 1$)

예를 들어 $f(X) = 0.5X^2 + 1$이고 $A = 3$이라고 해보자. $Af(X) = 1.5X^2 + 3$이다. 계수와 상수값이 모두 3배 커진다. 이렇게 그래프 전체가 움직이는 것을 자체이동한다(shift)고 한다.

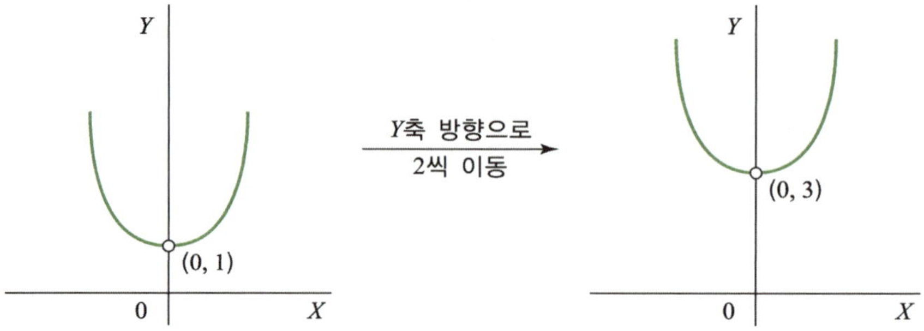

(2) 식을 Y축 변수에 대해 정리해서 더하면, Y축을 따라 상하방으로 그래프를 합한(이동한) 것이 된다.

두 함수 $f(X)$, $g(X)$가 있다고 하자. 두 함수를 합해 만든 새로운 함수 $Z(X)$는 어느 방향으로 그래프가 이동한 것일까? 다음을 생각해보자.

$Y = f(X) = X + 3$

$Y = g(X) = 1.5X - 2$

$Z(X) = f(X) + g(X) = 2.5X + 1$ ································· Y에 대해 정리해서 합한 식

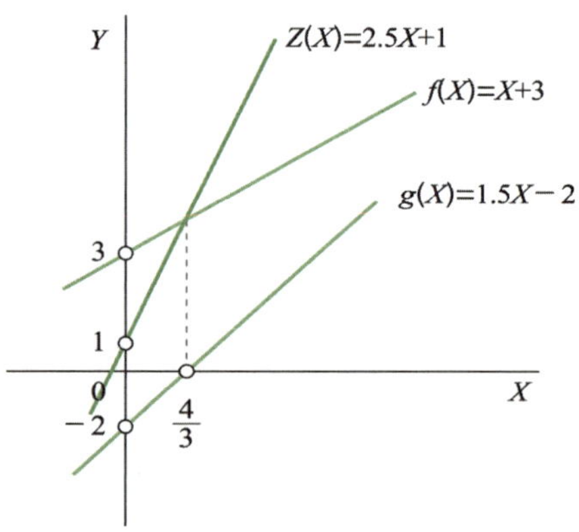

그래프에서 보는 것처럼 $f(X)$와 $g(X)$를 합한 그래프 $Z(X)$는 두 그래프 값을 Y축에 대해 더한 값에 대응한다. 이처럼 함수를 Y축 변수에 대해 정리해서 더하면 새로운 그래프는 두 그래프를 상하로 합한 것이 된다.

(3) 식을 X축 변수에 대해 정리해서 더하면 X축을 따라 좌우로 그래프를 합한 것이 된다.

이번에는 앞의 두 식을 X에 대해 정리해 더해보자. 얼핏 생각하기에 Y에 대해 정리하여 합하나 X에 대해 정리해 더하나 동일한 결과를 얻을 것 같다. 그러나 사실은 완전히 다른 식이 유도된다.

$$Y = X + 3 \quad \rightarrow \quad X = Y - 3$$

$$Y = \frac{3}{2}X - 2 \quad \rightarrow \quad X = \frac{2}{3}Y + \frac{4}{3}$$

두 식을 합하면,

$X = \frac{5}{3}Y - \frac{5}{3}$ ································· X에 대해 정리해서 더한 식[2)]

또는 $Y = \frac{3}{5}X + 1$ ································· Y에 대해 다시 정리한 식

이것을 그래프로 옮기면 두 그래프를 X축을 따라 우측으로 합한 것이라는 사실을 확인할 수 있다.

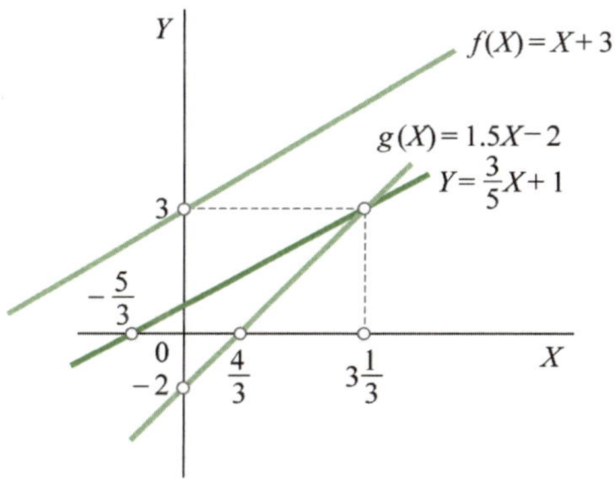

이상의 내용을 직관적으로 활용하면 그래프의 이동을 아주 쉽게 이해할 수 있다. 그래프를 좌우(수평)로 합하고 싶으면 수평축에 있는 변수로 식을 정리해서 합하고, 상하(수직)로 합하고 싶으면 수직축에 있는 변수로 식을 정리해서 합하면 된다. 이론에 따라서는 그래프를 상하 또는 좌우로 합해야 하는 경우가 나타난다. 이때 이 원리를 염두해 두고 있으면 유용하다.

4 함수만 주어진 경우 그래프 이동의 파악

책에서 이론을 전개할 때는 함수의 인과성만 표시할 뿐 구체적인 수식을 보여주지 않는 경우가 허다하다. 이런 경우 이론의 내용과 함수 및 그래프를 유기적으로 연결시키는 직관이 필요하다. 이곳에서는 간단하게 그 원리를 설명하겠다. 설명의 편의를 위해 사과의 수요량이 결정되는 수요함수를 하나 상정해보자. 수요량 Q는 구매가격 P를 비롯한

2) $2X = \frac{5}{3}Y - \frac{5}{3}$로 계산하지 않음에 유의할 것

여타의 요인들에 의해 결정된다. 이를 경제이론의 관행에 따라 함수기호를 Q로 표현하면 다음과 같다.

수요함수 : $Q = Q(P,$ 여타 요인$)$

(1) 그래프축에 나타난 변수간의 변동은 선상 이동한다.

수요곡선은 Q와 P축으로 표현되어 있다. 선호, 소득, 다른 상품의 가격 등 나머지 여타 요인들도 수요량에 영향을 미치겠지만 좌표축에는 표시되지 않는다. 본래 그래프는 축에 나타난 변수 이외의 요인들을 일정하게 주어진 것으로 간주하고 그리는 것이다. 따라서 그래프축의 한 변수가 변동하여 다른 변수가 변동하면 그래프의 한 점에서 다른 점으로 이동한 것에 불과하다.

(2) 그래프축에 없는 변수가 변동하여 그래프 축에 있는 변수가 변동하면 그래프는 그래프축에 있는 변수의 변동방향으로 자체이동(기울기나 절편의 변화)한다.

다시 수요함수를 보자. 만일 소득이 높아져서 사과수요량이 늘어난다면 수요곡선은 수요량이 표시된 수평축으로 우측 자체이동한다.

이번에는 배의 가격이 떨어졌다고 해보자. 이로 인해 배수요가 늘고 사과수요량이 감소하였다면 그래프는 좌측으로 자체이동한다.

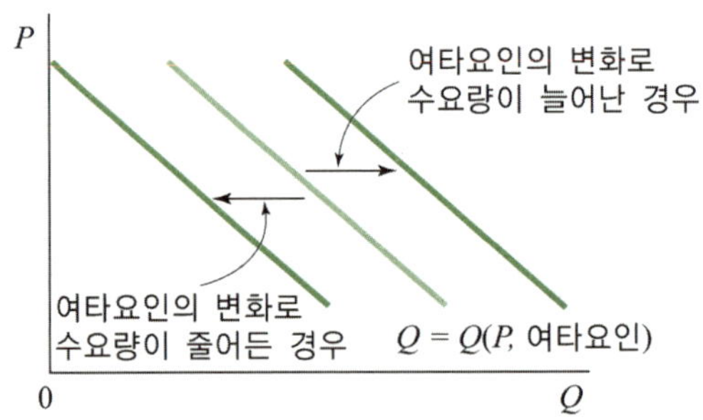

이론의 설명을 그래프와 연결짓기 위해서는 그래프축에 할당된 변수(명시적 변수라고 하자)와 그렇지 않은 변수(암묵적 변수라고 하자)를 구분하는 것이 가장 중요하다는 점을 명심하자. 정리하면

① **그래프의 선상이동** : 명시적 변수가 변동하여 명시적 변수가 변동할 때

② **그래프의 자체이동** : 암묵적 변수가 변동하여 명시적 변수가 변동할 때(명시적 변수가 변동한 방향으로 자체이동)

예제 5.3.1

다음 식을 이용하여 질문에 답하시오.

(1) $Y=0.5X^2+3X+10$의 그래프를 X축으로 2, Y축으로 3만큼 이동한 수식을 만드시오.

(2) $Y=2X+3$의 그래프를 수직으로 10개 합한 그래프의 식과 수평으로 10개 합한 그래프의 식을 계산하시오(단, 수평축의 변수는 X이다).

풀이

(1) $Y=f(X)$에서 X축으로 2, Y축으로 3만큼 이동하면,

$$Y-3=f(X-2)$$

$$Y=0.5(X-2)^2+3(X-2)+10+3=0.5(X^2-4X+4)+3X-6+13$$

$$=0.5X^2-2X+2+3X-6+13=0.5X^2+X+9$$

(2) 수평으로 더할 때는 X축에 대해 더하기 때문에 X에 대해 정리한다.

$$X=\frac{Y-3}{2}$$

이 식을 10번 더하여 X의 총량을 계산하므로 10을 곱한다.

$$X=\frac{Y-3}{2}\times 10=5Y-15$$ ······ 수평으로 합한 식

$$\therefore\ Y=\frac{X+15}{5}$$

수직으로 더할 때는 Y축에 대해 더하기 때문에 원식을 이용하면 된다.

$$Y=10(2X+3)=20X+30$$ ······ 수직으로 합한 식

예제 5.3.2

다음 식을 이용하여 질문에 답하시오.

(1) 철수의 수요함수는 $Q=-2P+30$, 수현이의 수요함수는 $Q=-P+20$이다. 철수와 수현이의 수요량을 합한 수요함수를 유도하시오. 단, Q는 수요량, P는 가격이다.

(2) 수요곡선이 $P=30-0.5Q$인 동일한 소비자 10명으로 구성된 시장수요곡선을 구하시오. 단, Q는 수요량, P는 가격이다.

풀이

(1) 주어진 가격에서 개인들의 수요량을 모두 합해야 시장수요량이 나오기 때문에 수요함수를 Q에 대해 정리한 다음 합해서 시장수요식을 유도한다. 수요량은 음수일 수가 없으므로 P가 15에서 20까지 구간에서는 수현이만 수요한다. P가 15 미만일 때는 시장수요곡선이 다음과 같다.

$$Q_{시장}=Q_{철수}+Q_{수현}$$

$$=-2P+30-P+20=-3P+50$$ ······ $0\le P\le 15$ 구간

(2) 앞 문제와 같이 10명 소비자의 수요곡선식을 Q에 대해 정리한 다음 합한다. 개인 i의 수요곡선

식은 $Q_i = 60 - 2P$이다. 시장수요곡선은 개인의 수요량을 모두 합한 것이므로,

$$Q_{시장} = \sum_{i=1}^{10} Q_i = 600 - 20P$$

예제 5.3.3

(1) 술의 시장공급량 Q는 시장의 술가격 P와 여타의 요인으로 결정되며 다음과 같다. 만일 정부가 주세로 병당 100원을 생산자에게 부과하면 생산자는 기존의 공급가격보다 100원씩을 더 받아야만 생산하려고 할 것이다. 즉, 공급가격이 100원씩 상승한다. 주세부과 후의 시장공급곡선식을 유도하시오.

술의 시장공급함수 $Q = 0.5P + 100$

(2) 국내 영화산업은 우하향하는 직선형태의 수요곡선과 원점을 지나고 우상향하는 직선형태의 공급곡선이 그래프와 같이 관람료 7,000원, 관람객수 100만 명에서 균형을 이루고 있었다고 한다. 그런데 최근 한·미간 FTA 협정에 따른 정부의 영화발전기금 징수로 인하여 공급곡선이 영화발전기금만큼 상방으로 자체 이동하여 국내 영화산업은 관람료 7,500원, 관람객수 90만 명에서 새로운 균형을 이루었다고 한다. 새로운 공급곡선식을 구하시오.

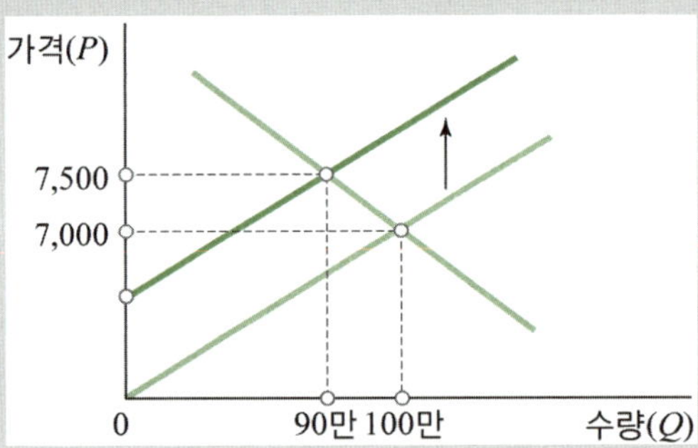

풀이

(1) 공급가격곡선이 상방으로 정확히 100원씩 상승하므로, 공급곡선식을 P에 대해 정리한 다음 100을 더하면 새로운 공급곡선식이 된다(마샬체계를 생각해보면 이해가 쉽다).

$Q = 0.5P + 100 \; \longrightarrow \; P = 2Q - 200$

새로운 공급곡선식 $P = 2Q - 200 + 100 = 2Q - 100$ 또는 $Q = 0.5(P - 100) + 100$

$Q = 0.5P + 50$

(2) 공급곡선이 절편만큼 자체 이동하기 때문이다.

시초의 공급곡선은 절편이 0이므로 $P = aQ$의 꼴이다. 이것이 좌표(100만, 7,000)을 지나므로 대입하여 정리하면,

$P = 0.007Q$

새로운 공급곡선은 이것이 평행 이동한 것이므로 다음 형태를 갖는다.

$P = 0.007Q + b$

그런데, 이 식이 (90만, 7,500)을 지나므로 식에 대입하여 b를 구하면 1,200이다.

$P = 0.007Q + 1,200$

예제 5.3.4

어느 공공재에 대한 두 소비자 A와 B의 수요함수는 각각 다음과 같다.

$$P_A = 250 - \frac{1}{2}Q$$
$$P_B = 100 - \frac{1}{3}Q$$

(여기서 P_A는 소비자 A의 수요가격, P_B는 소비자 B의 수요가격, 그리고 Q는 수요량이다.) 공공재는 가로수와 같이 누구나 혜택을 누릴 수 있으며, 누구든 공급된 양만큼 중복해서 혜택을 누릴 수 있는 것이 특징이다. 누구나 같은 양을 소비할 수 있는 공공재의 특징으로 인해 공공재의 사회적 한계편익(공공재를 하나 더 추가공급함으로써 사회 전체가 누리는 만족도의 화폐가치)은 각 개인의 한계편익을 모두 합한 것과 같다. 두 사람만 존재하는 사회에서 사회적 한계편익곡선식을 유도하시오.

풀이

공공재의 사회적 한계편익은 개인의 한계편익(수요가격)을 모두 합한 것이므로 개인의 수요가격곡선을 수직으로 합한 것이다. 따라서 P에 대해 정리한 다음 더하면 된다(한계편익, 즉 수요가격은 마샬체계를 생각하면 이해가 쉽다).

공공재의 사회적 한계편익선식 $P = P_A + P_B = 350 - \frac{5}{6}Q$

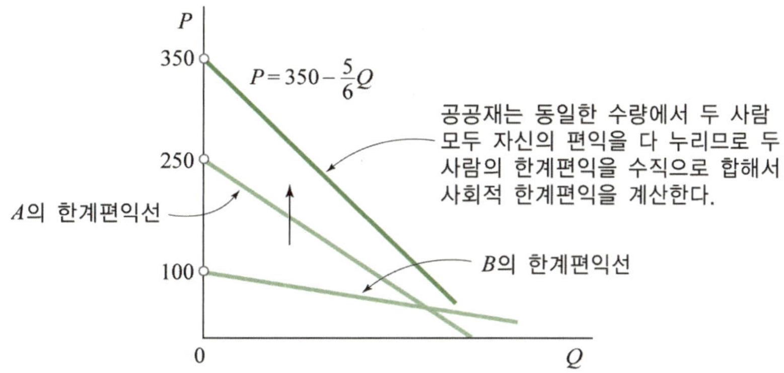

예제 5.3.5

오염물질을 배출하는 공장이 가동되면서 주변지역주민들은 하천을 정화해서 사용하는 비용이 추가되고 있다. 이런 현상을 부정적 외부효과라고 한다. 기업은 이런 지역주민의 피해를 고려하지 않고 자신의 상품 단위당 추가비용(한계비용)을 다음과 같은 공식으로 추정하였다. 이것이 기업의 공급(가격)곡선이다.

$$\text{공급가격곡선식} \quad PMC = 2 + Q$$

기업이 생산량을 한 단위 늘릴 때마다 추가되는 지역주민들의 피해는 다음과 같은 식으로 표현된다. 이를 한계외부불경제효과(한계외부비용)라고 하자.

$$\text{한계외부불경제효과} \quad ME = 2Q$$

이 기업의 생산에 따른 사회적 한계비용곡선식(사회 전체적으로 발생하는 한계비용을 나타내는 식)을 유도하시오.

풀이

그래프를 보자. 마샬체계로 바라보는 것이 이해하기 쉽다. 생산량을 늘리면서 기업이 최소한 받아야 되는 가격은 사적 한계비용이다. PMC선으로 표현되었다. 생산을 늘리면서 추가로 발생하는 한계외부비용 역시 그래프에 표시되어 있다. 매 단위 추가 생산에서 사회적 한계비용은 기업의 한계비용에 한계외부비용을 합해야 한다. 따라서 그래프와 같이 두 곡선을 수직으로 합한 것이다.

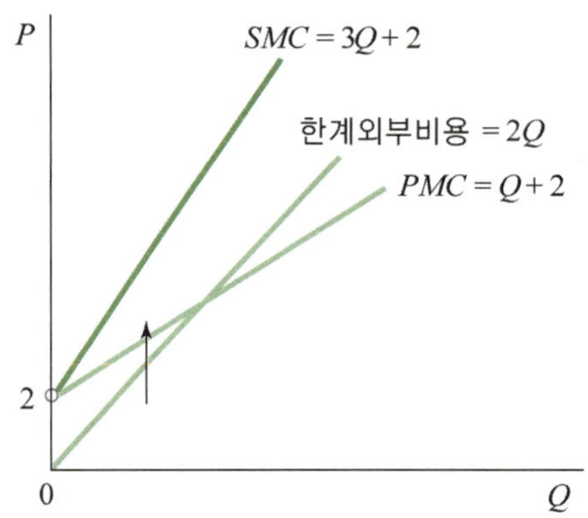

따라서 가격(비용)변수로 식을 정리한 다음 더하면 된다(처음부터 그렇게 주어져 있다).

$$\text{사회적 한계비용} \quad SMC = PMC + \text{한계외부비용} = 3Q + 2$$

예제 5.3.6

다음 두 개의 식을 이용하여 자체이동과 선상이동의 원리를 확인해보자.

$$Y = f(X, Z) = 2XZ + 3$$
$$Y = g(X, Z) = 2X + Z + 3$$

(1) $Z=1$인 상태에서 $Y-X$ 평면에 그래프를 그렸다고 가정하자. 만일 $X=3$에서 $X=5$로 값이 변동하였다면 그래프에서 어떤 변화를 보이는가?

(2) 위의 조건에서 $Z=2$로 변동하였다면 그래프는 어떤 변화를 보이는가?

풀이

(1) 그래프축에 있는 변수 X가 변동하여 그래프축에 있는 변수 Y가 반응했으므로 곡선상의 한 좌표점에서 다른 좌표점으로 이동한 것이다.

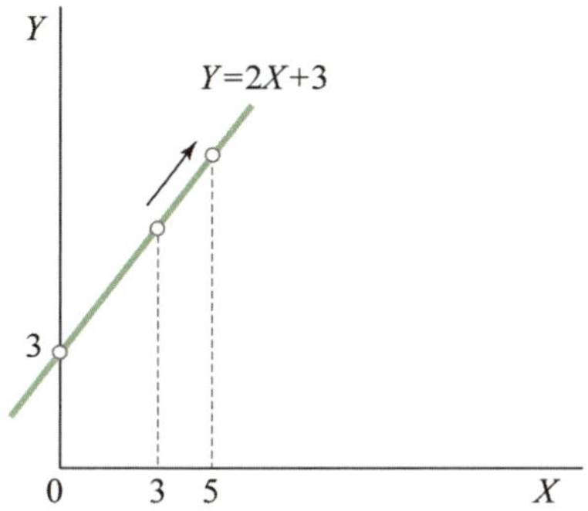

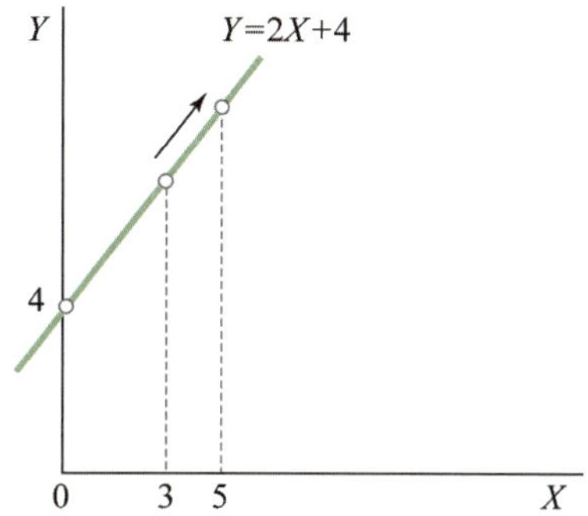

(2) 그래프축에 없는 변수가 변동하여 그래프축에 있는 변수가 변동하였으므로 자체이동한 것이다. 다음 그래프에서 직접 확인할 수 있다.

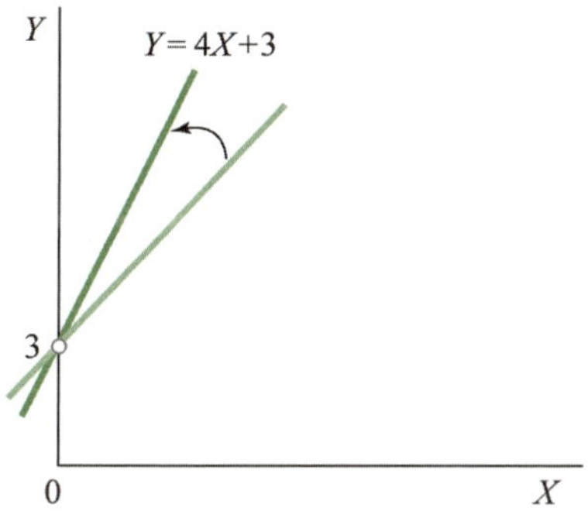

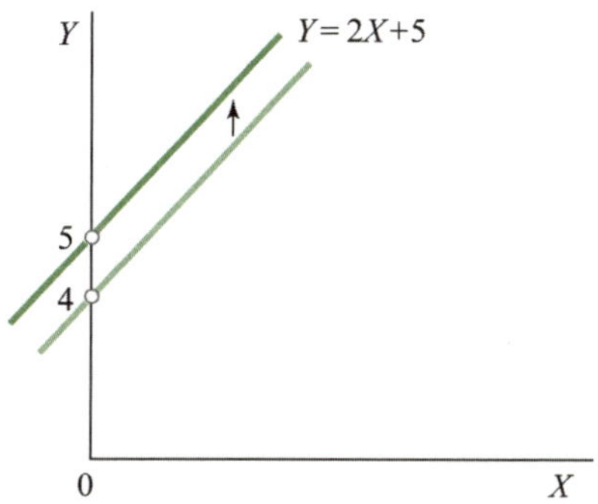

예제 5.3.7

한 경제에서 주어진 투입물을 가장 효율적으로 활용하여 생산가능한 생산물의 조합을 그래프로 표현한 것이 생산가능곡선이다. 단순화시킨 모형을 이용하여 노동(L)과 자본(K)을 투입하여 생산물 꽃과 쌀을 생산한다고 가정하자. 이 그래프에 대하여 물음에 답하시오.

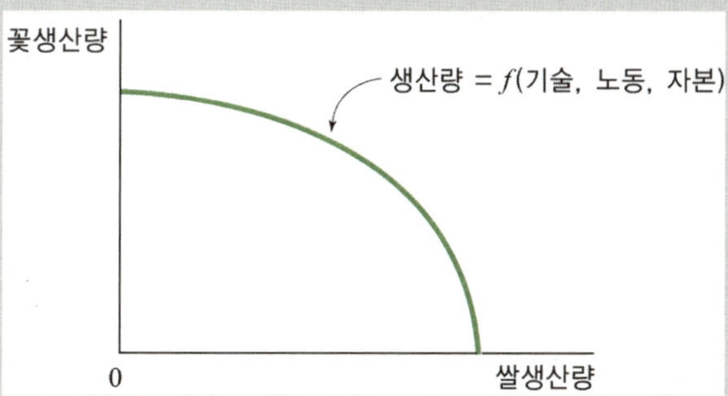

(1) 쌀생산량을 늘리면 꽃생산량이 줄어든다. 어떻게 이동하는가?
(2) 생산가능곡선이 밖으로 이동하는 요인들을 이야기해 보시오.

풀이

(1) 그래프축에 있는 변수 간의 변화이므로 선상에서 우하방으로 이동한다.
(2) 그래프축에 없으나(함수에 표현된 변수 중에서) 그래프에 영향을 미칠 수 있는 변수가 변동해야 자체 이동한다. 기술발전, 노동량 증가, 자본량 증가 등이 원인이다.

예제 5.3.8

다음은 경제 전체의 생산량(국민소득) YS변화를 표현하는 "루카스공급함수"이다. 경제 전체의 총생산량(총공급)이 이 식에 의해 결정된다고 할 때 물음에 답하시오. 현재 완전고용국민소득 $YF = 500$조 원이고, 물가상승율 $\dot{P}$와 기대물가상승율 $E\dot{P}$는 4%이다.

$$YS = YF + 20(\dot{P} - E\dot{P})$$

(1) 가로축을 YS, 세로축을 $\dot{P}$로 잡을 때 현재 상태를 그래프로 그리시오.
(2) 이 그래프를 자체 이동시키는 변수와 선상 이동시키는 변수를 구분하시오.
(3) 한국은행이 통화공급율을 높여 물가상승율만 4%에서 6%로 상승하였다. 그래프에 표현하시오.
(4) 물가상승율이 4%에서 6%로 높아지자, 사람들의 기대물가상승율도 4%에서 5%로 상승하였다. 그래프로 이 내용을 표현하시오.

풀이

(1) 식을 전개하여 주어진 조건을 대입하면 그래프식이 나온다. 현재는 4% 물가상승율에서 완전고용국민소득 500조 원에 대응해 있다.

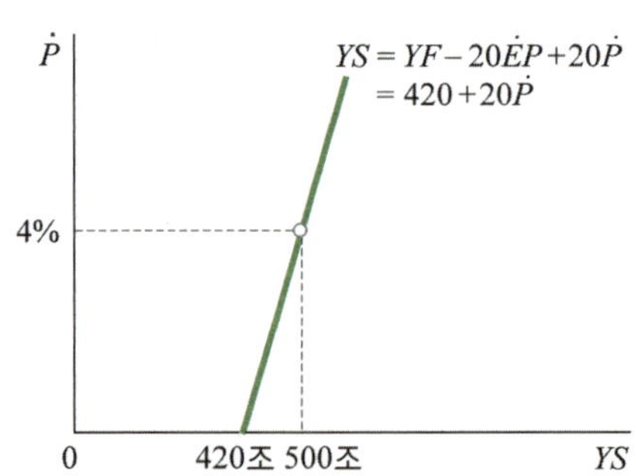

(2) 그래프축에 있는 변수 국민소득, 물가상승율의 변화에 대해서만 선상이동하고, 그래프축에 없는 변수 기대물가상승율, 완전고용국민소득 등의 변화에는 이론에 의해 변화하는 변수의 방향으로 그래프가 자체이동한다.

(3) 물가상승율이 변동하여 국민소득이 변동한 경우에는 선상이동을 한다. 식에 6%를 대입하면 국민소득은 540조 원이다. 따라서 다음 좌측 그래프의 6%에 대응하는 점이다.

(4) 물가상승율 6%에서 기대물가상승율이 5%로 상승하였다면 그래프는 자체이동한다. 정확한 위치를 파악하기 위해 YS를 계산해 보자.

$$YS = 500 + 20(6-5) = 520\text{조 원}$$

다음 우측 그래프와 같이 표현된다. 이상과 같이 각 변수들을 통해 들어오는 충격은 그래프의 이동 특성을 정확하게 반영한다.

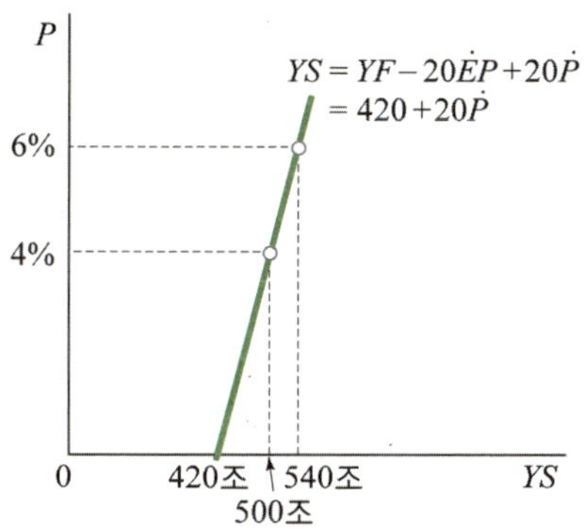

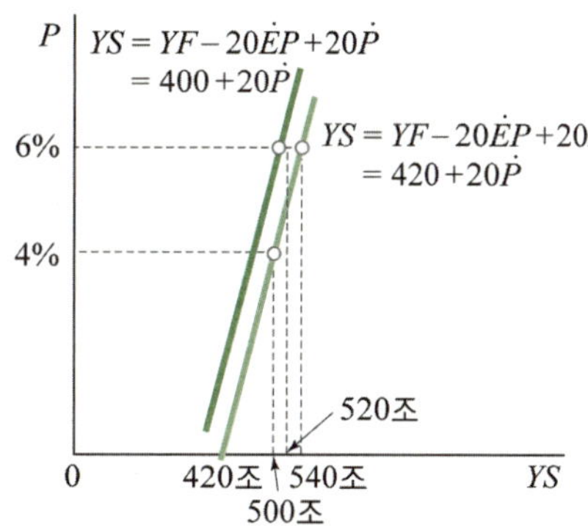

예제 5.3.9

다음은 경제학에서 유명한 "필립스곡선"과 그 식이다. 필립스곡선식은 실업율과 물가상승율이 역관계를 보인다는 실증결과를 사뮤엘슨과 펠프스가 이론으로 만든 것이다. 이것들을 이용하여 질문에 답하시오. 다른 부호는 앞 문제와 같고, U는 실업률, U_N는 정부가 경제정책을 사용하지 않을 때 시장에 의해 결정되는 자연실업율이다.

$$\dot{P} = \dot{EP} + 0.5(U_N - U)$$

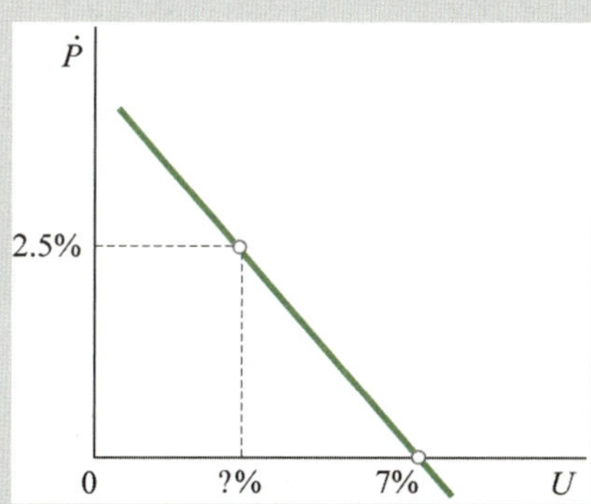

(1) 그래프는 자연실업율 3%에서 그려진 것이다. 기대물가상승률은 얼마에서 그려진 것인가? 현재 물가상승율 2.5%에서 실업율은 얼마인가?

(2) 필립스곡선을 자체이동시키는 변수와 그렇지 않은 변수를 구분하시오.

(3) 현재 물가상승율 2.5%에서 기대물가 상승률이 2.5%로 상승하면 필립스곡선은 어떻게 이동하는가? 그래프로 그리시오.

풀이

(1) 절편($\dot{P}=0\%$, $U=7\%$)이 주어졌으므로 이것을 이용하여 자연실업율을 계산할 수 있다.

$U=U_N-2(\dot{P}-E\dot{P})$ ········· U에 대해 정리

$7\%=3\%-2(0-E\dot{P})$ ········· 절편값 대입

$E\dot{P}=2\%$

이제 이 값들을 필립스곡선식에 대입하여 2.5% 물가상승율에서 실업율을 계산해보자.

$U=3\%-2(2.5\%-2\%)=2\%$

(2) 그래프 축에 할당된 변수인 실업율과 물가상승율의 변화에 대해서는 선상이동이고, 기대물가상승율과 자연실업율의 변화에 대해서는 자체 이동한다.

(3) 자체이동을 할 것이다. 필립스곡선식에 대입하여 물가상승율 2.5%에서 실업율이 얼마에 대응하게 움직여야 되는지 알아보자.

$2.5\%=2.5\%+0.5(3\%-U)$

$U=3\%$ ········· 새로운 대응값

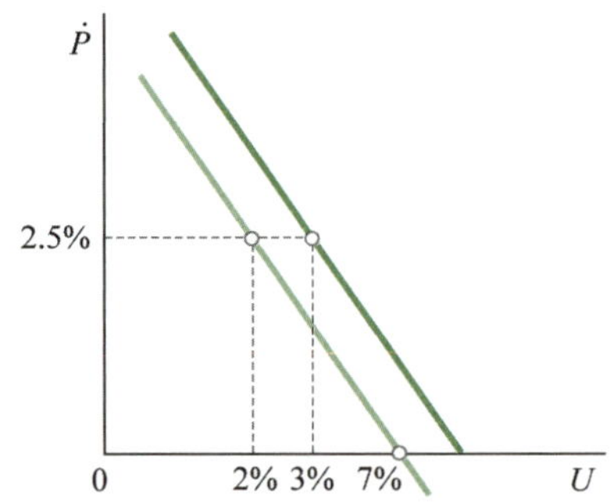

예제 5.3.10

어느 한 기업이 판매지역을 A, B 두 지역으로 나누어 각기 다른 가격에 판매하는 가격차별화를 실시하고 있다. 두 지역의 수요함수는 다음과 같다.

$$Q_A=100-P_A,\quad Q_B=100-2P_B$$

이 기업의 비용함수는 $TC=20Q+30$이라고 하자. 이 기업의 이윤식을 두 지역의 생산량 Q_A와 Q_B에 대해 세우면? 단, $Q=Q_A+Q_B$이다.

풀이

이윤 = 총판매수입 − 총생산비

이 기업은 두 지역에서 각기 다른 가격 P_A, P_B로 판매하기 때문에 총판매수입은 두 지역의 판매

수입을 한 것이다.

$$\text{총판매수입} = P_A \times Q_A + P_B \times Q_B$$
$$= (100 - Q_A)Q_A + (50 - 0.5Q_B)Q_B$$
$$= -Q_A^2 + 100Q_A - 0.5Q_B^2 + 50Q_B$$
$$\text{이윤} = (-Q_A^2 + 100Q_A - 0.5Q_B^2 + 50Q_B) - (20Q_A + 20Q_B + 30)$$

예제 5.3.11

두 생산요소의 투입량을 각기 L, K라고 가정하자. 한 기업의 생산함수가 $Q(L,\ K) = 4\sqrt{L} + 10\sqrt{K}$이다. 각 생산요소의 가격이 1이고 생산물 가격은 2일 때, 이 기업의 이윤식을 독립변수 L, K에 대해 세우면? 단, 생산량은 모두 시장가격으로 팔린다고 가정한다.

풀이

$$\text{이윤} = \text{총판매수입} - \text{총생산비}$$
$$\text{총판매수입} = \text{판매가격} \times \text{판매량} = 2 \times Q(L,\ K) = 8\sqrt{L} + 20\sqrt{K}$$
$$\text{총생산비} = L\text{투입비용} + K\text{투입비용} = 1 \times L + 1 \times K$$
$$\text{이윤} = (8\sqrt{L} + 20\sqrt{K}) - (L + K)$$

5.4 *IS*−*LM* 곡선의 이동

1 *IS*곡선(생산물시장의 균형)

경제 전체의 생산물에 대한 총수요(*YD* ; 유효수요)와 총공급(*YS* ; 국민총생산)이 일치하여 균형상태에 있을 때를 생각해보자. 이자율이 변동하면 투자와 저축(소비) 등이 변동하기 때문에 새로운 균형이 모색되어야 할 것이다. 따라서 각 이자율마다 경제는 각각 균형을 이룬 상태의 국민총생산이 달라진다. 이때 이자율(r)과 균형국민총생산(*YE*) 사이의 관계를 표현한 것이 *IS*곡선이다.

(1) 국민총생산의 움직임

① **유효수요(*YD*)의 구성** : 일정기간 경제 전체에서 구매력으로 나타나는 수요를 유효수요(총수요)라고 한다. 유효수요는 가계, 기업, 정부, 해외 등 경제 4주체의 수요를 합한 것이다. 즉, 가계의 소비수요(C ; consumption), 기업의 투자수요(*ID* ; investment), 정부

지출수요(G ; government), 해외의 순수출수요($X-M$; export-import)를 합한 것이다.

$$YD = C + ID + G + (X - M)$$

② **유효수요구성변수의 함수설정** : 이들 구성변수는 다시 여러 경제변수들의 영향을 받는다. 대표적인 것이 국민총생산(YS)과 이자율(r)이다. 여기서는 단순화된 모형을 다루기로 하겠다.

㉠ $C = C(YS - T,\ r)$ ·· $YS - T$=가처분소득

이자율이 높아지면 소비는 줄고(저축이 늘고), 소득 중 정부에 강제로 빼앗긴 조세(T)를 뺀 가처분소득이 많을수록 소비는 증가한다.

㉡ $ID = I(YS,\ r)$

이자율이 높아지면 자금의 차입비용이 커져서 투자가 감소한다. 반면, 국민총생산이 늘어나면 생산을 더 해야하기 때문에 투자가 촉진된다.

㉢ $G = G_0$ ·································· 정부지출은 정부에 의해 독립적으로 결정된다.

㉣ $T = T(YS)$

조세는 정부가 독자적으로 결정하는 부분도 있지만 소득세처럼 소득이 늘면 일정한 비율로 증가하는 부분도 있다.

㉤ $X = X_0$ ·· 수출은 해외경기에 영향받아 결정된다.

㉥ $M = M(YS)$

국내경기가 좋아지면 수입도 증가한다.

③ **생산물시장의 조정힘(재고조정원리)** : 기업들이 항상 적정재고를 유지하려는 성향을 보인다고 가정해보자. 만일 어떤 충격으로 유효수요가 늘어나면 재고가 감소하고 기업은 적정재고를 맞추기 위해 생산을 늘리려고 할 것이다. 이것을 "재고조정원리"라고 한다.

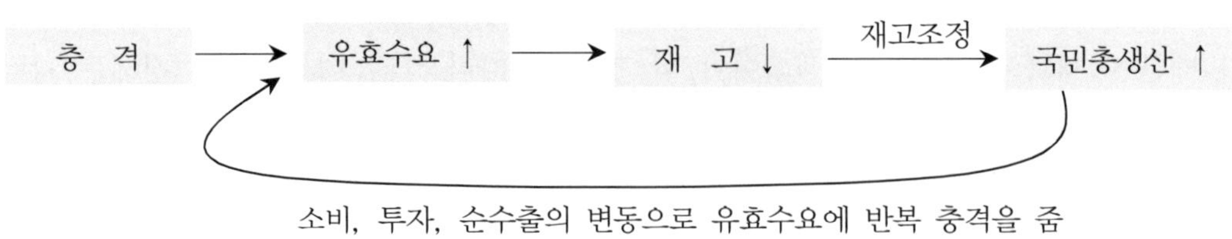

④ **충격의 파급효과(승수효과)** : 앞에서 설정한 함수관계를 보면 시초 유효수요의 증가로 국민총생산이 늘면, 이것은 다시 소비(증가), 투자(증가), 순수출(감소)에 영향을 미쳐 재차 유효수요를 증가시킨다. 이런 끝없는 반복과정을 승수효과(부풀려지는 효과)라고 한다.

(2) 생산물시장의 간단한 표현

내용을 쉽게 정리하기 위해 생산물시장을 인과의 함수관계로 표현해보자. 화살표를 따라가면서 어떻게 작동하는지 정리해보기 바란다.

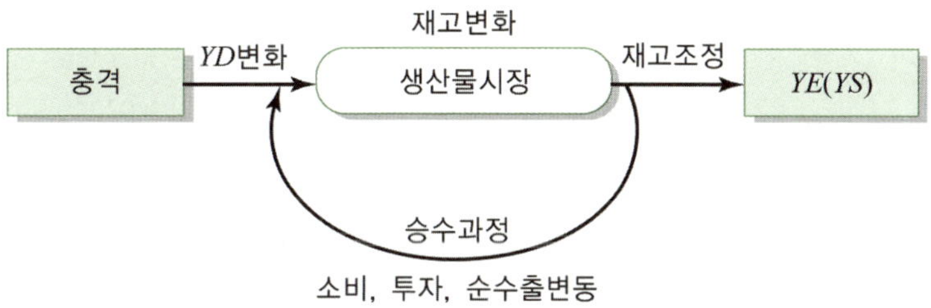

예를 들어 이자율이 상승하는 충격이 들어왔다고 해보자. 소비와 투자가 감소할 것이다. 이로 인해 유효수요가 줄고 재고가 늘면서 생산을 줄이는 재고조정을 한다. 줄어든 국민총생산은 반복적인 승수과정을 거치면서 국민총생산을 계속 감소시킨다(위 화살표를 따라가며 함수를 이용하여 읽어간 것이다).

(3) *IS*곡선은 우하향한다.

생산물시장의 균형을 국민총생산(*YS*)과 이자율(r) 평면에 표현한 것이 *IS*곡선이다. 방금 전 생산물시장의 움직임에서 살펴본 것처럼 이자율이 상승하면 국민총생산은 감소한다. 따라서 *IS*곡선은 우하향한다.

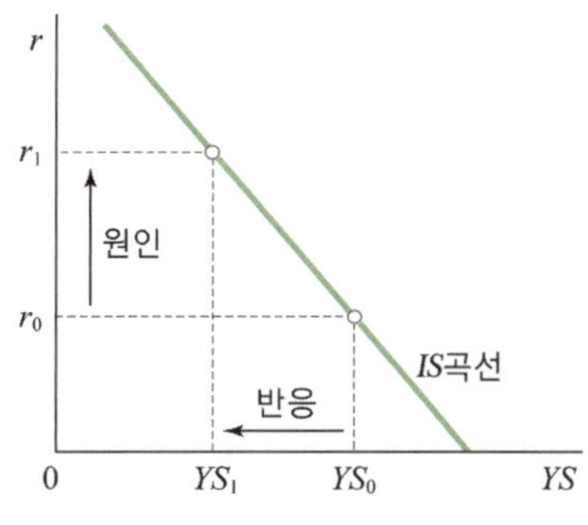

(4) 이자율 이외의 충격에 *IS*곡선은 국민총생산이 움직이는 방향으로 자체이동한다.

*IS*곡선을 그린 이자율과 국민총생산 평면을 생각해보자. 이 그래프는 이자율과 국민총생산이 명시적으로 고려된 변수이고 나머지 모든 변수는 축을 할당받지 못한 암묵적 변수들이다. 따라서 다음과 같이 *IS*곡선의 이동특성을 정리할 수 있다.

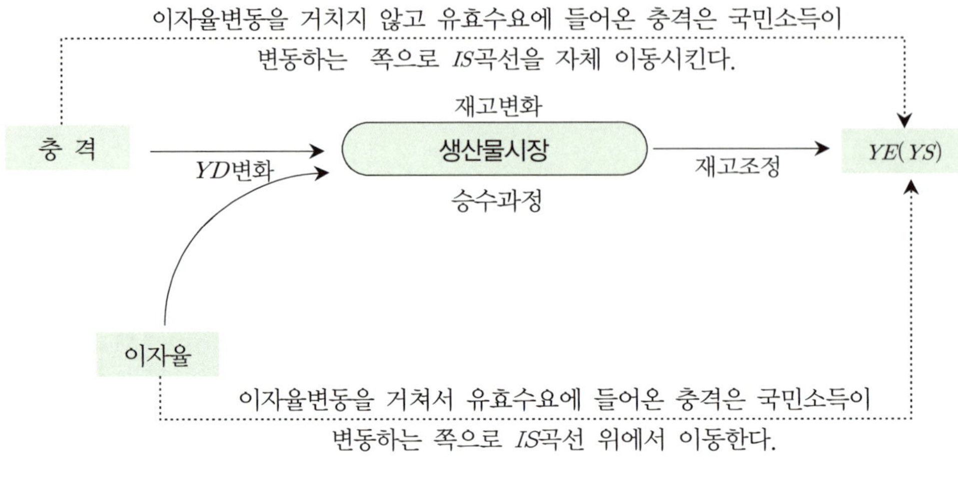

예를 들어 정부가 경기를 부양시키기 위해 정부지출을 늘렸다고 해보자. 유효수요가 늘고 재고가 감소하여 재고조정과정에서 국민총생산이 늘어날 것이다. 승수과정은 단지 이것을 확대시키는 과정에 불과하다. 따라서 *IS* 곡선은 우측으로 자체이동한다. 함수에 포함된 다른 변수들의 충격도 이런 원리를 이용하여 *IS* 곡선의 자체이동방향을 파악하면 된다.

2 *LM* 곡선(화폐시장의 균형)

LM 곡선은 화폐시장의 균형, 즉 화폐수요(*MD*)와 화폐공급(*MS*)이 일치하는 이자율과 국민총생산의 조합들이다. 그러나 화폐시장에 어떤 충격이 들어와서 화폐수요나 화폐공급이 변동하면 화폐시장은 조정과정을 거쳐 다시 균형에 도달한다.

LM 곡선은 국민총생산(*YS*)가 변동할 때 화폐시장이 조정되어 새로 도달하는 균형 이자율수준(r)을 보여준다.

(1) 화폐시장의 함수구성

① 화폐는 거래의 매개수단과 가치저장수단으로 사용된다.

화폐는 가치척도로서 어떤 상품을 얼마에 거래해야 하는지 표현하는 수단이다. 실제 거래를 할 때 상품과 화폐를 교환하게 되는데, 이런 용도를 "거래의 매개수단"이라고 한다. 하지만, 우리는 거래에 사용하지 않은 화폐도 보유하고자 한다. 예를 들어 주식시장이 좋지 않으면 주식을 팔아 화폐로 보유하고 있으면서 다른 투자기회를 본다. 또는 내년 3월에 MP3를 사기 위해 서랍에 모으고 있는 현금도 있다. 이렇게 투기를 하려는 자금이나 거래를 지연시키는 수단으로 보유하는 화폐를 "가치저장수단의 화폐"라고 한다.

② 화폐수요는 국민소득과 이자율에 영향을 받는다.

거래를 위해서 보유하려는 화폐양은 구매력을 확보하려는 데 목적이 있으므로 구매하려는 상품의 양과 그 가격에 영향을 받는다. 전반적으로 경기가 좋아져서 국민총생산이 높아지면 사람들은 소비수요나 투자수요를 늘리려고 할 것이다. 따라서 거래의 매개수단으로써 화폐수요가 늘어난다. 하지만, 물가가 상승해도 동일한 상품을 구입하기 위해 더 많은 화폐가 필요하다. 따라서 거래의 매개수단으로써 화폐수요는 국민총생산이 높아지거나 물가가 상승하면 늘어나게 된다.

반면, 가치저장수단으로써 화폐수요는 이자율(수익률)에 영향을 크게 받는다. 예를 들어 주가상승이 예상되거나, 자금사용의 댓가인 이자율이 상승하면 보유중인 화폐로 주식이나 채권을 구매하려 할 것이다. 거래의 지연수단으로써 화폐수요도 마찬가지이다. 이자율이 높아지면 서랍에 넣어두기보다는 은행에 넣어두는 것이 보다 유리하다. 따라서 이자율이 높아지면 가치저장수단의 화폐는 감소한다.

이상의 내용을 정리하면 화폐수요 MD는 국민소득(국민총생산)이나 물가수준 P에 비례하고 이자율에 반비례한다.

$$MD = M(YS,\ P,\ r)$$

③ 화폐의 공급은 중앙은행이 결정한다.

화폐의 공급은 중앙은행이 결정한다고 단순하게 생각하자.

(2) 화폐시장의 조정과정

화폐의 수요와 공급이 일치해 있는 상태에서 화폐시장에 충격이 들어와 불균형이 발생했다고 해보자. 예를 들어 중앙은행이 화폐발행을 더 늘려 화폐수요보다 화폐공급이 더 많다면 자금의 사용대가인 이자율은 하락하게 된다. 이때 가치저장수단의 화폐보유가 늘어나기 때문에 화폐시장은 다시 균형에 도달한다.

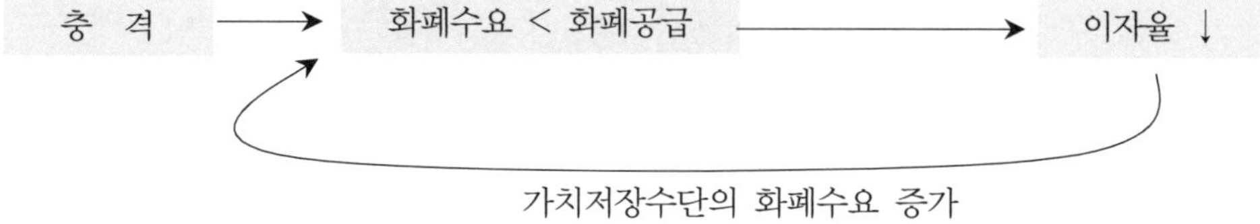

(3) 화폐시장의 간단한 표현

화폐시장의 불균형조정과정은 다음처럼 간단하게 표현할 수 있다. 화폐시장의 동향은 자금시장의 동향을 의미하기 때문에 이자율의 변화는 자금시장에서 쉽게 추론할 수 있다.

자금이 부족(화폐수요가 화폐공급보다 많으면)해지면 이자율이 오르고, 자금이 풍부해지면 (화폐수요가 화폐공급보다 적으면) 이자율은 하락한다.

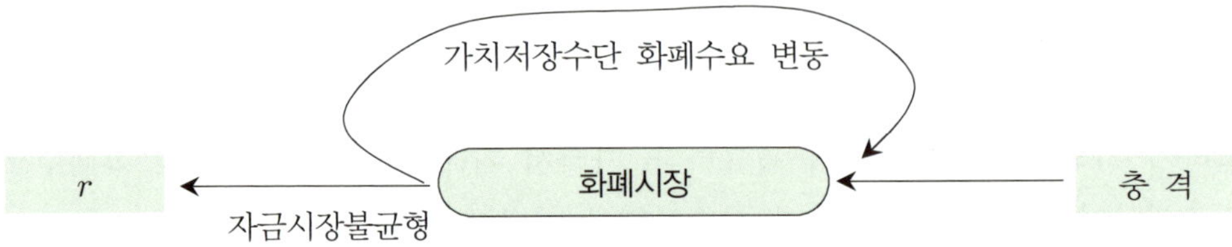

단순한 모형을 이용하여 국민총생산(*YS*)이 늘어나는 충격의 효과를 분석해 보자. 소비와 투자가 늘어날 것이고 이에 수반하는 거래의 매개수단으로써 화폐수요(*MD*)가 증가할 것이다.

결국, 자금시장에서 자금이 줄어들기 때문에 이자율(r)이 상승한다. 이때 가치저장수단의 화폐수요가 감소하여 화폐시장은 다시 균형에 도달한다.

(4) *LM* 곡선은 우상향하는 형태를 가진다.

LM 곡선은 각 국민총생산(*YS*)에 대응하여 화폐시장의 균형상태에서 결정되는 이자율(r)을 보여준다. 그러므로 국민총생산의 변화가 원인이고, 이에 따른 이자율변화가 반응이다. 방금 전 살펴본 것처럼 국민총생산이 늘면 소비와 투자에 필요한 화폐수요가 늘기 때문에 이자율이 상승한다. 따라서 *LM* 곡선은 *IS* 곡선과 반대로 우상향한다.

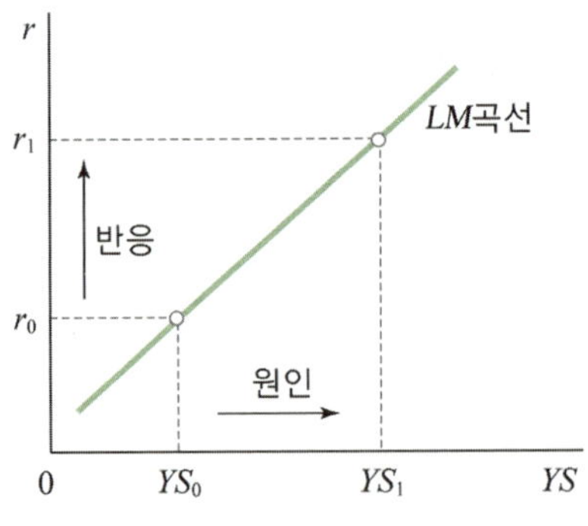

(5) 국민총생산 이외의 충격에 *LM* 곡선은 이자율이 움직이는 방향으로 자체 이동한다.

LM 곡선의 평면에서 명시적으로 고려되는 변수는 이자율과 국민총생산이다. 따라서 이들 사이의 변화는 선상이동으로 나타난다. 그러나 나머지 모든 변수는 축을 할당받지 못한 암묵적 변수들이다. 따라서 *IS* 곡선을 이자율이 움직이는 방향으로 자체이동시킨다. 이 내용을 단순화된 화폐시장모형에 정리하면 다음과 같다.

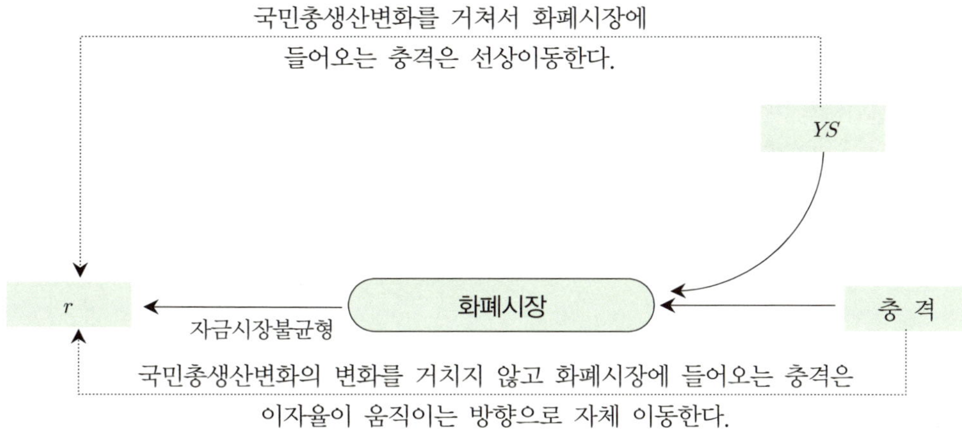

예를 들어 중앙은행이 시중의 화폐를 거두어 들였다고 해보자. 화폐수요보다 화폐공급이 적어지고 자금공급이 줄어들면서 이자율이 상승할 것이다. *LM* 곡선은 상방으로 자체 이동한다. 물가가 오르면 어떤가? 거래의 매개수단으로서 화폐수요가 늘어나기 때문에 자금공급이 줄면서 이자율이 상승한다. 역시 *LM* 곡선이 상방 자체 이동한다.

예제 5.4.1

다음은 거시경제를 표현하는 *IS*－*LM* 모형이다. 여기서 *IS* 곡선식은 생산물시장의 균형($YD=YS$)를 나타내고, *LM* 곡선식은 화폐시장의 균형($MS=MD$)을 나타낸다. 생산물시장과 화폐시장이 동시에 균형에 도달(*IS* 곡선과 *LM* 곡선이 교차)할 때 국민소득(YS)과 이자율(r)을 계산하시오.

유효수요(YD)$=C+ID+G$
소비수요(C)$=10+0.7YS$
투자수요(ID)$=2-r$
정부수요(G)$=8$
통화공급(MS)$=10$
화폐수요(MD)$=20+0.2YS-r$

풀이

먼저 *IS* 곡선을 유도해보자. 유효수요식에 주어진 식들을 대입하여 YD를 구하고, $YD=YS$로 놓고 푼다.

$$YD = C + ID + G$$
$$= 10 + 0.7YS + 2 - r + 8 \quad \cdots\cdots \text{유효수요식}$$
$$0.3YS = 20 - r \quad \cdots\cdots YD=YS\text{에서 유도}(IS\text{식})$$

다음으로 LM곡선을 구해보자.

$10 = 20 + 0.2\,YS - r$ ······························ $MD = MS$에서 유도

$0.2\,YS = -10 + r$ ······························ LM식

두 식을 연립해서 가감법으로 풀어 보자.

$$
\begin{array}{rcl}
0.3\,YS & = & 20 - r \\
+\ 0.2\,YS & = & -10 + r \\
\hline
0.5\,YS & = & 10
\end{array}
$$

따라서 $YS = 20,\ r = 14$이다.

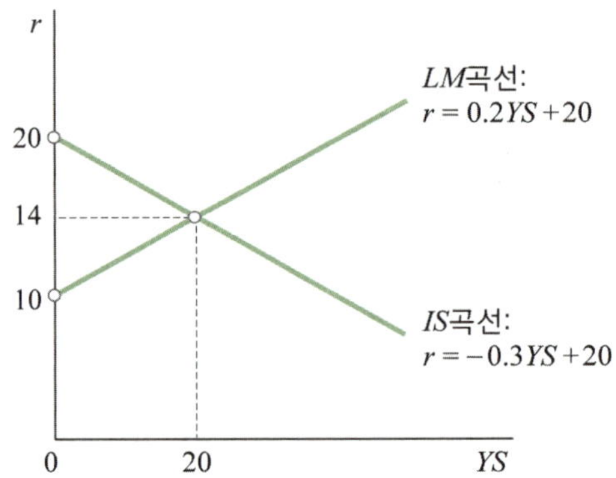

예제 5.4.2

다음은 단순한 폐쇄경제(해외부문을 제외한 경제)의 $IS-LM$ 모형이다. 이 모형을 이용하여 물음에 답하시오.

$YD = C + ID + G$

소비수요(C) $= 30 + 0.9\,YS$

투자수요(ID) $= 100 - 100r$

정부수요(G) $= 80$

통화공급(MS) $= 280$

화폐수요(MD) $= 100 - 200r + 0.1\,YS$

(1) IS곡선과 LM곡선식을 유도하고, 생산물시장과 화폐시장이 동시에 균형인 상태의 이자율과 국민총생산을 계산하시오.

(2) 정부가 수요 G를 늘려 현재 80에서 110이 되었다. 새로운 IS곡선식을 유도하시오.

(3) 정부수요가 늘어난 전후의 IS곡선과 LM곡선을 그래프에 그리고, 생산물시장과 화폐시장의 새로운 균형을 계산하시오.

풀이

(1) $YD = C + ID + G = 30 + 0.9\,YS + 100 - 100r + 80 = 210 + 0.9\,YS - 100r$

IS곡선 : $YS = 2,100 - 1,000r$ ······································ $YD = YS$에서 유도

LM곡선 : $YS = 1,800 + 2,000r$ ······································ $MD = MS$에서 유도

생산물시장과 화폐시장의 동시균형은 IS곡선과 LM곡선이 만나는 점에서 이루어진다. 두 식을 연립해서 풀면, $r = 0.1$, $YS = 2,000$이다.

(2) 유효수요식에서 G를 80에서 110으로 늘린다.

$$YD = C + ID + G = 30 + 0.9YS + 100 - 100r + 110 = 240 + 0.9YS - 100r$$

$YD = YS$에서 새로운 IS곡선은 다음과 같다.

$$YS = 2,400 - 1,000r$$

(3) 생산물시장에는 정부지출이 늘어나는 충격으로 IS 곡선이 우측으로 자체이동한다. 기존의 이자율 0.1에서 IS곡선에 대응하는 국민총생산은 2,100이었으나, 정부지출의 증가로 2,300이 되었다. $IS = LM$에서 새로운 균형은 $r = 0.2$, $YS = 2,200$이다.

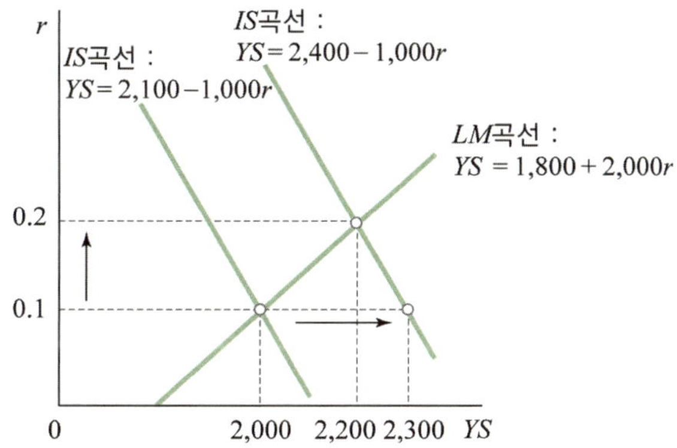

제 6 장 수열과 복리

일러두기

본서는 경제학을 처음 접하는 독자들도 무리 없이 읽을 수 있도록 내용을 구성하였습니다. 다만, 좀 더 수월하게 본서를 마치고 싶은 독자는 본문과 문제에 다음 표시가 있는 부분을 제외시키고 공부해도 좋습니다. 굳이 분류기준을 밝히면 다음과 같습니다.

- Ⅰ : 경제원론을 읽었으면 익숙한 내용
- Ⅱ : 굳이 보지 않아도 되는 내용

6.1 등차수열

수열은 수의 나열을 의미한다. 여기서는 나열된 수들 사이에 내재되어 있는 규칙을 찾아 활용하는 방법을 살펴보자. 우리의 목적에 맞춰 가장 기본이 되는 등차수열과 등비수열만 다룰 예정이다.

(1) 등차수열의 구조

다음 수열에 들어 있는 규칙을 찾아보자.

2 7 12 17 22 27 32 …

앞의 수에 5를 더하면 꼭 다음 수가 된다. 이렇게 뒷수에서 앞수를 빼면 항상 동일한 수가 되는 수열을 "등차수열"이라고 한다. 등차수열의 구조를 다음과 같이 표현할 수 있다. 여기서 d를 "공차"라고 한다. 앞의 수열은 a_1이 2이고, 공차 d는 5이다.

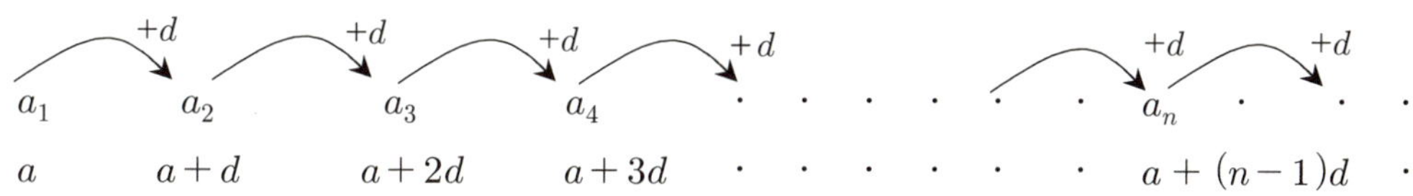

수열의 구조에서 보는 것처럼 초항(a_1)을 a라고 하면, 2번째 항(a_2)은 초항에 d를 더한 것이고, 3번째 항(a_3)은 2번째 항에 d를 더한 것이다. 따라서, 인접하는 두 항의 차는 항상 공차 d가 된다. 이렇게 어떤 수열이 등차수열의 형태로 증가하면 "산술급수적으로 증가한다"고 한다.

(2) 등차수열의 일반항

초항이 a이고 공차가 d인 등차수열에서 n번째 항을 표현한 것이 일반항이다.

$$a_n = a+(n-1)d$$

일반항은 한 수열의 특정 번째 위치한 수를 알아내는 데 사용된다. 예를 들어 초항이 5이고, 공차가 7인 등차수열에서 10번째 수는 68이다.

$$a_{10} = 5+9\times 7 = 68$$

(3) 등차수열의 합

초항이 a이고 공차가 d인 수가 n개 나열된 등차수열이 있을 때 이들의 총합 S_n을 계산하는 방법을 생각해보자.

20까지 짝수의 합을 예로 들어 보자. 초항이 2이고 공차가 2이며 항의 수는 10이다. 다음과 같이 초항과 말항(마지막 숫자)을 합한 값 22가 총 5(= 항의 수 ÷ 2)개 만들어진다. 값은 $110\left(=\frac{10(2+20)}{2}\right)$이다. 이 과정을 이용하면 어렵지 않게 총합 S_n식이 유도된다.

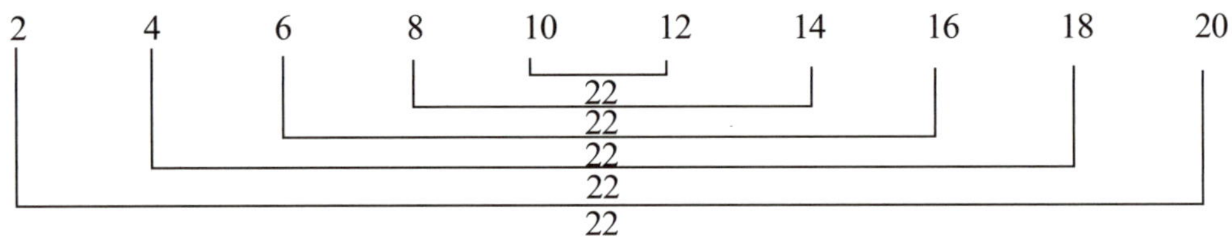

이상의 내용을 공식으로 정리해 보면, 항이 n개인 등차수열의 총합 S_n은

$$S_n = \frac{n(\text{초항}+\text{말항})}{2} = \frac{n[a+a+(n-1)d]}{2}$$
$$= \frac{n[2a+(n-1)d]}{2}$$

예제 6.1.1

(1) 다음 등차수열의 초항, 말항, 공차, 일반항은 얼마인가?

① 2, 5, 8, 11, 14, 17, 20, 23, 26, 29, 32

② 3, 8, 13, 18, 23, 28

(2) 100까지 홀수를 모두 합하면 얼마인가?

(3) 다음 등차수열의 일반항을 구하고 10항까지의 합을 구하시오.

6, 3, 0, −3, ⋯

풀이

(1) ① 초항=2, 말항=32, 공차=3, 일반항=2+$(n-1)$3이다.

② 초항=3, 말항=28, 공차=5, 일반항=3+$(n-1)$5이다.

(2) 초항=1, 말항은 99, n =50이므로,

$$S_n = \frac{50\times100}{2} = 2{,}500$$

(3) 일반항 $a_n = -3n+9,\ a_{10} = -30+9 = -21$

$$S_{10} = \frac{10[6+(-21)]}{2} = -75$$

6.2 등비수열

(1) 등비수열의 구조

다음 수열의 규칙을 생각해보자.

1　2　4　8　16　32　64 …

앞의 수에 2를 곱하면 바로 뒤의 수가 나온다. 이런 수열을 “등비수열”이라고 한다. 따라서 초항이 a인 등비수열의 구조는 다음과 같다. 여기서 r을 “공비”라고 한다. 앞의 예는 초항이 1이고, 공비가 2인 등비수열이다.

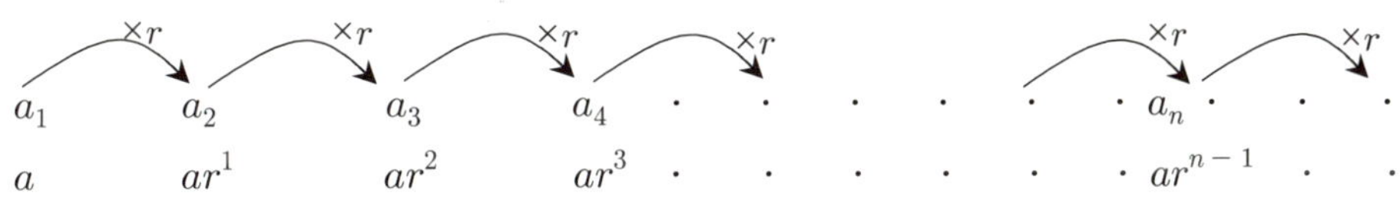

등비수열에서는 인접한 두 항 중 앞항으로 뒤항을 나누면 언제나 공비 r이 된다. 등비수열의 형태로 점차 증가하는 것을 “기하급수적으로 증가한다”라고 한다.

(2) 등비수열의 일반항

초항이 a이고 공비가 r인 등비수열에서 n번째 항을 표현한 것이 일반항이다. 등비수열의 일반항은 다음과 같다.

$$a_n = ar^{n-1}$$

앞의 등비수열 예에서 10번째 항의 숫자는 얼마인가? 512이다.

$$a_{10} = 1 \times 2^9 = 512$$

(3) 유한등비수열의 합

초항이 a이고, 공비가 r, 항이 n개인 등비수열의 합(S_n)을 유도해보자. S_n식 양변을 r로 곱해서 S_n식에서 빼면 초항과 말항을 제외한 모든 항이 제거된다.

$$
\begin{array}{rl}
S_n = & a + ar^1 + ar^2 + ar^3 + \cdots + ar^{n-1} \\
-)\ rS_n = & \quad ar^1 + ar^2 + ar^3 + \cdots + ar^{n-1} + ar^n \\
\hline
(1-r)S_n = & a - ar^n
\end{array}
$$

그러므로

$$S_n = \frac{a(1-r^n)}{1-r} \text{ 또는 } S_n = \frac{a(r^n-1)}{r-1} \text{ (단, } r \neq 1\text{)이고}$$

만약 $r=1$이면, $S_n = na$이다.

예를 들어 다음 등비수열의 합을 구해보자.

1 2 4 8 16 32 64

이것을 지수를 이용하여 다시 표현하면

$1\times2^0 \quad 1\times2^1 \quad 1\times2^2 \quad 1\times2^3 \quad 1\times2^4 \quad 1\times2^5 \quad 1\times2^6$

이제 합을 구해보자.

$$
\begin{array}{rl}
S_7 = & 1\times2^0 + 1\times2^1 + 1\times2^2 + 1\times2^3 + 1\times2^4 + 1\times2^5 + 1\times2^6 \\
-)\ 2\times S_7 = & \qquad\quad 1\times2^1 + 1\times2^2 + 1\times2^3 + 1\times2^4 + 1\times2^5 + 1\times2^6 + 1\times2^7 \\
\hline
(1-2)S_7 = & 1\times2^0 \qquad\qquad\qquad\qquad\qquad\qquad\qquad\qquad - 1\times2^7
\end{array}
$$

그러므로

$$S_7 = \frac{1\times2^0 - 1\times2^7}{1-2} = 127$$

(4) 무한 등비수열의 합(단, $a > 0$, $r > 0$)

등비수열의 항이 무한개일 때 합을 구하는 원리를 생각해보자. 유한등비급수의 합공식에서 n이 무한대가 될 때 값을 구하면 될 것이다. 공비의 크기를 기준으로 3가지 상황을 생각할 수 있다.

① 만약 $r=1$, $S_n = na = \infty$

다음 예를 생각해 보면 너무도 당연하다.

2 2 2 2 2 2 …

초항이 2이고, 공비가 1이다. 한없이 2를 더하면 무한대(∞)가 된다(n이 무한대이므로 $\infty\times a$). 반대로 어떤 음수를 한 없이 더하면 음의 무한대($-\infty$)가 될 것이다.

② 만약 $r > 1$, $S_n = \infty$

앞의 예를 확장해 보면 이 역시 자명하다. 뒤로 갈수록 앞의 수보다 더 큰 값들을 계속 더해 간다면 당연히 무한대(∞)가 된다. 초항이 음수값이면 무한등비수열의 합은 음의 무한대($-\infty$)가 된다.

③ 만약 $|r| < 1$, $S_n = \lim_{n\to\infty}\frac{a(1-r^n)}{1-r} = \frac{a}{1-r}$

마지막으로 공비의 절대값이 1보다 작으면 어떻게 될까? ar^n은 n이 커질수록 0에 수렴하게 된다. 따라서 S_n은 어떤 값에 수렴하게 될 것이다. S_n을 유한등비수열의 합이라면 무한등비수열의 합은 lim("리미트"라고 읽음)기호를 이용하여 다음과 같이 표현할 수 있다.

$$\lim_{n\to\infty}S_n = \lim_{n\to\infty}\frac{a(1-r^n)}{1-r}$$

좌변은 "n이 무한대로 갈 때 S_n은"이라고 읽고, "n이 무한대로 갈 때 S_n값"이라고 해석한다. 만일 우변에서 n이 무한대로 간다면 r^n은 0이 될 것이다($\lim_{n\to\infty}r^n=0$). 따라서, 이것에 0을 대입하면 다음과 같은 식을 얻는다.

$$S_n = \lim_{n\to\infty}\frac{a(1-r^n)}{1-r} = \frac{a}{1-r} \quad \text{단, } |r| < 1$$

예제 6.2.1

다음 물음에 답하시오.

(1) 다음 등비수열의 일반항을 구하시오.

① $-2, 4, -8, 16, \cdots$

② $1,\ 0.1,\ 0.01,\ 0.001,\ 0.0001,\ \cdots$

(2) 다음 유한등비수열의 합을 구하시오.

① $3+6+12+24+\cdots$(15항까지)

② $10+10+10+10+\cdots$(35항까지)

(3) 다음 무한등비수열의 합을 구하시오.

① $0.1+0.1+0.1+0.1+0.1+\cdots$

② $\frac{1}{2}+\frac{1}{4}+\frac{1}{8}+\frac{1}{16}+\frac{1}{32}+\frac{1}{64}+\cdots$

③ $1-\frac{1}{2}+\frac{1}{4}-\frac{1}{8}+\frac{1}{16}-\frac{1}{32}+\frac{1}{64}-\cdots$

풀이

(1) 일반항 구하기

① 초항 $a=-2$, 공비 $r=-2$ 이므로 일반항은

$$a_n=(-2)\times(-2)^{n-1}=(-2)^n$$

② 초항 $a=1$, 공비 $r=0.1$ 이므로

$$a_n=1\times 0.1^{n-1}=0.1^{n-1}$$

(2) 유한등비수열의 합 구하기

① 초항 $a=3$, 공비 $r=2$이므로 15항까지의 합(S_{15})은

$$S_{15}=\frac{3(2^{15}-1)}{2-1}=98,301$$

② 초항 $a=10$, 공비 $r=1$이므로 35항까지의 합(S_{35})은

$$S_{35}=35\times 10=350$$

(3) 무한등비수열의 합 구하기

① 초항 $a=0.1$, 공비 $r=1$인 무한등비급수의 합

$$S_n=n\times a=\infty$$

② 초항 $a=\frac{1}{2}$, 공비 $r=\frac{1}{2}(<1)$인 무한등비급수의 합

$$S_n=\frac{a}{1-r}=\frac{\frac{1}{2}}{1-\frac{1}{2}}=1$$

③ 초항 $a=1$, 공비 $r=-\frac{1}{2}(|r|<1)$인 무한등비급수의 합

$$S_n=\frac{a}{1-r}=\frac{1}{1+\frac{1}{2}}=\frac{2}{3}$$

예제 6.2.2

다음 무한등비급수의 합을 구하시오.

(1) 초항 $a=M$, 공비 $r=s\times b$인 무한등비수열(단, $0<r<1$)

(2) $\frac{a}{1+r}+\frac{a}{(1+r)^2}+\frac{a}{(1+r)^3}+\frac{a}{(1+r)^4}+\frac{a}{(1+r)^5}+\cdots$(단, $r>0$)

풀이

(1) $S_n=\frac{M}{1-s\times b}$

(2) 초항 $=\frac{a}{1+r}$, 공비 $=\frac{1}{1+r}<1$

$$S_n=\frac{\left(\frac{a}{1+r}\right)}{\left(1-\frac{1}{1+r}\right)}=\frac{a}{r}$$

6.3 승 수

1 통화승수

경제에 어떤 충격이 1 단위 들어갈 때 특정경제변수가 최종적으로 늘어난 크기를 "승수"하고 한다. 승수란 "곱하는 수"라는 의미로서 "배수"를 뜻한다.

여기서는 경제이론에서 중요한 두 가지 승수개념, 즉 통화승수와 정부지출승수에 대해 알아보도록 하겠다.

(1) 통화량의 변화과정

① 통화량은 현금통화와 예금통화를 합한 것이다.

경제학에서 "화폐"와 "통화"는 같은 의미로 사용된다. 화폐는 누구나 "거래의 매개수단"으로 인정하고 받아주는 어떤 것을 뜻한다. 따라서 수표는 화폐로 볼 수 있지만 주식이나 채권은 화폐라고 볼 수 없다.

보통 통화량은 화폐의 범위를 잡은 것이다. 통화량은 여러 가지 범주로 정의하지만 여기서는 예금(통화)과 현금(통화)의 합이라고 정의하자. 우리나라로 보면 현금은 우리가 가지고 다니는 한국은행권이고, 예금통화는 각자 예금통장에 찍힌 금액이다. 모두 거래에서 구매력으로 작동하므로 통화이다.

통화량 = 현금통화 + 예금통화

② 지급준비금은 예금은행의 신용유지수단이다.

한국은행에서 발행하여 시중에 돌아다니는 한국은행권을 "본원통화"라고 한다. 이 한국은행권은 단순하게 보면 우리들의 주머니 속에 현금으로 존재하거나 은행의 금고에 들어가 있다. 은행금고에 있는 한국은행권을 "지급준비금"이라고 한다. 예금자가 예금을 찾으러 왔을 때 지급하기 위해 준비해두는 돈이기 때문이다. 만약 예금은행이 지급준비금을 마련해두지 않으면 예금을 기피하게 되어 은행은 결국 망할 것이다.

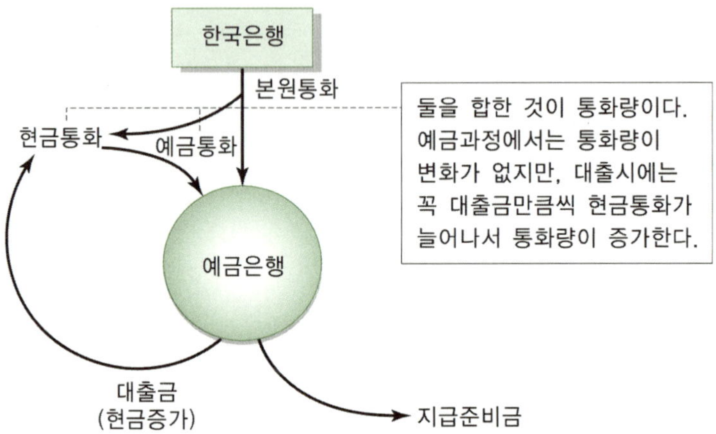

③ 통화량은 대출금만큼씩 증가한다.

예금은행은 대출이자수익을 이용하여 수익을 창출한다. 예금이 들어오면 대출을 실시하고 나머지만 지급준비금으로 가지고 있다. 그런데 누군가 대출을 받게 되면 이것은 곧바로 현금통화의 증가를 의미한다. 그렇지만 다른 사람의 예금통장 잔고는 여전히 변함이 없기 때문에 통화량은 꼭 대출금만큼 늘어나게 된다.

시중에 돌아다니는 대출금은 다시 거래과정에서 예금으로 유입된다. 그럼에도 불구하고 통화량은 변화가 없다. 누군가 현금 1억 원을 예금했다면, 꼭 예금통화가 늘어난 만큼 현금통화가 줄어들기 때문이다. 이렇게 예금·대출 과정이 반복될 때마다 대출금만큼씩 통화량은 지속적으로 늘어난다. 이것이 통화량이 늘어나는 원리이다.

(2) 통화승수는 본원통화 1원으로 늘어나는 통화량의 크기이다.

이상의 논의를 종합하면, 중앙은행에서 발행한 "본원통화"는 경제활동에 참여하는 사람들 사이를 돌아다니다가 예금된다. 예금은행은 예금을 대출하여 이자수익을 내는데 이때 통화량이 대출금만큼씩 증가한다.

따라서 경제에서 통화량은 본원통화보다 많다. 본원통화에 비해 통화량이 몇 배 많은지를 계산한 것이 "통화승수"이다. 단순하게 생각하면 통화승수는 본원통화 1원으로 늘어나는 통화량의 크기라고 볼 수 있다.

이제 통화승수를 계산해보자. 본원통화 1원이 늘어났을 때 늘어난 대출금을 모두 추적해서 합하면 통화승수가 된다. 예금율은 s, 대출율은 l로 표기하겠다. 다음 표는 본원통화 M이 늘었을 때 통화량이 늘어나는 과정이다.

대출금	예 금	현 금	증가된 통화량
M(본원통화) →	$s\times M$	$(1-s)\times M$	M
$l\times s\times M$	$l\times s^2\times M$	$(1-s)\times l\times s\times M$	$l\times s\times M$
$l^2\times s^2\times M$	$l^2\times s^3\times M$	$(1-s)\times l^2\times s^2\times M$	$l^2\times s^2\times M$
$l^3\times s^3\times M$	$l^3\times s^4\times M$	$(1-s)\times l^3\times s^3\times M$	$l^3\times s^3\times M$
$l^4\times s^4\times M$	$l^4\times s^5\times M$	$(1-s)\times l^4\times s^4\times M$	$l^4\times s^4\times M$
……	……	……	……
	초항 : $s\times M$ 공비 : $l\times s$	초항 : $(1-s)\times M$ 공비 : $l\times s$	초항 : M 공비 : $l\times s$

이 표는 앞에서 다룬 통화의 흐름도를 따라가며 계산해 넣은 것이다. 이제 중앙은행이 발행한 M원이 예금·대출 과정을 거치면서 무한번 통화량이 늘어난다고 가정한 것이다. 궁극적으로 늘어나는 통화량의 크기는 초항이 M이고, 공비가 $l\times s$(두 수가 모두 1보다 작으므로 공비 또한 1보다 작음)인 무한등비급수의 합이다.

$$\text{통화량 } MS=\frac{M}{1-l\times s}$$

그러므로 통화승수는 다음과 같다.

$$\text{통화승수 } \frac{MS}{M}=\frac{1}{1-l\times s}$$

또는 $MS=\dfrac{1}{1-l\times s}$ ……………………………………………… $M=1$일 때의 MS

이 식에 따르면 예금율과 대출율이 높을수록 통화승수가 더 커지는 것으로 추론된다. 이 때문에 정부의 대출정책이나 이자소득세율조정 등도 통화량에 영향을 미친다. 이상의 내용과 동일한 원리를 이용하여 예금통화와 현금통화량도 계산할 수 있다. 표의 자료를 이용해서 각자 계산해보기 바란다.

2 정부지출승수

(1) 생산물시장의 움직임

앞 장에서 살펴본 생산물시장모형을 다시 고려해보자. 예를 들어 유효수요(YD)가 증가하면 재고가 감소하여 재고를 맞추기 위해 생산이 촉진된다. 이때 국민총생산(YS)이 증가한다. 또 이렇게 늘어난 국민총생산은 다시 소비, 투자, 순수출에 영향을 미쳐 반복적으로 유효수요를 상승시킨다. 이 반복과정을 "승수과정"이라고 하였다. 이렇게 이름이 붙여진 것은 시초 충격보다 국민총생산이 더 커지는 과정이기 때문이다.

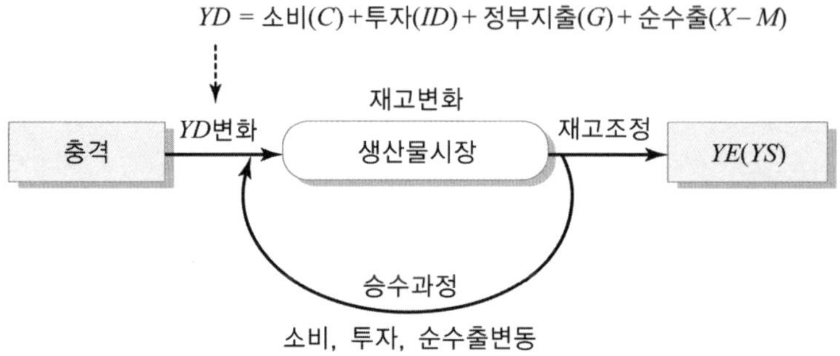

(2) **정부지출승수**

① **정부지출승수** $\frac{\text{국민총생산변화}}{\text{정부지출변화}}$: 정부지출승수란 정부지출(G)이 1원 늘어날 때 증가되는 국민총생산(YS)의 크기이다. 만일 정부지출이 20 늘었고, 이로 인해 국민총생산이 100 늘었다면 정부지출승수는 5가 된다. 그러므로 정부지출승수의 일반적인 정의는 다음과 같다.

$$\frac{\text{국민총생산변화}}{\text{정부지출변화}} = \frac{\Delta YS}{\Delta G} \cdots\cdots\cdots\cdots \text{정부지출 1원에 따른 국민총생산 변화량}$$

② **무한등비급수를 이용한 정부지출승수의 계산** : 이제 정부지출 1원이 늘어날 때 국민총생산이 증가된 총크기를 합하여 정부지출승수를 계산해보자. 정리된 생산물시장모형을 보면서 알아보자.

도표에서 보는 것처럼 정부지출이 1원 늘어나면 유효수요가 정확하게 1원 늘어난다. 이로 인해 재고가 1원 감소하고, 재고조정과정에서 국민총생산이 1원 증가한다.

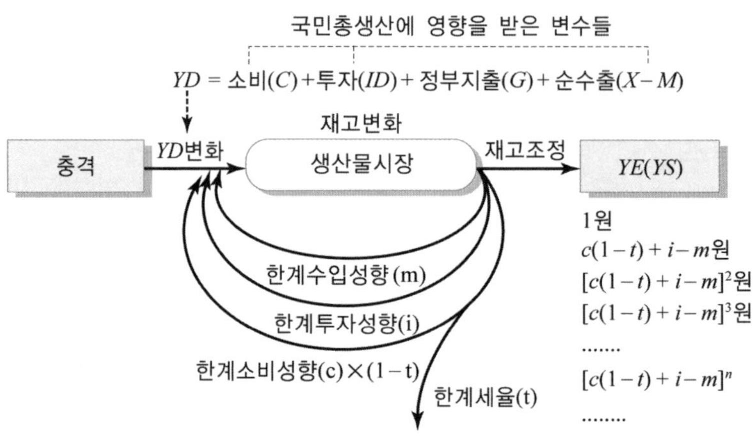

그런데 국민총생산은 소비, 투자, 순수출(수입)에 영향을 미치기 때문에 유효수요는 다시 충격을 받는다. 1원 늘어난 국민총생산은 먼저 수입(import)을 늘린다. 국민총생산에 1원에 반응하는 수입의 크기를 "한계수입성향"이라고 한다. 기호 m으로 표현하자. 늘어난 1원의 국민총생산은 투자에도 충격을 준다. 1원의 국민총생산에 반응하는 투자를 "한계투자성향"이라고 한다. 기호 i로 표현하자.

마지막으로 증가된 1원의 국민총생산이 소비에 미치는 효과는 좀 복잡하다. 먼저 생산이 이루어지고 소득이 형성되면 정부가 소득세를 거두어가기 때문이다. 1원에 대해 부과하는 세율을 "한계세율"이라고 하고, 기호 t를 쓰기로 하자. 가계는 조세를 제외한 나머지 소득$(1-t)$, 즉 가처분소득으로 소비를 결정한다. 가처분소득 1원 중 소비되는 비율을 "한계소비성향"이라고 한다. 기호 c로 표시하자. 결론적으로 1원의 국민총생산은 $c(1-t)$원만큼만 소비에 영향을 미친다.

종합하면, 1원의 정부지출은 시초에 국민총생산을 1원 늘린다. 이 1원의 국민총생산은 승수과정에서 $c(1-t)+i-m$만큼 유효수요에 다시 영향을 미쳐, 재고를 감소시키고, 국민총생산을 늘린다. 이렇게 변한 국민총생산은 유효수요에 반복적으로 영향을 미친다. 도표에서 맨 우측을 보라. 재고조정이 한 번 이루어질 때마다 늘어나는 국민총생산을 계산해 놓은 것이다. 이것을 모두 합한 것이 정부지출승수이다.

$$
\begin{aligned}
\text{정부지출승수} &= 1\text{원} \\
&\quad + c(1-t)+i-m\,\text{원} \\
&\quad + [c(1-t)+i-m]^2\,\text{원} \\
&\quad + [c(1-t)+i-m]^3\,\text{원} \\
&\qquad \cdots\cdots \\
&\quad + [c(1-t)+i-m]^n\,\text{원} \\
&\qquad \cdots\cdots \\
&= \frac{1}{1-[c(1-t)+i-m]} \quad \text{단, } c(1-t)+i-m<1
\end{aligned}
$$

결국, 정부지출을 1원 늘리면 국민총생산은 반복적으로 늘어나서 궁극적으로 정부지출승수만큼 부풀려진다. 정부지출을 강조하는 경제학자들은 비록 정부지출 조정 규모가 경제에서 차지하는 비율이 크지 않아도 경제에 상당히 영향을 미칠 수 있는 이유는 승수효과 때문이라고 주장한다.

③ **투자승수, 수출승수 등도 정부지출승수와 동일** : 유효수요의 구성요소를 보면, 소비의 1원 증가, 투자의 1원 증가, 수출의 1원 증가가 국민총생산에 미치는 효과는 차이가 없다는 점을 쉽게 확인할 수 있다. 시초로 유효수요에 들어가는 충격이 동일하고 승수과정도 완전히 일치한다.

예제 6.3.1

다음 표는 중앙은행이 시초로 본원통화를 M원 공급할 때 민간부문과 예금은행 사이에서 예금과 대출이 반복적으로 발생하며 통화량이 늘어나는 과정을 보여주고 있다. 이 표에서 사용된 약어는 다음과 같다. 질문에 답하시오.

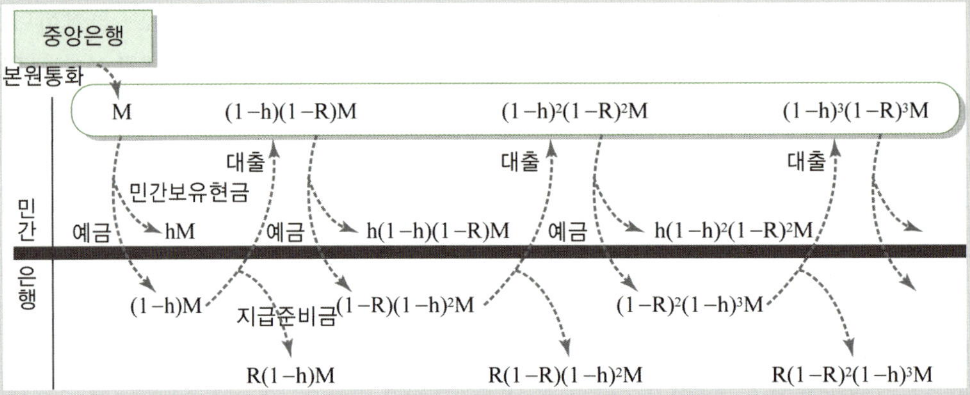

h : 민간보유현금비율, $1-h$: 예금률

R : 은행의 지급준비율, $1-R$: 대출율

(1) 늘어난 예금통화의 총크기를 계산하시오.

(2) 늘어난 지급준비금의 총크기를 계산하시오.

(3) 늘어난 통화량의 크기를 계산하시오.

풀이

(1) 반복적으로 늘어나는 예금을 모두 합하면 무한등비급수의 합이 된다.

$$\text{예금} = (1-h)M + (1-R)(1-h)^2M + (1-R)^2(1-h)^3M + (1-R)^3(1-h)^4M + \cdots$$

$$= \frac{(1-h)M}{1-(1-R)(1-h)} \quad [\text{초항} = (1-h)M,\ \text{공비} = (1-R)(1-h)]$$

(2) 대출 후 남는 지급준비금을 모두 합하면 무한등비급수의 합이 된다.

$$\text{지급준비금} = R(1-h)M + R(1-R)(1-h)^2M + R(1-R)^2(1-h)^3M + R(1-R)^3(1-h)^4M + \cdots$$

$$= \frac{R(1-h)M}{1-(1-R)(1-h)} \quad [\text{초항} = R(1-h)M,\ \text{공비} = (1-R)(1-h)]$$

(3) 늘어난 대출금의 크기를 모두 합하면 통화량이 된다.

$$\text{통화량} = M + (1-R)(1-h)M + (1-R)^2(1-h)^2M + (1-R)^3(1-h)^3M + (1-R)^4(1-h)^4M + \cdots$$

$$= \frac{M}{1-(1-R)(1-h)} \quad [\text{초항} = M,\ \text{공비} = (1-R)(1-h)]$$

예제 6.3.2

단순한 거시경제모형을 가정해보자. 경제에는 가계와 기업만 존재한다. 또 이들이 결정하는 소비수요 C와 투자수요 ID는 다음 식에 따른다. 여기서 YS는 국민총생산, YD는 유효수요이다. 투자승수는 얼마인가?

$$YD = C + ID$$
$$C = 100 + 0.7\,YS$$
$$ID = 5 + 0.1\,YS$$

풀이

투자가 1원 늘어난 후 경제의 움직임을 추적하여 국민총생산의 변화를 파악해보자. 도표의 우측에 정리되어 있다.

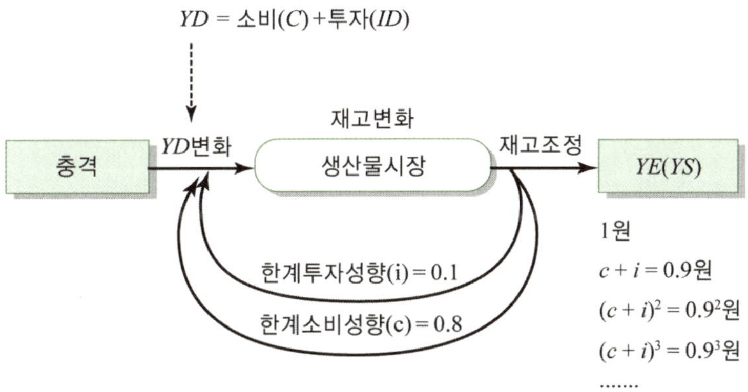

$$\text{투자승수} = 1 + 0.9 + 0.9^2 + 0.9^3 + \cdots$$
$$= \frac{1}{1-0.9} = 10$$

6.4 현재가치와 미래가치

1 미래가치

여러분이 은행에 100만 원을 연리 6%로 예금했다고 가정하자. 여러분이 매년 원리금(원금과 이자를 합한 금액)을 찾아서 몽땅 다시 같은 조건으로 예금한다면, 10년 후 원리금의 합계는 얼마나 되겠는가? 여기서 100만 원을 "현재가치"라고 하고 이것의 10년 후 가치인 원리금의 합계를 100만 원의 10년 후 "미래가치"라고 한다.

복리(複利)를 이용하여 미래가치를 계산해보자. 복리계산이란 일정기간이 지난 후 원금에 대한 이자가 발생하면 이 이자에 대한 이자도 매 기간마다 반복하여 발생한다고 가정하고 원리금의 변화를 계산하는 것이다. 이에 반해 이자에는 이자가 붙지 않고 일정한 기간마다 원금에 대한 이자만 반복해서 발생한다고 가정해서 원리금을 계산하는 것이 단리(單利)계산이다.

원금 A원을 매기 r의 이자율로 복리계산할 때 원리금의 변화는 다음과 같다.

기 수	이 자	원리금 합계
0	−	A
1	Ar	$A(1+r)$
2	$A(1+r)r$	$A(1+r)^2$
3	$A(1+r)^2r$	$A(1+r)^3$
⋮	⋮	⋮
n	$A(1+r)^{n-1}r$	$A(1+r)^n$

원금 A원의 복리에 의한 n기 후 미래가치

이상의 규칙을 이용하면 원금 A원을 매기 r의 이자율로 복리계산할 때 n기 후의 원리금(미래가치)은 $A(1+r)^n$이 된다.

$$A \xrightarrow{\quad n\text{기 후의 미래가치(복리)}\quad} A(1+r)^n$$

예를 들어 여러분이 1억 원을 연리 5%로 매년 복리계산하는 은행에 예금할 때 5년 후의 원리금 합계는 다음 식과 같이 계산된다.

$$1(1+0.05)^5=1.276\text{억 원}$$

2 현재가치

n기 후 복리계산된 특정 원리금 합계(미래가치)는 현재 얼마의 원금이 있어야 만들어지는가? 이 원금 A를 n기 후 미래가치에 대한 현재가치라고 한다. 현재가치(PV)와 미래가치(FV)의 관계를 이용하여 현재가치 계산식을 유도해보자.

$$PV = A \xrightarrow{n\text{기 후의 미래가치(복리)}} FV = A(1+r)^n$$

$$FV = PV(1+r)^n$$

$$PV = \frac{FV}{(1+r)^n}$$

예를 들어, 연리 10%로 매년 복리계산되는 100만 원의 예금은 3년 후 원리금의 합계가 133.1만 원이다. 역으로 연리 10%로 3년간 매년 복리계산된 미래가치 133.1만 원의 현재가치는 100만 원이다. 즉,

$$\frac{133.1}{(1+0.1)^3} = 100$$

보통 미래가치를 특정 이자율을 적용하여 현재가치로 환산하는 과정을 "할인"한다고 한다.

예제 6.4.1

다음 질문의 답을 식으로 표현하시오.

(1) 원금 1,000만 원을 연리 10%로 매년 복리 계산되는 5년 만기 정기저축에 가입하면 5년 후 원리금은 얼마인가?

(2) 연리 10%인 경제에서 20년 후에 1억 원을 받는다면 현재가치는 얼마인지 식으로 표현하시오(매년 이자가 계산된다고 가정하자).

(3) 매년 b원씩을 영구히 지급받는 채권은 연리가 10%일 때 현재가치로 얼마인가? 단, 채권의 가치는 매년 지급받는 이자의 현재가치 합이다.

풀이

(1) 원금 1,000만 원을 매기 10%의 이자율로 복리 계산할 때 5기 후의 원리금은 $1{,}000(1+0.1)^5$이 된다.

(2) $\text{현재가치} = \dfrac{1\text{억 원}}{(1+0.1)^{20}}$

(3) 매년 받는 이자의 현재가치 합을 계산한다.

$$\text{이자의 현재가치 합} = \frac{b}{(1+r)^1} + \frac{b}{(1+r)^2} + \frac{b}{(1+r)^3} + \cdots + \frac{b}{(1+r)^n} + \cdots$$

초항이 $\dfrac{b}{(1+r)}$이고, 공비가 $\dfrac{1}{(1+r)}$인 무한등비급수의 합이다. 공비가 1보다 작기 때문에,

$$\text{이자의 현재가치 합} = \frac{\left(\dfrac{b}{1+r}\right)}{\left(1-\dfrac{1}{1+r}\right)} = \frac{b}{r}$$

예제 6.4.2

다음 질문에 답하시오.

(1) 연이율 6%, 매년 복리로 계산되는 정기적금에 매년 초에 20,000원씩 적립해 나가면 10년 후 원리금 합계는 얼마인가?

(2) 연이율 6%로 매년 초에 일정한 금액을 적립하여 10년 후의 원리금 합계가 100만 원이 되려면 매년 얼마씩 적립해야 하는가?

풀이

(1) 10년 동안 20,000원씩 적립한 적립금을 역순으로 나열한 원리금의 합계는

$$S = 20{,}000(1+0.06) + 20{,}000(1+0.06)^2 + \cdots + 20{,}000(1+0.06)^{10}$$

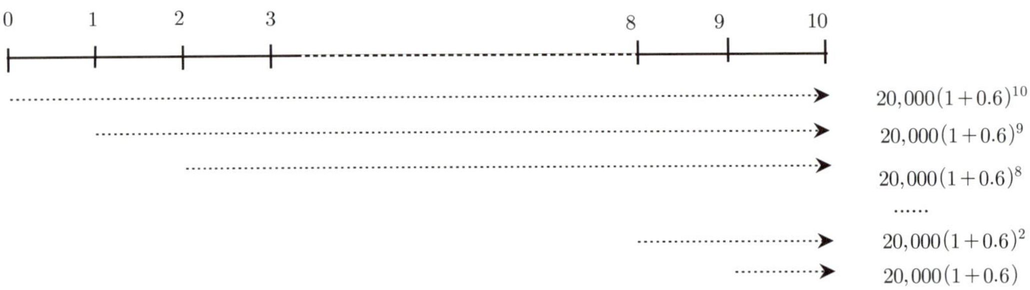

이것은 첫째 항이 $20{,}000(1+0.06)$이고 공비가 $1+0.06$인 등비수열의 합이다.

$$S = \frac{20{,}000(1+0.06)\{(1+0.06)^{10}-1\}}{(1+0.06)-1} \fallingdotseq 279{,}416$$

(2) 10년 동안 a원씩 연이율 6%의 적립한 원리금의 합계가 100만 원이 되는 경우다.

$$S = \frac{a(1+0.06)\{(1+0.06)^{10}-1\}}{(1+0.06)-1} \fallingdotseq 1{,}000{,}000$$

$1.06^{10} \fallingdotseq 1.8$이므로 $\dfrac{0.848a}{0.06} = 1{,}000{,}000,\ a \fallingdotseq 70{,}754$

예제 6.4.3

다음 질문에 답하시오.

(1) 한 가계의 현재소득과 1기 후 미래소득은 각각 1억 원과 1.1억 원이다. 이 가계가 미래 소득을 최대로 할인하여 현재 사용한다면 현재 얼마까지 지출이 가능한가? 단, 차입이자율은 10%이다.

(2) 그래프에서 현재 김씨가 가진 사과 수량은 C이고, 1기 후인 미래에는 정확하게 D만큼의 사과가 생긴다. 이 경제에서는 이자율 10%로 사과를 할인하여 현재 소비할 수도 있고, 현재 사과를 빌려주고 미래에 이자까지 합하여 소비할 수도 있다. 김씨가 현재 소비가능한 사과의 총개수를 식으로 표현하시오.

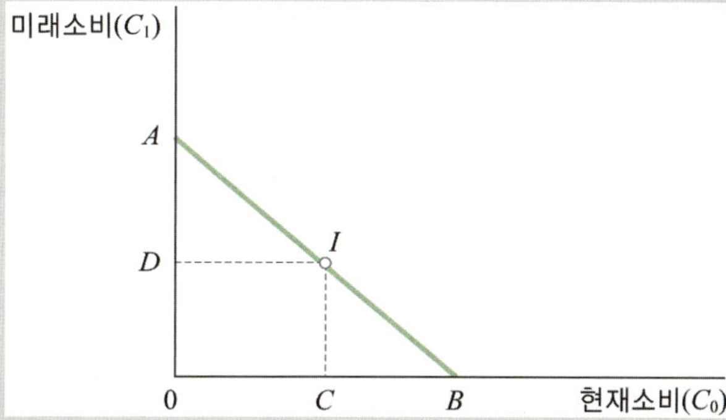

(3) 김씨가 현재가치로 환산된 사과수량을 현재소비와 미래소비에 나누어 쓰기 위한 식을 세우시오.

풀이

(1) 현재 지출가능한 총금액은 현재소득과 미래소득을 할인한 금액이다.

$$\text{현재 지출가능한 총금액} = 1\text{억 원} + \frac{1.1\text{억 원}}{1.1} = 2\text{억 원}$$

(2) $\text{현재가치} = \dfrac{\text{미래가치}}{(1+\text{이자율})}$ 이므로, 현재 소비 가능한 사과수량 $B = C + \dfrac{D}{1.1}$ 이다.

(3) 현재 소비가능한 사과양을 현재소비 C_0와 미래소비 C_1으로 나누어 사용하기 위한 식은 다음과 같다. 현재가치로 환산된 소비량과 소비가능한 수량이 일치해야 하므로,

$$C + \frac{D}{1.1} = C_0 + \frac{C_1}{1.1}$$

그래프에서 직선은 바로 이 식을 옮긴 것이다. 절편은 $1.1 \times C + D$이고, 기울기는 -1.1이다. C_0, C_1이 변수임을 잊지 말 것!

$$C_0 = C + \frac{D-C}{1.1}, \quad C_1 = D + 1.1(C - C_0)$$

6.5 초월함수의 활용

1 매기 이자지급 횟수와 복리계산

(1) 연리 r로 매월 복리계산하면 1년 후 원리금은 $A\left(1+\dfrac{r}{12}\right)^{12}$ 이다.

이번에는 연리 r로 매년 복리를 계산하는 것이 아니라 매월 복리계산한다고 가정해 보자. 첫 달 이자율은 연리 r의 12분의 1일 것이다. 따라서 첫 달의 원리금은 $A\left(1+\dfrac{r}{12}\right)^{1}$ 이

다. 두 번째 달 시작할 때 원금은 첫 달 말에 계산된 원리금 $A\left(1+\frac{r}{12}\right)^1$이므로, 두 번째 달의 이자는 $A\left(1+\frac{r}{12}\right)^1\left(\frac{r}{12}\right)$이다. 두 번째 달 말의 원리금은 $A\left(1+\frac{r}{12}\right)^1+A\left(1+\frac{r}{12}\right)^1\left(\frac{r}{12}\right)=A\left(1+\frac{r}{12}\right)^2$가 된다. 이런 과정을 매달 반복 적용하면 12달 후의 원리금 합계는 $A\left(1+\frac{r}{12}\right)^{12}$가 된다.

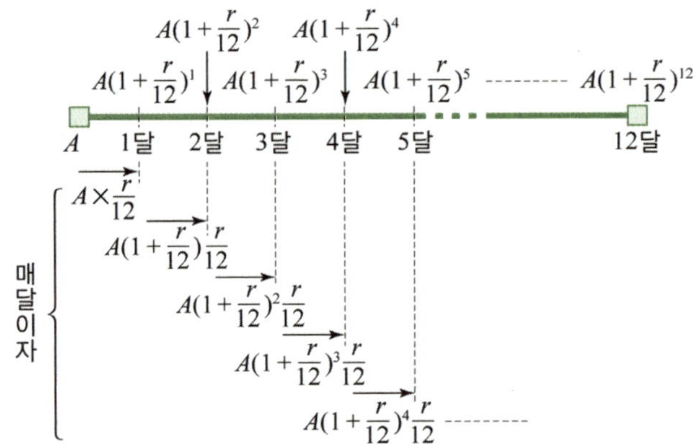

(2) 연리 r로 1년에 n번 복리계산하면 1년 후 원리금은 $A\left(1+\frac{r}{n}\right)^n$이다.

이번에는 일반화시켜 1년에 n번 복리계산하면 1년 후 원리금이 얼마나 될까 생각해 보자. 지금까지의 규칙을 보면 1년에 1번 복리계산할 때 $A\left(1+\frac{r}{1}\right)^1$, 1년에 12번 복리계산할 때 $A\left(1+\frac{r}{12}\right)^{12}$이다. 따라서 1년에 n번 복리계산할 때 원리금은 $A\left(1+\frac{r}{n}\right)^n$이 된다.

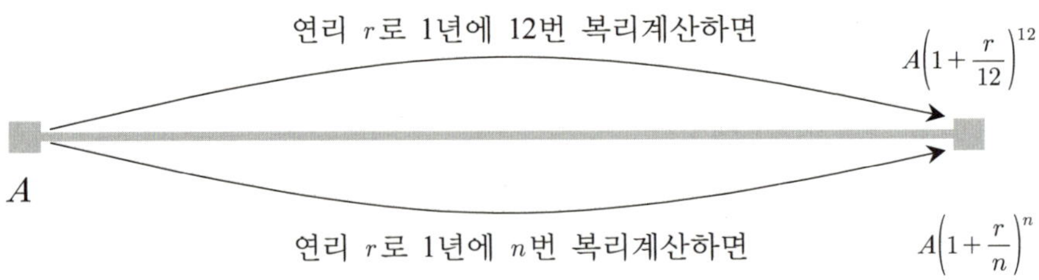

2 매기 n번 복리로 계산되어 t기 지난 후 원리금의 합계

이번에는 1기간에 n번씩 t기간 복리계산한 원리금을 추론해보자. 원금 A의 1기 후 원리금 합계는 $A\left(1+\frac{r}{n}\right)^n$이었다. 1기 동안 늘어난 원리금은 원금에 $\left(1+\frac{r}{n}\right)^n$을 곱한 값이다.

그런데, $A\left(1+\frac{r}{n}\right)^{n}$은 2기가 시작할 때 원금이고, 2기간 동안 원리금의 증가는 이것에 $\left(1+\frac{r}{n}\right)^{n}$을 곱한 것과 같을 것이다. 그러므로, 2기 후의 원리금은 $A\left(1+\frac{r}{n}\right)^{2n}$이 된다. 동일한 추론과정을 적용하면, t기 후의 원리금 합계는 $A\left(1+\frac{r}{n}\right)^{tn}$이 될 것이다.

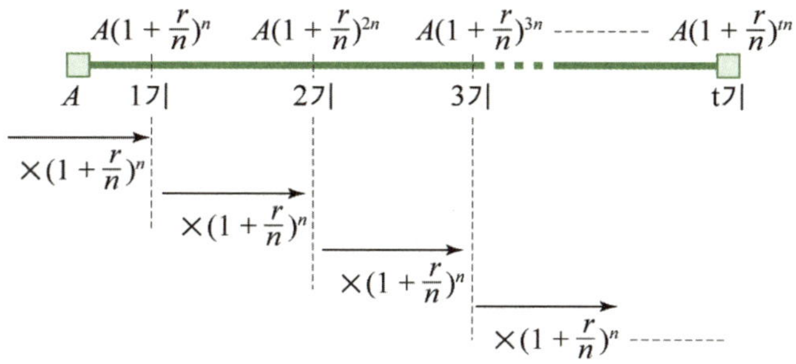

저축은행은 시중은행과 달리 예금에 대해 매월 이자를 복리계산한다. 1억 원을 은행에 정기예금하고, 매년 원리금을 찾아서 다시 1년 단위로 정기예금할 때 10년 후 금액과 매월 복리계산하는 저축은행에 10년 만기 정기예금을 넣은 경우, 10년 후 원리금의 차이는 얼마나 되는지 계산해보자.

시중은행에 넣은 경우 : $1(1+0.05)^{10} = 1.628894$억 원

저축은행에 넣은 경우 : $1\left(1+\frac{0.05}{12}\right)^{120} = 1.64707$억 원

약 180만 원 차이가 난다.

3 매기 복리계산을 무한번 반복할 때의 원리금 합계

마지막으로 1기 중 복리계산 횟수가 무한대로 된다고 가정해보자. 이때는 자연대수(e)를 이용하여 원리금의 합계를 표현할 수 있다. 먼저 자연대수의 정의는 다음과 같다.

$$e=\lim_{m\to\infty}f(m)=\lim_{m\to\infty}\left(1+\frac{1}{m}\right)^{m}=2.17828\cdots$$

복리계산의 횟수가 무한대라면, t기 후의 원리금은 lim(리미트)개념을 이용하여 다음 식처럼 표현할 수 있다.

$\lim_{n\to\infty}A\left(1+\frac{r}{n}\right)^{tn}$ ······················ 연리 r로 매년 무한번 복리계산한 t기 후 원리금

이것을 자연대수 $e=\lim_{m\to\infty}\left(1+\frac{1}{m}\right)^m$꼴로 변형해 보자. 꼴을 맞추기 위해 $\frac{n}{r}=m$으로 놓으면, $n=rm$이 된다. 대입하면 자연대수를 활용한 최종식을 유도할 수 있다.

$$\lim_{n\to\infty}A\left(1+\frac{r}{n}\right)^{tn}=\lim_{m\to\infty}A\left(1+\frac{1}{m}\right)^{mrt}=Ae^{rt}$$

예제 6.5.1

다음 질문에 답하시오.

(1) 연 이자율이 15%이며 분기마다 이자를 지급하는 경우 원금 500만 원의 5년 후 미래가치는 얼마인가?

(2) 1,000만 원을 은행에 연간 이자율 12%로 예치하였을 경우 이자가 1개월에 한 번 지급되는 경우 1년 후의 미래가치는 얼마인가?

(3) 이자율 10%로 5년 동안 1,000만 원을 예치할 경우 이자 지급 횟수가 무한대가 될 때 미래가치는 얼마인가?

(4) 이자율이 연 13%일 경우 5년 후 현금 100만 원의 연속복리에 의한 현재가치를 구하시오.

풀이

(1) 연리 0.15, 분기지급, 원금 500만 원일 때 5년 후의 미래가치는

$$500\times\left(1+\frac{0.15}{4}\right)^{4\times 5}=1{,}044\text{만 원}$$

(2) $1{,}000\left(1+\frac{0.12}{12}\right)^{12}=1{,}126.8\text{만원}$

(3) 이자율 10%, 원금 1000만 원, 5년 예치하고 이자지급 횟수가 무한대인 경우 미래가치는

$$1{,}000\times e^{0.1\times 5}=1{,}648.7\text{만 원}$$

(4) 현재가치 $=\frac{100}{e^{0.13\times 5}}=52.2\text{만 원}$

참고

Σ(시그마) 연산

① $\sum_{i=1}^{n}A=A+A+A+\cdots+A=nA$

② $\sum_{i=1}^{n}aX_i=a\sum_{i=1}^{n}X_i$

③ $\sum_{i=1}^{n}(aX_i+bY_i+c)=a\sum_{i=1}^{n}X_i+b\sum_{i=1}^{n}Y_i+nc$

④ $\sum_{i=1}^{n}(aX_i+b)^2=\sum_{i=1}^{n}(a^2X_i^2+2abX_i+b^2)=a^2\sum_{i=1}^{n}X_i^2+2ab\sum_{i=1}^{n}X_i+nb^2$

⑤ $\sum_{i=1}^{n}\sum_{j=1}^{m} X_{ij} = \sum_{i=1}^{n}(X_{i1} + X_{i2} + \cdots + X_{im})$

$= \sum_{i=1}^{n} X_{i1} + \sum_{i=1}^{n} X_{i2} + \cdots + \sum_{i=1}^{n} X_{im} = \sum_{j=1}^{m}\sum_{i=1}^{n} X_{ij}$

예제 6.5.2

다음 식의 값을 구하시오. 단, $\sum_{i=1}^{n} X_i^2 = 100$, $\sum_{i=1}^{n} Y_i^2 = 400$, $\sum_{i=1}^{n} X_i = 30$, $\sum_{i=1}^{n} Y_i = 40$, $\sum_{i=1}^{n} X_i Y_i = 160$이다.

(1) $\sum_{i=1}^{n} 5X_i^2 + \left(6\sum_{i=1}^{n} X_i\right)^2$

(2) $3\left(\sum_{i=1}^{n} X_i \sum_{i=1}^{n} Y_i\right) + \sum_{i=1}^{5} 7$

(3) $\sum_{i=1}^{n} 3(4X_i - 3Y_i)^2$

(4) $\dfrac{n\left(\sum_{i=1}^{n} X_i Y_i\right) - \left(\sum_{i=1}^{n} X_i\right)\left(\sum_{i=1}^{n} Y_i\right)}{n\left(\sum_{i=1}^{n} X_i^2\right) - \left(\sum_{i=1}^{n} X_i\right)^2}$

풀이

(1) $5\sum_{i=1}^{n} X_i^2 + 36\left(\sum_{i=1}^{n} X_i\right)^2 = 500 + 36 \times 30^2 = 32,900$

(2) $3\left(\sum_{i=1}^{n} X_i \sum_{i=1}^{n} Y_i\right) + \sum_{i=1}^{5} 7 = 3 \times 30 \times 40 + 5 \times 7 = 3,635$

(3) $\sum_{i=1}^{n} 3(16X_i^2 - 24X_i Y_i + 9Y_i^2) = 48\sum_{i=1}^{n} X_i^2 - 72\sum_{i=1}^{n} X_i Y_i + 27\sum_{i=1}^{n} Y_i^2$

$= 48 \times 100 - 72 \times 160 + 27 \times 400 = 4,080$

(4) $\dfrac{n \times 160 + 30 \times 40}{n \times 100 - 30^2} = \dfrac{160n - 1,200}{100n - 900}$

제 7 장 단일변수함수의 미분과 활용

일러두기

본서는 경제학을 처음 접하는 독자들도 무리 없이 읽을 수 있도록 내용을 구성하였습니다. 다만, 좀 더 수월하게 본서를 마치고 싶은 독자는 본문과 문제에 다음 표시가 있는 부분을 제외시키고 공부해도 좋습니다. 굳이 분류기준을 밝히면 다음과 같습니다.

- ⧗ : 경제원론을 읽었으면 익숙한 내용
- ⧗⧗ : 굳이 보지 않아도 되는 내용

7.1 미 분

1 차분계수

(1) X가 1단위 변동할 때 Y가 평균적으로 변동한 크기를 평균변화율이라고 한다.

여러분의 사과소비량(X)과 이때 느끼는 만족도(Y)를 다음 함수로 표현할 수 있다고 가정하자.

$$Y = f(X)$$

또 이 함수를 그래프로 표현할 때 다음과 같은 형태를 보인다고 가정하자. 여러분이 사과를 3개 소비($X=3$)할 때 만족도는 15($Y=15$)이고, 6개($X=6$) 소비할 때 만족도는 27 ($Y=27$)이다. 그렇다면 사과를 3개 추가로 늘릴 때 사과 하나당 만족도는 평균적으로 얼마큼씩 늘었는가? 4이다. 이때 이 4를 사과만족도의 "평균변화율(량)"이라고 한다.

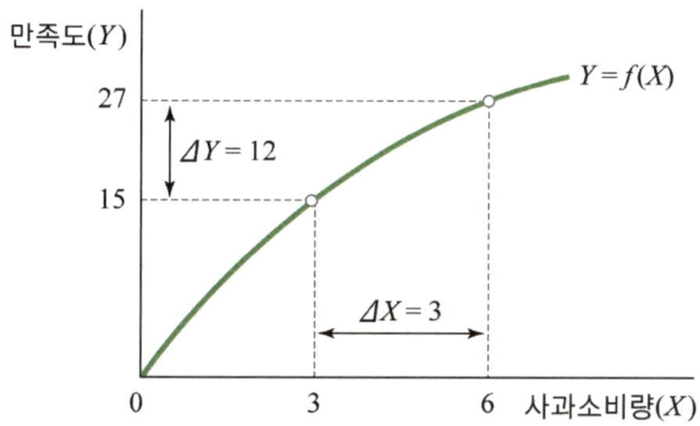

X축 변수의 변량으로 Y축 변수의 변량을 나누면 평균변화율($\triangle Y / \triangle X$)이 된다.

(2) "평균변화율"을 "차분계수"라고 한다.

좌표상의 두 점 (X_0, Y_0), (X_1, Y_1)에서 평균변화율을 식으로 표현해보자. 독립변수의 변량($\triangle X = X_1 - X_0$)으로 종속변수의 변량($\triangle Y = Y_1 - Y_0$)을 나눈 값이므로

$$\text{평균변화량(율)} = \frac{\triangle Y}{\triangle X} = \frac{Y_1 - Y_0}{X_1 - X_0}$$

$$= \frac{f(X_1) - f(X_0)}{X_1 - X_0} = \text{차분계수}$$

이 평균변화율(량)을 "차분계수"라고 한다.

(3) 차분계수는 좌표상의 "두 점을 연결한 직선의 기울기"이다.

X축 변수가 1단위 움직일 때 이에 반응하여 움직이는 Y축 변수의 변화량이 직선의 기울기이다. 따라서 차분계수는 좌표 상에서 두 점을 연결한 직선의 기울기이다.

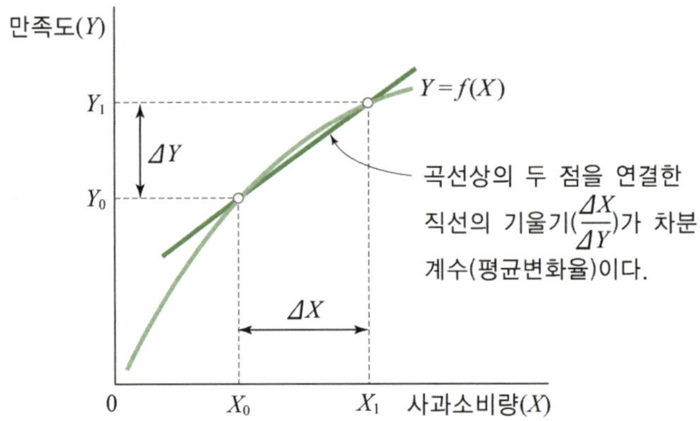

(4) 차분계수는 경제학에서 "한계"의 개념이다.

경제학에서는 차분계수의 개념을 많이 활용한다. 차분계수는 경제학에서는 "한계"라는 용어로 읽는다. 화살표의 순서를 따라 읽고 표현한다.

$\frac{\Delta Y}{\Delta X}$: "X의 한계 Y" → "X 1단위 변화에 따른 Y의 변화량"

예를 들어 다음 경제이론의 표현을 읽고 해석해보자.

$\frac{\triangle 효용}{\triangle 사과}$: "사과의 한계효용" → "사과를 하나 더 먹을 때 늘어난 효용의 크기"

만일 돼지를 치는 최씨 아저씨가 돼지를 한 마리 더 키우는데 늘어나는 비용의 크기를 수식으로 표현하려면 어떻게 해야 하는가?

$\frac{\triangle 비용}{\triangle 돼지}$: "돼지생산의 한계비용"

예제 7.1.1

X가 X_0에서 X_1으로 움직였다고 가정하고 각 그래프에 Y의 평균변화율을 표현해 보시오.

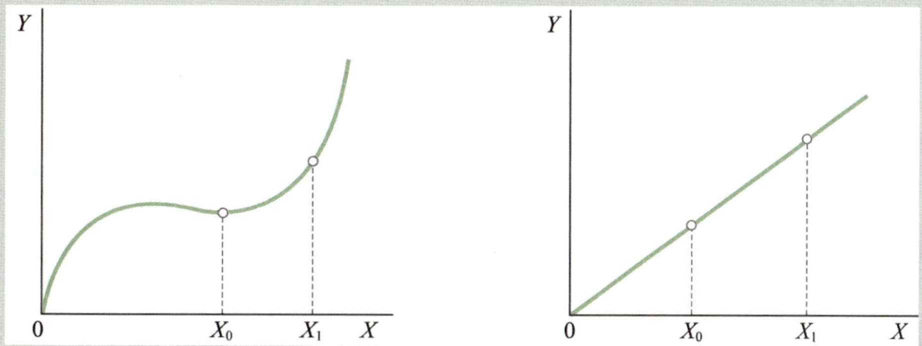

풀이

어느 그래프에서도 그래프상의 두 점을 연결한 직선의 기울기는 X값이 1씩 움직일 때 평균변화율이다. 직선에서는 직선의 기울기가 곧 평균변화율이다.

예제 7.1.2

다음 두 그래프를 보고 물음에 답하시오.

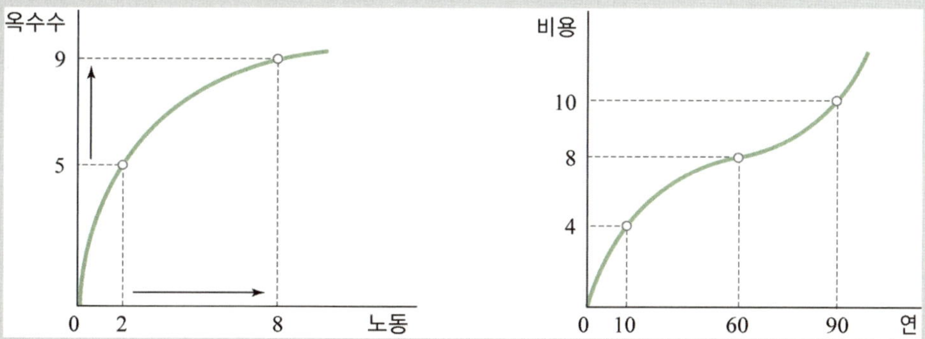

(1) 좌측 그래프는 노동시간과 옥수수 생산량간의 관계를 표현하고 있다. 화살표와 같이 노동량이 늘어날 때 "노동의 한계 옥수수 생산량"은 얼마인가?

(2) 우측 그래프는 연의 생산량과 생산비 사이의 관계를 표현하고 있다. 연의 생산량이 10개에서 60개, 60개에서 90개, 10개에서 90개로 증가할 때 "연 생산의 한계비용"은 각각 얼마인가?

풀이

(1) "노동의 한계옥수수생산량" : $\frac{\Delta 옥수수}{\Delta 노동} = \frac{4}{6}$

(2) "연 생산의 한계비용" : $\frac{\Delta 비용}{\Delta 연}$

① 10개에서 60개 : $\frac{\triangle 비용}{\triangle 연} = \frac{4}{50}$

② 10개에서 90개 : $\frac{\triangle 비용}{\triangle 연} = \frac{6}{80}$

③ 60개에서 90개 : $\frac{\triangle 비용}{\triangle 연} = \frac{2}{30}$

2 미분계수

(1) 독립변수의 변량이 충분히 작을 때 차분계수를 "미분계수"라고 한다.

미분계수는 독립변수의 움직임이 충분히 작을 때 측정한 차분계수라고 볼 수 있다. 미분계수는 평균변화율과 구분하여 "순간변화율"이라고도 한다. 미분계수는 다음과 같이 정의한다.

$$\frac{dY}{dX} = \lim_{\Delta X \to 0} \frac{\Delta Y}{\Delta X}$$

→ X가 1 움직일 때 반응하는 Y의 크기

→ X의 움직임이 0에 가깝게 매우 작다!

실제로는 불가능하겠지만, 사과(X)의 소비량을 0.0001개 늘릴 때($\triangle X = 0.0001$) 증가되는 만족도(Y)가 0.002($\triangle Y = 0.002$)라고 해보자. 사과를 1개 더 소비한다면 만족도는 얼마나 늘어나겠는가? 다음 식에서 보는 것처럼 20이다.

$$\frac{dY}{dX} = \lim_{\Delta X \to 0} \frac{\Delta Y}{\Delta X}$$

$$= \frac{0.002}{0.0001} = 20$$

→ X가 1 움직이면 Y는 20 움직인다!

미분계수 20은 무엇을 의미하는가? 실제로 사과를 하나 더 먹으면 만족도가 20 늘어나겠는가? 그렇지는 않을 것이다. 차분계수가 큰 움직임의 평균반응량을 계산해 놓은 것이라면 미분계수는 아주 작은 순간의 움직임을 확대시켜 놓은 값이라고 볼 수 있다.

(2) 미분계수는 그래프의 주어진 점에서 접선의 기울기이다.

차분계수는 독립변수의 움직임이 이산적일 때 그래프상의 두 대응점을 연결한 직선의 기울기였다. 미분계수도 정도의 차이만 있을 뿐 같다. 다음 그래프를 보자. 초기점 X_0에서 X_1으로 X가 늘어날 때 차분계수는 A점과 C점을 연결한 직선의 기울기이다. 점차 $\triangle X$를 줄여가면서 이 기울기를 추적해보자. X가 B점까지만 증가했다면 A점과 B점을 연결한 직선의 기울기가 차분계수이다. 미분계수의 조건에 맞게 A점에서 아주 미량만 X가 움직였다면 차분계수는 A점과 바로 인접한 한 점을 연결한 직선(이를 "접선"이라고 한다.)의 기울기가 될 것이다. 따라서 주어진 점에서 "접선의 기울기"가 미분계수이다.

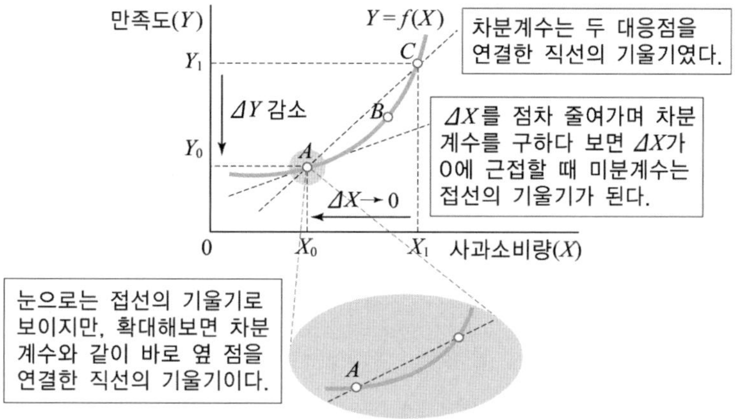

미분계수는 육안으로 보기에는 한 점을 스쳐지나가는 접선의 기울기이다. 그러나 전자현미경으로 확대해본다면 차분계수를 표현하는 것과 아무런 차이가 없어 보인다. 두 점을 연결한 직선의 기울기이다.

(3) 연속이고 부드러운 선에서만 미분이 가능하다.

미분계수를 찾을 수 있는 조건을 생각해보자. 방금 전에 살펴본 것처럼 미분계수는 주어진 점과 인접한 점을 연결한 직선의 기울기였다. 따라서 한 점에서 미분계수를 표현할 수 있으려면 바로 인접한 점이 있어야 한다. 다시 말해 선이 끊어져 있으며 안된다.

미분계수는 독립변수의 움직임이 매우 작을 때의 차분계수였다. 미분가능하다는 것(유일한 미분계수를 갖는다는 것)은 차분계수(두 인접점을 연결한 직선의 기울기)를 우측에서 유도하나 좌측에서 유도하나 동일한 값으로 수렴한다는 것을 의미한다. 이제 주어진 점A에서 선이 꺾인 상태를 고려해보자. X_0개에서 사과의 소비량을 아주 조금 줄일 때와 사과의 소비량을 아주 조금 늘릴 때는 전혀 다른 미분계수를 갖게 된다. 이런 경우 A점의 근방에서는 미분가능하지 않다고 한다. 다시 말해 어느 점의 근방에서 미분계수를 정의하려면 부드러운 상태여야 한다. 미분계수를 구하는 점을 확대해보면, 그 근방에서 직선에 가까운 기울기를 가져야 한다.[1)]

1) 미분계수를 유도하기 위해 다음 식을 계산할 때 미분 불가능한 점에서는 분모가 0인 식(불능)으로 유도된다. 우리의 논의 범위 밖이므로 관심이 있는 독자는 미적분 책을 참고하기 바란다.

$$\frac{dY}{dX} = \lim_{\triangle X \to 0} \frac{\triangle Y}{\triangle X} = \lim_{\triangle X \to 0} \frac{f(X + \triangle X) - f(X)}{\triangle X}$$

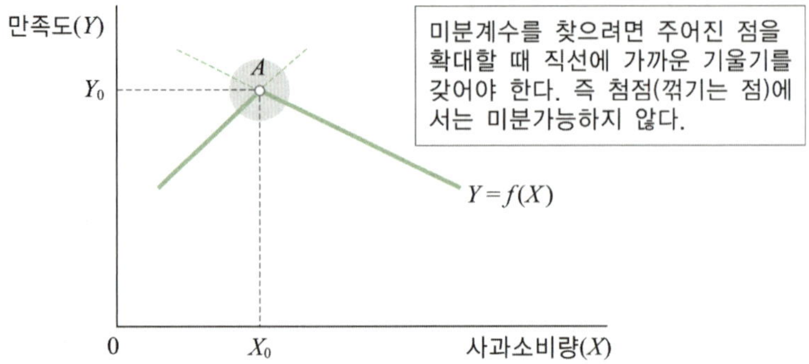

예제 7.1.3

한 흡연자의 효용이 다음 그래프로 표현된다고 가정하자. 3개비에서 8개비로 소비량을 늘릴 때 $\frac{\Delta U}{\Delta X}$(흡연에 따른 효용의 평균변화율 : 흡연의 한계효용)과 $\frac{U}{X}$(전체 흡연량에서 평균효용 : 흡연의 평균효용)을 그래프에 직선으로 표현하고 직선의 기울기를 비교하시오.

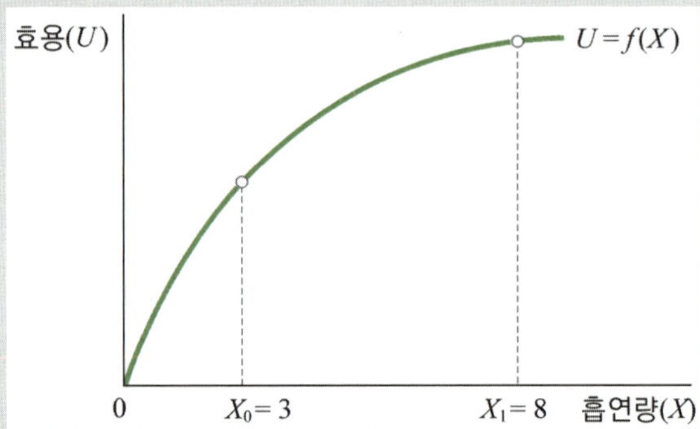

풀이

담배의 평균효용 : 주어진 흡연량에서 원점을 연결한 직선의 기울기
담배의 한계효용 : 두 흡연량을 연결한 직선의 기울기
담배의 한계효용(두 점 연결 직선의 기울기)이 담배의 평균효용(원점 연결 직선의 기울기)보다 작다.

예제 7.1.4

막걸리를 생산하는 한 기업의 비용곡선이 다음과 같다고 가정하자. 생산량 1,000단위에서 아주 적은 양을 조정한다고 가정하고 $\frac{dC}{dX}$(생산에 따른 비용의 순간변화율 : 한계비용)과 $\frac{C}{X}$(생산에 따른 비용의 평균변화율 : 평균비용)을 표현해서 그 크기를 비교하시오.

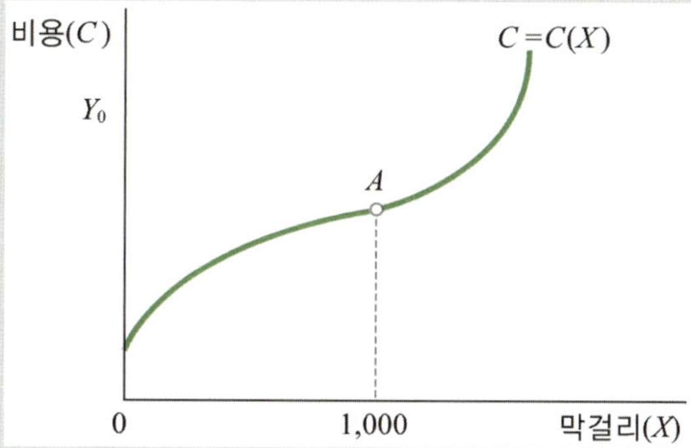

풀이

A점에서 한계비용$\left(\frac{dC}{dX}\right)$은 접선의 기울기이고 평균비용$\left(\frac{C}{X}\right)$은 원점을 연결한 직선의 기울기이다. 한계비용보다 평균비용이 더 크다.

예제 7.1.5

경제학자 쿠즈네츠는 미국의 자료를 토대로 소득과 소비 간의 관계를 추정한 결과 단기와 장기에 소비행태가 다르다는 사실을 발견하였다. 단기에는 소비곡선이 양의 절편을 갖고 기울기가 1보다 작은 직선형태를 보이지만, 장기에는 소비곡선이 원점을 통과하며 기울기가 1보다 작은 직선형태를 갖는다. 이 그래프를 보고 물음에 답하시오.

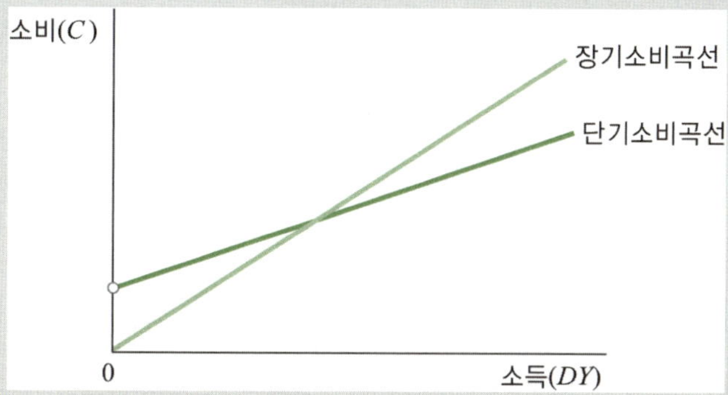

(1) 장기소비에서 소득의 한계소비$\left(\frac{dC}{dDY}\right.$: 한계소비성향$\left.\right)$와 단기소비에서 소득의 한계소비를 그래프에 표시하고 크기를 비교하시오.

(2) 장기소비에서 소득의 평균소비$\left(\frac{C}{DY}\right.$: 평균소비성향$\left.\right)$와 단기소비에서 소득의 평균소비를 그래프에 표시하고 크기를 비교하시오.

(3) 단기소비에서 소득이 늘어나면 평균소비성향과 한계소비성향은 어떻게 변동하는가?

(4) 단기소비에서 소득이 변동할 때 한계소비성향이 평균소비성향보다 클 수 있는가? 이 결론이 그래프의 양의 절편과 관련이 있는가? (단, 음의 절편을 가진 직선을 그려보라.)

풀이

(1) 한계소비성향은 각 그래프에서 접선의 기울기(직선은 자신이 접선이므로 직선의 기울기)이다. 장기한계소비성향이 단기한계소비성향보다 크다.
(2) 평균소비성향은 각 그래프의 한 점에서 원점을 연결한 직선의 기울기이다. 장기소비에서는 "장기한계소비성향 = 장기평균소비성향"으로 항상 일정하지만, 단기평균소비성향은 소득에 따라 변동한다. 평균소비성향은 소득에 따라 단기가 클수도, 장기가 클 수도 있다.
(3) 단기소비곡선에서 소득이 늘어날 때 한계소비성향은 변함이 없지만 평균소비성향은 점차 감소한다. 즉, 단기에는 소득이 높을 때 평균소비성향은 낮아지는 경향이 있다.
(4) 어느 소득수준에서도 단기평균소비성향은 단기한계소비성향보다 크다. 양의 절편 때문이다. 만약 음의 절편을 가졌다면 항상 반대 현상이 나타난다. 그래프를 그려보라.

7.2 미분계수의 부호

1 1차 미분부호

(1) 1차 미분계수의 부호는 독립변수와 종속변수 사이의 변화 방향을 보여준다.

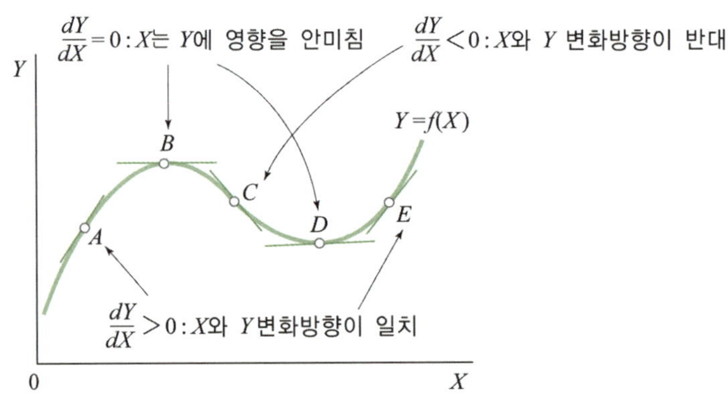

함수 $Y=f(X)$에서 독립변수 X로 종속변수 Y를 1번 미분한 값을 "1차 미분계수"라고 한다. 1차 미분계수는 주어진 점에서 접선의 기울기이다. 다음 그래프를 보고 이 부호와 두 변수 사이의 변화방향을 알아보자.

① A와 E점 : $\frac{dY}{dX} > 0$(접선의 기울기가 양수)

X가 증가하면 Y도 증가하고, X가 감소하면 Y도 감소한다. 즉, 원인변수(분모)와 반응변수(분자)의 변화방향이 일치한다.

② C점 : $\frac{dY}{dX} < 0$(접선의 기울기가 음수)

X가 증가하면 Y는 감소하고, X가 감소하면 Y는 증가한다. 즉, 원인변수(분모)와 반응변수(분자)의 변화방향이 반대이다.

③ B와 D점 : $\frac{dY}{dX} = 0$(접선의 기울기가 0)

X가 증가하거나 감소하거나 Y는 반응하지 않는다. 즉, 원인변수(분모)의 변화에 반응변수(분자)가 순간적으로 반응하지 않는다.

결론적으로 1차미분 값은 다음과 같이 해석한다.

$$\frac{dY}{dX} = -a$$

X가 추가로 1 움직이면 Y는 a 움직인다(크기).

X와 Y는 반대방향으로 움직인다(방향).

예제 7.2.1

철수와 순이는 서로 아바타카드(X) 1장과 사탕(Y) 2개씩 교환하고 있다. 철수는 아바타카드를 사탕으로 바꾸고 있고, 순이는 반대로 하고 있다. 두 사람의 교환을 미분계수의 부호를 이용하여 표현하시오.

풀이

두 사람 모두 아바타카드와 사탕의 보유량은 반대방향으로 움직이고 있기 때문에 부호는 음수이다. 아바타카드 1장마다 사탕이 2개씩 교환되므로 계수값은 2이다.

철수의 경우 : $\frac{dY}{dX} = -2 < 0$

순이의 경우 : $\frac{dY}{dX} = -2 < 0$

미분부호는 두 변수의 변화방향만을 나타내기 때문에 어느 변수가 늘고 주는지는 알 수 없다. 철수는 아바타카드(X)가 주는 대신 사탕이 늘고 있고, 순이는 아바타카드(X)가 느는 대신 사탕이 줄고 있다.

예제 7.2.2

다음 내용을 1차 미분계수의 부호를 이용하여 간단히 표현하시오.

(1) 소득이 늘어나면 맥주의 소비량은 늘어난다.

(2) 자동차가격이 상승하면 자동차구매량은 줄어든다.

(3) 석유가격이 상승하면 프라스틱제품의 생산량이 줄어든다.

(4) 시내버스요금이 상승하면 택시승객이 늘어난다.

(5) 명품가방은 가격이 비쌀수록 잘 팔린다.

풀이

분모와 분자의 변화방향이 일치하면 1차 미분부호가 양수이고, 반대이면 음수이다.

(1) 소득이 늘면 소비가 느는 상품을 "정상재", 줄어드는 상품을 "열등재"라고 한다.

$\frac{d\text{맥주수요량}}{d\text{소득}} > 0$: 맥주는 정상재이다.

(2) 가격이 오르면 해당 상품의 수요가 줄어드는 것을 "수요법칙"이라고 한다. 수요법칙에 어긋나는 상품을 "기펜재"라고 한다.

$\frac{d\text{자동차수요}}{d\text{자동차가격}} < 0$: 수요법칙을 만족한다.

(3) 생산비가 높아지면 생산량이 줄어드는 것이 일반적이다.

$\frac{d\text{플라스틱제품생산량}}{d\text{석유가격}} < 0$

(4) 소비가 같은 방향으로 나타내는 상품들을 "보완재관계"에 있다고 하고 반대 방향으로 나타나는 상품들을 "대체재관계"에 있다고 한다.

$\frac{d\text{택시승객}}{d\text{버스요금}} > 0$: 택시와 버스는 대체재관계이다.

(5) $\frac{d\text{명품가방수요량}}{d\text{명품가방가격}} > 0$: 수요법칙에 위배된다.

2 2차 미분부호

(1) 2차 미분계수의 부호는 곡선이 수평축에 오목한지 볼록한지를 나타낸다.

함수 $Y=f(X)$를 X로 한 번 미분(1차 미분)한 뒤, 다시 그 값을 X로 한 번 더 미분한 것을 2차 미분했다고 한다. 1차 미분한 값이 접선의 기울기이므로 2차 미분했다는 것은 접선의 기울기 값(식)을 다시 한 번 미분했다는 의미가 된다.

1차 미분계수는 접선의 기울기

$$\frac{d}{dX}\left(\frac{dY}{dX}\right) = \frac{d}{dX}(\text{접선의 기울기})$$

분자에 있는 것을 (머리가 너무 커서) 뒤로 내려 놓았다!

이제 2차 미분계수의 부호가 곡선의 형태와 어떻게 관련되어 있는지 살펴보자.

다음 그래프처럼 X축에 오목한 형태의 곡선에서 접선의 기울기를 생각해 보자. X값이 클수록 접선의 기울기는 점차 감소하고 있다. 이때 2차 미분부호는 음수인가? 양수인가? X값이 커질수록 접선의 기울기는 작아지므로 변화 방향이 반대이다. 2차 미분부호는 음수이다.

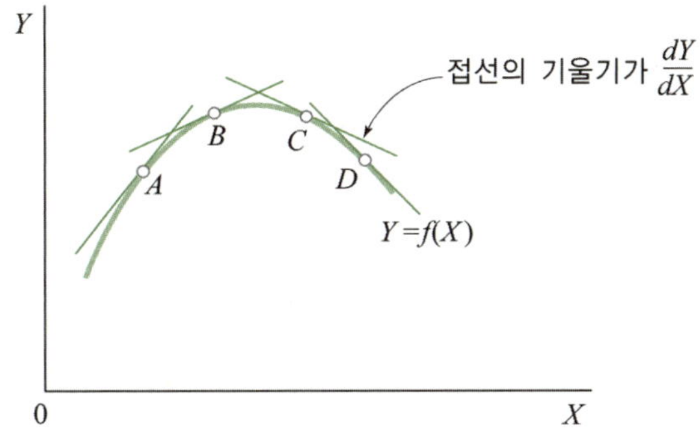

$$\frac{d}{dX}\left(\frac{dY}{dX}\right) = \frac{d}{dX}(\text{접선의 기울기}) < 0$$

곡선이 X축에 오목하면 분모에 위치한 X의 움직임과 분자에 있는 접선 기울기의 움직임이 반대이므로 2차 미분부호는 음(−)이다.

X축에 볼록한 다음 곡선은 X값이 증가할수록 접선의 기울기가 커지므로 2차 미분계수의 부호가 양수이다.

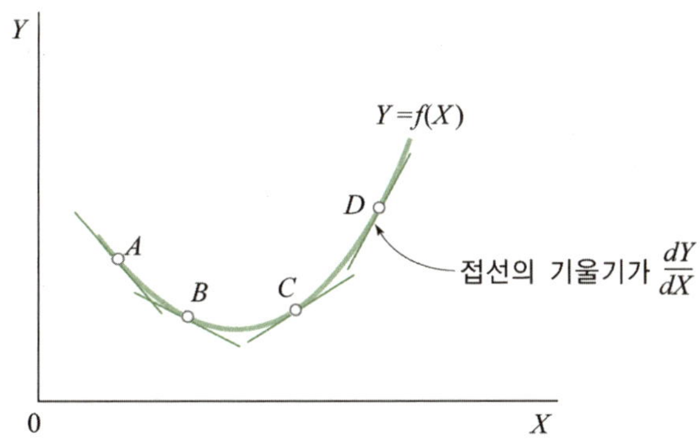

$$\frac{d}{dX}\left(\frac{dY}{dX}\right) = \frac{d}{dX}(\text{접선의 기울기}) > 0$$

곡선이 X축에 볼록하면 분모에 위치한 X의 움직임과 분자에 있는 접선 기울기의 움직임이 같은 방향이므로 2차 미분부호는 양(+)이다.

(2) 분모에 있는 변수와 분자에 있는 변수가 반대로 움직일 때 체감한다고 하고, 동일 방향으로 움직일 때 체증한다고 한다.

경제학 용어 중에는 "~체감의 법칙", "~체증의 법칙"이라는 용어가 자주 등장한다. 여기서 "체증"이란 점점 증가한다는 의미이고 "체감"이란 점점 감소한다는 의미이다. 경제용어에 "체증" 또는 "체감"이라고 붙일 때는 분모에 있는 변수가 증가할 때 분자에 있는 변수가 움직이는 방향을 기준으로 삼는다. 예를 들어 사과를 추가로 더 먹을 때 새로운 사과 하나 당 만족도(사과의 한계효용)가 감소하면 "사과의 한계효용이 체감한다"고 표현하며 다음과 같이 수식으로 나타낸다.

$$\frac{d(\text{사과의 한계효용})}{d\text{사과}} < 0$$

→ 사과를 더 먹을수록 사과의 한계효용은 감소(체감)

사탕을 만드는 한 기업에서 노동(L)을 투입해나갈 때 변화되는 생산량(Q)이 그래프처럼 표현된다고 가정해보자. $\frac{dQ}{dL}$(노동투입에 따른 생산의 순간변화율 : 노동의 한계생산량)은 각 노동투입량에서 접선의 기울기로서 어느 노동투입량에서도 양(+)이다 $\left(\frac{dQ}{dL} > 0\right.$, 노동과 생산량이 같은 방향으로 움직임$\left.\right)$. 즉, 노동량을 늘리면 생산량은 언제나 늘어난다.

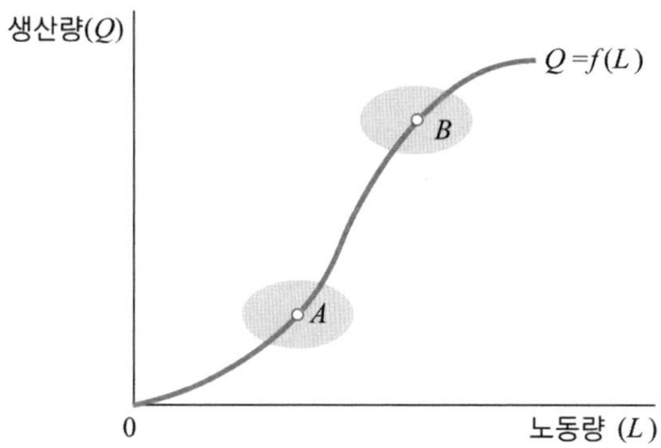

B근방에서는 노동이 늘어날 때 노동의 한계생산량(접선의 기울기)이 점차 감소(체감)한다.

A근방에서는 노동이 늘어날 때 노동의 한계생산량(접선의 기울기)이 점차 증가(체증)한다.

A점에서 노동투입량이 늘어날 때 한계생산량(접선의 기울기)이 점차 증가하고 있다. 즉, 체증하고 있다. 이것을 수식으로 표현하면 다음과 같다.

$$\frac{d}{dL}\left(\frac{dQ}{dL}\right) = \frac{d}{dL}(\text{노동의 한계생산량})$$

$$= \frac{d}{dL}(\text{접선의 기울기}) > 0 \quad \cdots\cdots\cdots \quad A\text{점 근방}$$

노동이 늘어날 때 노동의 한계생산량은 점차 늘어난다(체증한다)!

B점의 근방에서는 노동투입량이 늘어나면 노동의 한계생산량은 점차 감소한다. 즉, 노동의 한계생산량이 체감하고 있다. 이것을 수식으로 표현하면 다음과 같다.

$$\frac{d}{dL}\left(\frac{dQ}{dL}\right) = \frac{d}{dL}(\text{노동의 한계생산량})$$

$$= \frac{d}{dL}(\text{접선의 기울기}) < 0 \cdots\cdots\cdots\cdots \ B\text{점 근방}$$

노동이 늘어날 때 노동의 한계생산량은 점차 감소한다(체감한다)!

예제 7.2.3

다음 내용을 미분부호를 이용하여 표현하시오.

(1) 담배(X)를 피울수록 만족도(U)가 높아진다.

(2) 5개비 흡연할 때까지는 개비당 만족도가 커지지만 5개비를 넘어서면 개비당 만족도가 점차 떨어진다.

풀이

(1) $\frac{dU}{dX} > 0$

(2) 흡연의 개비당 만족도는 흡연의 한계만족도로서 $\frac{dU}{dX}$이다.

$$5\text{개비까지 } \frac{d}{dX}\left(\frac{dU}{dX}\right) > 0, \ 5\text{개비 이후 } \frac{d}{dX}\left(\frac{dU}{dX}\right) < 0$$

예제 7.2.4

어느 바늘 생산업체의 비용(C)곡선은 다음과 같은 형태를 갖는다고 한다. A점과 B점에서 $\frac{dC}{dQ}$(바늘생산의 한계비용)이 체증하는지 체감하는지 설명하시오.

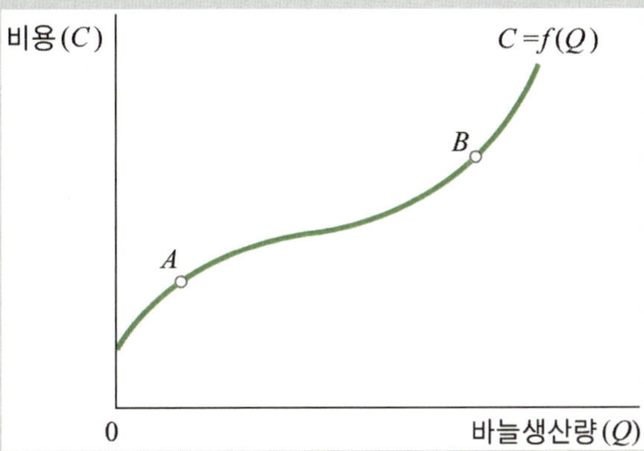

풀이

바늘 생산의 한계비용$\left(\frac{dC}{dQ}\right)$은 각 점에서 접선의 기울기(미분계수)이다. A점의 근방에서는 바늘을 한 단위 더 생산할 때마다 바늘생산의 한계비용이 점차 감소하고 있다.

$$A\text{근방} : \frac{d}{dQ}\left(\frac{dC}{dQ}\right) = \frac{d}{dQ}(\text{바늘의 한계비용})$$

$$= \frac{d}{dQ}(\text{접선의 기울기}) < 0 : \text{체감한다.}$$

B점의 근방에서는 바늘을 한 단위 더 생산할 때마다 바늘생산의 한계비용은 점차 증가하고 있다.

$$B\text{근방} : \frac{d}{dQ}\left(\frac{dC}{dQ}\right) = \frac{d}{dQ}(\text{바늘의 한계비용})$$

$$= \frac{d}{dQ}(\text{접선의 기울기}) > 0 : \text{체증한다.}$$

(3) 1차 미분부호가 0이면 그 점에서 종속변수는 극값을 가진다.

그래프에서 종속변수가 극대값 또는 극소값을 갖는 것을 극치라고 한다. 지금까지 살펴본 1차 미분계수와 2차 미분계수의 부호를 이용하여 극치를 구분해보자.

① 극치의 근방에서는 1차 미분값이 0이다.

다음 그래프에서 A점과 B점은 그래프의 전 구간에서 Y가 극대값 또는 극소값을 가지는 것은 아니지만, 두 점의 근방에서는 극치(꼭지점)이다. 우리가 여기서 살펴보는 극치는 전체에서 극치를 의미하는 것일 수도 있지만 일반적으로 어느 점 근방에서 극치(꼭지점)를 의미한다는 점에 유의하기 바란다.

그래프에서 보는 것처럼 어느 근방에서 꼭지점을 갖게 되면 그 점에서 접선의 기울기는 0이다. 연속이고 부드러운 곡선을 갖는 함수 $Y=f(X)$에서

$$\text{그래프에서 } Y\text{가 극치(꼭지점)} : \frac{dY}{dX}=0$$

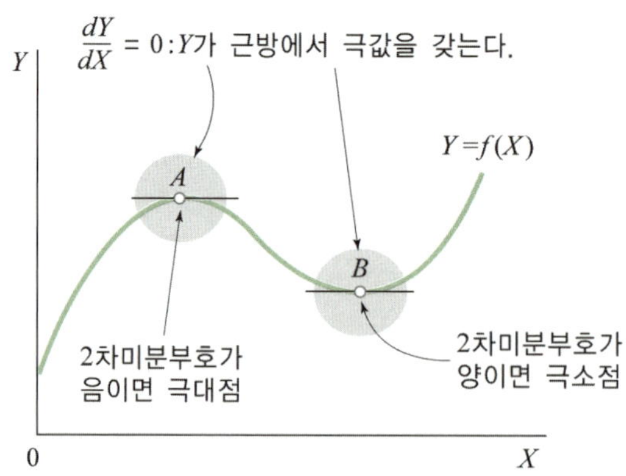

② 1차 미분계수의 부호가 0이고 2차 미분계수의 부호가 음이면 그 극치는 극대값이고, 2차 미분계수의 부호가 양수이면 그 극치는 극소값이다.

A점은 그 근방에서 극대값을 갖고 있다. A점의 근방에서 2차 미분계수의 부호는 다음과 같다. A점(극대점)의 근방에서,

$$\frac{d}{dX}\left(\frac{dY}{dX}\right) = \frac{d}{dX}(\text{접선의 기울기}) < 0$$

X가 증가할 때 접선의 기울기가 점차 감소하기 때문에 2차 미분부호는 음(−)이다(극대값).

이에 반해, B점(극소점)의 근방에서는 2차 미분계수의 부호가 양(+)이다.

$$\frac{d}{dX}\left(\frac{dY}{dX}\right) = \frac{d}{dX}(\text{접선의 기울기}) > 0$$

X가 증가할 때 접선의 기울기가 점차 증가하기 때문에 2차 미분부호는 양(+)이다(극소값).

예제 7.2.5

어느 아이스크림 가게의 이윤곡선이 다음과 같다. 총이윤 π가 극대가 되는 점에서 $\frac{d\pi}{dQ}$(아이스크림의 한계이윤)을 표시해보시오. 극대가 되는 점에서 1차 미분계수의 부호와 2차 미분계수의 부호를 수식으로 표현해보시오.

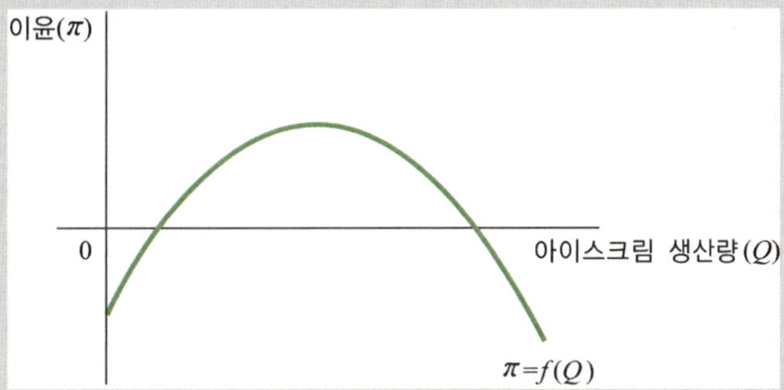

풀이

그래프의 꼭지점(이윤극대점)에서 접선의 기울기(X축의 변수로 Y축의 변수를 미분한 값)는 $\frac{d\pi}{dQ}$으로서 아이스크림 생산의 한계이윤이다.

$$\text{꼭지점에서 } \frac{d\pi}{dQ} = 0,\ \frac{d}{dQ}\left(\frac{d\pi}{dQ}\right) < 0$$

총이윤은 체증하다가 체감하지만, 한계이윤은 항상 체감한다.

예제 7.2.6

다음 그래프의 A점에서 1차 미분계수값이 0일 때도 극값을 갖지 않는 경우가 있다는 사실을 확인하시오. 이 점의 근방에서는 2차 미분계수의 부호가 어떻게 움직이는지 설명하시오.

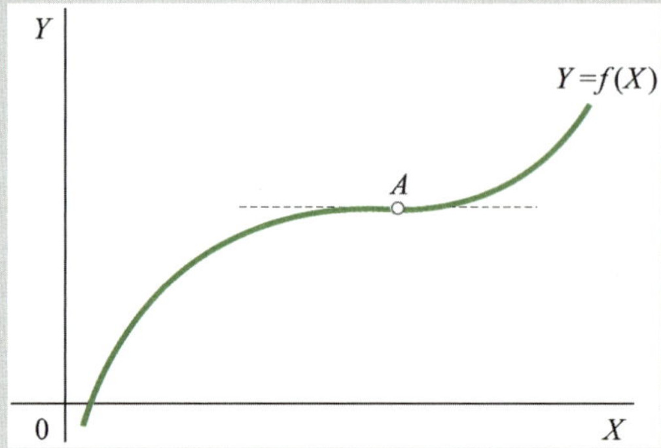

풀이

A점과 같이 접선의 기울기$\left(\text{미분계수}=\frac{dY}{dX}\right)$가 0인 점에서는 극값을 갖지 않는 경우가 있다. 이때 2차미분계수의 부호는 다음과 같이 일관성이 없다.

$$\frac{dY}{dX}=0\text{인 점의 좌측 : } \frac{d}{dX}\left(\frac{dY}{dX}\right)<0$$

$$\frac{dY}{dX}=0\text{인 점의 우측 : } \frac{d}{dX}\left(\frac{dY}{dX}\right)>0$$

이렇게 2차 미분부호가 바뀌는 점을 "변곡점"이라고 한다. 곡선의 움직이는 방향이 반전되는 점이라는 의미이다. 이 이외에도 수평의 직선에서는 모두가 극치(모두 극대이기도 하고, 극소이기도 하다)를 갖는다. 1차 미분계수의 부호와 2차 미분계수의 부호가 모두 0이다.

이상의 예외적인 경우가 존재함에도 불구하고 학부수준의 경제학에서 사용하는 함수는 모두 극값을 가질 수 있는 식을 골라서 사용하기 때문에 사실상 2차 미분부호를 엄밀하게 검토할 필요가 없다.

참고

필요조건과 충분조건

"사람은 동물이다."라는 명제를 생각해보자. 사람이면 분명히 동물이지만 동물이라고 모두 사람은 아니다. 이때 사람을 동물이 되기 위한 "충분조건"이라고 하고 동물을 사람이 되기 위한 "필요조건"이라고 한다.

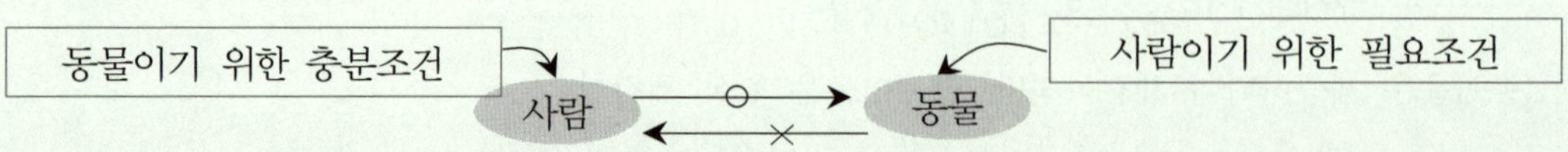

지금까지 살펴본 것처럼 1차 미분값=0은 극치가 되기 위한 필요조건에 불과하다. 다시 말해 그 조건이 만족된다고 곧바로 극값을 갖는다고 단정할 수는 없다. 그러나 경제학 책은 이런 조건이 만족되는 함수만 사용하므로 이렇게 엄밀한 조건을 고려할 필요까지 없다.

7.3 한계와 평균의 일반적 관계

경제이론에서는 한계그래프와 평균그래프를 동시에 그리는 상황이 자주 등장한다. 이곳에서는 두 그래프 사이에 존재하는 규칙을 이해하고, 이것을 활용하는 방법을 살펴보도록 하겠다.

1 한계와 평균의 관계를 파악하려면 평균의 움직임에 주목하라

100명으로 구성된 한 반의 경제학 평균점수가 80점이라고 하자. 이 반에 한 학생이 추가로 들어왔다. 새로운 경제학 평균점수가 80.01로 상승하였다면, 이 학생의 경제학 점수는 반평균점수보다 높은가? 낮은가? 평균을 올렸으니 당연히 높다. 이 내용을 도표로 정리해 보자.

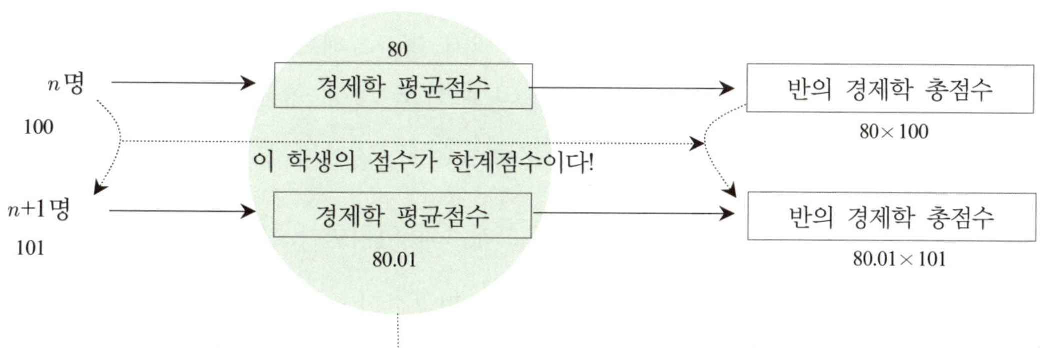

평균점수가 올라갔다면 한계점수(추가된 학생의 점수)는 평균점수보다 높다.

여기서 한계점수를 정의해보자. 어떤 대상이 추가로 1 움직일 때 여기에 반응하여 움직인 값을 미분계수, "한계~"이라고 하였다. 따라서 한계점수란 한 학생이 새로 늘어날 때 변화된 총점수이다. 이것을 수식으로 다음과 같이 표현한다.

$$\text{한계점수} = \frac{d\,\text{총점수}}{d\,\text{학생수}} = \text{새로 들어온 학생의 점수}$$

결국, 여기서 한계점수는 새로 들어온 학생의 점수이다.

이 용어들을 이용하여 한계점수와 평균점수 사이의 관계를 정리해보자. 학생이 한명 추가되면서 평균점수가 상승했다면, 이 학생의 점수(한계점수)는 직전의 평균점수보다 높았

음이 분명하다. 만일 반대로 평균점수가 하락하였다면 이 학생의 점수(한계점수)는 평균점수보다 낮았을 것이다.

이런 원리를 일반화시키면 다음과 같다.

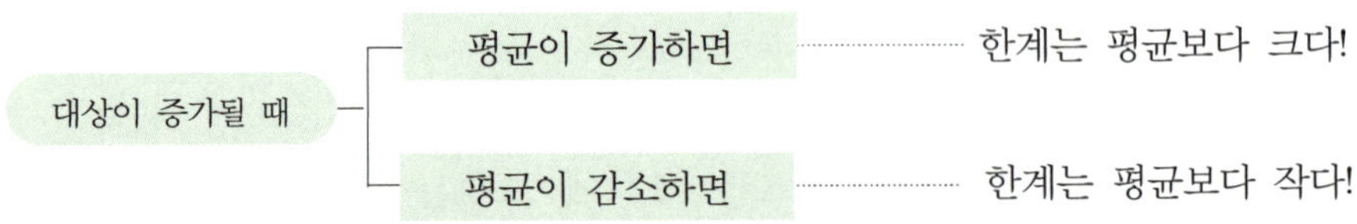

이상의 내용으로 볼 때, 평균과 한계의 크기를 비교할 때는 평균의 움직임을 파악하는 것이 핵심이다. 반대로 한계의 움직임을 보면서 평균과 한계의 크기를 비교하면 안된다. 예를 들어 새로 들어온 학생의 점수(한계점수)가 바로 직전에 들어온 학생의 점수(이전의 한계점수)보다 높다는 사실 하나만으로 평균점수가 한계점수보다 더 큰지 작은지 알 수 없을 것이다.

2 한계그래프와 평균그래프를 동시에 그릴 때는 평균그래프를 먼저 그려서 한계그래프의 형태를 파악한다

이상의 직관을 활용하여 그래프에 그려보자. 먼저 평균그래프의 움직임을 이용하여 한계그래프의 위치를 파악해야 한다. 그래프를 그릴 때도 항상 평균그래프를 먼저 그려야 한다는 사실을 기억해두자.

(1) 평균그래프가 수평이면 한계그래프는 평균그래프와 일치한다.

평균그래프가 수평이면 대상의 수량이 늘어도 평균값이 변동하지 않는다는 의미이다. 이때는 평균과 한계값이 일치해야 한다(새로 학생이 들어와도 평균점수가 변동하지 않는다면 그 학생의 점수는 평균점수이다). 그러므로 한계그래프와 평균그래프가 일치한다.

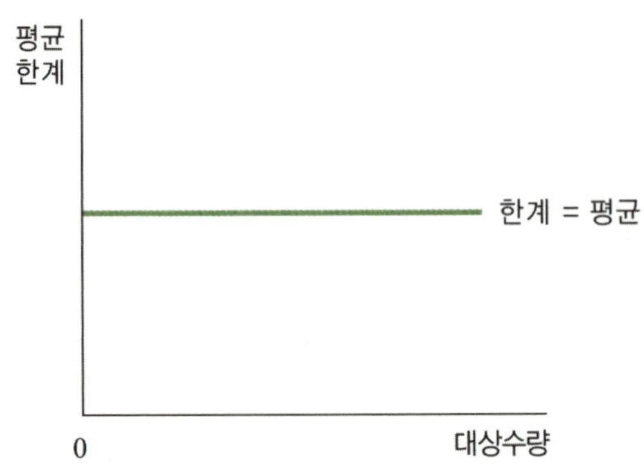

(2) 평균그래프가 수평이 아닌 직선이면 한계그래프도 수평이 아닌 직선이다.

평균그래프가 직선이면 한계그래프도 직선이다(더 엄밀히 말하면 평균그래프가 직선이면 한계그래프의 기울기는 평균그래프의 기울기보다 2배 가파르다. 본서 194쪽에 수식을 통한 증명이 나온다). 학생이 1명뿐일 때는 그 학생의 점수가 총점수이자, 한계점수이자, 평균점수이다. 학생이 추가되면서 평균점수가 일정한 크기로 변동하려면 새로운 학생의 점수(한계점수)와 평균점수의 차이가 점차 커져야 한다. 이 때문에 두 그래프 사이의 차이가 더 벌어지게 된다.

① **평균그래프가 우상향하면 한계그래프는 평균그래프보다 위쪽에 위치** : 시작점에서 평균그래프와 한계그래프는 일치하지만, 점차 평균값이 상승하기 때문에 한계값은 평균값보다 클 것이 자명하다.

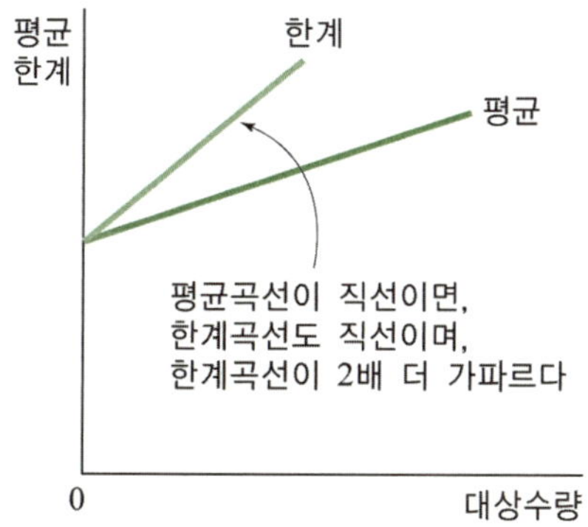

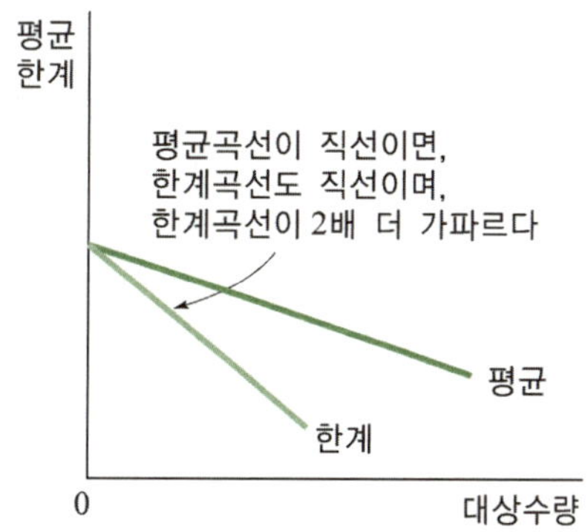

② **평균그래프가 우하향하면 한계그래프는 평균그래프보다 아래쪽에 위치** : 대상이 늘어날수록 평균값이 일정하게 하락한다면 한계값은 평균값보다 작은 값을 가진다. 역시 대상이 늘어날수록 평균과의 차이가 더 커진다.

③ **평균그래프가 꼭지점을 가질 때 한계그래프는 평균그래프의 꼭지점을 통과** : 한계그래프는 항상 평균그래프의 꼭지점을 지난다. 다시 말해 한계값은 평균값의 꼭지점에서 평균값과 일치한다. 논리적으로 추론해보자. 평균이 상승할 때는 평균보다 한계가 더 커야하고 평균이 하락할 때는 평균보다 한계가 작아야 한다. 한계가 연속인 곡선이라면 한번은 한계곡선이 평균곡선과 교차해야 한다. 그러나 평균과 한계가 일치하면 평균이 변동하지 않기 때문에 평균그래프가 상승하거나 하락할 수 없다. 결국 순간적으로 평균이 유지되는 꼭지점에서만 평균과 한계는 일치할 수 있다.

㉠ 평균그래프가 ∩형태이면 평균그래프의 꼭지점에서 한계그래프가 평균그래프를 위에서 아래로 교차한다.

다음 그래프는 평균그래프가 ∩형태일 때 일반적인 한계그래프의 형태를 보여준다. 평균그래프가 상승할 때 한계그래프는 평균그래프보다 위쪽에 있어야 하고, 평균그래프가 하락할 때 한계그래프는 평균그래프의 아래쪽에 있어야 한다. 한계그래프는 평균그래프의 꼭지점을 지난다.

이 형태에서는 다음 몇 가지 사실에 유의하자. 그래프를 잘 살펴보라.

ⓐ 한계그래프가 ∩형태일 때 평균그래프가 어떤 형태인지 추론할 수 없다.
ⓑ 평균이 상승할 때 한계는 하락할 수도 있다.
ⓒ 평균이 하락할 때 한계는 반드시 하락한다.
ⓓ 한계가 상승할 때 평균은 반드시 상승한다.
ⓔ 한계가 하락할 때 평균은 상승할 수도 있다.

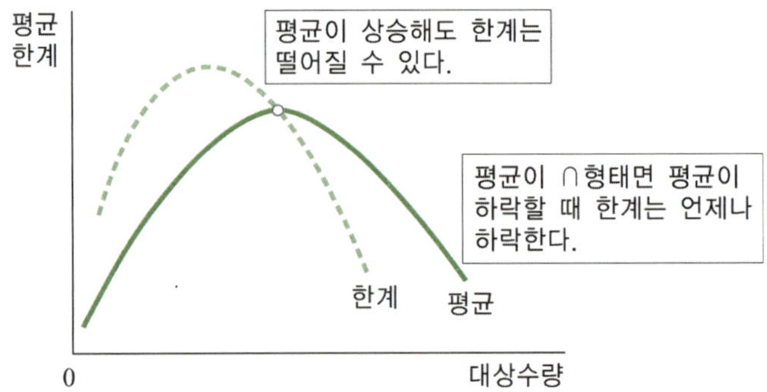

㉡ 평균그래프가 ∪형태이면 평균그래프의 꼭지점에서 한계그래프가 평균그래프를 아래서 위로 교차한다.

다음 그래프는 평균그래프가 ∪형태일 때 일반적인 한계그래프의 형태를 보여준다. 한계그래프와 평균그래프의 위치관계는 앞의 그래프와 차이가 없다.

이 형태에서는 다음 몇 가지 사실에 유의하자.

ⓐ 한계그래프가 ∪형태일 때 평균그래프가 어떤 형태인지 추론할 수 없다.
ⓑ 평균이 상승할 때 한계는 반드시 상승한다.
ⓒ 평균이 하락할 때 한계는 상승할 수도 있다.
ⓓ 한계가 상승할 때 평균은 하락할 수도 있다.
ⓔ 한계가 하락할 때 평균은 반드시 하락한다.

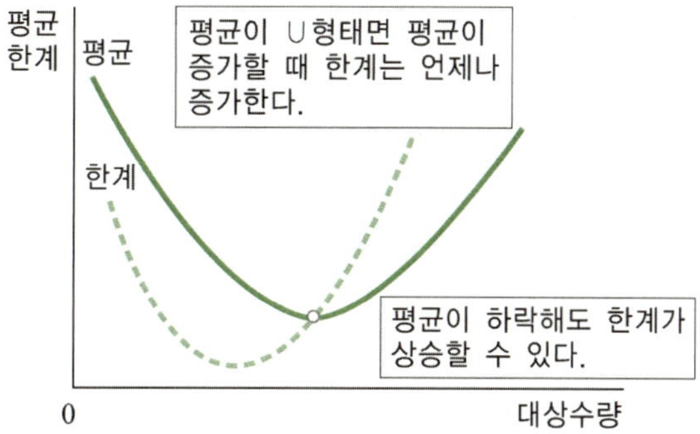

예제 7.3.1

다음과 같은 한계그래프에서 가능한 평균그래프의 형태를 추론해 보시오.

(1)

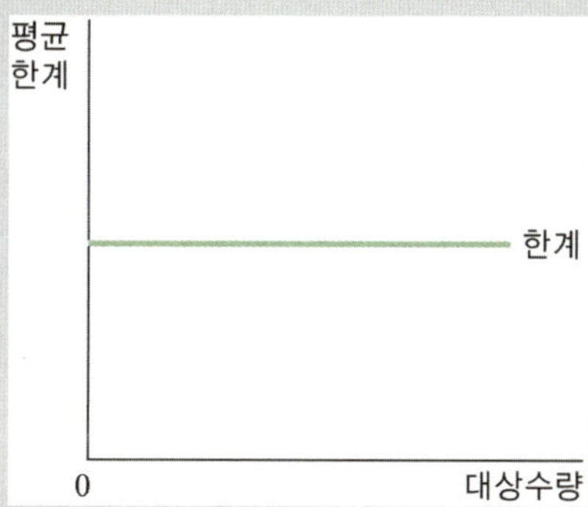

(2)

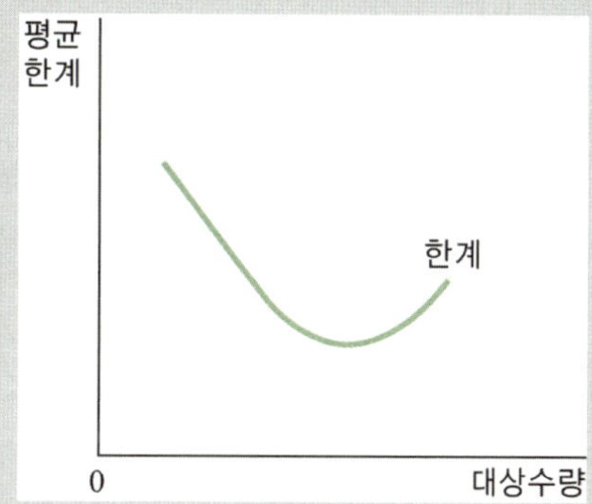

풀이

한계그래프로는 한계그래프와 평균그래프의 위치를 추론할 수 없다.

(1) 한계와 평균의 관계를 유지하며 평균그래프는 두 형태가 모두 가능하다.

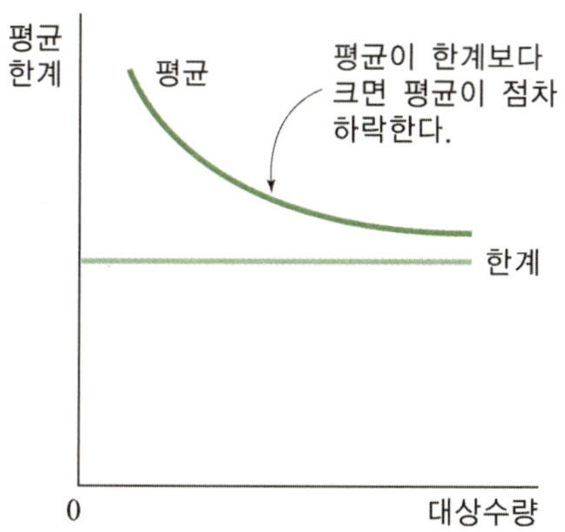

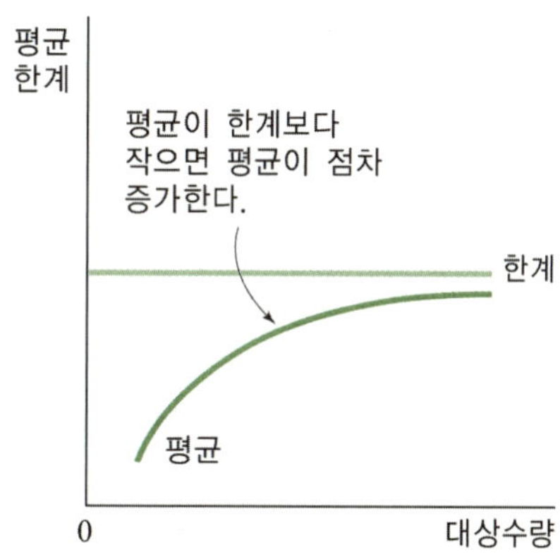

(2) 한계와 평균의 관계를 만족하면 평균그래프는 두 형태가 모두 가능하다.

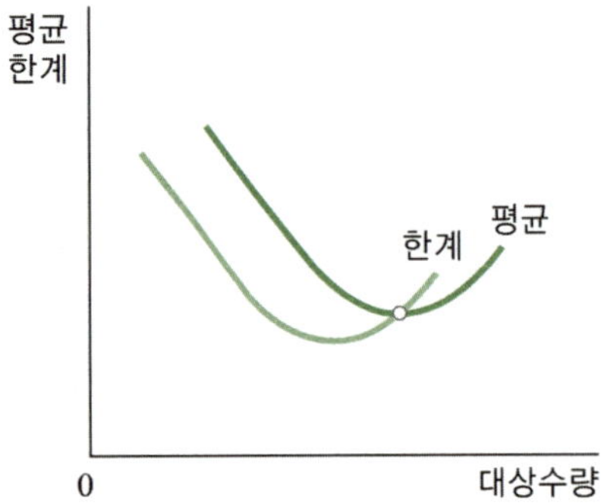

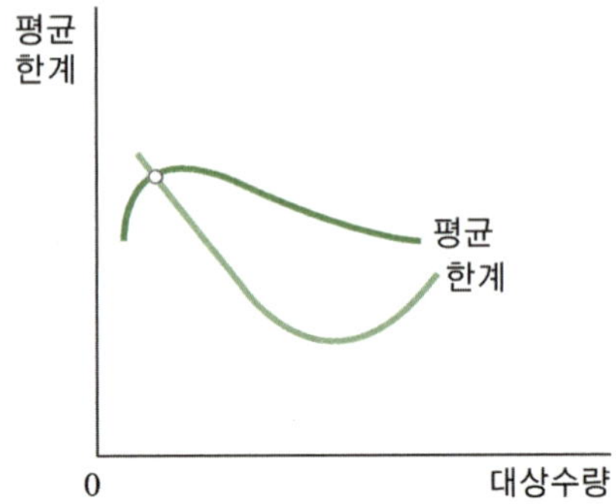

예제 7.3.2

다음 그래프는 한 소비자의 평균효용그래프와 한 기업의 평균비용그래프이다. 한계효용과 한계비용 그래프의 일반적인 형태를 추정하시오.

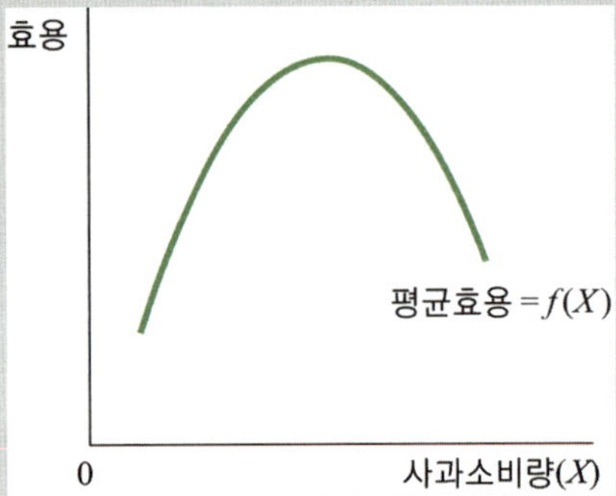

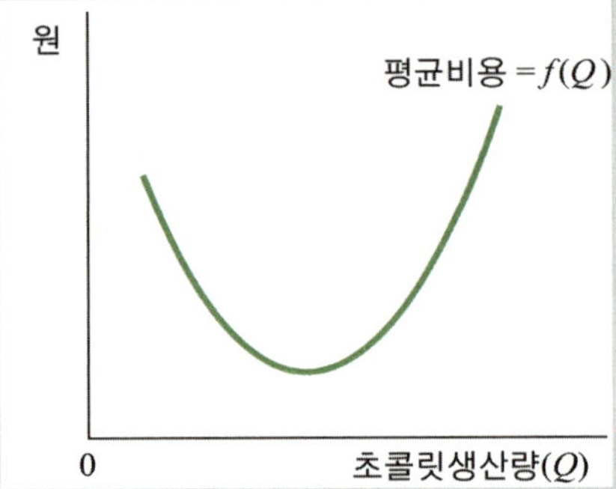

풀이

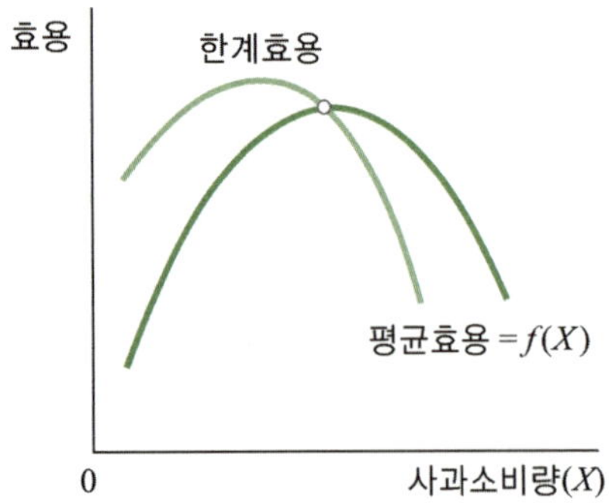

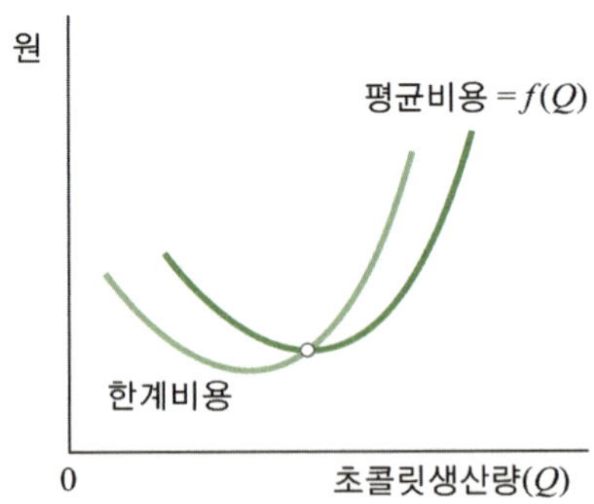

예제 7.3.3

(주)번영은 독점기업이다. 이 기업의 생산에 따른 평균수입곡선과 노동투입에 따른 평균요소비용곡선은 다음과 같다. 이 기업의 한계수입곡선과 한계요소비용곡선을 추정하여 그리시오.

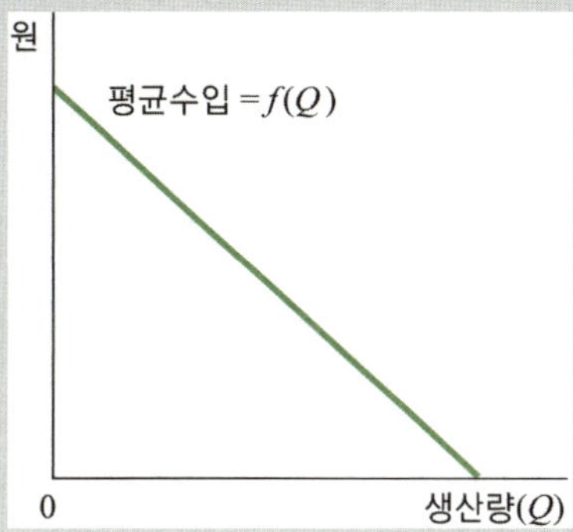

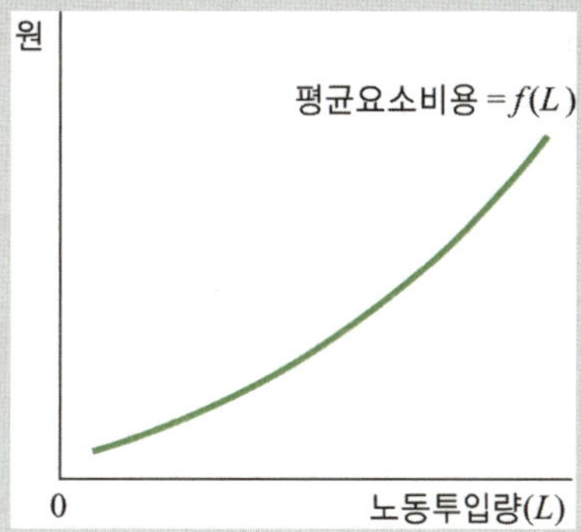

풀이

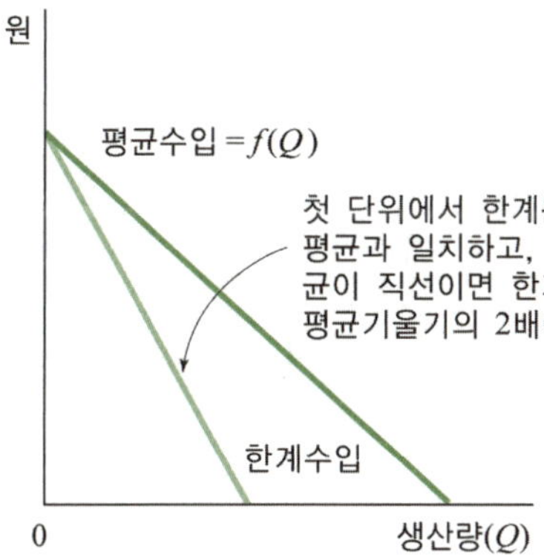

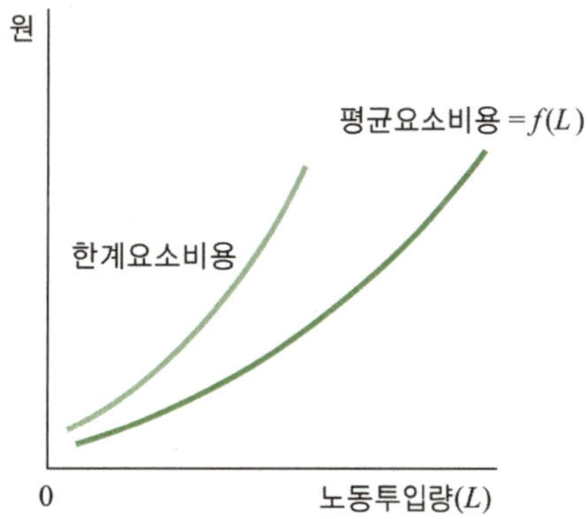

예제 7.3.4

민수는 만두를 먹고 있다. 민수의 만족도(효용)를 기록한 표가 다음과 같다고 가정하고 관련된 질문에 답하시오.

소비량	1	2	3	4	5	6	7	8	9
총효용	20								
평균효용	20		18		16	15		13	
한계효용	20	18		14			8		4

(1) 빈칸의 총효용, 평균효용, 한계효용을 채우시오.
(2) 직선으로 가정하고 평균효용식과 한계효용식을 세우시오.
(3) 한계효용식의 기울기가 평균효용식의 기울기의 2배인지 확인하시오.

풀이

(1) $\text{평균효용} = \dfrac{\text{총효용}}{\text{소비량}}$, $\text{한계효용} = \dfrac{d\text{총효용}}{d\text{소비량}}$, $\text{총효용} = \text{소비량} \times \text{평균효용}$

소비량	1	2	3	4	5	6	7	8	9
총효용	20	38	54	68	80	90	98	104	108
평균효용	20	19	18	17	16	15	14	13	12
한계효용	20	18	16	14	12	10	8	6	4

(2) 평균효용을 AU, 한계효용을 MU, 소비량을 Q라고 할 때, 기울기가 -1이므로

$AU = -Q + b$ .... 기울기가 -1

$AU = -Q + 21$ .... $b = AU + Q$에 한 점 대입

$MU = -2Q + b$ .... 기울기가 -2

$MU = -2Q + 22$ .... $b = MU + Q$에 한 점 대입

(3) 한계효용곡선의 기울기가 평균효용곡선의 기울기 2배이다.

예제 7.3.5

김씨는 은행 문앞에서 풍선을 만들어 팔고 있다. 김씨의 비용구조가 다음과 같을 때 평균비용과 한계비용을 계산하여 빈칸을 메우시오. 그리고 추가적인 질문을 확인하시오. 단, 김씨의 총비용은 생산량에 따라 변동하는 가변비용과 생산량과 무관하게 결정되는 고정비용으로 구분된다.

생산량		1	2	3	4	5	6	7
총비용	총비용							
	평균비용							
	한계비용							
가변비용	총비용	10	18	24	36	50	72	105
	평균비용							
	한계비용							
고정비용	총비용	630	630	630	630	630	630	630
	평균비용							
	한계비용							

(1) 총한계비용 = 한계가변비용

(2) 가변비용에서는 첫 단위에서 "총가변비용 = 평균가변비용 = 한계가변비용"이 되지만 총비용과 고정비용에서는 성립하지 않는다.

(3) "Σ 한계비용 = 총가변비용"이지 "Σ 한계비용 $\neq$ 총비용"이다.

풀이

생산량		1	2	3	4	5	6	7
총비용	총비용	640	648	654	666	680	702	735
	평균비용	640	324	218	166.5	136	117	105
	한계비용	10	8	6	12	14	22	33
가변비용	총비용	10	18	24	36	50	72	105
	평균비용	10	9	8	9	10	12	15
	한계비용	10	8	6	12	14	22	33
고정비용	총비용	630	630	630	630	630	630	630
	평균비용	630	315	210	157.5	126	105	90
	한계비용	0	0	0	0	0	0	0

(1) 수량에 따라 변동하는 비용은 고정비용과는 무관하므로 가변비용과 고정비용에만 영향을 미친다.
(2) 총비용에는 고정비용이 포함되기 때문에 첫 단위에서 총량과 평균량과 한계량이 일치하지 않는다.
(3) 한계비용은 대상물이 1단위 변할 때 가변비용의 변량이므로 고정비용과는 무관하다. 역으로 한계비용을 모두 합하면 총가변비용이 된다.

참고

총량, 평균량, 한계량의 관계

원인변수 수량 Q와 반응변수 총량 T가 함수관계 $T=f(Q)$라고 할 때 총량, 평균량, 한계량의 관계를 정리해 보자(예제 7.3.1, 예제 7.3.5 참고).

① 총량 T를 수량 Q로 나누면 평균량 A가 된다.

$$A=\frac{T}{Q}$$

② 평균량 A를 수량 Q로 곱하면 총량 T가 된다.

$$T=A\times Q$$

③ 총량 T를 수량 Q로 미분하면 한계량 M이 된다.

$$M=\frac{dT}{dQ}$$

④ 한계량 M을 모두 더하면 총량 T 중 Q에 영향을 받는 부분만의 총량이 된다.

$\sum M=$"Q에 영향을 받는 부분의 총합"

예 (예제 7.3.5) 참고

⑤ 대상이 늘 때, 평균량 A가 상승하면, 평균량이 한계량보다 작지만($A<M$) 한계량이 상승한다는 보장은 없다.

⑥ 대상이 늘 때, 평균량 A가 하락하면, 평균량이 한계량보다 크지만($A>M$) 한계량이 하락한다는 보장은 없다.

⑦ 대상이 늘 때, 평균량 A가 불변이면, 평균량은 한계량과 같고($A=M$) 한계량은 불변이다.

⑧ 평균량 A의 꼭지점에서 평균량은 한계량과 같고($A=M$) 평균량은 불변이지만 한계량은 변동할 수 있다.
⑨ 대상이 늘 때, 한계량 M이 상승해도 평균량 A가 상승한다는 보장은 없다.
⑩ 대상이 늘 때, 한계량 M이 하락해도 평균량 A가 하락한다는 보장은 없다.
⑪ 첫 단위에서 총량 T와 평균량 A은 일치한다.
⑫ 첫 단위에서 총량 T가 한계량 M과 일치하지 않을 수도 있다(총량에 고정량이 존재할 때).
예 (예제 7.3.5) 참고

7.4 미분법

1 단일변수 단항식 함수의 미분

우리는 지금까지 미분개념과 미분계수를 활용하는 방법에 대하여 그래프를 중심으로 살펴보았다. 이 개념들은 경제이론서를 읽을 때 매우 유용하다. 이제부터는 실제 수식이 주어질 때 미분하는 방법에 대하여 살펴보도록 하겠다. 수식문제를 풀어나갈 때는 이 미분법을 적용할 수 있는 능력이 꼭 필요하다. 외울 것은 몇 개 없다!

(1) 원시함수(원래 주어진 함수)를 미분한 함수를 도함수(유도된 함수)라고 한다.

앞에서 살펴본 미분계수와 차분계수는 독립변수가 특정 값으로 주어졌을 때의 미분값이다. 다시 말해 그래프에서 각 독립변수에 대응하는 접선의 기울기이다. 그런데 그래프가 직선이 아닌 이상 접선의 기울기는 독립변수의 값이 변동함에 따라 변동하기 때문에 또 다른 함수로 표현할 수 있다. 이것을 "도함수"라고 한다(유도된 함수라는 의미).

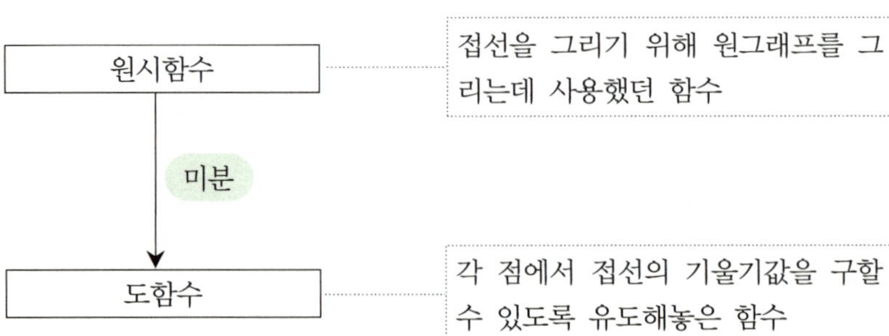

지금부터 우리는 경제이론에서 사용되는 꼴들의 도함수를 살펴볼 것이다. 도함수의 유도과정을 소개하는 것은 본서의 목적을 벗어난다. 여기서는 도함수를 찾는 몇 가지 미분법을 직관적으로 소개하고 이것을 활용하는 방법에 초점을 맞출 것이다. 참고로 함수 $Y=f(X)$에서 미분기호는 다음과 같이 여러 가지로 통용된다.

① 1차 미분 : $\dfrac{dY}{dX}=\dfrac{df(X)}{dX}=\dfrac{d}{dX}f(X)=f(X)'=f'=f_X$

② 2차 미분 : $\dfrac{d}{dX}\left(\dfrac{dY}{dX}\right)=\dfrac{d}{dX}\left(\dfrac{df(X)}{dX}\right)=\dfrac{d}{dX}\left(\dfrac{d}{dX}f(X)\right)=f(X)''=f''=f_{XX}$

(2) 멱함수 $Y=f(X)=AX^a$꼴의 도함수 $\dfrac{dY}{dX}=f(X)'=aAX^{a-1}$이다.

멱함수란 $Y=AX^a$ 꼴의 함수를 말한다. X와 A는 0이 아닌 실수이고, a는 임의의 실수라고 가정하자.

① 계수가 1인 멱함수

$$Y=f(X)=X^a \longrightarrow \frac{dY}{dX}=f(X)'=aX^{a-1}$$

예를 들어, $Y=X^{0.3}$에서 $\dfrac{dY}{dX}=f(X)'=0.3X^{0.3-1}=0.3X^{-0.7}$

② 계수 A가 있는 멱함수

$$Y=f(X)=AX^a \longrightarrow \frac{dY}{dX}=f(X)'=A\times aX^{a-1}$$

$\dfrac{dY}{dX}$는 X가 1 변동할 때 Y가 변동한 크기이다. 그러므로, AX^a 중 X에 영향을 받는 부분 X^a의 변화량에 A를 곱한 크기만큼 Y가 변동할 것이다.

$$\frac{dY}{dX}=f(X)'=A\times\frac{d}{dX}(X^a)$$

→ X가 1 변동할 때 변화되는 X^a의 변화량

예를 들어, $Y=\dfrac{1}{2}X^{-\frac{1}{3}}$에서 $\dfrac{dY}{dX}=f(X)'=\dfrac{1}{2}\times\left(-\dfrac{1}{3}\right)X^{-\frac{1}{3}-1}=-\dfrac{1}{6}X^{-1\frac{1}{3}}$

③ 선형함수 $Y=AX$

$$Y=f(X)=AX^1 \longrightarrow \frac{dY}{dX}=f(X)'=A$$

AX에서 X는 X^1이다. 그러므로, 계수가 있는 멱함수의 미분법을 적용하면 $X^0=1$이므로 너무 당연한 결과이다.

$$\frac{dY}{dX}=f(X)'=A\times 1X^{1-1}=AX^0=A$$

예를 들어, $Y=0.4X$에서 $\dfrac{dY}{dX}=0.4$이다.

④ 상수함수 $Y=C$

$$Y=f(X)=C \rightarrow \frac{dY}{dX}=f(X)'=0$$

$X^0=1$이므로 C는 CX^0로 표현될 수 있다. 따라서 $Y=CX^0$에 멱함수의 미분법을 적용하면 쉽게 유도된다.

$$\frac{dY}{dX}=f(X)'=C\times 0X^{0-1}=0$$

예를 들어, $Y=5$에서 $\frac{dY}{dX}=0$이다.

예제 7.4.1

다음 식들을 X로 미분하여 도함수를 구하시오.

(1) $Y=X^7$

(2) $Y=X^{1.5}$

(3) $Y=X^{\frac{1}{2}}$

(4) $Y=X^{-\frac{1}{3}}$

(5) $Y=\frac{1}{3}$

(6) $Y=4X^3$

(7) $Y=2X^{1.5}$

(8) $Y=\frac{1}{3}X^{\frac{1}{2}}$

(9) $Y=\frac{2}{3}X^{-\frac{1}{3}}$

풀이

(1) $\frac{dY}{dX}=7X^6$

(2) $\frac{dY}{dX}=1.5X^{0.5}$

(3) $\frac{dY}{dX}=\frac{1}{2}X^{-\frac{1}{2}}$

(4) $\frac{dY}{dX}=-\frac{1}{3}X^{-\frac{4}{3}}$

(5) $\frac{dY}{dX}=\frac{1}{3}\times 0\times X^{0-1}=0$

(6) $\frac{dY}{dX}=4\times\frac{d}{dX}(X^3)=4\times 3X^2$

(7) $\frac{dY}{dX}=2\times\frac{d}{dX}(X^{1.5})=2\times 1.5X^{0.5}$

(8) $\frac{dY}{dX}=\frac{1}{3}\times\frac{d}{dX}\left(X^{\frac{1}{2}}\right)=\frac{1}{3}\times\frac{1}{2}X^{-\frac{1}{2}}$

(9) $\frac{dY}{dX}=\frac{2}{3}\times\frac{d}{dX}\left(X^{-\frac{1}{3}}\right)=\frac{2}{3}\times\left(-\frac{1}{3}\right)X^{-\frac{4}{3}}$

예제 7.4.2

다음 식을 이용하여 $X=4$에서 미분계수를 구하시오.

(1) $Y=\frac{1}{6}X^3$

(2) $Y=-4X^{0.5}$

풀이

(1) $\frac{dY}{dX}=\frac{1}{6}\times 3X^2=\frac{1}{2}X^2$, $X=4$에서 $\frac{dY}{dX}=8$

(2) $\frac{dY}{dX}=-4\times 0.5X^{-0.5}=\frac{-2}{\sqrt{X}}$, $X=4$에서 $\frac{dY}{dX}=-1$

예제 7.4.3

한 투자자의 효용(U)이 다음과 같이 표현된다고 한다. $\frac{dU}{dV}$(수입(V)이 증가할 때 한계효용)은 체감하는가?

$$U=f(V)=\sqrt{V}$$

풀이

$U=f(V)=\sqrt{V}\ =V^{\frac{1}{2}}$ 이다. 한계효용 $\frac{dU}{dV}=\frac{1}{2}V^{-\frac{1}{2}}\ >0$, 수입이 늘면 효용도 증가한다.

$\frac{d}{dV}\left(\frac{dU}{dV}\right)\ =\frac{1}{2}\times\left(-\frac{1}{2}V^{-\frac{3}{2}}\right)\ <0$, 한계효용은 체감한다.

2 단일변수 다항식 함수의 미분

다항식이란 여러 개의 항들로 구성된 식이다. 일반적인 꼴은 다음과 같다.

$$Y=f(X)=a_0X^0+a_1X^1+a_2X^2+\cdots+a_nX^n$$

(1) 다항식의 도함수는 각 항의 도함수를 모두 합한 것이다.

$\frac{dY}{dX}$란 X가 추가로 1 변동할 때 변동한 Y이다. 다항식에서 X가 1 변동할 때 Y가 변동한 총 크기는 X가 1 변동할 때 각 항이 Y 변동에 미친 영향을 모두 합한 것이다. 따라서 다항식의 도함수는 다음과 같다.

$$\frac{dY}{dX}=f'(X)=\frac{d}{dX}(a_0X^0+a_1X^1+a_2X^2+\cdots+a_nX^n)$$
$$=a_0\frac{d}{dX}(X^0)+a_1\frac{d}{dX}(X^1)+\cdots+a_n\frac{d}{dX}(X^n)$$

X가 1 움직일 때 Y가 움직이는 크기는 X가 1 움직일 때 각 항이 움직인 크기를 합한 것과 같다!

예를 들어 $Y=f(X)=5+0.4X^2-1.5X^3$에서 $\frac{dY}{dX}$를 계산해보자.

$$\begin{aligned}\frac{dY}{dX}&=\frac{d}{dX}(5+0.4X^2-1.5X^3)\\&=\frac{d5}{dX}+0.4\frac{dX^2}{dX}-1.5\frac{dX^3}{dX}\\&=0+0.8X-4.5X^2\end{aligned}$$

(2) 만일 함수 $Y=f(X)$의 역함수가 존재한다면,

$$\frac{dY}{dX}=\frac{1}{\left(\frac{dX}{dY}\right)}$$

이 성질을 이용하면 $Y=f(X)$가 주어질 때 $\frac{dX}{dY}$를 유도하기 위해 $X=g(Y)$로 정리할 필요가 없다. 예를 들어, 함수 $Y=\frac{1}{3}X^2$에서 $\frac{dY}{dX}=\frac{2}{3}X$이고, $\frac{dX}{dY}=\frac{3}{2X}$이다.

예제 7.4.4

한 기업의 총비용(TC)이 다음과 같이 생산량(Q)의 함수로 표현된다고 한다. 이것을 이용하여 질문에 답하시오.

$$TC=f(Q)=500+20Q+5Q^3$$

(1) 생산량(Q)이 10개일 때, 총비용(TC)은 얼마인가?

(2) 생산량(Q)이 10개일 때, 생산의 평균비용$\left(AC=\frac{TC}{Q}\right)$은 얼마인가?

(3) 생산량(Q)이 10개일 때, 생산의 한계비용$\left(MC=\frac{TC}{dQ}\right)$은 얼마인가?

풀이

(1) $Q=10$에서, $TC=500+20\times10+5\times10^3=5{,}700$

(2) 평균비용은 총비용을 생산량으로 나눈 것이다.

$$AC=\frac{TC}{Q}=\frac{500}{Q}+20+5Q^2$$

$Q=10$에서, $AC=50+20+5\times100=570$

(3) 한계비용은 총비용을 생산량으로 미분한 것이다.

$$MC=\frac{dTC}{dQ}=20+15Q^2$$

$Q=10$에서, $MC=20+15\times100=1{,}520$

이 내용을 그래프를 통해 확인해보자.

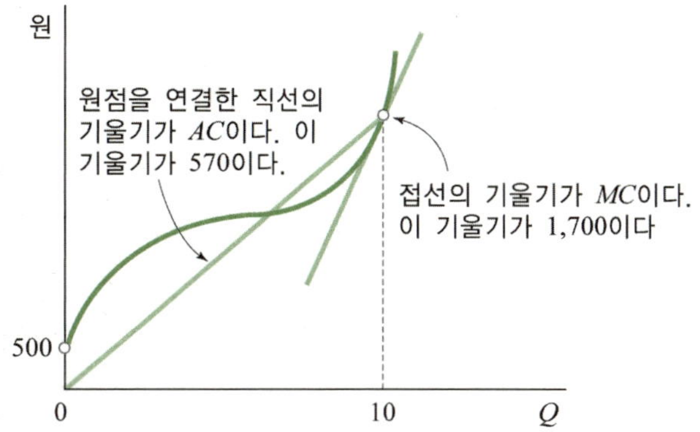

예제 7.4.5

한 기업의 비용함수는 다음과 같이 표현된다고 한다. 이것을 이용하여 답하시오.

$$TC = 2Q^3 - 24Q^2 + 80Q + 512$$

(1) 생산의 평균비용함수$\left(\frac{TC}{Q}\right)$를 유도하시오.

(2) 생산의 한계비용함수$\left(\frac{dTC}{dQ}\right)$를 유도하시오.

(3) 한계비용이 극소(한계비용곡선의 꼭지점)인 생산량은 몇 개인가?

풀이

(1) $AC = \frac{TC}{Q} = 2Q^2 - 24Q + 80 + \frac{512}{Q}$

(2) $MC = \frac{dTC}{dQ} = 6Q^2 - 48Q + 80$

(3) 한계비용곡선의 극소점에서는 접선의 기울기(미분계수)가 0이므로

$$\frac{dMC}{dQ} = \frac{d}{dQ}(6Q^2 - 48Q + 80) = 12Q - 48 = 0$$

$$\Leftrightarrow \ Q = 4$$

극소점(수량축에 볼록)이 되려면 Q가 늘어날 때 접선의 기울기가 증가해야 한다. 즉, 4단위 생산량에서 2차 미분부호가 양수이다.

$$\frac{d}{dQ}\left(\frac{dMC}{dQ}\right) = 12 > 0$$ (MC의 2차 미분계수가 양수이므로 극소점이다.)

그래프를 대략적으로 추론하여 그려보면 다음과 같다.

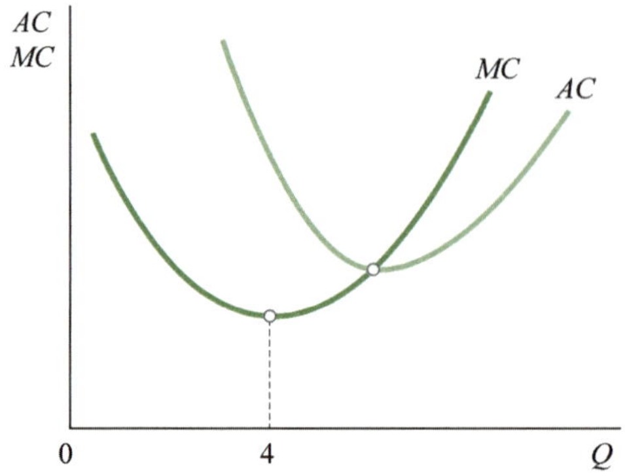

AC와 MC곡선은 2차식이면서 Q^2의 계수가 양수이므로 ∪꼴을 가진다. 한계곡선은 평균곡선의 꼭지점을 지나면서 평균이 하락할 때 평균보다 작고, 평균이 상승할 때 평균보다 커야 한다.

예제 7.4.6

한 기업의 비용함수가 다음과 같이 표현된다고 하자. 이것을 이용하여 답하시오.

$$TC = Q^3 - 4Q^2 + 45Q$$

(1) 평균비용함수$\left(\frac{TC}{Q}\right)$를 유도하시오.

(2) 한계비용함수$\left(\frac{dTC}{dQ}\right)$를 유도하시오.

(3) 한계비용과 평균비용이 일치하는 생산량을 구하시오.

(4) 평균비용이 가장 작은 생산량을 구하시오.

(5) 평균비용이 가장 작은 점에서 한계비용은 체증하는지 확인하시오.

풀이

(1) $AC = \frac{TC}{Q} = Q^2 - 4Q + 45$

(2) $MC = \frac{dTC}{dQ} = 3Q^2 - 8Q + 45$

(3) 평균곡선의 꼭지점에서 한계곡선과 교차(평균=한계)하므로 평균곡선의 꼭지점을 찾으면 된다.

$$\frac{dAC}{dQ} = 2Q - 4 = 0$$

그러므로, $Q = 2$에서 한계비용과 평균비용은 일치한다.

이번에는 $AC = MC$에서 직접 구해보자.

$$Q^2 - 4Q + 45 = 3Q^2 - 8Q + 45$$

$$2Q^2 - 4Q = 0$$

$$Q(Q-2) = 0$$

$Q = 0$, 2(일치한다)

(4) 앞 문제와 같이 AC의 꼭지점을 찾는 것이다. $\frac{dAC}{dQ}=0$, $\frac{d}{dQ}\left(\frac{dAC}{dQ}\right)>0$인 점이다. $\frac{dAC}{dQ}=0$인 점은 (3)에서 찾았으므로, 이 점에서 2차 조건만 확인한다.

$$\frac{d}{dQ}\left(\frac{dAC}{dQ}\right)=2>0,\ \text{2차 미분계수가 양수이므로 극소점이다.}$$

(5) $Q=2$에서 $\frac{dMC}{dQ}>0$(Q와 MC가 같은 방향으로 움직인다)인가 확인한다.

$$\frac{dMC}{dQ}=6Q-8=12-8=4>0,\ \text{체증한다.}$$

이상의 내용을 계략적으로 그래프로 표현하면 다음과 같다. 한계와 평균 사이의 관계를 활용하여 추론한 것이다. $\frac{dMC}{dQ}=0$에서 MC의 꼭지점을 유도하였다.

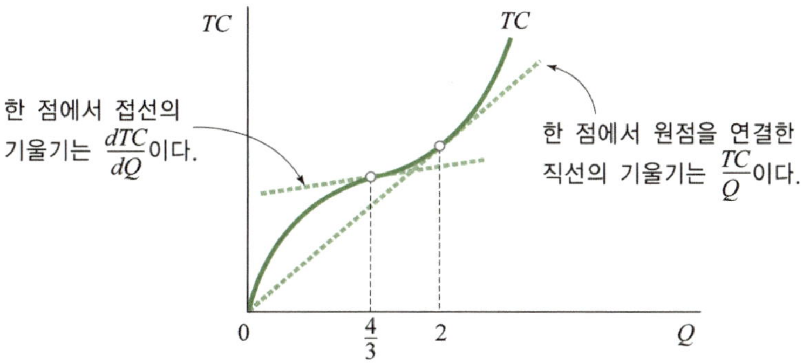

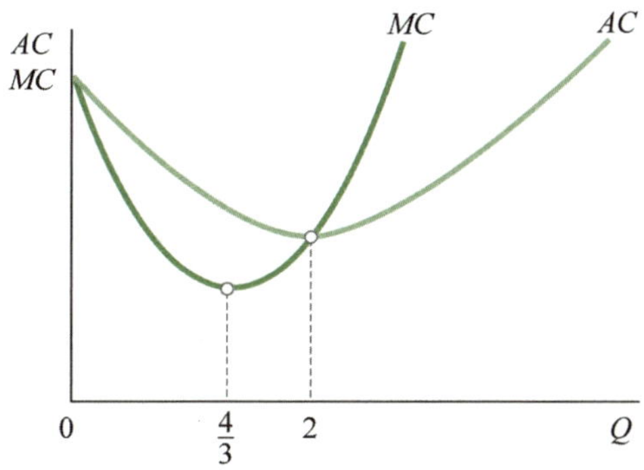

예제 7.4.7

함수 $Y=f(X)$에서 유도된 평균$\left(A=\frac{Y}{X}\right)$곡선식이 다음처럼 선형식이라고 할 때 한계곡선식과 총량곡선식을 유도하고 평균곡선의 기울기가 한계곡선의 기울기 절반임을 보시오.

$$A=a+bX$$

풀이

다음과 같은 과정을 이용하여 추론한다. 평균량(Average)에 수량(X)을 곱하면 총량(Total)이 되고, 총량을 수량(X)으로 미분하면 한계량(Marginal)이 된다.

평균량(A) —×수량→ 총량(T) —수량으로 미분→ 한계량(M)

총량 : $T = A \times X = aX + bX^2$

한계량 : $M = \dfrac{dT}{dQ} = a + 2bX$

- a → 평균과 절편이 같고
- $2bX$ → 기울기는 평균의 2배이다.

a > 0, b < 0이라는 전제하에 그래프를 그려보면 다음과 같다.

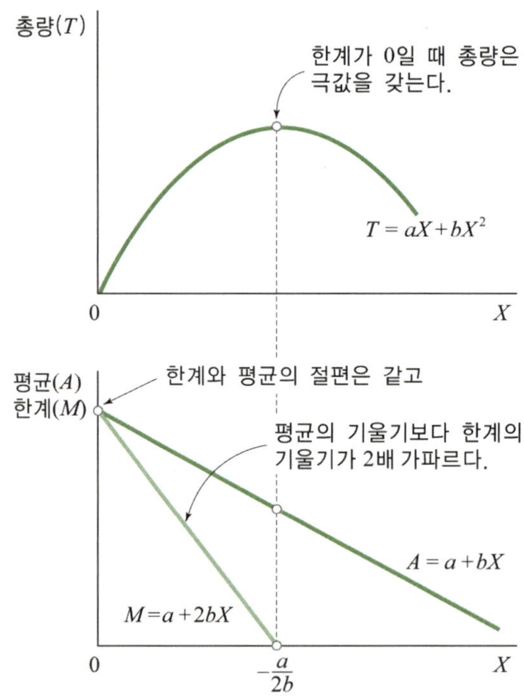

예제 7.4.8

한 독점기업의 판매가격(P)은 생산량(Q)의 함수 $P = f(Q) = 200 - 0.5Q$로 표현된다. 이 기업의 판매수입(TR)은 생산량과 판매가격을 곱하여 유도한다. 이 기업의 평균수입(AR)함수과 한계수입(MR)함수를 유도하고 그래프로 표현하시오.

$$\text{총판매수입} : TR = P \times Q$$

풀이

총판매수입 $TR = P \times Q = (200-0.5Q)Q = 200Q - 0.5Q^2$

평균수입 $AR = \dfrac{TR}{Q} = 200 - 0.5Q$

한계수입 $MR = \dfrac{dTR}{dQ} = 200 - Q$

평균수입곡선이 직선이고, 한계수입곡선의 기울기가 평균수입곡선의 기울기보다 2배 더 가빠르다.

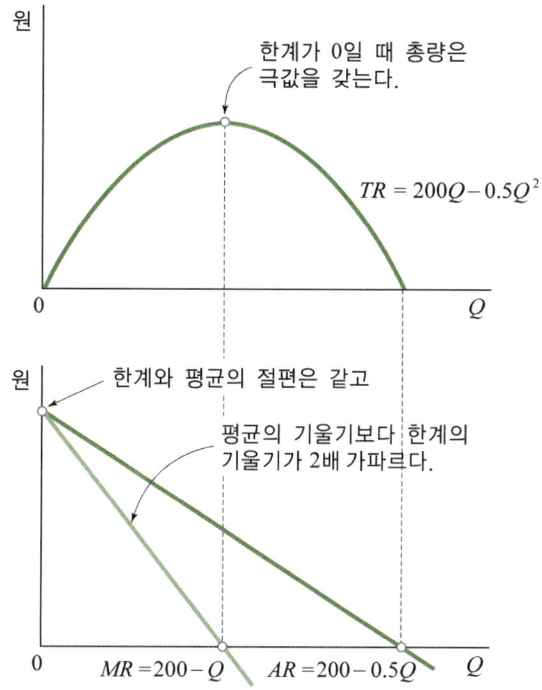

예제 7.4.9

다음의 역함수가 미분가능하다면 $\dfrac{dX}{dY}$는 얼마인가?

(1) $Y = -\dfrac{1}{2}X^{\frac{2}{3}}$

(2) $Y = -2X + 5$

(3) $Y = \dfrac{2}{3}X^3 - X^{\frac{1}{2}} + 12$

풀이

역함수가 미분 가능하다면 $\dfrac{dY}{dX} = \dfrac{1}{\left(\dfrac{dX}{dY}\right)}$ 이다.

(1) $\dfrac{dY}{dX} = -\dfrac{1}{3}X^{-\frac{1}{3}} \Leftrightarrow \dfrac{dX}{dY} = -\dfrac{1}{\dfrac{1}{3}X^{-\frac{1}{3}}} = -3X^{\frac{1}{3}}$

(2) $\dfrac{dY}{dX} = -2 \iff \dfrac{dX}{dY} = -\dfrac{1}{2}$

(3) $\dfrac{dY}{dX} = 2X^2 - \dfrac{1}{2}X^{-\frac{1}{2}} \iff \dfrac{dX}{dY} = \dfrac{1}{2X^2 - \dfrac{1}{2}X^{-\frac{1}{2}}}$

7.5 함수로 구성된 함수의 미분법

$f(X)$와 $g(X)$가 미분가능하다고 가정하자. 여기서는 이들 함수로 구성된 함수를 미분하는 방법에 대해 살펴볼 예정이다. 이들 법칙은 이론을 유도할 때 많이 사용되지만, 실제 수식을 이용해 문제를 풀 때는 연쇄법칙을 제외한 공식은 거의 사용되지 않는다. 함수로 구성된 식에 함수를 대입해서 수식을 전개한 다음 이것을 미분하면 되기 때문이다.

1 연쇄법칙(chain rule)

합성함수를 이용하여 복잡한 수식을 간단하게 미분할 수 있는 원리가 연쇄법칙이다. 함수 $Y=f(Z)$, $Z=g(X)$가 미분가능할 때, $\dfrac{dY}{dX}$는 다음과 같이 계산한다.

$$Y = f(Z) = f[g(X)]$$

$$\frac{dY}{dX} = \frac{dY}{dZ} \times \frac{dZ}{dX} = \frac{dY}{dg(X)} \times \frac{dg(X)}{dX}$$

식을 보면 X가 Z에 영향을 미치고, Z이 Y에 영향을 미치는 과정을 따라 미분공식으로 표현하고 있다. 화살표 방향을 따라가 보라. 분모와 분자의 dZ를 약분하면 $\dfrac{dY}{dX}$가 된다. 따라서 연쇄법칙은 시초의 원인과 최종적인 반응 사이의 관계식 $\dfrac{dY}{dX}$를 연쇄적으로 충격이 전달되는 중간과정을 밝혀 보다 명확하게 표현하고 있는 셈이다.

한 영화관을 가정해보자. 관객(X)이 한 명 입장할 때마다 매표수입(Z)이 5,000원씩이다. 그런데 영화관 수입(Z)의 10%는 영화진흥기금(Y)으로 납부된다고 한다. 그렇다면 손님이 한 명 올 때마다 영화진흥기금은 얼마씩 늘어나는가?

$$\begin{aligned} \text{극장의 매표수입}(Z) &= \text{관객의 수}(X) \times \text{관객 1인당 매표수입(5,000원)} \\ &= g(X) \\ &= 5{,}000 \times X \end{aligned}$$

$$\begin{aligned}\text{영화진흥기금}(Y) &= \text{수입 1원당 영화진흥기금}\times\text{극장의 매표수입}(Z)\\ &= f(Z)\\ &= 0.1\times Z\end{aligned}$$

$$\text{영화진흥기금}(Y) = f(Z) = f[g(X)] = 0.1\times 5{,}000X$$

관객 한 명당 영화진흥기금 = 매표수입 1원당 영화진흥기금 × 1인당 매표수입

$\left(\dfrac{dY}{dX}=500\right)$ $\left(\dfrac{dY}{dZ}=0.1\right)$ $\left(\dfrac{dZ}{dX}=5{,}000\right)$

여기서 연쇄적 인과성 "관객수 → 판매수입 → 영화진흥기금"이 미분공식에 표현되고 있다.

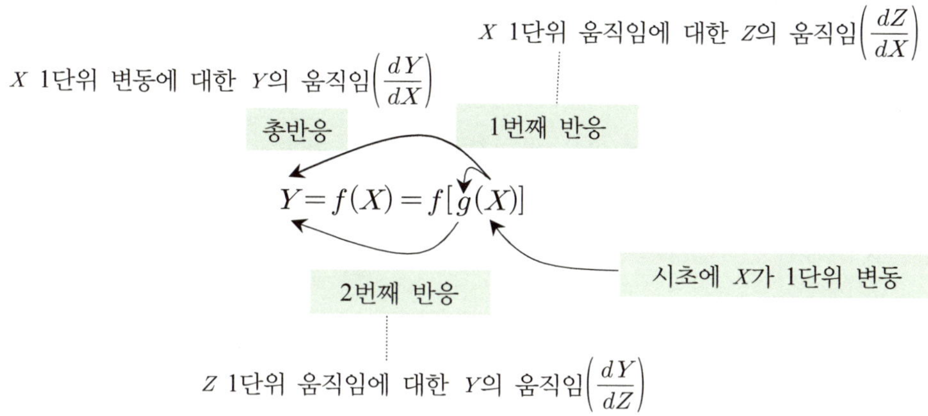

예제 7.5.1

다음 함수식에 연쇄법칙을 적용하여 $\dfrac{dY}{dX}$를 구하시오.

(1) $Y=2(3X^2+4X+200)^3$ (2) $Y=3(X^2+X)^{0.5}$

풀이

(1) $Z=g(X)=3X^2+4X+200$라 놓으면,

$$Y=f(Z)=2Z^3,\quad Y=f[g(X)]=2(3X^2+4X+200)^3$$

$$\begin{aligned}\frac{dY}{dX}=\frac{dY}{dZ}\times\frac{dZ}{dX}&=6Z^2\times(6X+4)\\ &=6(3X^2+4X+200)^2\times(6X+4)\end{aligned}$$

(2) $Z=g(X)=X^2+X$라고 놓으면,

$$Y=f(Z)=3Z^{0.5},\quad Y=f[g(X)]=3(X^2+X)^{0.5}$$

$$\begin{aligned}\frac{dY}{dX}=\frac{dY}{dZ}\times\frac{dZ}{dX}&=1.5Z^{-0.5}\times(2X+1)\\ &=1.5(X^2+X)^{-0.5}\times(2X+1)\end{aligned}$$

2 함수의 4칙연산으로 구성된 함수의 미분[2)]

(1) $Y=f(X)\pm g(X)$에서 $\frac{dY}{dX}=\frac{d}{dX}f(X)\pm\frac{d}{dX}g(X)$

$f(X)=3X^2+X+100$, $g(X)=3X+2X^{0.5}+50$일 때 다음 함수 Y에서 $\frac{dY}{dX}$를 구해보자.

$$Y=2f(X)-g(X)$$

우선, 식을 대입하는 방법을 적용해 보자.

$$\begin{aligned}Y&=2(3X^2+X+100)-(3X+2X^{0.5}+50)\\&=6X^2-X-2X^{0.5}+150\end{aligned}$$

$$\frac{dY}{dX}=12X-1-X^{-0.5}$$

각 함수를 미분하여 공식에 대입하는 방법을 이용하여 결과가 일치함을 확인해보자.

$$\frac{dY}{dX}=2\frac{d}{dX}f(X)-\frac{d}{dX}g(X)$$

$$\frac{d}{dX}f(X)=6X+1$$

$$\frac{d}{dX}g(X)=X^{-0.5}+3$$

$$\begin{aligned}\frac{dY}{dX}&=2\frac{d}{dX}f(X)-\frac{d}{dX}g(X)\\&=2(6X+1)-(X^{-0.5}+3)=12X-1-X^{-0.5}\end{aligned}$$

(2) $Y=f(X)\cdot g(X)$에서 $\frac{dY}{dX}=g(X)\cdot\frac{d}{dX}f(X)+f(X)\cdot\frac{d}{dX}g(X)$

$f(X)=2X+1$, $g(X)=X^2+X$라고 하자. $Y=0.5f(X)g(X)$일 때, $\frac{dY}{dX}$를 계산해보자.

공식에 의해 $\frac{dY}{dX}=0.5[g(X)\cdot\frac{d}{dX}f(X)+f(X)\cdot\frac{d}{dX}g(X)]$이다.

$$\begin{aligned}\frac{dY}{dX}&=0.5[(X^2+X)\times 2+(2X+1)(2X+1)]\\&=0.5[6X^2+6X+1]=3X^2+3X+0.5\end{aligned}$$

직접 식을 전개하여 계산해도 결과는 마찬가지이다.

$$\begin{aligned}Y&=0.5f(X)g(X)=0.5(2X+1)(X^2+X)\\&=0.5[2X^3+2X^2+X^2+X]=X^3+1.5X^2+0.5X\end{aligned}$$

2) 연쇄법칙을 제외한 나머지는 실제 학부수준의 경제학 책을 보거나, 문제를 푸는데 필요하지 않다.

$$\frac{dY}{dX}=3X^2+3X+0.5$$

(3) $Y=\dfrac{f(X)}{g(X)}$ **에서** $\dfrac{dY}{dX}=\dfrac{g(X)\cdot\dfrac{d}{dX}f(X)-f(X)\cdot\dfrac{d}{dX}g(X)}{g(X)^2}$

$f(X)=2X^2-X-1$, $g(X)=2X+1$이고, $Y=\dfrac{f(X)}{g(X)}$일 때, $\dfrac{dY}{dX}$를 계산해보자.

먼저, 공식에 대입하여 계산하면 다음과 같다.

$$\begin{aligned}\frac{dY}{dX}&=\frac{(2X+1)(4X-1)-(2X^2-X-1)\times 2}{(2X+1)^2}\\&=\frac{(2X+1)^2}{(2X+1)^2}=1\end{aligned}$$

함수를 식에 대입하여 정리한 다음 미분해 보자.

$$Y=\frac{f(X)}{g(X)}=\frac{2X^2-X-1}{2X+1}=\frac{(2X+1)(X-1)}{2X+1}=X-1$$

$$\frac{dY}{dX}=1$$

예제 7.5.2

다음의 두 함수식을 이용하여 함수의 미분공식을 이용한 것과 식을 전개하여 미분한 것이 일치함을 보이시오.

$$f(X)=200+4X+X^2,\ g(X)=X+3X^2$$

(1) $Y=2f(X)-g(X)$

(2) $Y=0.5f(X)\cdot g(X)$

풀이

$$\frac{d}{dX}f(X)=4+2X,\quad \frac{d}{dX}g(X)=1+6X$$

(1) 함수 자체를 활용하는 미분공식을 적용하면,

$$\begin{aligned}\frac{dY}{dX}&=2\frac{d}{dX}f(X)-\frac{d}{dX}g(X)\\&=2(4+2X)-(1+6X)\\&=8+4X-1-6X\\&=-2X+7\end{aligned}$$

식을 전개하여 미분공식을 적용하면,

$$Y=400+8X+2X^2-X-3X^2=400+7X-X^2$$

$$\frac{dY}{dX}=-2X+7$$

(2) 함수 자체를 활용하는 미분공식을 적용하면,

$$\frac{dY}{dX}=g(X)\cdot\frac{d}{dX}f(X)+f(X)\cdot\frac{d}{dX}g(X)$$
$$=0.5[(X+3X^2)\cdot(4+2X)+(200+4X+X^2)\cdot(1+6X)]$$
$$=0.5[200+1,208X+45X^2+12X^3]$$
$$=100+604X+22.5X^2+6X^3$$

식을 전개하여 미분공식을 적용하면,

$$Y=0.5(200+4X+X^2)\cdot(X+3X^2)$$
$$=0.5(200X+600X^2+4X^2+12X^3+X^3+3X^4)$$
$$=100X+302X^2+6.5X^3+1.5X^4$$
$$\frac{dY}{dX}=100+604X+22.5X^2+6X^3$$

예제 7.5.3

한 기업의 이윤(π)은 총판매수입(TR)에서 총생산비(TC)를 뺀 것이다. 총판매수입과 총생산비의 함수식이 모두 생산량 Q의 함수로 다음과 같이 주어졌다면 이윤극대화 생산량(Q)은 몇 개인가?

$$\text{이윤}[\pi(Q)]=\text{총판매수입}[TR(Q)]-\text{총생산비}[TC(Q)]$$
$$\text{총판매수입}(TR)=f(Q)=200Q$$
$$\text{총생산비}(TC)=g(Q)=\frac{1}{3}Q^3-6Q^2+220Q+100$$

풀이

$$\text{이윤}[\pi(Q)]=\text{총판매수입}[f(Q)]-\text{총생산비}[g(Q)]$$
$$=200Q-\left(\frac{1}{3}Q^3-6Q^2+220Q+100\right)$$

이윤식을 Q로 미분하여 0으로 놓고 풀면 이윤이 극대가 되는 Q가 유도된다.

$$\frac{d\pi}{dQ}=\frac{df(Q)}{dQ}-\frac{dg(Q)}{dQ}$$
$$=200-(Q^2-12Q+220)$$
$$=-Q^2+12Q-20=0$$
$$(Q-10)(Q-2)=0$$

그러므로, $Q=10,\ 2$

2차 미분부호를 통하여 각 생산량이 극소이윤인지 극대이윤인지 판정해 보자.

$$\frac{d}{dQ}\left(\frac{d\pi}{dQ}\right)=\frac{d}{dQ}(-Q^2+12Q-20)=-2Q+12$$

$Q=10$에서 $\frac{d}{dQ}\left(\frac{d\pi}{dQ}\right)=-8<0$, 이윤은 극대가 된다.

$Q=2$에서 $\frac{d}{dQ}\left(\frac{d\pi}{dQ}\right)=8>0$, 이윤은 극소가 된다.

따라서 10개를 생산해야 이윤이 극대가 된다.

이처럼 각 함수를 미분하여 대입하는 것과 달리 처음부터 이윤식을 만들어서 미분해도 마찬가지 결과를 얻는다.

$$
\begin{aligned}
\text{이윤}[\pi(Q)] &= \text{총판매수입}[f(Q)] - \text{총생산비}[g(Q)] \\
&= 200Q - \left[\frac{1}{3}Q^3 - 6Q^2 + 220Q + 100\right] \\
&= -\frac{1}{3}Q^3 + 6Q^2 - 20Q - 100
\end{aligned}
$$

$$\frac{d\pi}{dQ} = -Q^2 + 12Q - 20 = 0$$

$$(Q-10)(Q-2) = 0$$

$$Q = 10,\ 2$$

이상의 내용을 간단하게 그래프로 그리면 다음과 같다.

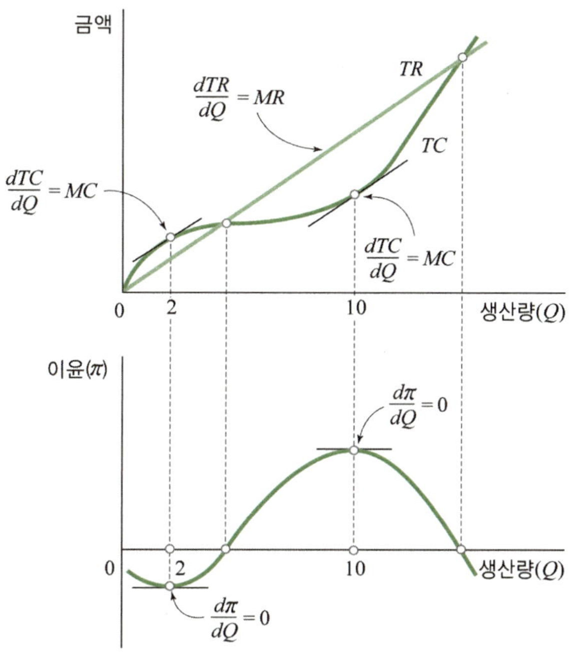

이윤이 극대가 되는 생산량이 될 조건을 생각해 보자.

$$\frac{d\pi}{dQ} = \frac{df(Q)}{dQ} - \frac{dg(Q)}{dQ} = 0 \cdots\cdots \text{생산의 한계이윤이 0}$$

$$\frac{dTR}{dQ} = \frac{dTC}{dQ} \cdots\cdots \text{생산의 한계수입과 한계비용이 일치}$$

두 번째 식을 보면, 생산량을 한 단위 늘릴 때 총수입(MR ; 한계수입)이 늘어나는 크기와 총비용이 줄어드는 크기(MC ; 한계비용)가 일치해야 한다. 만일 추가된 비용이 10만 원인데, 추가된 수입이 13만원이라면 기업을 생산을 더 늘림으로써 추가로 이윤을 얻을 수 있다. 반대 상황이라면 생산을 줄여야만 이윤이 늘어난다.

상단의 그래프에서 총비용곡선의 접선의 기울기가 한계비용이다. 총수입곡선의 접선의 기울기는 총수입곡선의 기울기와 일치한다. 따라서 이윤이 극대가 되는 생산량에서는 총비용의 접선의 기울기와 총수입곡선의 접선의 기울기가 일치한다. 공교롭게도 이 점이 2곳이다. 그런데 생산량이 2단위인 점은 손실이 발생하는 구간 내에 있고, 손실이 극대가 되는 상태이다.

제 8 장 다변수함수의 미분과 활용

일러두기

본서는 경제학을 처음 접하는 독자들도 무리 없이 읽을 수 있도록 내용을 구성하였습니다. 다만, 좀 더 수월하게 본서를 마치고 싶은 독자는 본문과 문제에 다음 표시가 있는 부분을 제외시키고 공부해도 좋습니다. 굳이 분류기준을 밝히면 다음과 같습니다.

- Ⅰ : 경제원론을 읽었으면 익숙한 내용
- ⅠⅠ : 굳이 보지 않아도 되는 내용

8.1 편미분

우리는 지금까지 단일변수로 구성된 식을 미분하는 방법에 대하여 살펴보았다. 여기서는 독립변수가 여러 개 존재하는 함수로 확장해보자. 사실 경제이론에서 사용되는 함수는 독립변수가 여러 개인 경우가 일반적이다. 예를 들어 노동(L)과 자본(K)을 투입해서 생산물(Q)을 얻는 기업의 행태를 묘사하거나, 앵두(X)와 딸기(Y)를 먹으면서 효용(U)을 얻는 소비자의 행위를 그리는 데도 다수의 독립변수를 가진 함수가 사용된다.

기업의 생산함수 : $Q=f(L,\ K)$

가계의 효용함수 : $U=f(X,\ Y)$

다변수 함수에 대한 미분법은 단일변수 함수의 미분법을 확장한 것에 불과하다. 다변수 함수의 미분법에는 편미분과 전미분이 있다. 여기서는 이들 개념이 어떻게 확장되고 활용되는가에 중점을 두어 설명하도록 하겠다. 우선 편미분부터 살펴보자.

(1) 편미분은 다수의 독립변수 중 특정 독립변수만 1단위 움직일 때 종속변수의 변화량을 파악하는 것이다.

편미분은 독립변수가 다수 개 존재할 때 특정 독립변수만 1단위 움직일 때 반응하는 종속변수의 변화량을 표현할 때 사용된다. 편미분의 정의에 입각하여 지금까지 살펴본 미분법칙을 적용하면 도함수를 유도하는 것은 어렵지 않다.

먼저, 원시함수를 다음과 같이 가정하자.

$$Y=f(X_1,\ X_2,\ X_3,\ \cdots,\ X_n)$$

다른 독립변수는 일정한 값을 유지하고, 오직 X_1만 추가로 1단위 변동할 때 Y의 변화량은 다음과 같이 편미분기호(∂은 "라운드"라고 읽는다)를 이용하여 표현한다.

$$\frac{\partial Y}{\partial X_1}=\frac{\partial}{\partial X_1}f(X_1,\ X_2,\ \cdots,\ X_n)$$

변수 취급하라!

상수취급하고 미분하라!

지금까지처럼 X_1 1단위 움직임에 반응하는 Y의 움직임으로 한계값이다.

예를 들어 초콜릿(X)과 아이스크림(Y)을 먹으면 효용 U를 얻는 영수를 생각해보자. 영수의 효용함수는 $U = U(X, Y)$로 표현된다. 만일 영수가 초콜릿만 하나 더 먹으면 효용이 얼마나 더 커지겠는가? 이를 편미분으로 나타내 보자.

$$\frac{\partial U}{\partial X}$$: 초콜릿의 한계효용

이것은 단일변수 미분계수를 해석할 때와 마찬가지로 "초콜릿의 한계효용"이다. 이번에는 아이스크림만 추가로 하나 더 먹을 때 변화되는 초콜릿의 한계효용을 편미분으로 표현해 보자.

초콜릿의 한계효용

$$\frac{\partial}{\partial Y}\left(\frac{\partial U}{\partial X}\right) > 0$$

아이스크림의 소비량과 초콜릿의 한계효용은 같은 방향으로 움직인다는 의미(아이스크림을 더 먹을수록 초콜릿의 한계효용은 커짐)

초콜릿의 한계효용$\left(\frac{\partial U}{\partial X}\right)$을 아이스크림의 수량($Y$)으로 편미분하였다. 이것은 초콜릿의 현재 소비량을 유지하면서 단지 아이스크림만 하나 더 소비한다는 의미가 된다(다른 변수로 연속 2번 미분한 것이 아니므로 2차 미분했다고 하지 않는다). 만일, 이 값이 양수라면 아이스크림의 소비량을 늘릴수록 초콜릿의 한계효용이 늘어난다는 뜻이 된다.

(2) 편미분하는 독립변수를 제외한 변수는 상수로 취급하고 미분공식을 적용한다.

수식에서 편미분할 때는 단일변수 미분공식을 그대로 적용하면 된다. 다만, X_1를 제외한 나머지 독립변수를 모두 상수처럼 취급하기만 하면 된다. 다음 수식을 고려해 보자.

$$Y = f(X,\ Z) = 2X^3Z^2$$

먼저, $\frac{\partial Y}{\partial X}$를 계산해보자. 독립변수 Z는 변수이나 사실상 상수와 같이 취급해야 하므로, 미분공식을 적용할 때는 계수 2처럼 상수로 처리한다. 즉,

$$\frac{\partial Y}{\partial X} = \frac{\partial}{\partial X}(2X^3Z^2) = 2Z^2\frac{\partial}{\partial X}X^3 = 2Z^2 \times 3X^2 = 6X^2Z^2$$

이번에는 $\frac{\partial Y}{\partial Z}$를 계산해보자. 여기서는 독립변수 X를 상수취급하고 미분해야 한다. 즉,

$$\frac{\partial Y}{\partial Z} = \frac{\partial}{\partial Z}(2X^3Z^2) = 2X^3\frac{\partial}{\partial Z}Z^2 = 2X^3 \times 2Z = 4X^3Z$$

(3) 편미분계수는 주어진 점에서 미분하는 독립변수축과 평행이 되도록 접선을 그린 기울기이다.

편미분계수의 기하학적인 의미를 살펴보기 위하여 독립변수가 두 개만 있는 다음 함수를 고려해 보자.

$$Y=f(X,\ Z)$$

그래프상의 X_0에서 편미분계수 $\frac{\partial Y}{\partial X}$는 Z를 특정값에 고정시켰을 때 유도되는 Y와 X 간의 그래프(하단의 그래프)에서 X_0에 대응하는 접선의 기울기(미분계수)를 뜻한다. 그런데 이 편미분계수는 Z값에 따라 변동한다. 왜냐하면, 그때마다 Y와 X 간의 관계를 보이는 그래프의 형태가 달라지기 때문이다. 하단 그래프의 B', A', C'에서 접선의 기울기가 바로 그런 값들이다.

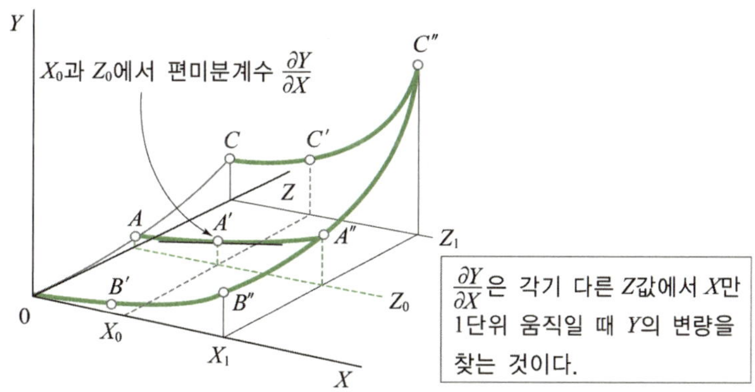

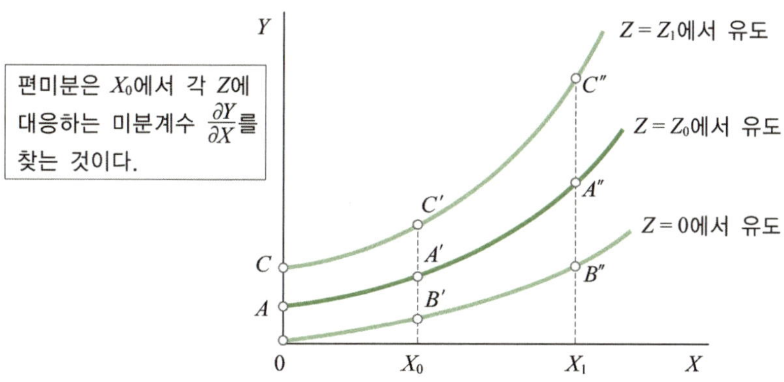

다음 식을 이용하여 $\frac{\partial Y}{\partial X}$과 $\frac{\partial Y}{\partial Z}$를 유도해보자.

$$Y=f(X,\ Z)=2X^{1.2}Z^{1.8}$$

$\frac{\partial Y}{\partial X}$에서는 Z를 상수(계수)취급하고 미분공식을 적용한 것이므로,

$$\frac{\partial Y}{\partial X}=2\times 1.2X^{0.2}Z^{1.8}$$ ($Z^{1.8}$은 2처럼 상수로 취급하여 변화가 없다.)

$$\frac{\partial Y}{\partial Z}=2\times 1.8X^{1.2}Z^{0.8}$$ ($X^{1.2}$은 2처럼 상수로 취급하여 변화가 없다.)

예제 8.1.1

한 기업의 노동(L)과 자본투입량(K)과 생산량(Q)의 양적인 관계가 다음 식으로 표현된다고 가정하고 물음에 답하시오. 단, 노동과 자본투입량은 0보다 크다.

$$Q=Q(L,\ K)=0.5L^{\frac{1}{3}}K^{\frac{2}{3}}$$

(1) $\frac{\partial Q}{\partial L}$(노동의 한계생산량)을 나타내는 식을 유도하시오.

(2) $\frac{\partial Q}{\partial K}$(자본의 한계생산량)을 나타내는 식을 유도하시오.

(3) 노동과 자본의 한계생산량은 체감하는가?

풀이

(1) 노동의 한계생산량은 노동만 한 단위 변화될 때의 생산량이다.

$$\frac{\partial Q}{\partial L}=0.5\times\frac{1}{3}\times L^{-\frac{2}{3}}K^{\frac{2}{3}}=\frac{1}{6}\times\left(\frac{K}{L}\right)^{\frac{2}{3}}$$

(2) 자본의 한계생산량은 자본만 한 단위 변화될 때의 생산량이다.

$$\frac{\partial Q}{\partial K}=0.5\times\frac{2}{3}\times L^{\frac{1}{3}}K^{-\frac{1}{3}}=\frac{2}{6}\times\left(\frac{L}{K}\right)^{\frac{1}{3}}$$

(3) 노동이나 자본의 한계생산량이 체감하려면 각기 다음이 성립해야 한다.

$$\frac{\partial}{\partial L}\left(\frac{\partial Q}{\partial L}\right)<0,\ \frac{\partial}{\partial K}\left(\frac{\partial Q}{\partial K}\right)<0$$

식의 부호를 판정해보자.

$$\frac{\partial}{\partial L}\left(\frac{\partial Q}{\partial L}\right)=0.5\times\frac{1}{3}\times\left(-\frac{2}{3}\right)\times L^{-\frac{5}{3}}K^{\frac{2}{3}}<0$$, 체감한다.

$$\frac{\partial}{\partial K}\left(\frac{\partial Q}{\partial K}\right)=0.5\times\frac{2}{3}\times\left(-\frac{1}{3}\right)\times L^{\frac{1}{3}}K^{-\frac{4}{3}}<0$$, 체감한다.

예제 8.1.2

민수는 땅콩(X)과 맥주(Y)를 같이 즐긴다. 그의 효용(U)함수가 다음과 같다고 하고 답하시오. X는 땅콩을 먹은 개수, Y는 맥주를 마신 잔수이다.

$$U=U(X,\ Y)=20XY$$

(1) 땅콩 10개와 맥주를 3잔을 먹은 상태라면 $\frac{\partial U}{\partial Y}$(맥주의 한계효용)은 얼마인가?

(2) 땅콩 5개와 맥주 2잔을 마신 상태에서는 $\frac{\partial U}{\partial X}$(땅콩의 한계효용)이 얼마인가?

(3) 땅콩과 맥주의 한계효용은 체감하는가?

(4) 땅콩의 한계효용은 맥주의 소비량에 영향을 받는가?

풀이

(1) "맥주의 한계효용"을 먼저 구해서 숫자를 대입한다.

$$\frac{\partial U}{\partial Y} = 20X = 200$$

(2) "땅콩의 한계효용"을 구해서 숫자를 대입한다.

$$\frac{\partial U}{\partial X} = 20Y = 40$$

(3) 맥주와 땅콩의 한계효용은 불변이다.

$$\frac{\partial}{\partial Y}\left(\frac{\partial U}{\partial Y}\right) = \frac{\partial}{\partial Y}(20X) = 0, \text{ 불변이다.}$$

$$\frac{\partial}{\partial X}\left(\frac{\partial U}{\partial X}\right) = \frac{\partial}{\partial X}(20Y) = 0, \text{ 불변이다.}$$

(4) "땅콩의 한계효용"을 맥주의 소비량으로 편미분해서 부호를 알아본다.

$$\frac{\partial}{\partial Y}\left(\frac{\partial U}{\partial X}\right) = \frac{\partial}{\partial Y}(20Y) = 20 > 0$$

부호가 양수이므로 맥주의 소비량 Y가 늘면 "땅콩의 한계효용"도 증가한다.

예제 8.1.3

순이는 초콜릿(X)과 사탕(Y)을 좋아한다. 순이의 효용(U)함수가 다음과 같이 정의된다고 가정하고 물음에 답하시오.

$$U = U(X,\ Y) = AX^{\alpha}Y^{\beta}$$

단, A, α, β, X, Y는 양수이다.

(1) $\frac{\partial U}{\partial X}$(초콜릿의 한계효용)이 체감할 조건을 정하시오.

(2) $\frac{\partial U}{\partial Y}$(사탕의 한계효용)이 체감할 조건을 정하시오.

풀이

(1) 초콜릿만 한 단위 더 소비할 때의 효용이 초콜릿의 한계효용이다.

$$\frac{\partial U}{\partial X} = \alpha AX^{\alpha-1}Y^{\beta} > 0, \text{ 초콜릿을 먹으면 언제나 효용이 증가한다.}$$

$$\frac{\partial}{\partial X}\left(\frac{\partial U}{\partial X}\right) = \alpha(\alpha-1)AX^{\alpha-2}Y^{\beta} < 0,$$

한계효용이 체감할 조건이다. 나머지 부분은 양수이므로 $\alpha(\alpha-1) < 0$이어야만 한계효용이 체감한다. $\alpha > 0$이므로 $\alpha - 1 < 0$, 즉, $\alpha < 1$이면 X소비의 한계효용은 체감한다.

(2) $\frac{\partial U}{\partial Y} = \beta AX^{\alpha}Y^{\beta-1} > 0$, 사탕을 먹으면 언제나 효용이 증가한다.

$$\frac{\partial}{\partial Y}\left(\frac{\partial U}{\partial Y}\right) = \beta(\beta-1)AX^{\alpha}Y^{\beta-2} < 0,$$

한계효용이 체감할 조건이다. 앞과 마찬가지로 $\beta(\beta-1) < 0$이어야만 한계효용이 체감한다. $\beta > 0$이므로 $\beta - 1 < 0$, 즉, $\beta < 1$이면 Y소비의 한계효용은 체감한다.

종합하면, 다음과 같은 함수꼴에서 X와 Y의 한계값이 체감하려면 α, β가 모두 0보다 크고 1보다 작아야 한다. 경제학에서 가장 많이 활용하는 꼴이니 꼭 기억해두기 바란다.

1보다 작으면 한계효용이 체감

$$U = Q(X, Y) = AX^{\alpha}Y^{\beta}$$

참고

여타조건 일정불변(ceteris paribus)

경제이론은 물리학적 방법론을 적극적으로 이용하여 발전되었다. 그중에서 특히 유의할 표현방법은 실험실의 통제된 상황을 묘사하는 "여타조건 일정불변"이다. 사회현상 중에서는 여타조건이 일정불변인 상황이 쉽게 발견되지 않는다. 그럼에도 불구하고 물리학 실험상황처럼 경제이론에서는 여타조건이 일정불변이고, 오직 관측하고자 하는 대상만 조정된다고 가정하고 있다.

지금까지 살펴본 편미분은 바로 이런 상황을 묘사하는 데 매우 유용하다. 편미분은 사과만 하나 더 먹는다거나 노동만 한 단위 더 투입하는 것을 묘사하는 데 사용하였다. 편미분을 사용하면 다른 값들은 특정 값으로 고정되어 있다는 뜻임을 꼭 명심하여 이해하기 바란다.

예제 8.1.4

이윤(π)을 최대로 얻으려는 목적으로 운영하는 한 기업이 있다. 이 기업의 총판매수입(TR)과 총비용(TC)은 생산량(Q)에 의해 결정된다. 또한 기업의 상품생산량은 노동(L)과 자본(K)의 투입량에 의해 결정된다. 이 기업의 행태를 표현하는 함수는 다음과 같다.

이 기업의 이윤이 극대가 되는 노동투입량의 조건을 찾으시오. 단, 연쇄법칙을 이용하시오.

이윤함수 $\pi(Q) = TR(Q) - TC(Q)$

생산함수 $Q = Q(L, K)$

풀이

먼저, 이윤이 극대가 되는 생산량 Q를 구하기 위해서는 $\frac{\partial}{\partial Q}\pi(Q)=0$이 되는 조건을 찾으면 된다.

$$\frac{\partial}{\partial Q}\pi(Q)=\frac{\partial}{\partial Q}TR(Q)-\frac{\partial}{\partial Q}TC(Q)=0$$

그러므로, $\frac{\partial}{\partial Q}TR(Q)=\frac{\partial}{\partial Q}TC(Q)$이면 된다. 이를 해석하면, 생산의 한계수입(식의 좌변)과 생산의 한계비용(식의 우변)이 일치하면 된다.

다음으로 이윤이 극대가 되는 노동량 L을 구하기 위해서는 $\frac{\partial}{\partial L}\pi[Q(L,\ K)]=0$이 되는 조건을 찾으면 된다.

$$\frac{\partial}{\partial L}\pi[Q(L,\ K)]=\frac{\partial}{\partial L}TR[Q(L,\ K)]-\frac{\partial}{\partial L}TC[Q(L,\ K)]=0$$

그러므로, $\frac{\partial}{\partial L}TR[Q(L,\ K)]=\frac{\partial}{\partial L}TC[Q(L,\ K)]$이면 된다.

이를 해석하면, 노동투입의 한계수입과 노동투입의 한계비용이 일치하면 된다. 이것을 다시 연쇄법칙을 이용하여 표현하면 다음과 같다.

$$\frac{\partial TR}{\partial Q}\times\frac{\partial Q}{\partial L}=\frac{\partial TC}{\partial Q}\times\frac{\partial Q}{\partial L}$$

또는

$$\underbrace{\text{생산의 한계수입}\times\text{노동의 한계생산량}}_{\text{(노동의 한계수입생산물)}}=\underbrace{\text{생산의 한계비용}\times\text{노동의 한계생산량}}_{\text{(노동의 한계요소비용)}}$$

양변에 있는 노동의 한계생산량을 약분하면 "생산의 한계수입 = 생산의 한계비용"이 되어 바로 전에 유동한 이윤극대화 생산량 조건과 일치함을 확인할 수 있다. 다시 말해 기업이 생산량을 이윤이 극대가 되도록 통제하는 것과 노동을 이윤이 극대가 되도록 통제하는 것은 같은 의사결정이라는 의미이다. 이윤이 극대가 되는 노동투입량에서 생산량이 이윤이 극대가 되는 생산량이라는 의미이다.

8.2 전미분

(1) 전미분은 여러 독립변수가 변화되어 변화된 종속변수의 총변화량을 나타낸다.

미분가능한 함수 $Y=f(X)$처럼 독립변수가 1개인 함수의 미분공식을 변형하면 다음과 같이 Y의 총변량을 계산할 수 있는 식을 유도할 수 있다.

$$\frac{dY}{dX}\equiv\frac{dY}{dX}$$

$$\Leftrightarrow dY\equiv\frac{dY}{dX}\times dX$$

↓

X를 1 변화시킬 때 변화되는 Y의 변량

이 식을 해석하면, X가 1 변화될 때 반응하는 Y의 크기에 X의 변화량을 곱하면 Y의 총변화량을 얻을 수 있다는 의미이다. 너무도 당연한 내용이다. 예를 들어, 자두(Y)를 구입하러 상점에 들어갔다고 해보자.

3개 더 사면($\triangle X=3$) 얼마를 더 지불($\triangle Y=?$)해야 하는가? 자두 하나를 추가할 때마다 들어가는 금액, 즉 자두의 개당 가격($\frac{dY}{dX}=$자두가격)에 추가로 구입한 자두의 개수를 곱한 금액이다($\frac{dY}{dX}\times\triangle X$).

이제 상점에서 더 많은 물건을 일시에 구입하는 것으로 확장해서 전미분공식을 유도해 보자. 자두 외에 사과, 배, 딸기도 몇 개씩 더 구입한다면 추가로 지불할 총금액(Y)은 얼마나 될까? 먼저 총지불액을 종속변수로 하는 함수를 구성해보자.

$$Y=f(\text{자두, 딸기, 사과, 배})$$

지금까지 구입한 것 외에 추가적으로 자두를 2개, 딸기를 20개, 사과를 3개, 배를 1개 더 구입하면 얼마를 더 지불해야만 하는가? 이 내용을 식으로 구성하기 위해 변화량의 함수로 앞의 함수를 변형하면 다음과 같다.

$$\triangle Y=f(\triangle\text{자두}, \triangle\text{딸기}, \triangle\text{사과}, \triangle\text{배})$$

이제 추가로 늘어나는 총지불액의 크기를 계산하는 식을 유도해 보자.

추가로 더 지불할 금액($\triangle Y$) = 자두를 2개 더 구입할 때 추가되는 금액
+ 딸기를 20개 더 구입할 때 추가되는 금액
+ 사과를 3개 더 구입할 때 추가되는 금액
+ 배를 1개 더 구입할 때 추가되는 금액

자두를 2개 구입할 때 추가되는 금액($\triangle Y$)은 자두만 하나 더 구입할 때마다 지불해야 되는 금액$\left(\frac{\partial\text{지출액}}{\partial\text{자두}}\right)$에 추가된 자두의 개수 2($\triangle$자두$=2$)를 곱$\left(\frac{\partial\text{지출액}}{\partial\text{자두}}\times\triangle\text{자두}\right)$하면 얻을 수 있다. 딸기, 사과, 배를 추가함으로써 늘어나는 금액도 동일한 원리로 추론할 수 있기 때문에 앞의 내용을 식으로 구성해 보면 다음과 같다.

$$\triangle Y=\frac{\partial\text{지출액}}{\partial\text{자두}}\times\triangle\text{자두}+\frac{\partial\text{지출액}}{\partial\text{딸기}}\times\triangle\text{딸기}+\frac{\partial\text{지출액}}{\partial\text{사과}}\times\triangle\text{사과}+\frac{\partial\text{지출액}}{\partial\text{배}}\times\triangle\text{배}$$

각 독립변수의 변량이 충분히 작다고 전제하면 종속변수의 총변량은 다음과 같은 식으로 표현할 수 있다. 이것이 전미분(전체 독립변수가 미량씩 변화되었을 때를 고려하고 있다는 의미)공식이다.

$$Y = f(X_1,\ X_2,\ X_3,\ \cdots,\ X_n)$$

X_n만 1단위 움직일 때 Y의 변량

X_n의 총변량

$$dY = \frac{\partial Y}{\partial X_1}dX_1 + \frac{\partial Y}{\partial X_2}dX_2 + \frac{\partial Y}{\partial X_3}dX_3 \cdots \frac{\partial Y}{\partial X_n}dX_n$$

X_n의 움직임으로 인해 변화되는 Y의 변량

한 기업의 생산함수를 예를 들어보자. 이 기업의 생산량 Q는 다음 함수식처럼 노동투입량 L과 자본투입량 K에 의해 결정된다고 가정하자.

$$Q = Q(L,\ K) = \frac{1}{3}L^{\frac{1}{2}}K^{\frac{1}{2}}$$

현재 이 기업은 노동 100단위, 자본 64단위를 투입 중이다. 만일 이 기업이 노동을 4단위 자본을 9단위 추가로 더 늘리면 생산량은 얼마나 더 늘어나겠는가? 전미분공식을 활용하면,

$$\begin{aligned} dQ &= \frac{\partial Q}{\partial L}\times dL + \frac{\partial Q}{\partial K}\times dK \\ &= \frac{1}{6}L^{-\frac{1}{2}}K^{\frac{1}{2}}\times 4 + \frac{1}{6}L^{\frac{1}{2}}K^{-\frac{1}{2}}\times 9 \\ &= \frac{1}{6}\times\frac{1}{10}\times 8\times 4 + \frac{1}{6}\times 10\times\frac{1}{8}\times 9 \end{aligned}$$

(2) 전미분계수는 특정 독립변수가 1 변화될 때 종속변수에 미치는 직접충격과 간접충격을 모두 합한 것이다.

다시 과일구매의 예를 들어 보자. 손님 맞을 준비를 하는 구매자가 과일을 얼만큼씩 구입할까 고민하고 있다. 손님접대에 필요한 과일의 추정량은 한정되어 있기 때문에 이 구매자는 사과를 더 사면 배나 딸기를 줄여도 된다. 마찬가지로 다른 과일을 더 사면 사과 구입량은 줄어들 수 있다. 그렇다면 사과를 하나 더 살 때마다 추가로 늘어나는 지불액 $\left(\frac{d\text{지출액}}{d\text{사과}}\right)$은 얼마나 될까?

우선 사과를 하나 더 사서 늘어나는 지출액$\left(\frac{\partial\text{지출액}}{\partial\text{사과}}\right)$이 있을 것이다. 다음으로는 사과를 를 더 사면서 줄이는 과일양에 의해 감소하는 지불액$\left(\frac{\partial\text{지출액}}{\partial\text{딸기}}\times\frac{d\text{딸기}}{\text{사과}}\right)$이 있을 것이다. 전자를 직접충격이라고 하고, 후자를 간접충격이라고 한다.

이상의 원리를 이용하여 전미분계수 $\frac{dY}{dX_1}$를 유도해보자. 이 값은 전미분한 식을 X_1로 미분하면 간단하게 도출된다.

X_1이 다른 독립변수에 영향을 미쳐서 간접적으로 Y를 변동시키는 경로

$$\frac{dY}{dX_1} = \frac{\partial Y}{\partial X_1}\frac{dX_1}{dX_1} + \frac{\partial Y}{\partial X_2}\frac{dX_2}{dX_1} + \frac{\partial Y}{\partial X_3}\frac{dX_3}{dX_1} \cdots \frac{\partial Y}{\partial X_n}\frac{dX_n}{dX_1}$$

X_1이 직접 Y에 영향을 미치는 경로

X_1에 영향을 받지 않으면 0

$\frac{d\text{다른 독립변수}}{dX_1}$는 X_1이 1 움직일 때 이로 인해 다른 독립변수들이 변동하는 크기이다.

예를 들어, 다음 항은 X_1이 1 움직일 때 영향을 받는 X_3의 크기와 X_3가 1 움직일 때 Y가 움직이는 크기를 곱한 값으로서 X_1이 X_3에 충격을 주어 Y에 미치는 간접영향을 나타내고 있다. 앞에서 살핀 연쇄법칙이 적용되고 있는 셈이다.

X_1이 1 움직여 X_3에 미친 영향

$$\frac{\partial Y}{\partial X_3}\frac{dX_3}{dX_1}$$

X_3이 1 움직여 Y에 미친 영향

(3) 함수 $Y=f(X_1,\ X_2)$에서 $\left.\frac{dX_2}{dX_1}\right|_{dY=0}$는 독립변수 X_1이 X_2에 비해 종속변수 Y에 충격을 얼마나 더 크게 주는지를 나타내는 비율이다.

이제 약간 다른 각도에서 접근해보자. 앵두와 자두를 구입하는 사람에게 이렇게 물었다고 해보자. "자두(X) 하나는 앵두(Y) 몇 개를 소비하는 것과 만족도가 같습니까?" 만일 3개라고 대답하였다면, 자두 1개는 앵두 3개만큼 만족도(효용)에 영향을 미친다는 의미이다. 다시 말해, 자두를 1개 더 먹으면서 효용(U)을 일정하게 유지하려면 앵두를 3개 덜 먹어야 한다는 의미이다. 이것을 미분기호로 표시하면 다음과 같다.

$$\left.\frac{d\text{앵두}}{d\text{자두}}\right|_{d\text{효용}=0} = -3 \quad \Leftrightarrow \quad \left.\frac{dY}{dX}\right|_{dU=0} = -3$$

이 내용을 식으로 유도하기 위해 효용함수를 다음과 같이 가정하자. 즉, 자두소비량(X)와 앵두소비량(Y)이 효용(만족도)을 결정한다.

$$U = U(X,\ Y)$$

자두와 앵두의 소비량를 변화시킬 때 변화되는 효용의 크기(dU)는 다음과 같이 전미분으로 표현된다.

$$dU = \frac{\partial U}{\partial X}dX + \frac{\partial U}{\partial Y}dY$$

이제 총효용을 변화시키지 않으려면($dU=0$) 자두를 하나 늘리면서 앵두를 몇 개 줄어야 되는지$\left(\frac{dY}{dX}\right)$ 식으로 표현해보자. 전미분공식에서 $dU=0$일 때 $\frac{dY}{dX}$이 되도록 정리하면 된다.

$$dU = \frac{\partial U}{\partial X}dX + \frac{\partial U}{\partial Y}dY = 0$$ (총효용의 변화가 없도록 조정)

총효용이 유지하려면 X 하나를 움직일 때 Y는 몇 개 조정해야 하나?

$$\Leftrightarrow \left.\frac{dY}{dX}\right|_{\bar{U}} = -\frac{\frac{\partial U}{\partial X}}{\frac{\partial U}{\partial Y}}$$

$\frac{\partial U}{\partial X}$ → 자두 하나의 효용

$\frac{\partial U}{\partial Y}$ → 앵두 하나의 효용

유도된 식 $\left.\frac{dY}{dX}\right|_{dU=0}$은 X(자두)가 Y(앵두)보다 U(효용)에 영향을 몇 배 더 미치는지 나타낸다는 사실을 보여준다.

(4) $\left.\frac{dX_2}{dX_1}\right|_{dY=0}$은 $X_1 - X_2$평면에서 Y가 일정한 곡선의 "접선의 기울기"이다.

다음 함수를 생각해보자. 수평축에 독립변수 X를 놓고, 수직축에 독립변수 Z를 놓아서 그래프를 유도한 결과 다음과 같은 형태가 나왔다고 해보자. 물론 독자들은 왜 그런 꼴의 그래프가 나왔는지 고민할 할 필요 없다. 그것은 경제이론이 이야기해 줄 테니까! 우리는 존재하는 그래프형태에서부터 출발하여 읽고 해석하는 데 능숙하면 충분하다.

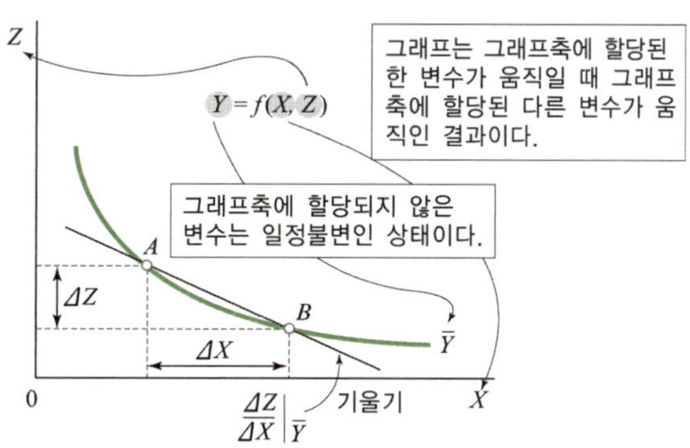

그래프를 해석하기 위해서 우선 그래프상의 두 점 A와 B를 생각해보자. 함수를 그래프로 옮길 때는 그래프축에 할당된 두 변수 이외의 변수는 모두 특정 값으로 일정하게 고정되어 있다는 사실을 잊지 말자. 오직 그래프축에 할당된 두 변수 사이의 움직임만을 추적하여 옮겨 놓았기 때문이다. 따라서 A와 B점를 비롯하여 그래프상의 모든 점에서 Y값은 주어진 값으로 일정하게 유지되고 있는 상태이다.

이제 A점에서 B점으로 이동하는 과정을 생각해 보자. A점과 B점의 Y가 동일한 크기를 유지한다는 것은 X의 변화로 인해 Y가 움직인 크기와 Z의 변화로 인해 Y가 움직인 크기의 절대값은 같고 변화 방향이 반대라는 것을 의미한다. 즉,

|△X로 인해 변화된 Y의 크기| = |△Z로 인해 변화된 Y의 크기|

$$\frac{\partial Y}{\partial X}\times\triangle X \qquad\qquad \frac{\partial Y}{\partial Z}\times\triangle Z$$

이것을 변형하여 $\left.\frac{\triangle Z}{\triangle X}\right|_{\overline{Y}}$를 구하면 다음과 같다($\overline{Y}$는 Y가 고정이라는 의미이다).

$$\left|\left.\frac{\triangle Z}{\triangle X}\right|_{\overline{Y}}\right| = \frac{\dfrac{\partial Y}{\partial X}}{\dfrac{\partial Y}{\partial Z}}$$

$\frac{\partial Y}{\partial X}$: X를 하나 움직일 때 Y가 받는 충격

$\frac{\partial Y}{\partial Z}$: Z를 하나 움직일 때 Y가 받는 충격

X를 1 움직일 때 Y에 미치는 충격은 Z를 몇 개 움직일 때의 충격과 같은가?

이제 전미분을 이용하여 동일한 내용을 다시 유도해보자. 두 독립변수 X, Z이 충분히 적은 양이 움직인다고 가정하고 X를 추가로 움직일 때 Y가 변동하지 않을 Z의 변화량 $\left.\frac{\triangle Z}{\triangle X}\right|_{\overline{Y}}$을 유도해 보겠다.

$$Y = f(X,\ Z)$$

$$\Rightarrow dY = \frac{\partial Y}{\partial X}dX + \frac{\partial Y}{\partial Z}dZ = 0$$

Y가 일정하게 유지될 조건

$$\Leftrightarrow \left.\frac{dZ}{dX}\right|_{\overline{Y}} = -\frac{\dfrac{\partial Y}{\partial X}}{\dfrac{\partial Y}{\partial Z}}$$

Y를 일정하게 유지시키려면 X가 1 움직일 때 Z은 얼마나 움직여야 하나?

등식의 우변은 X가 Z보다 몇 배 Y에 영향을 더 미치는지를 나타내는 비율이다.

예제 8.2.1

다음 문장을 $\left.\frac{dY}{dX}\right|_{\overline{U}}$ 또는 $\left.\frac{dY}{dX}\right|_{dU=0}$ 형태의 수식을 이용하여 표현하시오.

(1) 사과는 배보다 2배 효용이 높다. 즉, 사과의 한계효용이 배의 한계효용보다 2배 더 높다.

(2) 노동생산성(노동 1단위가 만드는 생산량)은 자본생산성(자본 1단위가 만드는 생산량)의 $\frac{1}{3}$밖에 안 된다.

풀이

(1) $\left|\left.\frac{d\text{배}}{d\text{사과}}\right|_{\overline{\text{효용}}}\right|=2$ 또는 $\left|\left.\frac{d\text{배}}{d\text{사과}}\right|_{d\text{효용}=0}\right|=2$

(2) $\left|\left.\frac{d\text{자본}}{d\text{노동}}\right|_{\overline{\text{생산량}}}\right|=\frac{1}{3}$ 또는 $\left|\left.\frac{d\text{자본}}{d\text{노동}}\right|_{d\text{생산량}=0}\right|=\frac{1}{3}$

예제 8.2.2

한 기업의 생산(Q)함수가 다음과 같이 주어졌다고 하자. 이 기업은 동일한 생산량을 유지하기 위해서는 노동(L)을 한 단위 늘릴 때 자본(K)을 몇 단위 줄여야 하는지 전미분공식을 이용하여 유도하시오.

$$Q=Q(L,\ K)$$

풀이

먼저 전미분을 하고 $dQ=0$으로 놓은 다음, $\frac{dK}{dL}$을 찾아내면 된다.

$$dQ=\frac{\partial Q}{\partial L}dL+\frac{\partial Q}{\partial K}dK=0$$

$$\Leftrightarrow\ \left|\left.\frac{dK}{dL}\right|_{\overline{Q}}\right| = \frac{\frac{\partial Q}{\partial L}}{\frac{\partial Q}{\partial K}} = \frac{\text{노동의 한계생산량}}{\text{자본의 한계생산량}}$$

다시 말해, 노동이 자본보다 생산에 몇 배 더 크게 기여하는지를 보여준다. 만일 이 미분계수가 2라면 노동이 자본보다 생산성이 2배 더 높다는 뜻이 된다.

예제 8.2.3

영수의 효용함수 U는 구체적으로 다음과 같다고 한다. 사이다(X)는 쥬스(Y)보다 몇 배 효용이 높은지 수식으로 유도하시오.

$$U = U(X, Y) = 0.2X^{0.7}Y^{0.3}$$

풀이

$dU = \frac{\partial U}{\partial X}dX + \frac{\partial U}{\partial Y}dY = 0$에서

$$\left|\frac{dY}{dX}\bigg|_{\overline{U}}\right| = \frac{\frac{\partial U}{\partial X}}{\frac{\partial U}{\partial Y}} = \frac{0.7\times 0.2X^{-0.3}Y^{0.3}}{0.3\times 0.2X^{0.7}Y^{-0.7}} = \frac{7Y}{3X}$$

$$(\because \frac{\partial U}{\partial X} = 0.7\times 0.2X^{-0.3}Y^{0.3},\ \frac{\partial U}{\partial Y} = 0.3\times 0.2X^{0.7}Y^{-0.7})$$

예제 8.2.4

다음 문장을 $\left|\frac{dY}{dX}\bigg|_{\overline{U}}\right| = \frac{\frac{\partial U}{\partial X}}{\frac{\partial U}{\partial Y}}$ 또는 $\left|\frac{dY}{dX}\bigg|_{dU=0}\right| = \frac{\frac{\partial U}{\partial X}}{\frac{\partial U}{\partial Y}}$ 형태의 수식을 이용하여 표현하시오.

(1) 사과는 배보다 2배 효용이 높다. 즉, 사과의 한계효용이 배의 한계효용보다 2배 더 높다.

(2) 노동생산성은 자본생산성의 $\frac{1}{3}$밖에 안 된다.

풀이

(1) $\left|\frac{d\text{배}}{d\text{사과}}\bigg|_{\overline{\text{효용}}}\right| = \frac{\frac{\partial\text{효용}}{\partial\text{사과}}}{\frac{\partial\text{효용}}{\partial\text{배}}} = 2$ 또는 $\left|\frac{d\text{배}}{d\text{사과}}\bigg|_{d\text{효용}=0}\right| = \frac{\frac{\partial\text{효용}}{\partial\text{사과}}}{\frac{\partial\text{효용}}{\partial\text{배}}} = 2$

(2) $\left|\frac{d\text{자본}}{d\text{노동}}\bigg|_{\overline{\text{생산량}}}\right| = \frac{\frac{\partial\text{생산량}}{\partial\text{노동}}}{\frac{\partial\text{생산량}}{\partial\text{자본}}} = \frac{1}{3}$ 또는 $\left|\frac{d\text{자본}}{d\text{노동}}\bigg|_{d\text{생산량}=0}\right| = \frac{\frac{\partial\text{생산량}}{\partial\text{노동}}}{\frac{\partial\text{생산량}}{\partial\text{자본}}} = \frac{1}{3}$

예제 8.2.5

민수에게 초콜릿과 젤리를 먹어서 만족 10($\overline{U} = 10$)을 얻을 수 있는 소비점들을 점으로 찍어보라고 했다. 다음 민수가 그린 그래프를 보고 물음에 답하시오.

(1) 접선의 기울기를 수식으로 표현하시오.

(2) 접선의 기울기가 내포하는 의미를 해석하시오.

(3) 젤리를 더 먹을수록 접선의 기울기 절대값은 체증하는가 체감하는가?

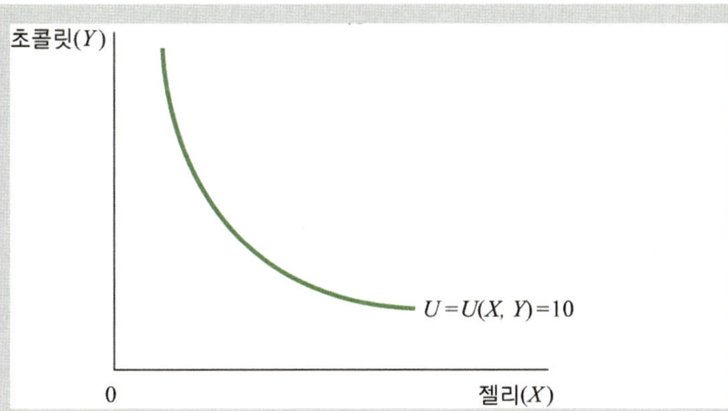

풀이

(1) 접선의 기울기는 항상 수평축의 변수로 수직축의 변수를 미분한 미분계수이다. 수식으로는 다음과 같이 나타낸다. 여기서는 효용이 항상 일정하다는 전제조건을 더 표시해준다.

$$\left.\frac{dY}{dX}\right|_{\overline{U}=10}$$

(2) 만족 10을 유지하기 위해서는 "젤리를 하나 더 먹으면서 초콜릿은 몇 개 줄어야 하나?"를 나타낸다. 즉, "젤리 하나는 초콜릿 몇 개만큼의 만족을 얻을 수 있나?" 또는 "젤리는 초콜릿보다 몇 배 만족도가 높은가?"를 의미한다. 음의 부호가 붙은 것(접선의 기울기가 음인 것)은 젤리를 더 소비하면 초콜릿은 소비를 줄여야 하기 때문이다.

$$\left.\frac{dY}{dX}\right|_{\overline{U}=10} = -\frac{\text{젤리의 한계효용}}{\text{초콜릿의 한계효용}} = -\frac{\dfrac{\partial U}{\partial X}}{\dfrac{\partial U}{\partial Y}}$$

(3) 젤리가 늘어날수록 접선의 기울기 절대값(젤리와 초콜릿의 상대적인 만족도)은 점차 감소한다. 즉, 체감한다.

$$\frac{d}{dX}\left(\left|\left.\frac{dY}{dX}\right|_{\overline{U}=10}\right|\right) < 0$$

8.3 오일러의 정리

1 동차함수와 동조함수

수학자들은 함수를 특성별로 분류하였다. 경제학자들은 경제현상을 설명하는 데 적합한 이론을 만들기 위해 동차함수와 동조함수를 주로 빌려쓰고 있다. 여기서는 이들 함수의 특성을 살펴보도록 하겠다.

(1) 모든 독립변수를 λ배 변화시킬 때 종속변수가 λ^k배 변화되는 함수를 "k차 동차함수" 라고 한다.

"동차함수"는 모든 독립변수를 모두 λ배씩 변화시킬 때 종속변수가 λ^k배 변화되는 함수이다. 경제학에서 가장 많이 활용하는 함수의 유형이다. 수식을 이용하여 동차함수의 판정법은 알아보자. 함수 $Y=f(X_1, X_2, X_3)$를 가정하자. 다음과 같이 정리되면 k차 동차함수이다.

$$f(\lambda X_1, \lambda X_2, \lambda X_3)=\lambda^k Y$$

→ 정리하면 Y가 λ^k배 변화되었다(k차 동차함수).

↓ 모든 독립변수에 λ를 곱했다.

식의 좌변은 모든 독립변수에 λ를 곱했다(단, $\lambda > 1$). λ배씩 변화시킨 것이다. 우변은 그렇게 해서 정리한 값이 Y의 λ^k배라는 의미이다.

경제이론에서 많이 사용되는 수식꼴을 몇 개 살펴보면서 동차성을 판정해보기로 하자. 한 기업의 생산함수가 $Q=Q(L, K)=0.3L^{0.2}K^{0.8}$라고 가정해보자. 노동($L$)과 자본($K$)을 투입하면 생산량($Q$)이 위 수식의 관계로 나온다는 의미이다.

$$\begin{aligned}Q(\lambda L, \lambda K)&=0.3(\lambda L)^{0.2}(\lambda K)^{0.8}\\&=0.3\lambda^{0.2}L^{0.2}\lambda^{0.8}K^{0.8}\\&=\lambda^{0.2+0.8}0.3L^{0.2}K^{0.8}\\&=\lambda^{1}0.3L^{0.2}K^{0.8}\\&=\lambda^{1}Q\end{aligned}$$

수식을 정리한 결과 Q가 λ^1배 증가했으므로 1차 동차함수이다.

이번에는 혜정이의 효용함수 $U=U(X, Y)=2X^{0.5}Y^{0.7}$에서 동차성을 판정해보자. 혜정이는 두 상품 X, Y를 소비하여 효용 U를 얻고 있다.

$$\begin{aligned}U(\lambda X, \lambda Y)&=2(\lambda X)^{0.5}(\lambda Y)^{0.7}\\&=2\lambda^{0.5}X^{0.5}\lambda^{0.7}Y^{0.7}\\&=\lambda^{0.5+0.7}2X^{0.5}Y^{0.7}\\&=\lambda^{1.2}Q\end{aligned}$$

혜정이의 효용함수는 1.2차 동차이다.

동차성이 없는 함수꼴에 대해 궁금할 것이다. 다음의 예를 살펴보자. 함수 $U=U(X, Y)$에서 두 독립변수에 λ를 곱해 정리해도 $\lambda^k U$꼴로 정리되지 않기 때문에 동차함수가 아니다.

$$\begin{aligned} U=U(X,Y)&=3X^{\frac{1}{3}}+Y^{\frac{2}{3}} \\ U(\lambda X,\lambda Y)&=3(\lambda X)^{\frac{1}{3}}+(\lambda Y)^{\frac{2}{3}} \\ &=3\lambda^{\frac{1}{3}}X^{\frac{1}{3}}+\lambda^{\frac{2}{3}}Y^{\frac{2}{3}} \\ &=\lambda^{\frac{1}{3}}(3X^{\frac{1}{3}}+\lambda^{\frac{1}{3}}Y^{\frac{2}{3}}) \end{aligned}$$

더 이상 정리되지 않기 때문에 동차함수가 아니다.

(2) 동차함수를 함수변환한 것을 동조함수라고 한다.

동조함수(또는 동질함수라고도 함)는 동차함수를 함수변환시킨 것이다. 함수 $Y=f(X_1,\ X_{2X},\ X_3)$가 동차함수라고 가정할 때, 함수 $G=g(Y)$는 함수 $Y=f(X_1,\ X_{2X},\ X_3)$의 동조함수(동질함수)이다.

앞에서 사용한 혜정이의 효용함수 $U=U(X,\ Y)=2X^{0.5}Y^{0.7}$를 예로 들어보자. 다음 함수 $W=W[U(X,\ Y)]=2U^{0.5}+3$는 혜정이 효용함수의 동조함수(동질함수)이다. 그러나 동차함수는 아니다.

$$\begin{aligned} W=W[U(X,Y)]&=2U^{0.5}+3 \cdots\cdots \text{동차함수를 함수변환} \\ &=2(2X^{0.5}Y^{0.7})^{0.5}+3 \\ &=4X^{0.25}Y^{0.35}+3 \cdots\cdots U=2X^{0.5}Y^{0.7}\text{의 동조함수} \end{aligned}$$

동조함수는 동차함수와 관련성 및 개념정도만 알고 있으면 된다.

예제 8.3.1

다음 식은 각 기업의 생산함수이다. 각 기업은 노동(L)과 자본(K)을 투입하여 생산물(Q)을 얻고 있다. 각 생산함수의 동차성을 판정하시오.

(1) $Q=2L^{0.5}K^{0.4}$

(2) $Q=3L+4K$

(3) $Q=\min\left[\frac{L}{2},\frac{K}{3}\right]$

(4) $Q=\left[0.4L^{-0.5}+0.6K^{-0.5}\right]^{-4}$

풀이

(1) $2(\lambda L)^{0.5}(\lambda K)^{0.4}=\lambda^{0.9}2L^{0.5}K^{0.4}$, 0.9차 동차이다.

(2) $3\lambda L+4\lambda K=\lambda(3L+4K)$, 1차 동차이다.

(3) $\min\left[\lambda\frac{L}{2},\lambda\frac{K}{3}\right]=\lambda\min\left[\frac{L}{2},\frac{K}{3}\right]$, 1차 동차이다.

(4) $\left[0.4(\lambda L)^{-0.5}+0.6(\lambda K)^{-0.5}\right]^{-4}=\left[\lambda^{-0.5}(0.4L^{-0.5}+0.6K^{-0.5})\right]^{-4}$
$=\lambda^{2}\left[0.4L^{-0.5}+0.6K^{-0.5}\right]^{-4}$, 2차 동차이다.

예제 8.3.2

다음 식은 각 기업의 생산함수이다. 각 기업은 노동(L)과 자본(K)을 투입하여 생산물(Q)을 얻고 있다. 각 생산함수의 동차성을 판정하시오(단, α, β, A, v, $\mu>0$이다).

(1) $Q=AL^{\alpha}K^{\beta}$

(2) $Q=\alpha L+\beta K$

(3) $Q=\min\left[\frac{L}{\alpha}, \frac{K}{\beta}\right]$

(4) $Q=\left[\alpha L^{-\rho}+(1-\alpha)K^{-\rho}\right]^{\frac{-v}{\rho}}$

풀이

(1) $A(\lambda L)^{\alpha}(\lambda K)^{\beta}=\lambda^{\alpha+\beta}AL^{\alpha}K^{\beta}$, $\alpha+\beta$동차이다.

(2) $\alpha(\lambda L)+\beta(\lambda K)=\lambda(\alpha L+\beta K)$, 1차 동차이다.

(3) $\min\left[\lambda\frac{L}{\alpha}, \lambda\frac{K}{\beta}\right]=\lambda\min\left[\frac{L}{\alpha}, \frac{K}{\beta}\right]$, 1차 동차이다.

(4) $\left[\alpha(\lambda L)^{-\rho}+(1-\alpha)(\lambda K)^{-\rho}\right]^{\frac{-v}{\rho}}$

$=\left[\lambda^{-\rho}\{(\alpha L^{-\rho}+(1-\alpha)K^{-\rho})\}\right]^{\frac{-v}{\rho}}$

$=\lambda^{v}\left[\alpha L^{-\rho}+(1-\alpha)K^{-\rho}\right]^{\frac{-v}{\rho}}$, v차동차이다.

2 오일러정리

수학자 오일러는 함수 $Y=f(X_1, X_2, X_3, \cdots, X_n)$가 1차 동차라면 다음과 같은 등식이 성립함을 증명하였다. 이것을 "오일러정리"라고 한다.

$$Y=\frac{\partial Y}{\partial X_1}X_1+\frac{\partial Y}{\partial X_2}X_2+\frac{\partial Y}{\partial X_3}X_3+\cdots+\frac{\partial Y}{\partial X_n}X_n$$

오일러정리는 얼핏 보기에 전미분공식과 유사해 보인다. 비교를 위해 전미분공식을 다시 살펴보자. 이식은 동차성과 무관하게 언제나 성립한다.

$$dY=\frac{\partial Y}{\partial X_1}dX_1+\frac{\partial Y}{\partial X_2}dX_2+\frac{\partial Y}{\partial X_3}dX_3+\cdots+\frac{\partial Y}{\partial X_n}dX_n$$

오일러정리는 전미분공식에서 dY(Y의 변량)가 Y(Y의 절대크기)로 바뀐 형태이다. 전미분공식은 어떤 함수에도 성립하지만, 오일러정리는 1차 동차함수에서만 성립한다.

생산함수를 이용하여 실제 수치로 된 예를 확인해보자. 한 기업의 생산량(Q)은 다음 식에 따라 노동(L)과 자본(K)의 투입량에 의해 결정된다.

$$Q=Q(L, K)=0.2L^{0.3}K^{0.7} \quad \cdots\cdots\cdots\cdots \text{ 1차 동차함수}$$

오일러의 정리에 의하면 다음식이 성립해야 한다.

$$Q = \frac{\partial Q}{\partial L}L + \frac{\partial Q}{\partial K}K \quad \cdots\cdots \text{오일러정리식}$$

식을 편미분하여 공식에 대입해보자.

$$\begin{aligned}&\frac{\partial Q}{\partial L}L + \frac{\partial Q}{\partial K}K \\ &= 0.3\times 0.2L^{-0.7}K^{0.7}\times L + 0.7\times 0.2L^{0.3}K^{-0.3}\times K \\ &= 0.06L^{0.3}K^{0.7} + 0.14L^{0.3}K^{0.7} \\ &= 0.2L^{0.3}K^{0.7} = Q\end{aligned}$$

예제 8.3.3

J. B. 클라크라는 미국의 경제학자는 1900년대 초 "1차동차인 완전경쟁시장에서 생산에 참여한 요소의 한계생산성에 해당되는 보수를 지급하면 생산량이 완전배분된다"라는 것을 이론으로 증명하였다. 이를 "오일러의 완전배분정리"라고 한다. 다음 순서에 따라 1차 동차생산함수의 완전경쟁시장에서 착취가 발생하지 않는다는 클라크의 주장을 증명해보자.

$$Q = Q(L, K),\ \text{단 생산함수는 1차 동차이다.}$$

(1) 오일러정리를 쓰시오.

(2) 완전경쟁시장에서는 "$\frac{\partial Q}{\partial L}$=노동의 보수, $\frac{\partial Q}{\partial K}$=자본의 보수"가 성립한다(이를 "한계생산력설"이라고 한다)고 입증되었다. 클라크가 주장하는 오일러의 완전배분정리는 "노동의 총보수+자본의 총보수=총생산량"이라는 의미이다. 이것은 다음 식과 일치하는 내용임을 설명하시오.

$$Q = \frac{\partial Q}{\partial L}L + \frac{\partial Q}{\partial K}K$$

풀이

(1) $Q = \frac{\partial Q}{\partial L}L + \frac{\partial Q}{\partial K}K$

(2) 노동의 총보수 = 노동의 보수×노동투입량 = $\frac{\partial Q}{\partial L}\times L$

자본의 총보수 = 자본의 보수×자본투입량 = $\frac{\partial Q}{\partial K}\times K$

따라서, $Q = \frac{\partial Q}{\partial L}L + \frac{\partial Q}{\partial K}K$ = 노동의 총보수 + 자본의 총보수

결국, 완전경쟁시장에서 1차 동차생산함수를 가정하면, 한계생산력설에 의하여 각 요소의 기여분으로 생산물을 배분할 때 생산물은 완전 배분된다. 착취는 없다.

3 동차함수와 동조함수의 성질

마지막으로 동차함수와 동차함수의 성질에 대하여 정리하고 장을 마무리하겠다. 특히 동차함수의 특성은 경제이론을 이해하는 데 매우 중요하므로 잘 기억해두기 바란다.

(1) 1차 동차함수의 성질

간단한 1차 동차 생산함수를 하나 예로 들어서 성질을 정리해보도록 하겠다. 노동(L)과 자본(K)을 투입하면 생산량(Q)이 다음 식에 의해 결정된다고 가정하자.

$$Q = Q(L, K) = 0.2L^{0.3}K^{0.7}$$

① 독립변수로 종속변수를 나눈 평균값은 독립변수들의 비율에만 영향을 받는다.

노동과 자본의 평균생산량은 노동과 자본의 절대투입량과는 무관하고 이들의 투입 비율에 따라서만 달라진다.

$$\text{노동의 평균생산량 : } \frac{Q}{L} = 0.2L^{-0.7}K^{0.7} = 0.2\left(\frac{K}{L}\right)^{0.7}$$

$$\text{자본의 평균생산량 : } \frac{Q}{K} = 0.2L^{0.3}K^{-0.3} = 0.2\left(\frac{L}{K}\right)^{0.3}$$

② 독립변수로 종속변수를 미분한 한계값은 독립변수들의 비율에만 영향을 받는다.

노동과 자본의 한계생산량은 노동과 자본의 절대투입량과는 무관하고 이들의 투입 비율에 따라서만 결정된다.

$$\text{노동의 한계생산량 : } \frac{\partial Q}{\partial L} = 0.3 \times 0.2L^{-0.7}K^{0.7} = 0.06\left(\frac{K}{L}\right)^{0.7}$$

$$\text{자본의 한계생산량 : } \frac{\partial Q}{\partial K} = 0.7 \times 0.2L^{0.3}K^{-0.3} = 0.14\left(\frac{L}{K}\right)^{0.3}$$

③ 종속변수가 일정한 곡선의 접선에서 기울기는 독립변수들의 비율에만 영향을 받는다.

생산량을 일정하게 유지하기 위해 노동 1단위와 대체해야 되는 자본량(노동과 자본의 한계대체율이라고 함)은 노동과 자본의 절대투입량과는 무관하고 이들의 투입 비율에 의해서만 달라진다.

$$\left|\frac{dK}{dL}\right|_{\bar{Q}} = \frac{\frac{\partial Q}{\partial L}}{\frac{\partial Q}{\partial K}} = \frac{0.3 \times 0.2L^{-0.7}K^{0.7}}{0.7 \times 0.2L^{0.3}K^{-0.3}} = \frac{3}{7}\left(\frac{K}{L}\right)$$

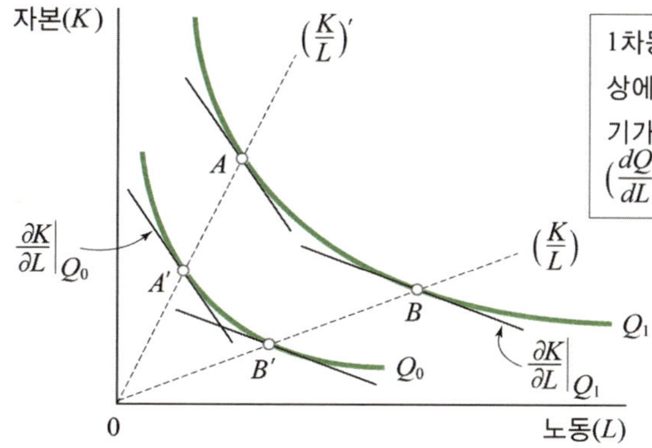

1차동차생산함수는 원점을 통과하는 직선 상에서 등량곡선 $\bar{Q}$에 접선을 그리면 기울기가 모두 같다. 그 점들에서 한계 생산량$(\frac{dQ}{dL})$과 평균생산량$(\frac{Q}{L})$도 모두 일치한다.

④ 오일러의 정리가 성립한다.

(2) 동차함수의 성질

1차 동차함수가 아닌 동차함수는 1차 동차함수 성질 중에서 ③만 성립한다. 지면낭비를 막기 위해 증명은 생략하겠다. 각자 1차 동차함수가 아닌 동차함수를 하나씩 만들어서 증명해보기 바란다.

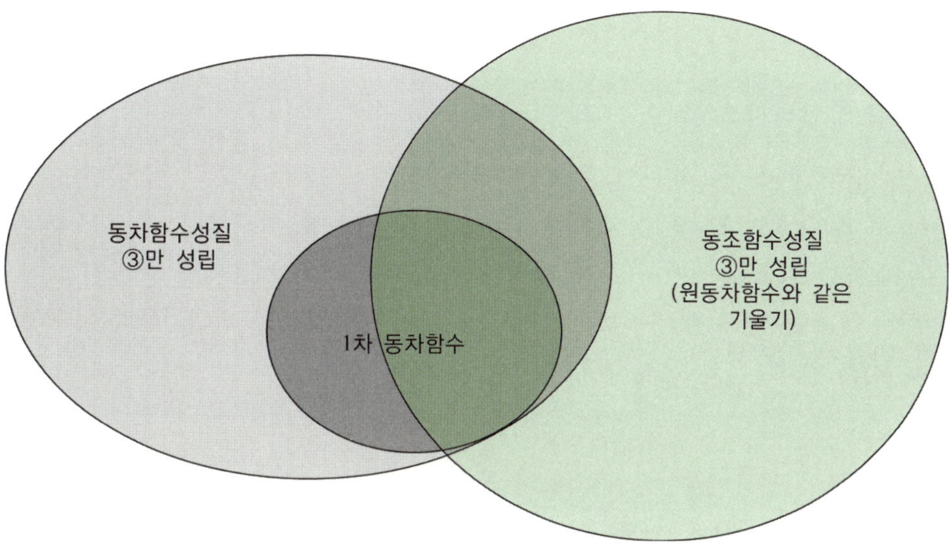

(3) 동조함수의 성질

동조함수는 동차함수를 함수변환한 것이었다. 동조함수는 동차함수의 성질 중에서 ③번만 성립한다. 그런데 이때 기울기는 독립변수의 비율이 같다면 동차함수의 기울기와 일치하는 것이 특징이다.

앞의 생산함수를 다음과 같이 함수변환하여 동조함수를 만들어보자.

$$Q = 0.2L^{0.3}K^{0.7}$$

$$W = g(Q) = 4Q^2 + 10 \cdots\cdots \text{함수변환식}$$

$$= 0.8L^{0.6}K^{1.4} + 10 \cdots\cdots \text{합성함수의 정리식}$$

함수 W에서 W를 일정하게 유지하기 위해 노동 한 단위를 늘리면 자본을 몇 단위 줄여야 하는가 계산해보자. 이를 식으로 정리해보면 다음과 같다.

$$\left|\frac{dK}{dL}\right|_{\overline{W}} = \frac{\frac{\partial W}{\partial L}}{\frac{\partial W}{\partial K}} = \frac{0.48L^{-0.4}K^{1.4}}{1.12L^{0.6}K^{0.4}} = \frac{3K}{7L}$$

동조함수를 만든 동차함수의 등량곡선 $\overline{Q}$에서 접선의 기울기를 계산하면 다음과 같이 동조함수와 일치한다.

$$\left|\frac{dK}{dL}\right|_{\overline{Q}} = \frac{\frac{\partial Q}{\partial L}}{\frac{\partial Q}{\partial K}} = \frac{0.3 \times 0.2L^{-0.7}K^{0.7}}{0.7 \times 0.2L^{0.3}K^{-0.3}} = \frac{3}{7}\left(\frac{K}{L}\right)$$

예제 8.3.4

다음 질문에 답하시오.

(1) $U = f(X, Y) = 0.5X^{0.4}Y^{0.6}$는 1차 동차함수이다. $\frac{U}{X}$와 $\frac{\partial U}{\partial X}$가 $\frac{Y}{X}$만의 함수임을 보이시오.

(2) $U = f(X, Y) = 0.5X^{0.4}Y^{0.6}$의 동조함수 $V = g(U) = U^2 + 20$를 계산하시오.

(3) $U = f(X, Y) = 0.5X^{0.4}Y^{0.6}$에서 U가 일정한 곡선의 접선의 기울기를 구하시오.

(4) 앞 식의 동조함수 $V = g(U) = U^2 + 20$에서 V가 일정한 곡선의 접선기울기를 구하시오.

(5) (3)과 (4)의 답이 $\frac{Y}{X}$가 일치하면 동일해지는가?

풀이

(1) $\frac{U}{X} = 0.5X^{-0.6}Y^{0.6} = 0.5\left(\frac{Y}{X}\right)^{0.6}$, $\frac{\partial U}{\partial X} = 0.2X^{-0.6}Y^{0.6} = 0.2\left(\frac{Y}{X}\right)^{0.6}$

(2) $V = 0.25X^{0.8}Y^{1.2} + 20$

(3) $\left|\frac{dY}{dX}\right|_{\overline{U}} = \frac{\frac{\partial U}{\partial X}}{\frac{\partial U}{\partial Y}} = \frac{0.2X^{-0.6}Y^{0.6}}{0.3X^{0.4}Y^{-0.4}} = \frac{2Y}{3X}$

(4) $\left|\frac{dY}{dX}\right|_{\overline{V}} = \frac{\frac{\partial V}{\partial X}}{\frac{\partial V}{\partial Y}} = \frac{0.2X^{-0.2}Y^{1.2}}{0.3X^{0.8}Y^{0.2}} = \frac{2Y}{3X}$

(5) 일치한다.

예제 8.3.5

솔로우의 장기성장모형에서 한 경제의 장기균형상태를 보여주는 그래프이다. 이 경제의 국민총생산을 결정하는 함수는 다음과 같다. 여기서 YS는 국민총생산, L은 노동투입량, K는 자본투입량이다.

$$YS = f(L,\ K) = 4L^{0.5}K^{0.5}$$

이 모형에서 장기균형은 다음 조건에서 달성된다. 여기서 s는 저축율, y는 1인당 국민총생산, n은 인구증가율, k는 1인당 자본양, δ은 감가상각율이다.

$$s \times y = (n+\delta) \times k$$

그래프와 이 식을 이용하여 물음에 답하시오.

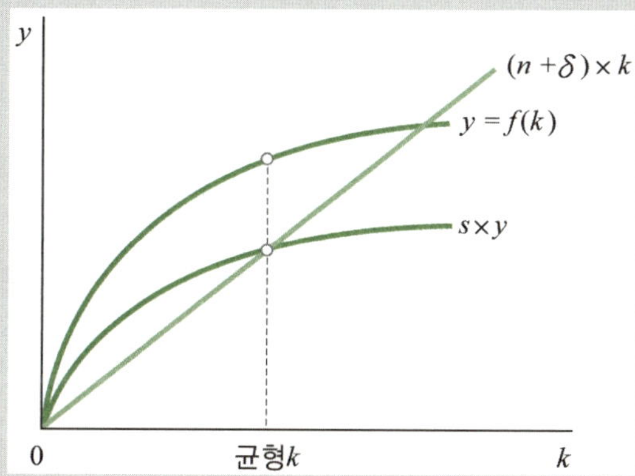

(1) 국민총생산을 결정하는 생산함수는 1차 동차이다. 이 식을 1인당 국민총생산$\left(y = \dfrac{YS}{L}\right)$과 1인당 자본량$\left(k = \dfrac{K}{L}\right)$의 함수로 변형하시오.

(2) 균형상태에서 1인당 자본량 k를 계산하시오(단, $n = 0.01$, $\delta = 0.1$, $s = 0.055$이다).

(3) 균형상태에서 1인당 국민총생산, 1인당 저축을 계산하시오.

(4) 균형상태에서 경제성장율(국민총생산증가율)은 얼마인가? 1차 동차함수의 특성을 이용하시오.

(5) 인구증가율이 0.1로 상승하면 새로운 균형에서 1인당 국민총생산과 경제성장율은 얼마가 되는가? 단, $\delta = 0.1$, $s = 0.055$이다.

(6) 저축율이 0.11로 상승하면 새로운 균형에서 1인당 국민총생산과 경제성장율은 얼마가 되는가? 단, $n = 0.01$, $\delta = 0.1$이다.

풀이

(1) 생산함수를 1인당 단위로 표현한 것을 집약형 생산함수라고 한다.

$$\frac{YS}{L} = 4L^{-0.5}K^{0.5} = 4\left(\frac{K}{L}\right)^{0.5}$$

$y = 4k^{0.5}$ ………………………………………… "집약형 생산함수"라고 부름

(2) 균형성장조건식에서 $y=4k^{0.5}$를 대입하고, k에 대해 정리한다.

$$s\times 4k^{0.5}=(n+\delta)\times k$$

$$k=\left(\frac{4s}{n+\delta}\right)^2=\left(\frac{4\times 0.055}{0.01+0.1}\right)^2=4$$

(3) 균형성장상태의 1인당 자본량 $k=4$에서

1인당 국민총생산 $y=4k^{0.5}=4\times 4^{0.5}=8$

1인당 저축 $sy=0.055\times 8=0.44$

(4) 균형상태에서는 $k=\dfrac{K}{L}=4$로 일정하기 때문에 1인당 자본 증가율 $\dot{k}=0$이다. 따라서 균형상태에서는 노동증가율(인구증가율 ; n)과 자본증가율이 일치한다. 그런데 1차 동차함수에서는 독립변수의 변화율이 모두 동일하게 변화하면 종속변수의 변화율도 같은 비율로 변화되므로 다음과 같은 상태가 된다.

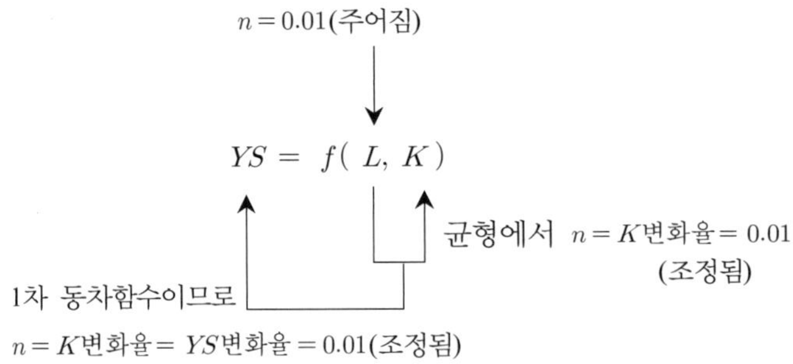

균형성장상태에서는 인구증가율, 자본증가율, 경제성장율은 일치하며, 인구증가율과 같다.

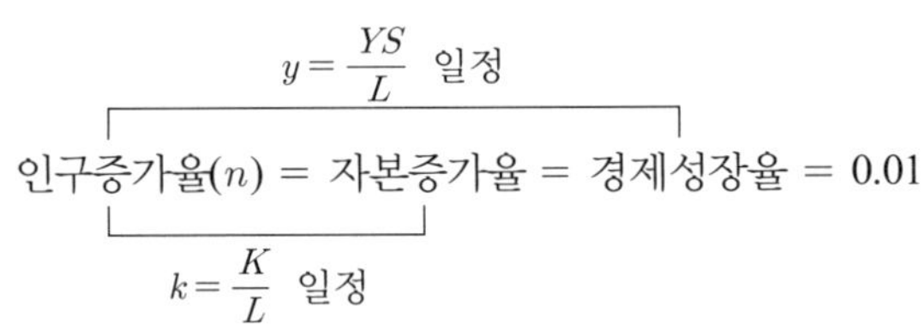

(5) 균형성장식을 이용하여 먼저 k를 계산한다.

$$k=\left(\frac{4s}{n+\delta}\right)^2=\left(\frac{4\times 0.055}{0.1+0.1}\right)^2=1.21$$

$$y=4k^{0.5}=4\times 1.21^{0.5}=4.4$$

경제성장율 = 자본증가율 = 인구증가율 = 0.1

(6) 균형성장식을 이용하여 먼저 k를 계산한다.

$$k=\left(\frac{4s}{n+\delta}\right)^2=\left(\frac{4\times 0.11}{0.01+0.1}\right)^2=16$$

$$y=4k^{0.5}=4\times 16^{0.5}=16$$

경제성장율 = 자본증가율 = 인구증가율 = 0.01

제 9 장 미분의 여러 활용

일러두기

본서는 경제학을 처음 접하는 독자들도 무리 없이 읽을 수 있도록 내용을 구성하였습니다. 다만, 좀 더 수월하게 본서를 마치고 싶은 독자는 본문과 문제에 다음 표시가 있는 부분을 제외시키고 공부해도 좋습니다. 굳이 분류기준을 밝히면 다음과 같습니다.

- I : 경제원론을 읽었으면 익숙한 내용
- II : 굳이 보지 않아도 되는 내용

9.1 로그와 변화율

1 로 그

(1) $\log_a Y = X$는 "로그 a의 Y는 X이다"라고 읽고, "a를 X승하면 Y가 된다"고 해석한다.

식 $a^X = Y$는 "a를 X승하면 Y가 된다."라는 의미이다. 역으로 "a를 몇 승하면 Y될까?" 고민할 상황도 생길 것이다. 이것을 표현하는 것이 log(로그)개념이다.

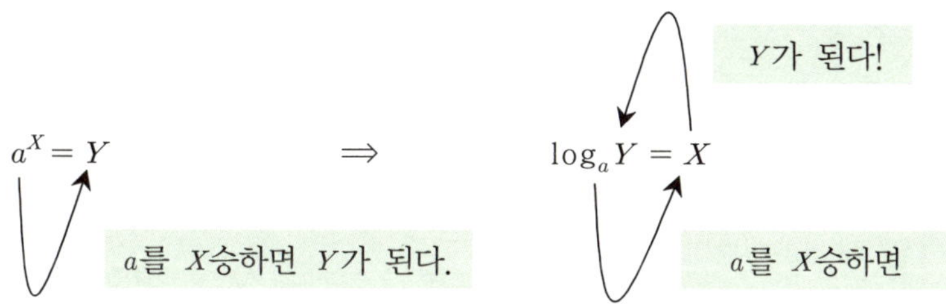

여기서 a를 "밑"이라고 한다. 그래서 "a를 밑으로 하는 Y의 로그는 X이다"라고 읽기도 한다.

(2) 밑을 10으로 하는 로그를 상용로그, 밑을 자연대수 e로 하는 로그를 자연로그라고 한다.

로그를 활용할 때 밑은 계산의 목적에 따라 마음대로 사용할 수있다. 그러나 우리가 자주 사용하는 것은 밑을 10으로 놓는 "상용로그"와 밑을 자연대수로 놓는 "자연로그"이다.

① 상용로그 값은 로그를 취하기 전 숫자의 자리수정보를 포함한다.
로그의 정의에 입각하여 답을 찾으면 다음과 같다.

$$\log_{10}10 = \log_{10}10^1 = 1$$
$$\log_{10}100 = \log_{10}10^2 = 2$$
$$\log_{10}1{,}000 = \log_{10}10^3 = 3$$

따라서 숫자가 두 자리이면 1과 2 사이, 세 자리이면 2와 3 사이, 네 자리이면 3과 4 사이의 상용로그 값이 나올 것이다.

② 자연로그는 계산과정에서 자연대수 e를 제거하기 위해 사용된다.

자연대수를 이용한 항(예를 들어 e^{rt})에서 자연대수 e를 제거하고 식을 단순화시키기 위해 사용하는 것이 밑을 자연대수 e로 취하는 자연로그이다. 자연로그 $\log_e$는 줄여서 ln으로 표시한다.

$$\log_e e^{\alpha X} = \ln e^{\alpha X} = \alpha X \cdots\cdots \log e = \ln$$

(3) 로그의 몇 가지 성질

이제 경제이론에 활용되는 몇 가지 로그의 성질을 $\ln$을 통하여 살펴보자.

① $Y = f(X)$일 때, $\ln Y = \ln f(X)$

양변에 로그를 취해도 등호는 변화되지 않는다.

② $Y = f(X, Z) = X \times Z$일 때, $\ln Y = \ln X + \ln Z$

$$\begin{aligned}\ln Y &= \ln(X \times Z) \\ &= \ln X + \ln Z \cdots\cdots \ln(X+Y) \neq \ln X + \ln Y\text{에 유의}\end{aligned}$$

예를 들어 $Y = 4 \times 3$이라면, $\ln Y = \ln 4 + \ln 3$이다.

③ $Y = f(X, Z) = \dfrac{X}{Z}$일 때, $\ln Y = \ln X - \ln Z$

$$\begin{aligned}\ln Y &= \ln\left(\frac{X}{Z}\right) \\ &= \ln X - \ln Z \cdots\cdots \ln(X-Z) \neq \ln X - \ln Z\text{에 유의}\end{aligned}$$

예를 들어 $Y = \dfrac{3}{5}$라면, $\ln Y = \ln 3 - \ln 5$이다.

④ $Y = f(X) = X^{\alpha}$일 때, $\ln Y = \alpha \ln X$

$$\begin{aligned}\ln Y &= \ln(X^{\alpha}) \\ &= \alpha \ln X \cdots\cdots (\ln X)^{\alpha} \neq \alpha \ln X\text{에 유의}\end{aligned}$$

예를 들어 $Y = 5^2$이라면, $\ln Y = 2\ln 5$이다.

이상의 성질은 밑을 어떤 수로 하는 로그에서도 모두 성립한다.

예제 9.1.1

로그의 성질을 이용하여 다음을 증명하시오. 단, $a \neq 0$이다.

(1) $\log_a a = 1$

(2) $\log_a 0 =$ 정의 안 됨

(3) $\log_a 1 = 0$

풀이

(1) $\log_a a^1 = 1 \times \log_a a = 1$ 또는 $a^1 = a$

(2) $a^X = 0$이 되는 수는 존재하지 않는다.

(3) $\log_a a^0 = 0 \times 1 = 0$ 또는 $a^0 = 1$

예제 9.1.2

한 기업의 생산함수이다. 노동(L)과 자본(K)을 투입하여 생산량(Q)은 다음 식처럼 결정된다. 양변에 로그를 취하여 정리하시오.

$$Q = Q(L,\ K) = 2L^{0.4}K^{0.6}$$

풀이

$$\begin{aligned}\ln Q &= \ln(2L^{0.4}K^{0.6}) \\ &= \ln 2 + 0.4\ln L + 0.6\ln K\end{aligned}$$

2 변화율 관계식 유도하기

"1인당 국민소득증가율 = 국민소득증가율 − 인구증가율" 등과 같이 경제이론에서는 변화율 간의 관계를 보여주는 식들이 많이 등장한다. 이 식들은 대부분 자연로그를 미분한 결과에서 유도한다. 한 가지 유의할 점은 이 식들에 의해 계산되는 값은 변화량이 크면 오차가 많이 발생한다는 사실이다. 하지만 일상에서는 여전히 어림값으로서 중요하게 사용하는 식이다. 자연로그를 이용하여 변화율 간의 관계를 보여주는 식을 유도하는 과정을 살펴보자.

(1) $Y = \ln X$**일 때,** $\dfrac{dY}{dX} = \dfrac{d}{dX}(\ln X) = \dfrac{1}{X}$

실제로 로그식을 미분하는 과정은 학부수준에서 거의 없다. 그럼에도 불구하고 이 성질은 경제학의 변화율 식을 유도하는 데 자주 사용된다.

(2) $d\ln X = \dfrac{dX}{X}$

앞 공식의 결론을 이용하여 변화율관계로 유도하는 과정을 살펴보자.

$$\frac{d}{dX}(\ln X) = \frac{1}{X}$$

$$\rightarrow\ d\ln X = \frac{dX}{X}$$

→ X에 자연로그를 취한 변화량은 X의 변화율이다!

앞에서 다룬 생산함수 식을 토대로 변수 간의 변화율 관계를 유도해보자.

$$Q = Q(L,\ K) = 2L^{0.4}K^{0.6}$$

먼저 양변에 자연로그를 취한다.

$$\begin{aligned}\ln Q &= \ln(2L^{0.4}K^{0.6}) \\ &= \ln 2 + 0.4\ln L + 0.6\ln K\end{aligned}$$

다음으로 $d\ln Q$를 유도하기 위해 전미분공식을 이용한다(사실 결과만 암기하면 쉽지만 원칙을 따라 유도과정을 보여주는 것뿐이다).

$$Y = f(X_1,\ X_2)$$

$$\rightarrow\ dY = \frac{\partial Y}{\partial X_1}dX_1 + \frac{\partial Y}{\partial X_2}dX_2 \quad \cdots\cdots \text{ 전미분공식}$$

여기서 $Y=\ln Q$, $X_1 = \ln L$, $X_2 = \ln K$라고 보면, $\frac{\partial \ln Q}{\partial \ln L} = 0.4$, $\frac{\partial \ln Q}{\partial \ln K} = 0.6$이므로,

$$d\ln Q = 0.4\,d\ln L + 0.6\,d\ln K \quad \cdots\cdots \text{ 전미분한 결과}$$

$Y = 2X + 3Z$일 때, $\Delta Y = 2\Delta X + 3\Delta Z$가 된다는 점을 적용하면 이 식은 더 쉽게 유도된다. 앞에서 유도된 식을 해석하면,

Q의 변화율 = 0.4×L의 변화율 + 0.6×L의 변화율

이 식에 실제 수치를 대입할 때는 변화량이 작은 경우에는 별 문제가 없으나, 변화량이 크면 오차도 그만큼 커진다. 미분개념(미량변화의 개념)을 적용했기 때문이다.

예제 9.1.3

영수의 효용함수는 구체적으로 다음과 같다고 한다. 사이다(X)를 1% 더 마시고, 햄버거(Y)를 2% 더 먹으면 효용(U)는 몇 % 변하는가?

$$U = U(X,\ Y) = 0.2X^{0.7}Y^{0.3}$$

풀이

주어진 식에 ln을 취하여 전미분하면,

$$\begin{aligned}d\ln U &= d\ln 0.2 + 0.7d\ln X + 0.3d\ln Y \\ &= 0 + 0.7\times 1 + 0.3\times 2 = 1.3\%\end{aligned}$$

예제 9.1.4

다음은 한 나라의 성장을 결정하는 생산함수 식이다. 여기서 Y는 그 경제의 총생산량을 의미하고 L과 K는 각기 노동투입량과 자본투입량을 나타낸다. 이 나라에서 노동투입률이 3%, 자본투입율이 2% 증가할 때 총생산량은 몇 %나 증가하겠는가?

$$Y = f(L,\ K) = 0.2L^{0.7}K^{0.3}$$

풀이

총생산량 증가율(경제성장율) $d\ln Y$를 구하기 위하여 양변에 ln을 취하고 전미분을 하면 다음과 같이 변화율 간의 관계가 유도된다.

$$\begin{aligned} d\ln Y &= d\ln 0.2 + 0.7d\ln L + 0.3d\ln K \\ &= 0 + 0.7\times 3 + 0.3\times 2 = 2.7\% \end{aligned}$$

예제 9.1.5

구매력평가설에 따르면 이종화폐간의 교환비율인 명목환율은 양국 화폐가 동일한 상품을 구입하는 데 필요한 통화량의 비율이다. 예를 들어 미국에서는 햄버거 하나의 가격이 2달러이고, 우리나라에서는 동일한 햄버거의 가격이 2,400원이라면, 대미명목환율은 "1달러=1,200원"이 된다. 이것은 다음 식으로 일반화시킬 수 있다.

$$\text{대미명목환율}\ e = \frac{\text{한국의 물가}}{\text{미국의 물가}}$$

이 식으로 볼 때 만일 미국의 물가가 3% 상승하고, 한국의 물가가 1% 상승하면 대미명목환율은 같은 기간 얼마나 변동해야 하는가?

풀이

양변에 자연로그를 취하고 변화량을 구하면 다음과 같은 변화율 간의 식이 유도된다.

$$d\ln e = d\ln\text{한국물가} - d\ln\text{미국물가} \quad \cdots\cdots\cdots\cdots\ e\text{는 자연대수가 아니라 환율기호임}$$

$$= 1 - 3 = -2\%$$

같은 기간 2% 하락한다. 기간 말 대미명목환율은 1,176원이 될 것으로 예상된다.

예제 9.1.6

실질환율은 상대국 상품 1단위를 구입할 돈으로 자국 상품을 몇 단위 구입할 수 있는지를 나타낸다. 예를 들어 우리나라의 햄버거는 개당 2,500원이고, 미국의 햄버거는 2달러라고 해보자. 다음 물음에 답하시오.

(1) 대미명목환율이 "1달러=1,000원"일 때 실질환율은 얼마인가?

(2) (1)번을 유도한 식에서 햄버거가격을 물가로 보고, 일반화된 식을 구성하시오.

(3) (2)의 식을 변화율관계로 고쳐서 대미실질환율에 영향을 미치는 요인을 설명하시오.

(4) (3)의 식을 이용하여 한국의 물가가 5% 상승, 미국의 물가가 3% 상승, 대미명목환율이 2% 상승할 때 대미실질환율이 몇 % 변동하는지 계산하시오.

풀이

(1) 대미실질환율은 미국에서 햄버거를 하나 살 돈으로 우리나라에서 같은 햄버거를 몇 개 살 수 있나를 나타내기 때문에 미국의 햄버거 값을 우리나라의 햄버거 값으로 나누어야 한다.

$$\text{대미실질환율} = \frac{\text{미국에서 햄버거 살 돈}}{\text{한국에서 햄버거 살 돈}} = \frac{2 \times 1{,}000}{2{,}500} = 0.8$$

(2) $\text{대미실질환율} = \dfrac{\text{미국물가} \times \text{대미명목환율}}{\text{한국물가}}$

(3) $d\ln\text{대미실질환율} = d\ln\text{미국물가} + d\ln\text{명목환율} - d\ln\text{한국물가}$

미국의 물가가 상승하거나, 대미명목환율이 높아지거나, 한국의 물가가 하락하면 대미실질환율은 상승한다.

(4) $d\ln\text{대미실질환율} = d\ln\text{미국물가} + d\ln\text{명목환율} - d\ln\text{한국물가}$

$$= 3\% + 2\% - 5\% = 0\%$$

대미실질환율은 변동하지 않는다.

예제 9.1.7

유럽국가들은 한 때 물가를 통제하기 위해 "EC방식"이라는 식을 활용하였다. 이 식은 "수량방정식"이라는 항등식을 이용한 것인데 다음과 같다.

$$MS \times V \equiv P \times YS$$

이 등식의 좌측은 일정 기간 동안 유통된 화폐의 크기(MS는 화폐량이고 V는 이 화폐가 그 기간 거래를 위해 평균적으로 사람 손을 거친 회수로서 "유통속도"라고 한다)이고, 우측은 같은 기간 거래에 필요한 화폐의 크기(P는 물가수준이고, YS는 그 경제의 총생산물이다)이다. 이것을 이용하여 답하시오.

(1) 수량방정식을 변화율 간의 관계를 보여주는 식으로 유도하시오.

(2) 유통속도변화율이 −1%, 총생산물의 증가율이 5%로 예상된다. 물가상승율을 3%로 억제시키려면 통화공급율을 얼마 이상 넘기면 안 되는가?

풀이

(1) 양변에 ln을 취하고, 전미분공식을 이용하여 $d\ln MS$를 유도하면,

$$d\ln MS + d\ln V \equiv d\ln P + d\ln YS$$

(2) 유도된 식에 주어진 수치를 대입하면,

통화공급률 + 유통속도변화율 ≡ 물가변화율 + 경제성장율

(?) (−1%) (3%) (5%)

그러므로, 통화공급율을 9% 이상 높이면 안 된다.

9.2 최적화

근대 이후 자연과학뿐 아니라, 사회과학이론들도 합리적인 인간상에 초점을 맞추고 있다. 경영학이나 경제학도 예외는 아니다. 최근 뇌과학은 이런 가정의 오류를 지적하면서 급격히 발전하고 있다. 그럼에도 불구하고 합리성(최선의 결정을 내리는 것)을 표현하는 최적화(극대 또는 극소를 찾는 것) 개념은 사회과학이론에서 여전히 가장 중요한 표현도구이다.

누군가 여러분을 서점에 데려가서 "보고 싶은 책 다 골라라"고 말할 때와 "10만 원 이내에서 읽고 싶은 책을 모두 골라라"고 제의할 때 고르는 책수는 달라질 것이다. 동일한 맥락에서 전자와 같이 제약조건 없이 최선의 결정을 내리는 것과 후자와 같이 제약조건이 있는 상태에서 최선의 결정을 내리는 것은 결과가 완전히 다를 수 있다. 두 가지 상황에서 최적화하는 방법에 대하여 알아보자. 이 부분은 부록과 같이 읽으면 더 이해가 빠르다.

1 그래프를 이용한 접근

(1) 제약조건이 없을 때의 최적화(극값 찾기)

앞에서 살펴본 1차 미분계수의 부호활용에서 1차 미분계수가 0이면 극값을 갖는다는 사실을 확인하였다. 여기서 다시 한번 정리해보자.

① 독립변수가 1개인 단일변수함수 $Y=f(X)$의 경우

㉠ 그래프의 꼭지점은 그 근방에서 극값을 갖는다.

다음 그래프에서 A점이나 B점처럼 Y가 극값을 갖는 꼭지점에서는 1차 미분계수 $\frac{dY}{dX}=0$이다. 따라서 역으로 $Y=f(X)$에서 $\frac{dY}{dX}=0$으로 놓고 풀면 "Y가 극값을 갖는 X를 찾을 수 있다."

㉡ 극 점에서 곡선이 X축에 오목하면 Y는 극대값이고 볼록하면 극소값이다.

$Y=f(X)$에서 $\frac{dY}{dX}=0$인 A점은 그 근방에서 극대값을 갖는다. 이 점의 근방에서 2차 미분계수의 부호는 음수이다.

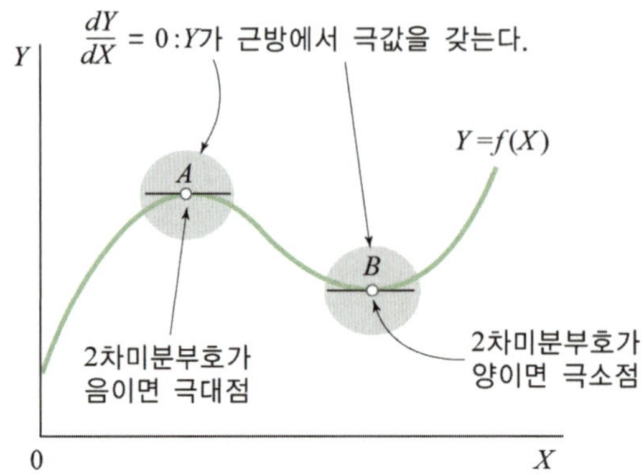

$$\frac{d}{dX}\left(\frac{dY}{dX}\right) = \frac{d}{dX}(\text{접선의 기울기}) < 0$$

X가 증가할 때 접선의 기울기가 점차 감소하기 때문에 2차 미분부호는 음(−)이다(극대값).

반면, B점은 그 근방에서 극소값을 갖는다. 이 점에서는 2차 미분계수의 부호가 양수이다.

$$\frac{d}{dX}\left(\frac{dY}{dX}\right) = \frac{d}{dX}(\text{접선의 기울기}) > 0$$

X가 증가할 때 접선의 기울기가 점차 증가하기 때문에 2차 미분부호는 양(+)이다(극소값).

② 독립변수가 여럿인 다변수함수 $Y=f(X_1,\ X_2,\ \cdots,\ X_n)$인 경우

이해를 돕기위해 효용함수를 예로 들어보자. 사과(X)와 배(Z)를 소비하여 다음 식과 같이 효용(U ; 만족도)을 얻고 있는 사람을 가정하자.

$$U = U(X, Z)$$

사과와 배를 더 많이 소비할수록 효용이 높아질 것이다. 하지만 사과와 배를 너무 많이 소비하면 도리어 불쾌감을 주는 수준에 도달하기 때문에 효용곡선은 그래프와 같이 종모양의 형태를 보인다고 가정하자.

우리의 목적은 효용을 가장 많이 얻을 수 있는 사과와 배의 소비량을 찾는 것이다. 그래프에서 종모양의 꼭대기인 E점을 찾는 것이다. E점에서는 사과축과 평행하게 접선을 그리거나, 배축과 평행하게 접선을 그리거나 수평선이 나온다는 사실을 확인할 수 있다.

즉, 꼭지점에서는 각축의 변수로 편미분하면 모두 0이 나온다.

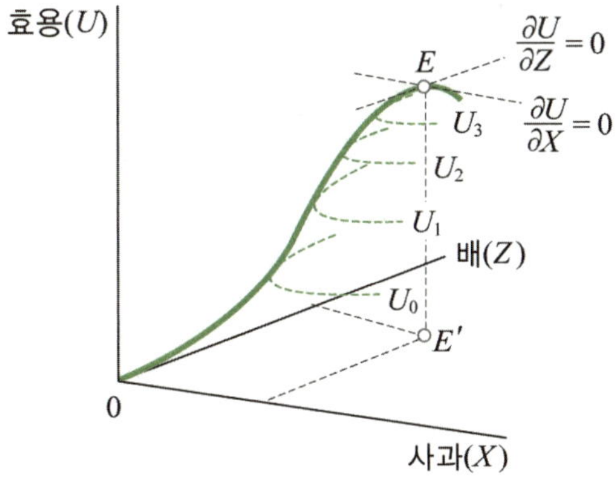

이상의 내용을 정리해보자. 우선 함수가 다음과 같이 주어질 때,

$$U = U(X,\ Z)$$

U가 극값을 가지는 X, Z을 찾으려면, 두 독립변수로 편미분한 편미분계수가 동시에 0이 되어야 한다.

$$\left.\begin{aligned}\frac{\partial U}{\partial X} &= 0\\ \frac{\partial U}{\partial Z} &= 0\end{aligned}\right\} \cdots\cdots\cdots\cdots\cdots\cdots\cdots\cdots\ U\text{가 극값을 가질 조건}$$

이제 독립변수의 수를 확대하여 정리해 보자. 함수가 다음과 같이 주어질 때,

$$Y = f(X_1, X_2\ \cdots,\ X_n)$$

㉠ Y가 극값을 가지는 X_1, X_2, X_3, …, X_n에서는 이들 모든 독립변수로 각기 편미분한 값이 동시에 0이다.

$$\left.\begin{aligned}\frac{\partial Y}{\partial X_1} &= 0\\ \frac{\partial Y}{\partial X_2} &= 0\\ \frac{\partial Y}{\partial X_3} &= 0\\ &\cdots\\ \frac{\partial Y}{\partial X_n} &= 0\end{aligned}\right\} \cdots\cdots\cdots\cdots\cdots\cdots\cdots\cdots\ Y\text{가 극값을 가질 조건}$$

결국, 독립변수만큼 편미분한 등식을 동시에 만족하는 연립방정식을 풀어야 해결된다. 연립방정식의 개수가 미지수의 개수와 일치하면 유일한 해가 나오기 때문에 유일한 해를 얻을 수 있을 것이다.

㉡ 2차편미분을 통해 극대와 극소를 판정한다.

이 조건은 수리경제학이나 대학원과정에서 필요하므로 이 책의 수준과 범위를 넘어선다. 일반적으로 학부수준에서는 다루지 않기 때문에 생략하겠다.

(2) 제약이 있을 때 최적화 원리

이제 제약이 존재할 때 극값을 찾는 원리를 생각해보자. 사과와 배를 동시에 재배하는 농장을 방문했다고 하자. 나무에서 싱싱한 과일을 직접 따서 살 수 있는 곳이다. 지출가능한 돈 30,000원(I_0) 내에서 과일을 구입하는 경우에 어떤 방식으로 과일수량을 결정하겠는가?

이렇게 결정한 수량이 필요한 만큼 과일을 따가도 좋다고 했을 때 결정한 수량과 같다면 여러분은 만족(효용)을 극대화시키고도 남을 만큼 충분한 예산을 가지고 있는 것이다. 그러나 예산제약하에서 결정한 수량이 더 적다면 여러분은 예산부족으로 과일을 만족(효용)이 극대가 되는 수량보다 적게 결정한 것으로 볼 수 있다. 이제 그래프를 이용하여 제약상태에서 내린 결정을 살펴보자. 먼저 효용함수는 제약이 없을 때와 동일하다고 전제하겠다.

효용함수 $U = U(X,\ Z)$

이 효용함수에 대한 3차원적 그래프는 다음 쪽과 같다고 가정하자.

다음으로 예산제약식을 만들어보자. 여러분은 사과의 구입비와 배의 구입비를 합하여 예산을 초과할 수 없다. 따라서,

사과구입비 = 사과가격×사과구입수량
$= P_X \times X$
배구입비 = 배가격×배구입수량
$= P_Z \times Z$
지출액(E) = 사과구입비 + 배구입비
$= P_X \times X + P_Z \times Z$

그러므로 지출가능한 예산을 I_0라고 할 때 구매가능한 사과와 배의 수량은 다음 예산제약 조건을 만족해야 한다.

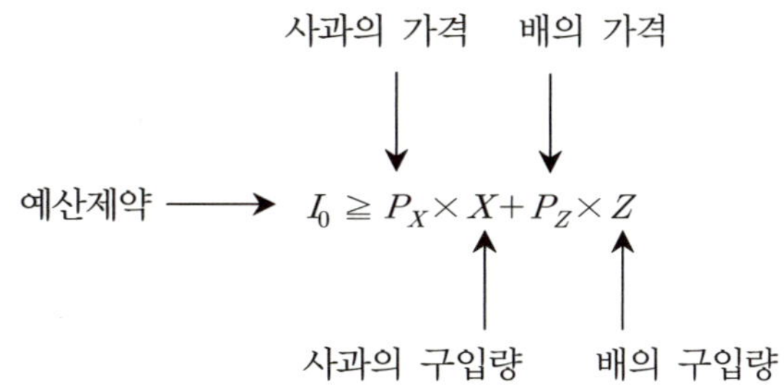

또한 여러분이 만족을 극대화시키고 있다면, 구매가능한 사과와 배의 최대수량에서는 예산을 모두 지출하고 있을 것이 명백하므로 다음 등식을 만족할 것이다.

$$\text{최대구입가능수량식} \quad I_0 = g(X,\ Z) = P_X \times X + P_Z \times Z$$

이 예산식의 그래프는 다음 쪽과 같이 직선으로 그려진다. 여러분은 이 직선의 안쪽 삼각형 영역에서만 사과와 배를 구매가능하다. 그러므로 최대로 구매가능한 수량은 이 직선(경제학에서는 예산선이라고 함) 위의 한 점일 것이 분명하다.

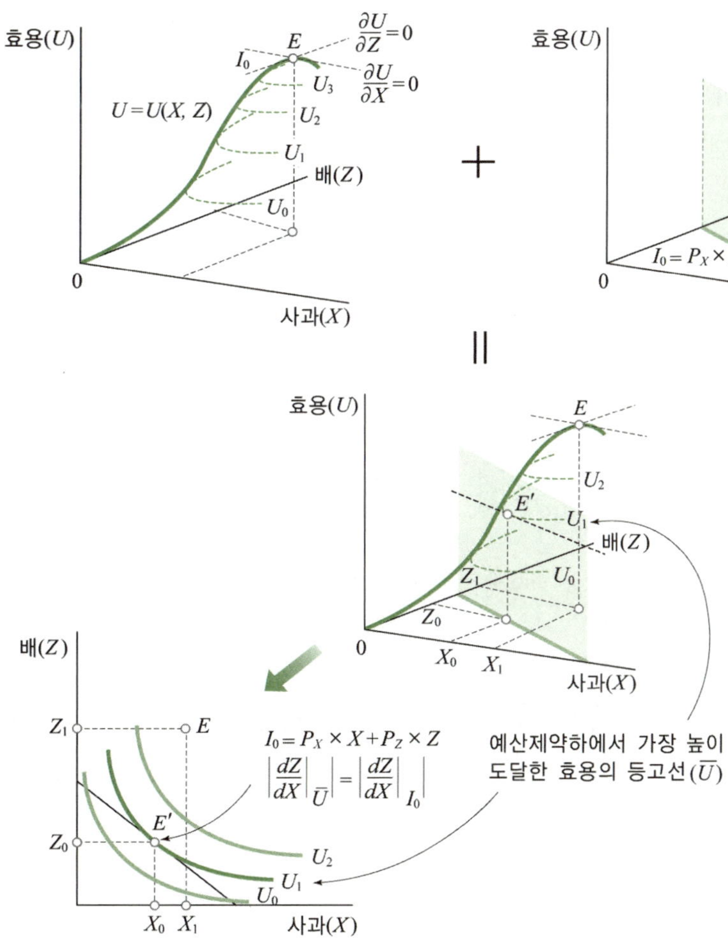

① 제약이 유효하다면 극값은 제약조건을 만족한다.

이제 여러분의 목적이 주어진 예산에서 효용을 극대화하는 것이라고 가정해보자. 그래프와 같이 제약이 없다면 여러분은 E점에서 사과와 배를 더 많이 소비하고 싶다.

그러나 쓸 수 있는 예산이 제약되어 있기 때문에 여러분은 돈을 다 써도 원하는 만큼 사과와 배를 구매할 수 없다. 결론적으로 여러분은 돈을 모두 지출할 것이 분명하다. 즉, E 점처럼 제약하에서 효용이 극대가 되는 점에서는 제약조건을 만족한다.

$$I_0 = P_X \times X + P_Z \times Z \cdots\cdots \text{극값에서는 제약조건을 만족}$$

제약조건을 만족한다는 것은 그래프에서 보는 것처럼 제약조건을 나타내는 그래프(예산선) 상에 극값이 존재한다는 의미이다.

② 극값에서는 동일한 제약조건을 나타내는 그래프의 접선기울기와 극값을 찾는 변수가 동일한 값을 갖는 그래프의 접선기울기가 일치한다.

효용을 나타내는 그래프를 살펴보자. 효용축으로 볼록하게 그려진 호모양의 곡선은 동일한 효용의 높이를 나타내는 등고선이다. 이 선은 동일한 효용을 나타내기 때문에 무차별곡선(무차별한 효용을 나타내는 선)이라고 한다. 가장 밑의 그래프는 이 선들을 효용축 위쪽에서 바라다 본 것이다. 그러므로 밖에 위치한 곡선이 더 높은 효용수준을 나타낸다고 할 수 있다. 따라서 효용이 극대가 되는 소비점은 다음과 같은 상태이다.

"예산선 위에 있으면서, 가장 밖에 있는 무차별곡선과 접하고 있다."

다시 말해, "예산선과 무차별곡선이 접하고 있거나 예산선의 접선의 기울기와 무차별곡선의 접선의 기울기가 같다"는 의미이며 이 상태를 수식으로 표현하면 다음과 같다.

$$\left|\frac{dZ}{dX}\right|_{I_0} = \left|\frac{dZ}{dX}\right|_{\bar{U}}$$

| 예산선의 접선의 기울기 | | 무차별곡선의 접선의 기울기 |

$$\frac{\left(\frac{\partial I}{\partial X}\right)}{\left(\frac{\partial I}{\partial Z}\right)} = \frac{P_X}{P_Z} \qquad \frac{\left(\frac{\partial U}{\partial X}\right)}{\left(\frac{\partial U}{\partial Z}\right)} = \frac{MU_X}{MU_Z}$$

하단의 수식은 앞에서 다루었다. 함수 $U = U(X, Z)$에서 U가 동일한 곡선의 접선의 기울기는 각 독립변수가 U에 미치는 영향도였다.

$$\left|\frac{dZ}{dX}\bigg|_{\overline{U}}\right| = \frac{\left(\frac{\partial U}{\partial X}\right)}{\left(\frac{\partial U}{\partial Z}\right)}$$

이 원리를 식에 대입하여 얻는 것이 가장 아래 식이다(이 등식의 우측은 실제 편미분한 결과이다).

이 식들을 해석해보자(MU_X는 X의 한계효용이다).

$$\frac{\left(\frac{\partial I}{\partial X}\right)}{\left(\frac{\partial I}{\partial Z}\right)} = \frac{P_X}{P_Z}$$ ………… X가 Z보다 몇 배 비싼가?

$$\frac{\left(\frac{\partial U}{\partial X}\right)}{\left(\frac{\partial U}{\partial Z}\right)} = \frac{MU_X}{MU_Z}$$ ………… X가 Z보다 몇 배 효용이 더 큰가?

예를 들어, $\frac{P_X}{P_Z}=2$이고 $\frac{MU_X}{MU_Z}=3$이라고 해보자. 사과(X)는 배(Z)보다 2배 비싼데, 효용은 3배 더 높다. 효용을 높이는 것이 여러분의 목적이라면 어떻게 하겠는가? 배 대신 사과소비를 늘림으로써 효용을 더 얻으려 할 것이다. 하지만 $\frac{MU_X}{MU_Z}=2$라면 배와 사과소비량을 조정할 필요가 없다. 식의 결과처럼 이때가 최선이다.

③ 제약조건에서 극값은 “제약조건을 만족하고, 제약곡선의 접선의 기울기와 극값을 찾는 변수의 등량곡선에서 접선의 기울기가 일치”할 때 도달한다.[1)]

이상의 내용을 일반화시켜보자. 극값을 찾는 변수를 결정하는 함수를 “목적함수”라고 한다.

목적함수 $Y=f(X_1,\ X_2)$
제약조건 $\overline{I}=g(X_1,\ X_2)$

제약조건 하에서 효용을 극대화하기 위한 조건은 다음과 같다.

우선, 제약조건을 만족하고

$\overline{I}=g(X_1,\ X_2)$ ………… 제약조건 만족

1) 눈치 빠른 독자들은 원점에 볼록하지 않은 곡선이거나, 굴곡이 많은 곡선일 때는 해를 어떻게 찾나 궁금해 할 수도 있다. 그러나 실제 이런 고민은 수리경제학자들의 문제이다. 우리는 이들이 이미 원점에 볼록하다고 찾아 놓은 수식꼴들만 다루게 될 것이므로 그런 고민은 하지 않아도 된다. 이에 대한 직관적인 이해는 [부록 6]에서 “균형패러다임”을 참고하기 바란다.

제약곡선($\overline{I}$)의 접선의 기울기와 극값을 찾는 변수가 동일한 값을 가지는 곡선($\overline{Y}$)의 접선의 기울기가 일치해야 한다.

$$\left|\frac{dX_2}{dX_1}\Big|_{\overline{I}}\right| = \left|\frac{dX_2}{dX_1}\Big|_{\overline{Y}}\right| \cdots\cdots \text{합리성 도달조건}$$

두 식을 연립해서 풀면 목적함수 Y가 극값을 가지는 X_1, X_2를 찾을 수 있다.

예산제약이 있는 상태에서 효용을 극대화시키는 사과와 배의 수요량을 그래프의 결과에서 읽으면 다음과 같다.

㉠ 예산을 다 쓰고($I_0 = P_X \times X + P_Y \times Y$)

㉡ 배의 상대적인 만족도 $\left|\frac{dY}{dX}\Big|_{\overline{U}}\right|$ = 배의 상대적인 비용(가격) $\left|\frac{dY}{dX}\Big|_{\overline{I}}\right|$

여기서도 극대와 극소를 판정하는 조건에 대해서는 본서의 범위를 벗어나기 때문에 생략하기로 한다.

④ 제약조건이 달라져도 제약조건만 달라질뿐 극값을 찾는 나머지 조건은 같다.

지금까지는 예산제약이 주어질 때 효용을 극대화시키는 소비선택을 살펴보았다. 반대로 일정한 효용($\overline{U} = 200$)을 얻기 위해 최소한 얼마의 예산이 있어야 되는지 생각해 보자. 예산이 적을수록 예산선은 안쪽에 위치한다. 그러므로 효용 200을 얻을 수 있는 소비점 중에서 가장 안쪽의 예산선과 만나는 점을 찾으면 된다.

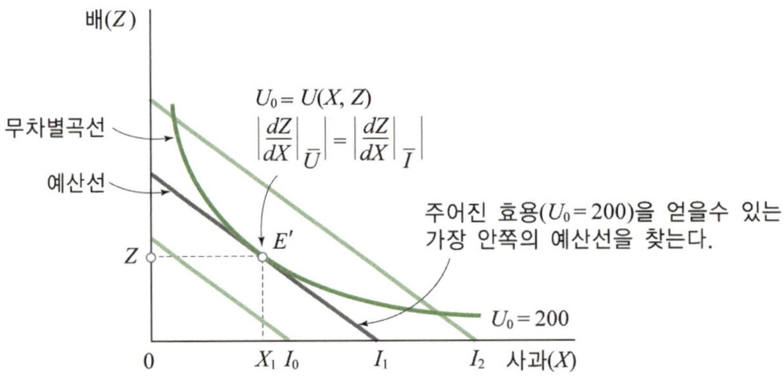

그래프에서 효용 200을 얻을 수 있는 가장 적은 예산은 I_1이다. 따라서 극값을 찾는 것은 E'를 찾는 것이다.

이 점에서는 다음 조건이 성립한다.

첫째, 주어진 효용수준(제약조건)에 도달하고,

$$U_0 = U(X,\ Z) \cdots\cdots 200\text{이다.}$$

둘째, 효용 200의 무차별곡선의 접선기울기와 예산선의 접선기울기가 일치한다.

$$\left|\frac{dZ}{dX}\Big|_{\overline{U}}\right| = \left|\frac{dZ}{dX}\Big|_{\overline{I}}\right| \cdots\cdots \text{합리성 조달조건}$$

보는 것처럼 제약조건이 주어질 때 극값을 찾는 문제는 제약조건에 따라 연립방정식을 구성하는 제약조건식만 달라질 뿐 나머지 식은 변함이 없다.

예제 9.2.1

다음은 한 기업의 이윤함수이다. 이 기업은 노동과 자본을 투입하여 생산량을 결정한다. 또한 이 기업의 생산비는 비용함수와 같이 노동과 자본의 투입량에 의해서만 결정된다고 가정하자. 이 기업이 이윤을 극대로 얻기 위해서는 노동과 자본을 몇 단위 투입해야 하는가? 생산물의 시장가격은 언제나 1,000원이다.

이윤함수 $\pi = f(L,\ K) =$ 총판매수입 − 총생산비

총판매수입함수 $TR = R[Q(L,\ K)] = 1{,}000 \times Q$

총생산비함수 $TC = C[Q(L,\ K)] = 500L + 250K$

생산함수 $Q = Q(L,\ K) = \sqrt{L} + LK$

풀이

이 함수들을 이용하여 이윤함수를 구성해 보면 다음과 같다.

$$\pi = 1000\sqrt{L} + 1000LK - 500L - 250K$$

이윤이 극대가 되는 노동과 자본량은 다음 조건을 만족하는 상태이다.

$$\frac{\partial \pi}{\partial L} = 500L^{-0.5} + 1000K - 500 = 0 \cdots\cdots ①$$

$$\frac{\partial \pi}{\partial K} = 1000L - 250 = 0 \cdots\cdots ②$$

②에서

$$L = 0.25 \cdots\cdots ②'$$

②′를 ①에 대입해서 풀면,

$$K = 1.5,\quad Q = 0.5 + 0.25 \times 1.5 = 0.875$$

이때 극대화된 이윤을 계산하면,

$$\pi = 1000 \times 0.5 + 1000 \times 0.25 \times 1.5 - 500 \times 0.25 - 250 \times 1.5 \text{(}L,\ K\text{를 대입한 경우)}$$

$$= 375 \text{(}Q\text{를 대입한 경우)}$$

예제 9.2.2

한 기업이 직면하는 분할된 두 시장의 수요곡선이 다음과 같다. 이 기업의 비용곡선은 $TC=300+3Q$로 표현된다. 이 독점기업(시장의 유일한 기업)이 두 시장에 최적 공급할 생산량과 그때 각 시장의 가격은 각기 얼마인가? 단, 이 기업은 이윤을 극대로 달성하려는 목표를 가지고 있다. P는 가격, Q는 수량이고, 하첨자는 각 시장을 의미한다.

시장 A의 역수요함수 : $P_A=21-3Q_A$
시장 B의 역수요함수 : $P_B=33-5Q_B$

풀이

이 기업의 생산량 $Q=Q_A+Q_B$이다. 먼저, 이윤함수를 유도하면,

$$\pi(Q_A,\ Q_B) = TR_A + TR_B - TC(\text{단, } TR\text{은 판매수입이다.})$$
$$= (21-3Q_A)Q_A + (33-5Q_B)Q_B - [300+3(Q_A+Q_B)]$$
$$= 21Q_A - 3Q_A^2 + 33Q_B - 5Q_B^2 - 300 - 3Q_A - 3Q_B$$

제약이 없으므로, Q_A, Q_B로 편미분하여 0으로 놓고 연립방정식을 푼다.

$$\frac{\partial\pi}{\partial Q_A} = 21-6Q_A-3=0 \ \rightarrow\ Q_A=3,\ P_A=12$$

$$\frac{\partial\pi}{\partial Q_B} = 33-10Q_B-3=0 \ \rightarrow\ Q_B=3,\ P_B=18$$

기업은 총 6단위 생산하여 각 시장에 3단위씩 다른 가격에 공급하고 최대의 이윤을 얻는다. 이렇게 같은 상품을 다른 가격에 판매하는 것을 "가격차별"이라고 한다.

예제 9.2.3

한 독점기업(시장의 유일한 기업)이 직면하는 분할된 두 시장의 수요곡선이 다음과 같다. 이 기업의 비용곡선은 $TC=200+\dfrac{Q^2}{2}$로 표현된다. 이 기업이 두 시장에 최적 공급할 생산량과 그 때 각 시장의 가격은 각기 얼마인가? 단, 이 기업은 이윤을 극대로 달성하려는 목표를 가지고 있다. P는 가격, Q는 수량이고, 하첨자는 각 시장을 의미한다.

시장 A의 수요함수 : $Q_A=320-2P_A$
시장 B의 수요함수 : $Q_B=100-P_B$

풀이

이 기업의 생산량 $Q=Q_A+Q_B$이다. 먼저, 이윤함수를 유도하면,

$$\pi(Q_A,\ Q_B) = TR_A + TR_B - TC,\ \text{단, } TR\text{은 판매수입이다.}$$
$$= (160-0.5Q_A)Q_A + (100-Q_B)Q_B - \left[200+\frac{(Q_A+Q_B)^2}{2}\right]$$

제약이 없으므로, Q_A, Q_B로 편미분하여 0으로 놓고 연립방정식을 푼다.

$$\frac{\partial \pi}{\partial Q_A} = 160 - Q_A - (Q_A + Q_B) = 0 \rightarrow 160 - 2Q_A - Q_B = 0 \cdots\cdots ①$$

$$\frac{\partial \pi}{\partial Q_B} = 100 - 2Q_B - (Q_A + Q_B) = 0 \rightarrow 100 - 3Q_B - Q_A = 0 \cdots\cdots ②$$

두 식을 연립해서 풀면, $Q_A = 76$, $P_A = 122$, $Q_B = 8$, $P_B = 92$로 총 84단위를 생산하여 각 시장에 각기 다른 가격에 판매하여 극대이윤을 취한다.

예제 9.2.4

두 개의 공장에서 각기 다른 비용구조로 생산하는 독점기업(시장에 동일한 상품을 생산하는 기업이 없음)이 있다. 이 기업의 각 공장별 비용함수 TC는 다음과 같다. 이 기업의 상품의 시장가격은 $P = 600 - \frac{Q}{3}$로 결정된다. 이 기업이 각 공장에서 몇 단위씩을 생산하면 이윤이 극대가 되겠는가? 단, Q는 생산량, P는 가격, $Q = Q_A + Q_B$이다.

A공장 : $TC_A = 2Q_A^2 + 100$

B공장 : $TC_B = Q_B^2 + 150$

풀이

이윤식을 만들어 보자.

$$\begin{aligned}\pi(Q_A, Q_B) &= TR - TC_A - TC_B \\ &= P \times Q - TC_A - TC_B \\ &= \left(600 - \frac{Q}{3}\right)Q - (2Q_A^2 + 100) - (Q_B^2 + 150) \\ &= 600Q_A + 600Q_B - \frac{(Q_A + Q_B)^2}{3} - 2Q_A^2 - Q_B^2 - 250\end{aligned}$$

제약이 없으므로 이윤식을 Q_A와 Q_B로 편미분하여 0으로 놓은 다음 연립해서 해를 찾는다.

$$\frac{\partial \pi}{\partial Q_A} = 600 - \frac{2(Q_A + Q_B)}{3} - 4Q_A = 0$$

$$1{,}800 - 14Q_A - 2Q_B = 0$$

$$Q_B = 900 - 7Q_A \cdots\cdots ①$$

$$\frac{\partial \pi}{\partial Q_B} = 600 - \frac{2(Q_A + Q_B)}{3} - 2Q_B = 0$$

$$1{,}800 - 2Q_A - 8Q_B = 0 \cdots\cdots ②$$

①을 ②에 대입하여 정리하면,

$$Q_A = \frac{5{,}400}{54} = 100$$

$$Q_B = 900 - 7 \times 100 = 200$$

예제 9.2.5

시장에 오직 두 기업 A, B만 존재한다고 가정하자. 이 두 기업은 완전히 동일한 상품을 생산하며, 각자 생산량을 조정하면 시장가격이 다음 식에 따라 변동한다.

$$P=20-Q(\text{단},\ Q=Q_A+Q_B)$$

두 기업은 각자 상대방기업의 수량을 알지 못하며, 단지 시장가격의 움직임에 대응하여 이윤을 극대로 만드는 수량을 결정하려고 한다. 두 기업의 비용식이 다음과 같다고 할 때 각 기업의 이윤을 극대로 만드는 생산량은 얼마인가?

$$A\text{기업의 비용식 : } TC_A=2Q_A+20$$
$$B\text{기업의 비용식 : } TC_B=2Q_B+30$$

풀이

두 기업의 이윤식을 세우고, 동시에 이윤극대상태가 되는 수량을 계산한다. 만일 한 기업이 이윤극대균형이 아니라면, 수량이 변하면서 다른 기업의 이윤극대수량도 변동할 것이다. 따라서 연립방정식으로 구해야 한다.

$$\begin{aligned} A\text{기업의 이윤식 } \pi_A &= TR_A-TC_A=P\times Q_A-2Q_A-20 \\ &= 18Q_A-Q_A^2-Q_AQ_B-20 \end{aligned}$$

$$\begin{aligned} B\text{기업의 이윤식 } \pi_B &= TR_B-TC_B=P\times Q_B-2Q_B-30 \\ &= 18Q_B-Q_B^2-Q_AQ_B-30 \end{aligned}$$

각 기업의 생산량으로 이윤식을 편미분하여 0으로 놓고 연립해서 해를 구한다.

$$\frac{\partial \pi}{\partial Q_A}=18-2Q_A-Q_B=0 \quad \cdots\cdots ①$$

$$\frac{\partial \pi}{\partial Q_B}=18-2Q_B-Q_A=0 \quad \cdots\cdots ②$$

두 식을 연립해서 풀면, $Q_A=6$, $Q_B=6$이다.

이 문제는 과점모형 복점기업의 "쿠르노－내쉬균형"을 찾는 문제이다.

예제 9.2.6

민혁이는 예산 $I_0=10{,}000$원을 가지고, 캔디(X)와 젤리(Y)를 사려고 한다. 캔디가격 $P_X=20$원이고, 젤리가격 $P_Y=10$원이라고 하자. 민혁이의 효용함수가 다음과 같이 표현된다고 가정할 때, 효용이 극대가 되는 X와 Y재의 소비량은 얼마인가?

$$U=0.3X^{0.6}Y^{0.4}$$

풀이

민혁이의 예산제약하에서 효용극대화문제는 다음 조건을 만족할 때 해결된다.

첫째, 예산제약을 만족해야 한다.

$$10,000 = 20X + 10Y \cdots\cdots \text{예산제약식 ①}$$

둘째, 예산제약선의 기울기와 무차별곡선(동일한 효용을 나타내는 곡선)의 접선의 기울기가 일치해야 한다.

$$\left|\frac{dY}{dX}\right|_{I_0}\Bigg| = \left|\frac{dY}{dX}\right|_{U_0}\Bigg|$$

$$\frac{\left(\frac{\partial I}{\partial X}\right)}{\left(\frac{\partial I}{\partial Y}\right)} = \frac{20}{10} \qquad \frac{\left(\frac{\partial U}{\partial X}\right)}{\left(\frac{\partial U}{\partial Y}\right)} = \frac{0.6\times 0.3X^{-0.4}Y^{0.4}}{0.4\times 0.3X^{0.6}Y^{-0.6}} = \frac{3Y}{2X}$$

$$Y = \frac{4}{3}X \cdots\cdots \text{정리된 식 ②}$$

두 식을 연립해서 풀면, $X = 300,\ \ Y = 400$

예제 9.2.7

한 기업의 생산함수가 다음과 같다고 가정하자. 이 기업은 현재 16,000개의 상품을 주문받은 상태이다($Q_0 = 16,000$). 따라서 이 기업은 최저비용으로 생산 가능한 노동(L)과 자본 투입량(K)을 결정하기 위한 문제에 직면해 있다. 현재 노동 단위당 투입비용은 400원, 자본의 단위당 투입비용은 100원이다. 비용을 최소로 만드는 노동과 자본의 투입량은 각각 얼마인가?

$$\text{생산함수}\quad Q = Q(L,\ K) = 0.2L^{0.5}K^{0.5}$$

$$\text{비용함수}\quad TC = 400L + 100K$$

풀이

이 문제의 목적함수는 비용함수, 생산량은 제약조건이다. 비용을 극소로 만드는 조건은 다음과 같다.

첫째, 제약조건을 만족한다.

$$16,000 = 0.2L^{0.5}K^{0.5} \cdots\cdots ①$$

둘째, 제약선의 접선기울기와 극소화시키려는 변수가 동일한 곡선의 접선기울기가 일치한다.

$$\left|\frac{dK}{dL}\right|_{Q_0}\Bigg| = \left|\frac{dK}{dL}\right|_{TC_0}\Bigg|$$

$$\frac{\left(\frac{\partial Q}{\partial L}\right)}{\left(\frac{\partial Q}{\partial K}\right)} = \frac{0.5\times 0.2L^{-0.5}K^{0.5}}{0.5\times 0.2L^{0.5}K^{-0.5}} = \frac{K}{L} \qquad \frac{\left(\frac{\partial TC}{\partial L}\right)}{\left(\frac{\partial TC}{\partial K}\right)} = \frac{400}{100}$$

$$K = 4L \cdots\cdots \text{정리된 식 ②}$$

②식을 ①식에 대입하여 풀면, $L = 40,000,\ \ K = 160,000$

이때 가장 적은 비용 $TC = 400\times 40,000 + 100\times 160,000 = 32,000,000$

예제 9.2.8

영선이의 효용함수는 다음과 같다. 소비하는 상품의 가격이 변동하지 않는 이상, 제약을 받고 있는 예산이 늘어났을 때 효용을 극대화시키는 점들이 그래프와 같이 원점을 통과하는 직선상에 놓인다는 사실을 동차함수의 성질을 이용하여 설명하시오.

$$\text{효용함수 } U = U(X, Y) = 5X^{0.2}Y^{0.8}$$

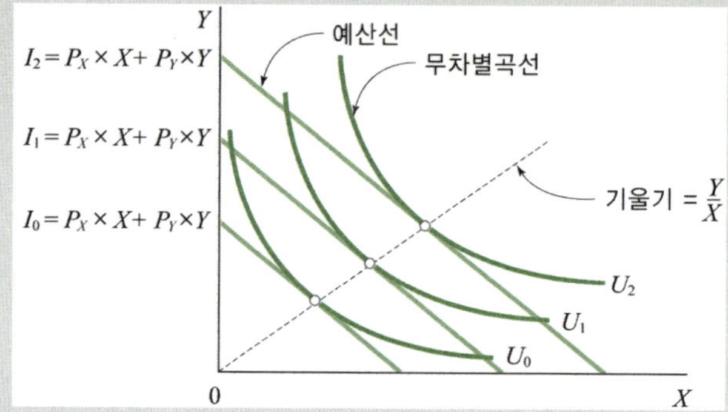

풀이

앞에서 다룬 것처럼 효용을 극대화하는 소비점에서는 다음 조건이 성립한다.

첫째, 제약을 가진 예산을 다 쓴다.

$$\overline{I} = P_X \times X + P_Y \times Y$$

둘째, 예산선의 접선기울기와 효용이 무차별한 곡선의 접선기울기가 일치해야 한다.

$$\left| \frac{dY}{dX}\bigg|_{\overline{I}} \right| = \left| \frac{dY}{dX}\bigg|_{\overline{U}} \right|$$

→ 가격비율 → 한계효용비율

그런데 가격비율은 변동하지 않고 예산만 변동하기 때문에 예산선의 (접선의) 기울기는 변동이 없다. 따라서 효용극대가 되는 점들에서 무차별곡선의 접선의 기울기도 변동하지 않는다.

주어진 효용함수는 1차 동차함수이다. 동차함수의 특성에 의해서 무차별곡선의 접선의 기울기는 오직 $\frac{Y}{X}$에 의해서만 결정된다. 역으로 말해 $\frac{Y}{X}$가 변동하지 않으면 접선의 기울기도 변동하지 않는다. 따라서 접선의 기울기가 같은 효용이 극대가 되는 점들은 동일한 $\frac{Y}{X}$선상에 있어야 한다. 그래프에서 원점을 통과하는 점선의 직선의 기울기가 $\frac{Y}{X}$이다.

일반화하면 동차함수뿐만 아니라, 동조함수도 이런 특성을 갖는다. 경제학의 소비자이론에서는 동조함수로 표현되는 효용함수를 "동조적 선호"라고 한다. 동차함수나 그 동조함수는 최적화상태에서 완전히 동일한 그래프로 그려진다는 사실로 쉽게 이해할 수 있을 것이다(224쪽 참고).

이 문제에서 $P_X = 2$, $P_Y = 3$일 때, Y/X를 구해보자.

$$\left| \frac{dY}{dX}\bigg|_{\overline{U}} \right| = \frac{\partial U/\partial X}{\partial U/\partial Y} = \frac{X^{-0.8}Y^{0.8}}{4X^{0.2}Y^{-0.2}} = \frac{Y}{4X}, \quad \left| \frac{dY}{dX}\bigg|_{\overline{I}} \right| = \frac{\partial I/\partial X}{\partial I/\partial Y} = \frac{P_X}{P_Y} = \frac{2}{3}$$

따라서, $Y/4X = 2/3 \rightarrow Y/X = 8/3$

2 라그랑제함수를 이용한 수리적 접근

(1) 독립변수가 2개인 경우 라그랑제함수 활용

앞에서는 독립변수를 2개로 단순화시켜 직관적으로 설명하였다. 그러나 독립변수가 많아지면 이런 직관적 설명이 상당히 복잡해진다. 라그랑제함수는 변수가 많아도 손쉬운 방법으로 이런 결론을 이끌어낼 수있는 도구이다. 그러나 학부수준에서는 독립변수가 2개인 모형을 이해하면 족하기 때문에 굳이 라그랑제함수를 꼭 공부할 필요가 없다.

① 라그랑제함수는 목적함수와 제약조건을 단일식으로 재구성한 것이다.

라그랑제함수는 앞에서 제시된 목적함수(최적화의 목적)와 제약조건을 "라그랑제승수"라는 미정계수(계수이나 식을 풀 때까지는 값이 정해지지 않은 계수를 미정계수라고 한다)를 도입하여 하나의 식으로 구성한 것이다. 라그랑제함수를 구성하는 방법에 대하여 살펴보자.

목적함수	극대 또는 극소화시키고자 하는 종속변수값을 결정하는 함수
제약조건	주어진 제약 조건을 나타내는 식

라그랑제함수 $\mathcal{L}$은 다음과 같이 구성한다. 식에서 λ가 미정계수인 "라그랑제승수"다.

$$\mathcal{L} = \text{목적함수} + \lambda\,[\text{제약조건을 0으로 만든 식}]$$

② 라그랑제함수를 미정계수와 모든 독립변수로 편미분하여 0으로 놓고 연립방정식을 풀면 해가 나온다.

이 식에서 목적함수의 극값을 찾는 것은 라그랑제함수의 극값을 찾는 것이 된다. 그런데 라그랑제함수가 제약조건을 포함하기 때문에 라그랑제함수의 극값을 찾는 문제는 제약조건이 없는 상태에서 극값을 찾는 문제로 단순화된다. 따라서, 모든 독립변수로 라그랑제함수를 편미분하여 0으로 놓은 식과 미정계수인 λ로 라그랑제함수를 편미분하여 0으로 놓은 식을 연립하여 풀면 해를 찾을 수 있다.

앞에서 다룬 효용극대화문제를 라그랑제함수를 이용하여 풀어보자.

앞에서 다룬 예산제약 아래서 효용극대화문제를 예로 다뤄보자. 여기서는 효용함수가 목적함수이다.

목적함수 $U = U(X,\ Z)$

제약조건 $I_0 = P_X \times X + P_Z \times Z$

라그랑제함수를 구성하면 다음과 같다.

$$\mathfrak{L} = U(X, Z) + \lambda[I_0 - P_X \times X - P_Z \times Z]$$

극값을 찾기 위해 라그랑제함수를 X, Y, λ로 편미분하여 0으로 놓고 연립방정식을 푼다.

$$\frac{\partial \mathfrak{L}}{\partial \lambda} = \frac{\partial U}{\partial \lambda} + \frac{\partial}{\partial \lambda}\lambda[I_0 - P_X \times X - P_Z \times Z] = 0 \quad \cdots\cdots ①$$

$$\frac{\partial \mathfrak{L}}{\partial X} = \frac{\partial U}{\partial X} + \frac{\partial}{\partial X}\lambda[I_0 - P_X \times X - P_Z \times Z] = 0 \quad \cdots\cdots ②$$

$$\frac{\partial \mathfrak{L}}{\partial Z} = \frac{\partial U}{\partial Z} + \frac{\partial}{\partial Z}\lambda[I_0 - P_X \times X - P_Z \times Z] = 0 \quad \cdots\cdots ③$$

위 식들을 정리하면,

$$I_0 - P_X \times X - P_Z \times Z = 0 \quad \cdots\cdots ①'$$

$$\frac{\partial U}{\partial X} - \lambda P_X = 0 \quad \cdots\cdots ②'$$

$$\frac{\partial U}{\partial Z} - \lambda P_Z = 0 \quad \cdots\cdots ③'$$

앞에서 얻은 결론과 결과를 비교해 보자. ①′식은 제약조건에 해당된다. ②′와 ③′는 다음과 같이 제약곡선과 무차별곡선($\overline{U}$)의 접선의 기울기가 일치하는 상태를 보여준다.

$$\lambda = \frac{\left(\frac{\partial U}{\partial Z}\right)}{P_Z} = \frac{\left(\frac{\partial U}{\partial X}\right)}{P_X} \Rightarrow \frac{P_X}{P_Z} = \frac{\left(\frac{\partial U}{\partial X}\right)}{\left(\frac{\partial U}{\partial Z}\right)}$$

결국, 라그랑제함수를 이용한 결과와 앞에서 얻은 결과는 완전히 동일하다.

(2) 독립변수가 n개인 경우 라그랑제함수 활용

이번에는 독립변수가 n개인 경우 라그랑제함수를 고려해보자. 독립변수가 늘어난 것 말고는 해를 찾는 방식에 차이가 없다.

다음과 같이 목적함수와 제약함수가 있다고 가정하자.

목적함수 : $f(X_1, X_2, X_3, \cdots, X_n)$

제약함수 : $G_0 = g(X_1, X_2, X_3, \cdots, X_n)$

라그랑제함수를 구성해 보자.

$$\mathcal{L} = f(X_1, X_2, X_3, \cdots, X_n) + \lambda[G_0 - g(X_1, X_2, X_3, \cdots, X_n)]$$

이 라그랑제함수를 λ와 모든 독립변수로 편미분하여 0으로 놓고 연립해서 풀면 최적값을 찾을 수 있다.

이 식들을 정리하면 다음과 같다.

$$\frac{\partial \mathcal{L}}{\partial \lambda} = \frac{\partial}{\partial \lambda} f(X_1, X_2, \cdots, X_n) + \frac{\partial}{\partial \lambda}\lambda[G_0 - g(X_1, X_2, \cdots, X_n)] = 0 \cdots\cdots\cdots ⓪$$

$$\frac{\partial \mathcal{L}}{\partial X_1} = \frac{\partial}{\partial X_1} f(X_1, X_2, \cdots, X_n) + \frac{\partial}{\partial X_1}\lambda[G_0 - g(X_1, X_2, \cdots, X_n)] = 0 \cdots\cdots\cdots ①$$

$$\frac{\partial \mathcal{L}}{\partial X_2} = \frac{\partial}{\partial X_2} f(X_1, X_2, \cdots, X_n) + \frac{\partial}{\partial X_2}\lambda[G_0 - g(X_1, X_2, \cdots, X_n)] = 0 \cdots\cdots\cdots ②$$

$$\cdots$$

$$\frac{\partial \mathcal{L}}{\partial X_n} = \frac{\partial}{\partial X_n} f(X_1, X_2, \cdots, X_n) + \frac{\partial}{\partial X_n}\lambda[G_0 - g(X_1, X_2, \cdots, X_n)] = 0 \cdots\cdots\cdots ⓝ$$

λ로 편미분한 식을 다시 정리하면 제약조건식이 나온다.

$$G_0 - g(X_1, X_2, \cdots, X_n) = 0$$
$$\Rightarrow G_0 = g(X_1, X_2, \cdots, X_n)$$

①~ⓝ까지의 식을 λ에 대하여 정리하면 다음과 같다.

$$\lambda = \frac{\frac{\partial}{\partial X_1} f(X_1, X_2, \cdots, X_n)}{\frac{\partial}{\partial X_1} g(X_1, X_2, \cdots, X_n)} = \frac{\frac{\partial}{\partial X_2} f(X_1, X_2, \cdots, X_n)}{\frac{\partial}{\partial X_2} g(X_1, X_2, \cdots, X_n)} = \cdots = \frac{\frac{\partial}{\partial X_n} f(X_1, X_2, \cdots, X_n)}{\frac{\partial}{\partial X_n} g(X_1, X_2, \cdots, X_n)}$$

이 식들을 보면 라그랑제미정계수 λ는 각 독립변수 1단위가 제약함수에 미치는 영향도 $\left(\frac{\partial}{\partial X_n} g(X_1, X_2, \cdots, X_n)\right)$로 목적함수에 미치는 영향도$\left(\frac{\partial}{\partial X_n} f(X_1, X_2, \cdots, X_n)\right)$를 나눈 값이 모두 일치했을 때, 그 비율이다. 앞에서 살펴본 예에서는 소비재 1단위가 비용에 미치는 영향으로 효용에 미치는 영향을 나눈 값(1원어치의 효용)이 일치했을 때의 값이었다.

예제 9.2.9

주어진 예산(I_0) 1,400원를 이용하여 앵두(X)와 자두(Y)를 소비함으써 효용(U)을 극대로 만들고자 하는 소비자의 의사결정문제를 라그랑제함수로 구성하시오. 또 주어진 식을 이용하여 효용이 극대가 되는 앵두와 자두의 소비량을 계산하시오. 단, 앵두는 개당 30원, 자두는 개당 40원이다.

$$\text{목적함수 : } U = U(X,\ Y) = 2X^{0.6}Y^{0.4}$$
$$\text{제약조건 : } I_0 = I(X, Y) = 30X + 40Y$$

풀이

라그랑제함수를 구성하면,

$$\mathfrak{L} = 2X^{0.6}Y^{0.4} + \lambda\ [1,400 - 30X - 40Y]$$

먼저 λ, X, Y로 라그랑제함수를 편미분하여 문제를 해결해보자.

$$\frac{\partial \mathfrak{L}}{\partial \lambda} = 1,400 - 30X - 40Y = 0 \quad \cdots\cdots ①$$

$$\frac{\partial \mathfrak{L}}{\partial X} = 0.6 \times 2X^{-0.4}Y^{0.4} - 30\lambda = 0 \quad \cdots\cdots ②$$

$$\frac{\partial \mathfrak{L}}{\partial Y} = 0.4 \times 2X^{0.6}Y^{-0.6} - 40\lambda = 0 \quad \cdots\cdots ③$$

3개의 식을 연립해서 λ, X, Y를 찾아보자.

$$1,400 = 30X + 40Y \quad \cdots\cdots \text{①을 정리한 식(①′)}$$

$$\lambda = \frac{0.6 \times 2X^{-0.4}Y^{0.4}}{30} = \frac{0.4 \times 2X^{0.6}Y^{-0.6}}{40} \quad \cdots\cdots \text{②와 ③을 } \lambda \text{로 정리한 식(④)}$$

두 식을 연립해서 풀기 위해 ④를 정리하면,

$$X = 2Y \quad \cdots\cdots ④'$$

④′에 ①′를 대입하여 최적소비량을 구하면, $X = 28$, $Y = 14$

예제 9.2.10

주어진 생산량(Q_0) 1,200개를 가장 적은 비용(TC)으로 생산할 수 있는 노동(L)과 자본(K)으로 결정하고자 하는 기업의 의사결정내용을 주어진 함수를 활용하여 라그랑제함수로 구성하시오. 또 노동이 단위당 20원, 자본이 단위당 30원일 때 최적투입량을 구하시오.

$$\text{목적함수 : } TC = 20L + 30K$$
$$\text{제약조건 : } Q_0 = Q(L,\ K) = 4L^{0.5}K^{0.5}$$

풀이

라그랑제함수를 구성하면,

$$\mathfrak{L} = 20L + 30K + \lambda\ [1,200 - 4L^{0.5}K^{0.5}]$$

먼저 λ, L, K로 라그랑제함수를 편미분하여 문제를 해결해보자.

$$\frac{\partial \mathcal{L}}{\partial \lambda}=1,200-4L^{0.5}K^{0.5}=0 \cdots\cdots ①$$

$$\frac{\partial \mathcal{L}}{\partial L}=20-2L^{-0.5}K^{0.5}\lambda=0 \cdots\cdots ②$$

$$\frac{\partial \mathcal{L}}{\partial K}=30-2L^{0.5}K^{-0.5}\lambda=0 \cdots\cdots ③$$

3개의 식을 연립해서 λ, L, K를 찾아보자.

$$1,200=4L^{0.5}K^{0.5} \cdots\cdots \text{①을 정리한 식(①′)}$$

$$\lambda=\frac{2L^{-0.5}K^{0.5}}{20}=\frac{2L^{0.5}K^{-0.5}}{30} \cdots\cdots \text{②와 ③을 } \lambda\text{로 정리한 식(④)}$$

두 식을 연립해서 풀기 위해 ④를 정리하면,

$$L=\frac{3}{2}K \cdots\cdots ④'$$

④′에 ①′를 대입하여 최적 요소투입량을 구하면, $L=450\sqrt{\frac{2}{3}}$, $K=300\sqrt{\frac{2}{3}}$

3 몇 가지 특수한 함수의 극값 찾는 문제

지금까지 우리는 제약이 있을 때 극값 찾는 방법을 살펴보았다. 이들 함수는 종속변수가 동일한 곡선을 그리면 원점에 볼록한 형태였다(오목한 형태일 수도 있다). 그러나 이 곡선이 직선처럼 특수한 형태일 때는 지금까지와 다른 결론에 도달한다. 여기서는 특수한 함수의 극값을 찾는 문제를 알아보자. 수식 꼴을 잘 기억해두기 바란다.

(1) 함수가 주어질 때, 종속변수의 값이 동일한 곡선의 형태는 접선의 기울기 절대값이 체감하는지 체증하는지를 가지고 판단한다.

원점에 볼록하면 접선의 기울기 절대값이 체감하고, 원점에 오목하면 접선의 기울기 절대값이 체증한다.

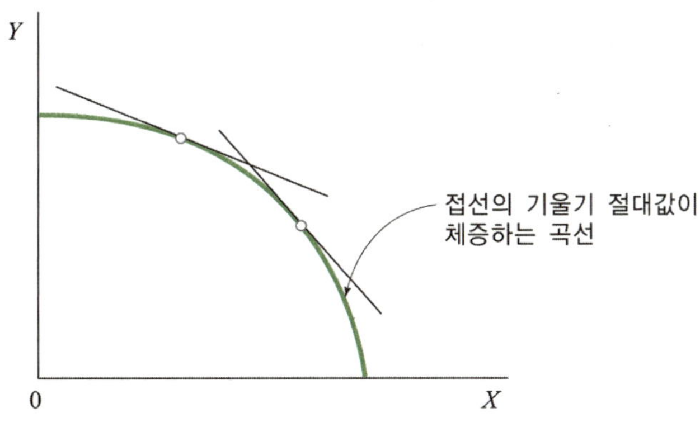

함수꼴 : $U=U(X,Y)$

접선의 기울기 절대값 :

$$\left|\frac{\partial Y}{\partial X}\right|_{\overline{U}}$$

체증의 조건 :

$$\frac{\partial}{\partial X}\left(\left|\frac{\partial Y}{\partial X}\right|_{\overline{U}}\right)>0$$

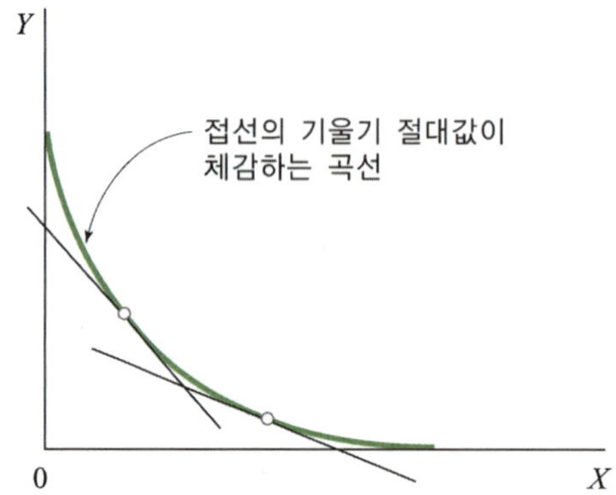

함수꼴 : $U=U(X, Y)$

접선의 기울기 절대값 :

$$\left|\frac{\partial Y}{\partial X}\right|_{\overline{U}}\Bigg|$$

체감의 조건 :

$$\frac{\partial}{\partial X}\left(\left|\frac{\partial Y}{\partial X}\right|_{\overline{U}}\Bigg|\right)<0$$

경제학에서 흔히 마주하는 함수꼴은 콥−더글라스함수꼴로서 다음과 같다.

$$U=U(X,\ Y)=AX^{\alpha}Y^{\beta}$$

$$Q=Q(L,\ K)=AL^{\alpha}K^{\beta}$$

이 꼴은 종속변수가 일정한 $\overline{U}$, $\overline{Q}$ 곡선이 원점에 볼록한 형태를 보인다. 그러나, 다음 꼴은 직선형태를 보인다.

$$U=U(X,\ Y)=\alpha X+\beta Y$$

$$Q=Q(L,\ K)=\alpha L+\beta K$$

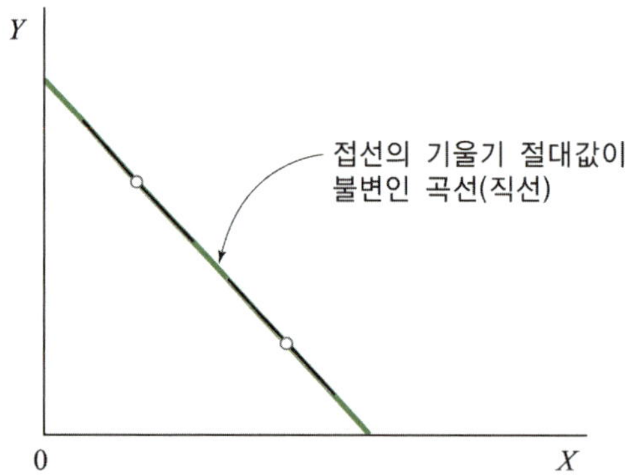

함수꼴 : $U=U(X,\ Y)=\alpha X+\beta Y$

접선의 기울기 절대값 : $\left|\frac{\partial Y}{\partial X}\right|_{\overline{U}}\Bigg|$

불변의 조건 : $\frac{\partial}{\partial X}\left(\left|\frac{\partial Y}{\partial X}\right|_{\overline{U}}\Bigg|\right)=0$

마지막으로 다음 꼴은 $\overline{U}$, $\overline{Q}$이 L자형을 보인다(이 꼴에 대해서는 제4장 곡선방정식 92쪽을 참고하기 바란다).

$$U=U(X,\ Y)=\min\left(\frac{X}{\alpha},\ \frac{Y}{\beta}\right)$$

$$Q=Q(L,\ K)=\min\left(\frac{L}{u},\ \frac{K}{v}\right)$$

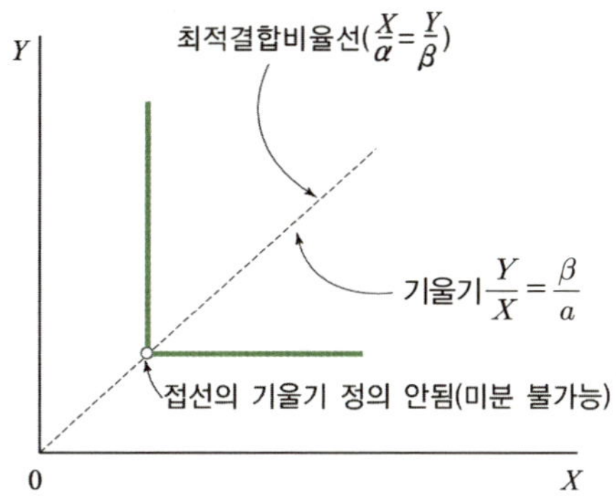

함수꼴 : $U=U(X,\ Y)=\min\left(\frac{X}{\alpha},\ \frac{Y}{\beta}\right)$

접선의 기울기 절대값 : $\left|\frac{\partial Y}{\partial X}\right|_{\overline{U}}\Bigg|$

※ 최적결합비율에서 정의 안 됨
나머지에서 0 또는 무한대

체감의 조건

※ 최적결합비율에서 정의 안 됨

최적화문제를 신속하게 해결하기 위해서는 함수꼴과 그 함수의 곡선형태를 눈에 익혀두는 것이 좋다. 이제부터 종속변수가 동일한 곡선이 직선이거나 L자형일 때 극값 찾는 문제는 살펴보자.

(2) 종속변수가 동일한 곡선이 우하향하는 직선일 때, 극값은 그 곡선의 절편에서 결정된다.

① **직선의 그래프 그리기** : 상구는 귤(X)과 바나나(Y)에 절대 질리지 않는다. 또 항상 귤 2개와 바나나 1개를 맞바꿔 줄 의향이 있다. 이런 상구의 효용함수는 다음과 같이 표현된다.

$$U=U(X,\ Y)=\frac{1}{2}X+Y$$

이 함수를 이용하여 효용이 동일($\overline{U}$)한 그래프(무차별곡선)를 그리면 다음과 같다.

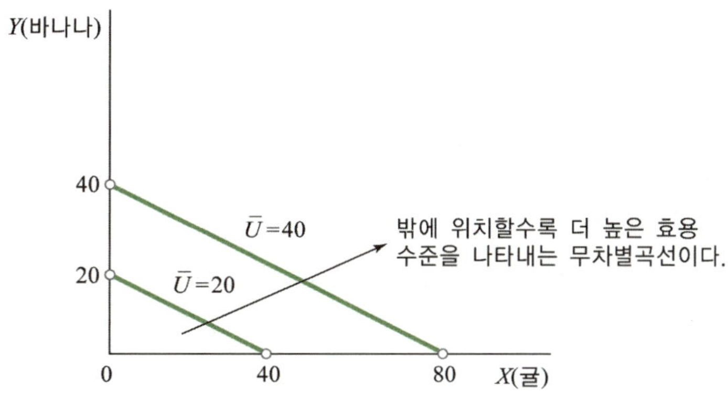

효용이 20인 곡선을 그려보자. 먼저 효용함수에 대입하면 다음과 같은 직선식이 된다.

$$20=\frac{1}{2}X+Y$$

직선을 그릴 때는 두 절편을 잡아서 그릴 것을 권장하였다. 먼저 귤(X)축의 절편은 “귤만 소비해서 효용 20을 얻을 수 있는 수량이다” 당연히 40개를 소비해야 한다. 식에 $Y=0$ 대입해도 결과는 같다. 바나나(Y)축의 절편은 “바나나만 소비하여 효용 20을 얻을 수있는 수량이다” 20개이다. 역시 식에 $X=0$을 대입해 풀면 20이 나온다.

효용 20인 곡선(직선도 곡선에 포함되므로 보통 곡선이라고 한다)은 이 두 절편을 연결한 직선이다. 효용이 40인 곡선도 각자 그려보기 바란다.

상구가 쓸 수 있는 돈(예산)이 1,200원이라고 해보자. 또 귤은 개당 100원이고, 바나나는 120원이라고 가정하자. 효용을 최대로 얻고 싶은 상구는 1,200원을 모두 지출할 것이 분명하므로 상구의 예산제약식은 다음과 같다.

$1{,}200 = 100X + 120Y$ ………………………………………… 돈 1,200원으로 최대 구입가능식

예산제약곡선을 무차별곡선을 그리는 방식과 동일하게 그려보면 다음과 같다.

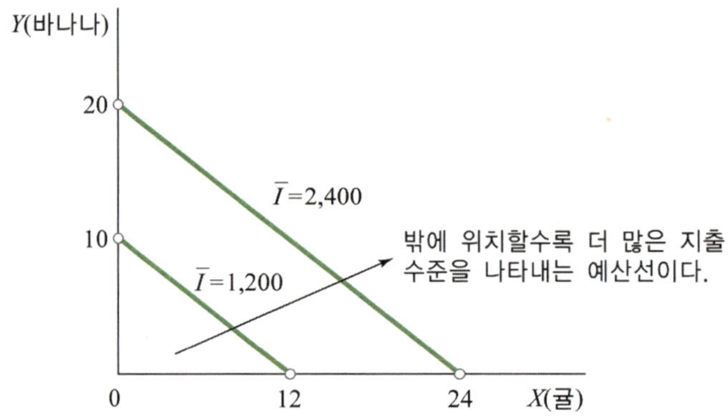

② 최적화는 제약식 곡선의 어느 한 절편에서 달성된다.

그래프와 같이 제약곡선과 극값을 갖는 변수가 일정한 수준을 표현한 곡선이 모두 직선인 경우에는 일반적으로 한 직선의 절편이 극값이다.

㉠ 효용극대문제(극대값 찾기) : 좌측 그래프를 보자. 쓸 수 있는 돈이 2,400원밖에 없다. 시초의 소비점에서 효용 U_0를 얻을 수 있다. 이 점에서 효용을 더 얻을 수 있다면 현재 소비점은 효용을 최대로 얻는 점이 아니다. 현재 소비점에서 두 직선의 접선기울기(주어진 식의 기울기를 구해 보라)를 비교하면 다음과 같다.

$$\left| \frac{dY}{dX}\bigg|_{\overline{I}} \right| = \frac{100}{120} > \left| \frac{dY}{dX}\bigg|_{\overline{U}} \right| = \frac{1}{2}$$

부등호의 좌변은 두 소비재가 비용(예산)에 미치는 영향도이다. 즉, 귤(X)값은 바나나(Y)값의 $\frac{5}{6}$에 불과하다. 우변은 두 소비재가 효용에 미치는 영향도이다. 귤

의 효용은 바나나효용의 $\frac{1}{2}$에 불과하다. 결국, 부등식은 귤이 바나나에 비하면 효용에 미치는 영향보다 비용에 미치는 영향이 더 크다는 것을 보여준다. 따라서 그래프에서 보는 것처럼 귤을 줄이고 바나나를 늘려나감으로써 더 높은 효용수준에 도달할 수 있다($U_0 \rightarrow U_1$). 최종적으로 상구는 모든 돈을 바나나 구입에 쓰게 될 것이다.

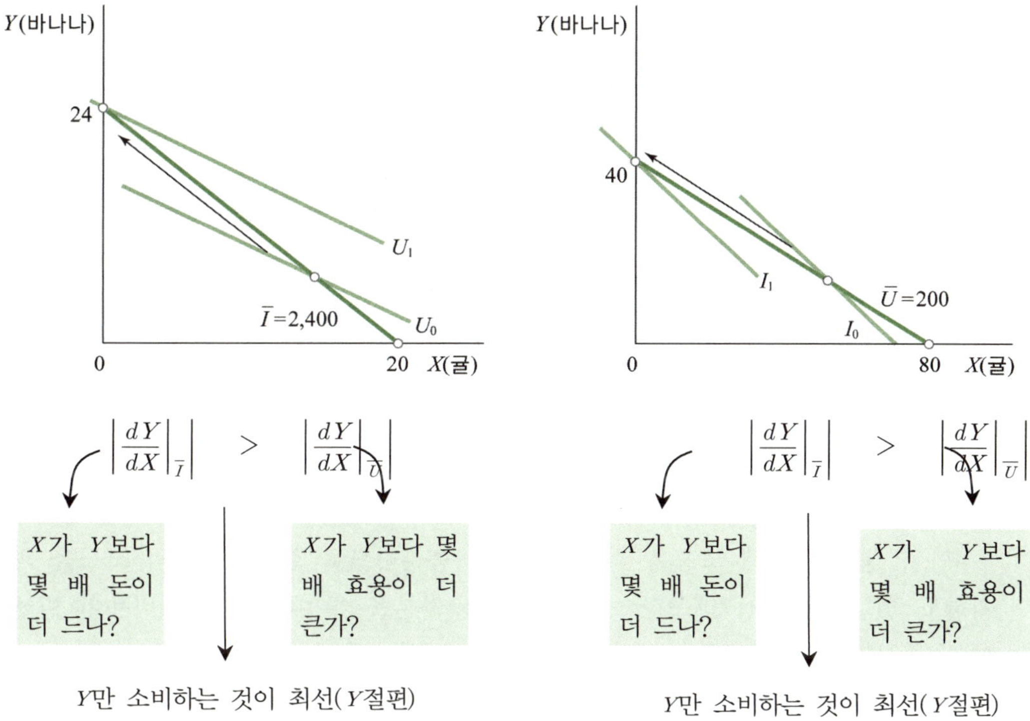

㉡ 예산극소문제(극소값 찾기) : 이번에는 반대로 효용 200을 얻으면서($\overline{U}=200$) 예산(I)을 가장 적게 들이는 방법을 알아보자. 우측 그래프이다. 효용 200을 얻을 수 있는 많은 소비점들 중 시초의 소비점에서는 돈 I_0가 필요하다. 이 점에서 두 직선의 기울기를 비교하면,

$$\left|\frac{dY}{dX}\Big|_{\overline{I}}\right| = \frac{100}{120} > \left|\frac{dY}{dX}\Big|_{\overline{U}}\right| = \frac{1}{2}$$

동일한 기울기의 직선을 읽었으므로 기울기와 부등호는 효용극대문제와 동일하다. 귤은 바나나에 비하면 효용보다는 예산에 상대적으로 더 많이 영향을 미치기 때문에 귤을 줄이고 바나나를 늘리는 것이 바람직하다. 그래프에서 보는 것처럼 이런 조정과정에서 예산은 점차 줄어든다($I_0 \rightarrow I_1$). 결국, 상구는 모든 예산을 바나나에만 쓸 것이다.

㉢ 무한 개의 극값을 갖는 상황 : 이상과 같이 모두 직선인 상황에서는 일반적으로 구석해가 나온다. 극값은 제약식 직선의 어느 한 절편이다. 그러나 이때도 한 가지 특수한 경우가 있다. 두 직선의 기울기가 일치하는 상황이다. 이때는 제약식 곡선의 모든 점에서 극값을 갖는다. 즉, 무한개의 극값이 존재한다.

(3) 종속변수가 동일한 곡선이 L자형일 때는 최적결합비율선과 제약선이 만나는 점에 극값이 존재한다.

다음과 같은 L자형곡선의 생산함수를 갖는 기업이 직면하는 최적화문제를 고려해보자.

$$Q=Q(L,\ K)=\min\left(\frac{L}{u},\ \frac{K}{v}\right)=\min\left(\frac{L}{2},\ \frac{K}{3}\right)$$

① 극값에서 최적결합비율은 $\frac{L}{u}=\frac{K}{v}$

만약 이 기업이 노동(L)과 자본(K)을 각기 12단위씩 투입하고 있다면 생산량은 4단위가 된다.

$$Q=\min\left(\frac{12}{2},\ \frac{12}{3}\right)=4$$

4단위 생산을 위해 노동은 최소 8단위면 충분하므로 현재 4단위의 노동을 과잉투자하고 있는 셈이다(그래프상 A점). 노동과 자본을 투입하는 데는 비용이 발생하기 때문에 합리적인 기업은 어느 쪽도 과부족이 없도록 투입하는 것이 가장 현명하다. 따라서, 합리적인 투입은 다음 식을 만족한다.

$\frac{L}{2}=\frac{K}{3} \Leftrightarrow \frac{L}{u}=\frac{K}{v}$ .... 일반화된 표현(최적결합비율식)

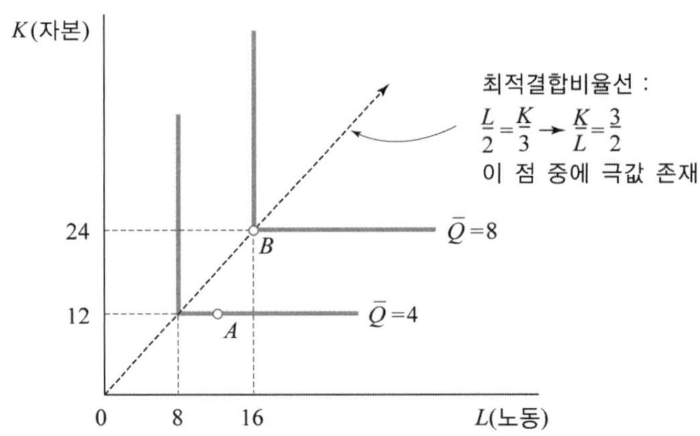

이 식을 "최적결합비율식"이라고 한다. 이 식을 정리하면 $\frac{K}{L}=\frac{3}{2}$가 된다. $\frac{K}{L}$은 원점을 통과하는 직선의 기울기이므로 최적결합비율선은 그래프에서 점선처럼 표현된다(최적결합비율선 위에서는 동일한 생산량을 나타내는 등량곡선($\overline{Q}$)이 꺾여 있어 접선의 기울기가 존재하지 않는다는 점을 지적했다).

② 자금(예산)이 한정된 상태에서 생산량이 극대가 되는 점은 자금(예산)제약선과 최적결합비율선이 만나는 곳이다.

노동은 단위당 2만 원, 자본은 단위당 5만 원이다. 주어진 자금 1,200만 원($TC=1{,}200$)으로 생산물을 최대로 생산할 수있는 노동(L)과 자본(K)의 투입량을 결정해 보자. 먼저, 1,200만 원으로 최대 고용 가능한 노동과 자본의 수량을 식으로 표현하면(단위 만원),

$$1{,}200=2L+5K$$

이 식은 직선이므로 두 절편을 잡아서 그린다. 이 곡선이 비용제약곡선($TC=1{,}200$)이다.

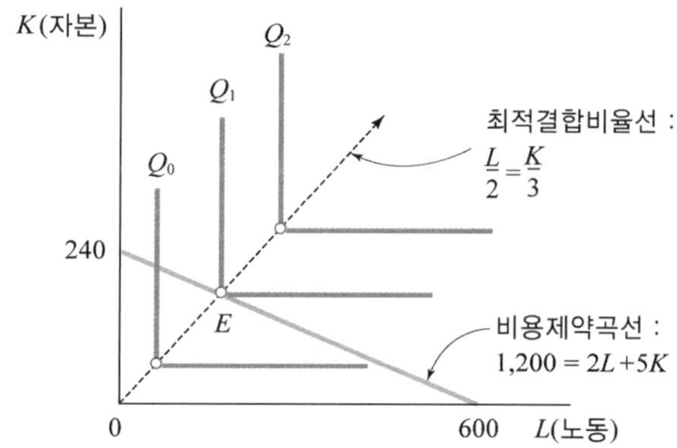

기업이 직면한 문제는 1,200만 원으로 생산량을 극대화시키는 것이다. 그래프상의 각 생산량 수준을 나타내는 곡선 Q_0, Q_1, Q_2 중에서 주어진 자금으로 최대 생산 가능한 수량은 Q_1이다. 따라서 E점에서 노동과 자본을 투입하는 것이 최적이다. 이 점은 비용제약곡선과 최적결합비율선이 만나는 점이므로 다음 연립방정식을 풀면 찾을 수 있다.

비용제약곡선 : $1{,}200=2L+5K$ ··················· ①

최적결합비율선 : $\frac{L}{2}=\frac{K}{3}$ ··················· ②

두 식을 연립해서 풀면, $L=100$, $K=150$이고, 최대생산량은 $Q=50$이다.

$$Q=\min\left(\frac{100}{2},\ \frac{150}{3}\right)=50$$

③ 주어진 생산량을 생산하는 데 필요한 최소고용량을 고용하기 위해 필요한 비용이 주

어진 생산량을 생산하는 데 필요한 최소비용이다.

이번에는 생산량 90단위를 생산하기 위해 필요한 최소비용을 찾아보자. 방금 전과 달리 극소화문제이다. 이것은 생산량 90단위를 생산할 수 있는 노동과 자본의 투입조합들 중에서 가장 비용이 적게 드는 고용점을 찾는 문제이다.

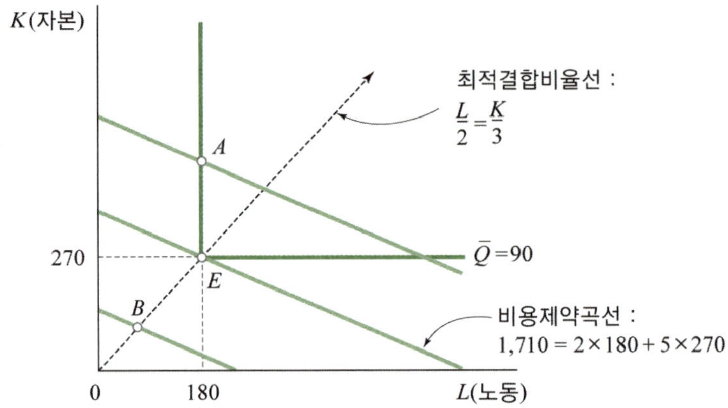

그래프에서 두 점 E와 A는 $\overline{Q}=90$을 생산할 수 있는 점들이다. A점은 최적결합비율선에 비해 자본이 과다 고용된 상태로서 불필요한 비용이 든다. 반면, B는 비용은 적지만, 생산량 90단위를 생산할 수 없다. 그러므로 노동과 자본을 남김없이 모두 활용하는 E점에서 생산하는 것이 최선이다. 이 점에서 노동과 자본의 투입량은 각기 180단위와 270단위이다. 이 수량을 계산해 보자. E점에서 $Q=90=\dfrac{L}{2}=\dfrac{K}{3}$이므로,

$$\frac{L}{2}=90\text{에서}\quad L=180$$

$$\frac{K}{3}=90\text{에서}\quad K=270$$

노동과 자본을 이만큼 고용하기 위한 최소비용은 1,170만 원이다.

$$TC=2\times180+5\times270=1,710$$

예제 9.2.11

주어진 생산량(Q_0) 1,200개를 가장 적은 비용(TC)으로 생산할 수 있는 노동(L)과 자본(K)투입량을 결정하고자 하는 기업을 가정하자. 노동이 단위당 20만 원, 자본이 단위당 30만 원일 때 최적투입량을 구하시오.

$$\text{목적함수 : } TC=20L+30K$$

$$\text{제약조건 : } Q_0=Q(L,\ K)=3L+2K$$

풀이

$\overline{TC}$ 곡선과 $\overline{Q}$곡선이 모두 직선이므로 두 직선의 기울기가 일치하지 않으면 구석해가 나온다. 그래프에서 보는 것처럼 $\overline{Q}=1,200$곡선 위에 있으면서 가장 안쪽에 있는 $\overline{TC}$곡선은 노동만 400단위 고용하는 것이다. 이때 비용은 8,000만 원이다.

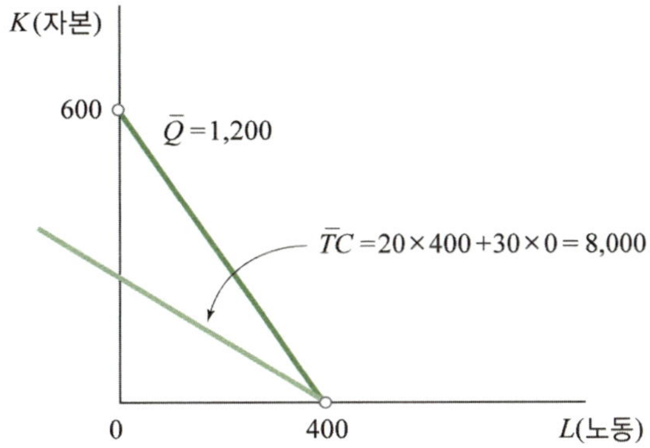

두 직선의 기울기를 비교해 보자.

$$\left|\frac{dK}{dL}\Big|_{\overline{TC}}\right| = \frac{20}{30} < \left|\frac{dK}{dL}\Big|_{\overline{Q}}\right| = \frac{600}{400}$$

따라서 노동이 비용에 미치는 영향에 비하면 생산량에 미치는 영향이 상대적으로 크기 때문에 노동을 늘리고 자본을 줄이는 것이 바람직하다. 결국, 노동만 400단위 투입할 때 비용이 가장 적게 든다.

예제 9.2.12

주어진 생산량(Q_0) 60개를 가장 적은 비용(TC)으로 생산할 수 있는 노동(L)과 자본(K)을 결정하는 문제에 직면한 기업이 있다. 노동이 단위당 1만 원, 자본이 단위당 3만 원일 때 최적고용량에서 극소비용을 계산하시오.

$$\text{목적함수} : TC=10,000L+30,000K$$

$$\text{제약조건} : Q=\min\left(\frac{L}{3},\ 2K\right)$$

풀이

이 기업은 생산량 60개를 최적결합비율선에서 생산하려면 다음 조건을 만족해야 한다.

$$60=\frac{L}{3}=2K$$

그러므로 노동 $L=60\times3=180$, 자본 $K=\frac{60}{2}=30$단위를 최소한 고용해야 한다. 이때 최소비용 $TC=10,000\times180+30,000\times30=270$만 원이 필요하다.

9.3 탄력성

탄력성은 경제학에서 가장 기초가 되는 개념 중 하나이다. 물리학의 탄성도에서 차용한 개념으로서 충격에 대한 반응도를 절대수치화한 것이다.

1 탄력성의 개념

(1) 원인변수 1%에 반응하는 반응변수의 변화율을 탄력성이라고 한다.

탄력성은 다음과 같이 정의한다. 탄력성의 기호 ε는 "elasticity"에서 따온 것이다. 탄력성 기호의 하첨자로 붙인 X는 충격변수(원인변수)이고, 상첨자로 붙인 Y는 반응변수이다. 이렇게 표기하면 "Y의 X탄력성"이라고 읽는다.

반응변수

"Y의 X탄력성" $$\varepsilon^{Y}_{X} = \frac{Y\text{의 변화율}}{X\text{의 변화율}} = \frac{\text{반응변수의 변화율}}{\text{원인변수의 변화율}}$$

원인변수

$$= \frac{\left(\dfrac{\triangle Y}{Y}\right)}{\left(\dfrac{\triangle X}{X}\right)}$$

$$= \left(\frac{\triangle Y}{\triangle X}\right)\left(\frac{X}{Y}\right)$$

인과를 차분(미분)계수(한계)로 표현하고 인과를 뒤집은 평균식을 곱한다.

탄력성(탄력도)은 원인변수가 1% 움직일 때 이에 반응하는 반응변수의 변화율로 정의된다. 즉, 원인변수의 변화율로 반응변수의 변화율을 나눈 값이 탄력성이다. 예를 들어 "수요의 가격탄력성"은 가격변화율로 수요량 변화율을 나눈 값이다.

수식으로 정리해보면, 탄력성은 원인변수와 반응변수의 차분계수(원인변수의 변량이 충분히 작으면 미분계수)에 원인변수를 반응변수로 나눈 평균값을 곱한 것이다. 규칙을 암기해 두면 탄력성을 정의하고 적용할 때 편리하다.

(2) 탄력성의 기하학적 개념

어떤 함수 $Y=f(X)$가 다음 그래프와 같이 표현될 때, "Y의 X탄력성"이 어떻게 그래프에 표현되는지 알아보자. 원인변수의 변량이 충분히 작다고 가정하면 "Y의 X탄력성"은 다음과 같다.

Y의 X탄력성 $\varepsilon^{Y}_{X} = \left(\frac{dY}{dX}\right)\left(\frac{X}{Y}\right)$

- $\left(\frac{dY}{dX}\right)$: 점에서 접선의 기울기(한계값)
- $\left(\frac{X}{Y}\right)$: 점에서 원점을 연결한 직선의 기울기(평균값)의 역수

$$= \frac{\text{주어진 점에서 접선의 울기}}{\text{주어진 점에서 원점을 연결한 직선의 기울기}}$$

$$= \frac{\text{한계}}{\text{평균}}$$

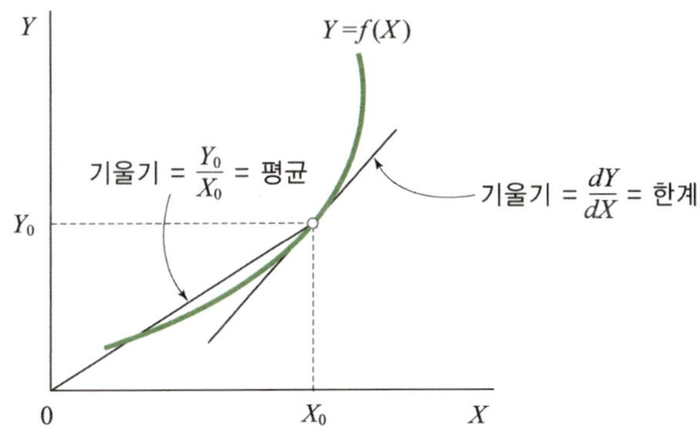

그래프에서 접선의 기울기는 수평축의 변수로 수직축의 변수를 미분한 미분계수이므로 "한계"라고 부르기로 하자. 또 주어진 점에서 원점을 연결한 직선의 기울기는 수평축의 변수로 수직축의 변수를 나눈 값으로서 "평균"이라고 부르기로 하자. 이것을 탄력성식에 대입하여 정리하면 탄력성은 "한계를 평균으로 나눈 값"이라는 사실을 알 수 있다. 그러나 평균이 분모에 위치할지 분자에 위치할지는 그래프축의 변수가 어떻게 설정되었는지에 따라 달라진다. 따라서 "탄력성은 한계와 평균의 비율이다"라고만 기억하자.

예제 9.3.1

다음 탄력성은 한계와 평균의 조합으로 된 수식으로 나타내시오. 각 탄력성이 의미하는 내용을 설명하시오.

(1) 수요의 가격탄력성　　(2) 수요의 소득탄력성

(3) 생산의 노동탄력성

풀이

(1) 가격(P)을 원인변수로, 수요량(Q)을 반응변수로 잡아서 표현한다. 가격변화율 1%에 대응하는 수요량 변화율 %이다.

$$\varepsilon_P^Q = \left(\frac{dQ}{dP}\right)\left(\frac{P}{Q}\right)$$

(2) 소득(I)을 원인변수로, 수요량(Q)을 반응변수로 잡아서 표현한다. 소득변화율 1%에 대응하는 수요량 변화율 %이다.

$$\varepsilon_I^Q = \left(\frac{dQ}{dI}\right)\left(\frac{I}{Q}\right)$$

(3) 노동(L)을 원인변수로, 생산량(Q)을 반응변수로 잡아서 표현한다. 노동변화율 1%에 대응하는 생산량 변화율 %이다.

$$\varepsilon_L^Q = \left(\frac{dQ}{dL}\right)\left(\frac{L}{Q}\right)$$

예제 9.3.2

다음 식을 이용하여 $X=10$일 때 "Y의 X탄력성"을 계산하시오.

$$Y=300-4X$$

풀이

정의에 따라 X가 원인변수이고 Y가 반응변수이다.

$X=10$에서 $Y=260$이고, $\frac{dY}{dX}=-4$이므로,

$$\begin{aligned}\varepsilon_X^Y &= \left(\frac{dY}{dX}\right)\left(\frac{X}{Y}\right)\\ &= -4\times\frac{10}{260}\\ &= -\frac{10}{65}\end{aligned}$$

2 가격탄력성

시장에서 수요량(공급량)이 가격변화에 대해 얼마나 민감하게 반응하는가를 표현하는 것이 "수요(공급)의 가격탄력성"이다.

(1) 가격변화율 1%에 반응하는 수요량의 변화율 %가 수요의 가격탄력성이다.

가격변화율로 수요량변화율을 나눈 것이 수요의 가격탄력성이다. 수식으로 나타내면 다음과 같다(익숙하지 않은 독자는 앞의 일반적인 규칙을 다시 볼 것).

$$\varepsilon_P^Q = \left(\frac{dQ}{dP}\right)\left(\frac{P}{Q}\right)$$

가격이 올라가면 수요량이 감소하는 수요법칙을 전제하면 부호가 음수가 됨

일반적으로 가격이 상승하면 수요량은 감소한다. 이것을 "수요법칙"이라고 한다. 수요법칙을 전제하면 $\frac{dQ}{dP}$는 음수가 되기 때문에 탄력성의 부호는 음수가 된다. 그러나 수요의 가격탄력성에서는 반응의 민감도에만 관심을 두기 때문에 절대값을 취해서 사용하는 것이 보통이다.

(2) 수요의 가격탄력성은 원점에서 탄력성을 구하는 수량까지의 길이로 그 수량에서 수요곡선접선의 수량축절편까지의 길이를 나눈 것이다.

수요의 가격탄력성을 수요곡선에 표현해보자. 예를 들어, 라면수요량(Q)와 라면가격(P) 사이의 관계가 다음 그래프와 같이 표현된다고 하자. 이때 수요곡선 E점에서 수요의 가격탄력성은 수량축과 가격축의 길이비율로 표현할 수 있다.

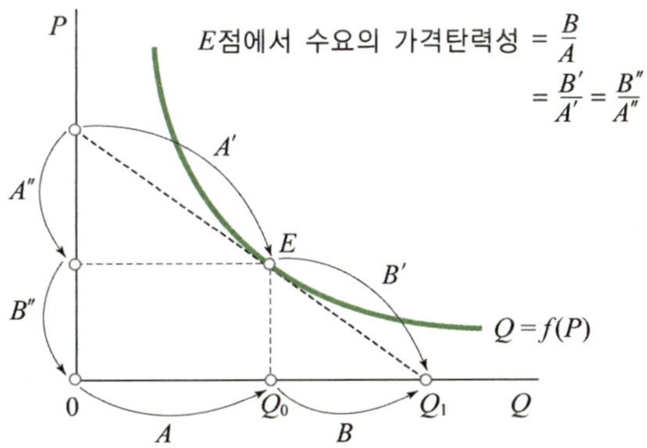

수요곡선과 가격탄력성 식을 연결하여 비율을 구해보면 $\frac{B}{A} = \frac{B'}{A'} = \frac{B''}{A''}$ 가 된다.

접선의 기울기 역수 / 원점연결 직선기울기

$$\begin{aligned}\varepsilon_P^Q &= \left(\frac{dQ}{dP}\right) \times \left(\frac{P_0}{Q_0}\right) \\ &= \frac{\overline{Q_0Q_1}}{\overline{EQ_0}} \times \frac{\overline{EQ_0}}{\overline{0Q_0}} \\ &= \frac{\overline{Q_0Q_1}}{\overline{0Q_0}} \\ &= \frac{B}{A}\end{aligned}$$

결국, 라면수요곡선의 한 점에서 라면수요의 가격탄력성은 원점에서 탄력성을 구하는 수량까지의 길이(분모)로 탄력성을 구하는 수량에서 수요곡선에서 그린 접선의 수량축 절편까지의 길이(분자)를 나눈 비율이다. 이 비율은 그래프와 같이 가격축에서도 유도할 수 있다.

(3) 공급의 가격탄력성은 원점에서 탄력성을 구하는 수량까지의 길이로 그 수량에서 공급곡선접선의 수량축 절편까지의 길이를 나눈 것이다.

수요의 가격탄력성을 유도하는 원리를 적용하여 공급의 가격탄력성이 갖는 기하학적 의미를 알아보자.

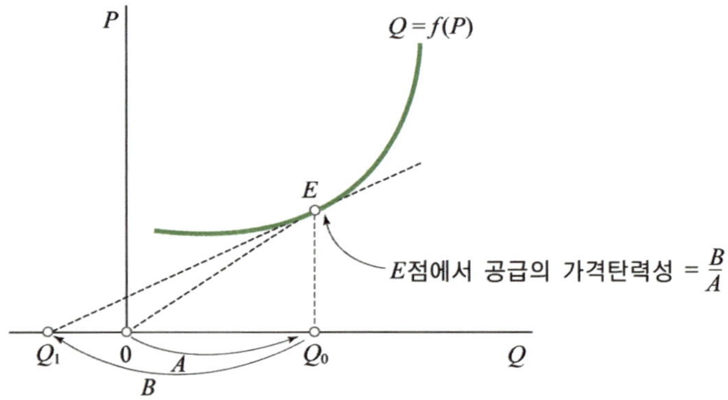

공급의 가격탄력성식을 그래프와 연결해서 정리해보면, 공급곡선 위의 E점에서 공급의 가격탄력성은 $\frac{B}{A}$이다.

접선의 기울기 역수 → $\left(\frac{dQ}{dP}\right)$, 원점연결 직선기울기 → $\left(\frac{P_0}{Q_0}\right)$

$$\varepsilon_P^Q = \left(\frac{dQ}{dP}\right) \times \left(\frac{P_0}{Q_0}\right)$$

$$= \frac{\overline{Q_0Q_1}}{\overline{EQ_0}} \times \frac{\overline{EQ_0}}{\overline{0Q_0}}$$

$$= \frac{\overline{Q_0Q_1}}{\overline{0Q_0}} = \frac{B}{A}$$

예제 9.3.3

다음 그래프는 돼지고기가격(P_X)과 돼지고기수요량(X) 간의 관계를 나타내는 돼지고기 수요곡선이다. A와 B점 중에서 돼지고기수요의 가격탄력성은 어디가 더 큰가? 단, 절대값을 취하여 비교하시오.

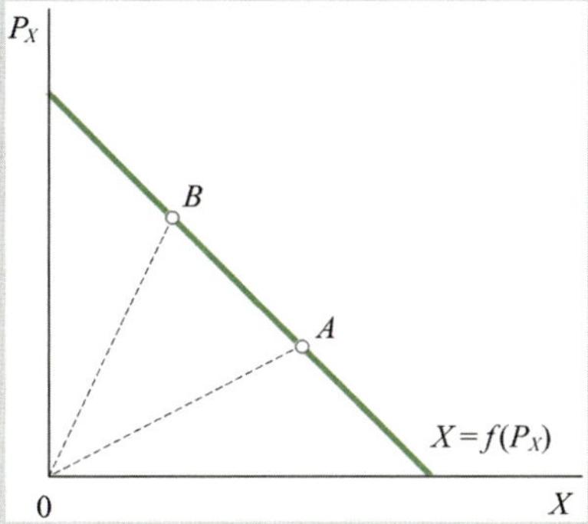

풀이

수요의 가격탄력성의 기하학적 개념을 적용해보자. 수요곡선이 우하향하는 직선이므로 접선과 일치한다. 따라서 접선의 수량축절편은 수요곡선의 절편과 같다. 수량축의 비율을 적용하여 수요의 가격탄력성을 비교해보자.

A점은 B점에 비하여 상대적으로 분모가 크고 분자가 작다. 즉, 가격탄력성은 A점이 B점보다 크다. 극단적으로 수량축 절편에서 탄력성은 0(분자가 0)이고, 가격축 절편에서 탄력성은 무한대(분모가 0에 가까움)이다.

예제 9.3.4

두 지역에서 쌀가격(P)과 쌀공급량(Q) 사이의 관계를 파악하여 그래프로 그렸더니 다음과 같이 나왔다. 두 지역에서 쌀공급의 가격탄력성을 비교하시오.

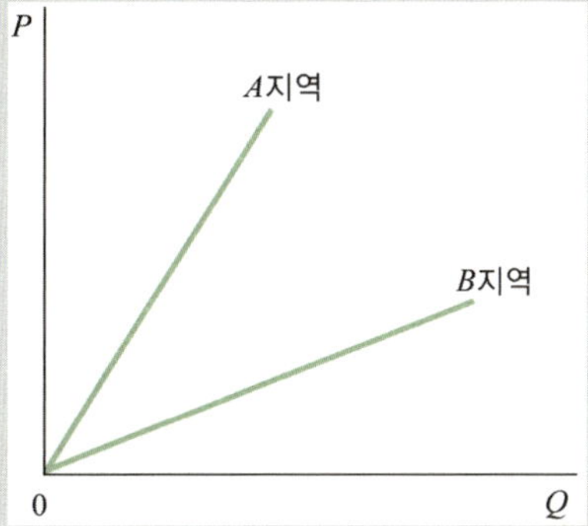

풀이

공급의 가격탄력성을 기하학적으로 계산해보자. 직선의 공급곡선은 탄력성을 구하는 점에서 접선과 공급곡선이 일치한다. 특히 원점을 지나는 직선의 공급곡선은 원점이 접선의 수량축절편이다. 그러므로 가격탄력성을 구하는 모든 점에서 분모와 분자의 길이가 일치한다. 즉, 원점을 지나는 직선의 공급곡선에서는 기울기와 관계없이 공급의 가격탄력성이 어느 점에서도 1이다.

예제 9.3.5

두 지역에서 쌀가격(P)과 쌀공급량(Q) 사이의 관계를 파악하여 그래프로 그렸더니 다음과 같이 나왔다. 두 지역에서 쌀공급의 가격탄력성을 비교하시오.

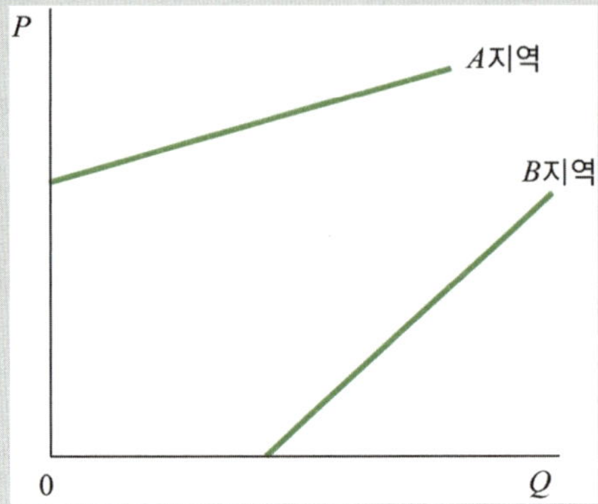

풀이

기하학적인 원리를 이용하여 가격탄력성을 추론해보자.

A지역에서는 접선의 수량축 절편이 음수이다. 어느 점에서든 가격탄력성을 구하는 점에서 분모가 분자보자 항상 작다. 즉, 탄력성이 1보다 커서 항상 탄력적이다.

반면, B지역에서는 접선의 수량축 절편이 양수이다. 어느 점에서든 가격탄력성을 구하는 점에서 분모가 분자보다 크다. 따라서 항상 탄력성이 1보다 작아 비탄력적이다.

3 탄력성의 응용

(1) "Y의 X탄력성"은 $\dfrac{\partial \ln Y}{\partial \ln X}$이다.

$d\ln X = \dfrac{dX}{X}$, 즉 X의 변화율이다. 따라서 "Y의 X탄력성"은 다음과 같이 자연로그를 이용하여 간단하게 표현할 수 있다.

$$\varepsilon_X^Y = \frac{Y\text{의 변화율}}{X\text{의 변화율}} = \frac{\partial \ln Y}{\partial \ln X}$$

(2) X, Y가 양수일 때, $\dfrac{\partial \ln Y}{\partial \ln X} > 0$이면 충격변수 X와 반응변수 Y의 변화 방향은 일치한다.

식에서 보는 것처럼 $\dfrac{X}{Y}$가 양수이면, $\dfrac{\partial Y}{\partial X}$의 부호가 "$Y$의 X 탄력성"의 부호를 결정한다.

$$\varepsilon_X^Y = \frac{\partial \ln Y}{\partial \ln X} = \frac{\partial Y}{\partial X} \times \frac{X}{Y}$$

→ 두 변수가 양수이면 1차 미분부호가 탄력성의 부호이다!

다시 말해, 탄력성이 양수이면 충격변수와 반응변수가 같은 방향으로 움직이는 것을 의미이다(경제학에서 대부분의 변수는 양수이다).

(3) 수요의 가격탄력성이 1보다 클 때 가격을 올리면 기업의 판매수입은 감소한다.

기업의 판매수입이 가격변화에 대하여 어떻게 변동하는지 수요의 가격탄력성과 연결지어 알아보자. 기업의 판매수입(TR)은 판매가격(P)에 판매량(Q)을 곱한 것이다. 기업의 판매량은 해당 판매가격에서 소비자가 구매해준 수량과 일치한다.

$$TR = P \times Q$$

판매수입 TR의 변화방향을 파악하기 위해 이 식에 ln을 취해서 전미분하면,

$$d\ln \mathrm{TR} = \frac{\partial \ln TR}{\partial \ln P} d\ln P + \frac{\partial \ln TR}{\partial \ln Q} d\ln Q \quad (\because \ln TR = \ln P + \ln Q)$$

$$\Leftrightarrow \; d\ln TR = d\ln P + d\ln Q$$

가격이 상승할 때 판매량(수요량)은 감소한다(수요법칙). 그러므로 총판매수입이 증가하려면 판매가격변화율 상승율($d\ln P$)이 판매량감소율($d\ln Q$)보다 커야한다. 즉,

$$d\ln TR > 0 \Leftrightarrow |d\ln P| > |d\ln Q|$$

$$\Leftrightarrow \left| \frac{d\ln Q}{d\ln P} \right| < 1$$

→ 판매량의 판매가격 탄력성(수요의 가격탄력성)

사실, 이 수리적 설명은 직관적 설명보다 더 어렵게 느껴진다. 가격이 10% 상승할 때 수요량이 5% 떨어지면(수요의 가격탄력성이 0.5) 총판매수입은 증가할 것이다. 그러나 가격이 10% 상승할 때 수요량이 20% 떨어지면(수요의 가격탄력성이 2) 총판매수입은 감소할 것이다.

예제 9.3.6

노동(L), 자본(K)의 투입량과 생산량(Q)의 관계가 다음과 같은 생산함수로 표현된다고 가정하자. 생산의 노동탄력성은 얼마인가?

$$Q = 0.5L^{0.4}K^{0.6}$$

풀이

탄력성의 정의에 따라 생산의 노동탄력성은 다음과 같이 ln으로 표시된다.

$$\varepsilon_L^Q = \frac{Q\text{의 변화율}}{L\text{의 변화율}}$$
$$= \frac{d\ln Q}{d\ln L}$$

먼저, 생산함수에 ln을 취하면,

$$\ln Q = \ln 0.5 + 0.4\ln L + 0.6\ln K$$
$$\frac{\partial \ln Q}{\partial \ln L} = 0.4$$

동일한 논리로, 생산의 자본탄력성은,

$$\frac{\partial \ln Q}{\partial \ln K} = 0.6$$

예제 9.3.7

사과(X)의 수요함수가 다음과 같다고 가정하자. 사과수요의 배(Y)의 가격(P_Y) 탄력성은 얼마인가? 이때 배의 가격이 상승할 때 사과수요량은 줄어드는가? 단, P_X는 X재의 가격, I는 소득이다.

$$X = 2P_X^{-0.5}P_Y^{0.7}I^{-0.2}$$

풀이

사과수요의 배가격탄력성은 다음과 같다.

$$\ln X = \ln 2 - 0.5\ln P_X + 0.7\ln P_Y - 0.2I$$
$$\frac{\partial \ln X}{\partial \ln P_Y} = 0.7$$

또는 $\frac{\partial X}{\partial P_Y} = 1.4P_X^{-0.5}P_Y^{-0.3}I^{-0.2} > 0$

양수이므로 배가격이 상승하면 사과의 수요량은 늘어난다고 해석된다.

예제 9.3.8

"$X \cdot Y$ = 상수"는 직각쌍곡선의 기본꼴로서 경제학에 가끔 응용된다. 로그를 이용하여 Y의 X탄력성이 -1임을 보이시오.

풀이

상수를 C로 놓고 양변에 ln을 취하면

$$\ln X + \ln Y = \ln C \Leftrightarrow \ln Y = \ln C - \ln X$$

Y의 X탄력성은

$$\frac{\partial \ln Y}{\partial \ln X} = -1$$

예제 9.3.9

영희는 집에서 주는 용돈의 10%는 언제나 자판기커피를 마시는 데 사용한다.
(1) 영희는 커피수요의 소득탄력성이 얼마인가?
(2) 영희는 커피수요의 가격탄력성이 얼마인가?
(3) 이번 달에는 더 받은 용돈을 모두 커피 마시는데 사용하였다. 영희의 커피수요에 대한 가격탄력성과 소득탄력성은 1보다 큰가 작은가?

풀이

영희의 10%의 용돈(소득)을 모두 커피수요에 지출하므로 영희의 수요식은 다음과 같다. 단, Q_X는 커피소비량, P_X는 커피가격, I는 용돈이다.

$$Q_X = \frac{0.1I}{P_X}$$

이 식도 직각쌍곡선의 기본꼴에 해당된다.

(1) $\dfrac{\partial \ln Q_X}{\partial \ln I} = 1$ ······ 소득탄력성은 1

(2) $\dfrac{\partial \ln Q_X}{\partial \ln P_X} = -1$ ······ 가격탄력성은 -1 또는 1

(3) 용돈(소득)의 증가율에 비하여 커피소비의 증가율이 더 컸기 때문에 탄력성이 1보다 클 것이다. 반면 가격변화에 반응한 것이 아니기 때문에 가격탄력성은 여전히 1이다.

예제 9.3.10

빵가게를 운영하는 진희는 이윤을 최대로 올리기 보다는 판매수입을 최대로 올리는데 목적을 두고 가게를 운영하고 있다. 빵에 대한 수요가 다음과 같은 수식으로 표현될 때 진희의 목적과 일치하는 가격은 얼마인가?

$$Q = 200 - 0.5P$$

풀이

다음 좌측 그래프를 보자. 탄력성의 기하학적 관계를 이용하여 가격 200과 수량 100에서 수요의 가격탄력성이 1이다. 우측 그래프를 보자. 좌측의 각 가격에서 판매량(수요량)을 곱하면 총판매수입(소비자 지불액) TR이 나온다. 이것을 그래프로 옮겨 놓은 것이 오른쪽 그래프이다.

가격이 200원 미만인 구간에서는 수요의 가격탄력성이 1보다 작다. 여기서는 가격을 올릴 때 그 상승률보다 수요량감소율이 더 작기 때문에 판매수입이 늘어난다. 그러나 200원을 초과하면 반대현상이 나타난다. 항상 가격탄력성이 1일 때 총판매수입은 극대가 된다.

이런 문제는 특히 직선의 수요곡선에서는 기하학적으로 탄력성이 1인 점을 찾기가 쉽게 때문에 그래프로 접근하는 것이 쉽다. 답은 가격절편의 절반인 100원에서 판매수입이 극대가 된다.

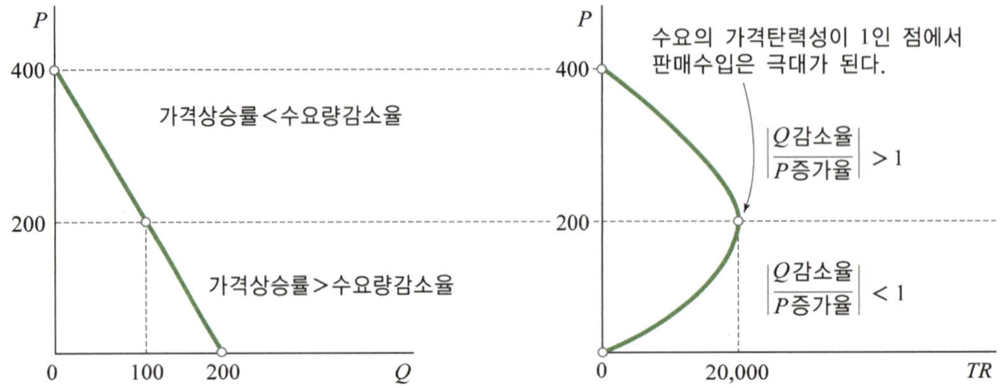

예제 9.3.11

한 기업에서 노동자와 자본가의 수입이 다음과 같이 표현된다고 하자. 노동조합이 임금인상을 요구할 때 기업은 상대적으로 가격이 싼 자본으로 대체하고자 할 것이다.

이 민감도를 표현한 것이 요소대체탄력성이다. 요소대체탄력성의 정의는 다음과 같다. K는 자본투입량, L은 노동투입량, W는 임금, r은 자본사용료(이자)이다.

$$\varepsilon = \frac{d\ln\left(\frac{K}{L}\right)}{d\ln\left(\frac{W}{r}\right)}$$

노동자와 사용자의 소득비율을 다음과 같이 정의할 때, 임금이 상승할 때 노동소득비율이 높아질 요소대체탄력성조건을 찾으시오.

$$\text{노동자와 자본가의 상대적 소득비율}(R) = \frac{\text{임금} \times \text{노동량}}{\text{이자} \times \text{자본량}} = \frac{W \times L}{r \times K}$$

풀이

$$R = \frac{W \times L}{r \times K} = \left(\frac{W}{r}\right)\left(\frac{L}{K}\right) = \left(\frac{W}{r}\right)\left(\frac{K}{L}\right)^{-1}$$

$$\Leftrightarrow \ln R = \ln\left(\frac{W}{r}\right) - \ln\left(\frac{K}{L}\right) \quad \cdots\cdots \text{로그를 취한 결과}$$

$$\Leftrightarrow d\ln R = d\ln\left(\frac{W}{r}\right) - d\ln\left(\frac{K}{L}\right) \quad \cdots\cdots \text{전미분한 결과}$$

노동자분배율이 높아지려면($d\ln R > 0$), $d\ln\left(\frac{W}{r}\right) > d\ln\left(\frac{K}{L}\right)$이 되어야 한다. 즉, 요소대체탄력성이 1보다 작아야 한다.

$$\frac{\left(\frac{K}{L}\right)\text{변화율}}{\left(\frac{W}{r}\right)\text{변화율}} = \frac{d\ln\left(\frac{K}{L}\right)}{d\ln\left(\frac{W}{r}\right)} < 1$$

예제 9.3.12

비용을 극소화하는 기업은 언제나 다음 식이 성립한다. 한 기업이 콥-더글라스 생산함수꼴을 하고 있고 이 기업이 비용을 극소화하고 있다면 이 기업의 요소대체탄력성이 언제나 1임을 보이시오.

$$\text{비용극소화조건}\quad \frac{W}{r}=\frac{\left(\frac{\partial Q}{\partial L}\right)}{\left(\frac{\partial Q}{\partial K}\right)}$$

$$\text{콥-더글라스생산함수}\quad Q=Q(L,\ K)=AL^{\alpha}K^{\beta}$$

풀이

비용극소화 조건을 활용하기 위해 정리하자.

$$\frac{\left(\frac{\partial Q}{\partial L}\right)}{\left(\frac{\partial Q}{\partial K}\right)}=\frac{\alpha AL^{\alpha-1}K^{\beta}}{\beta AL^{\alpha}K^{\beta-1}}=\frac{\alpha K}{\beta L}$$

양변에 ln을 취하자.

$$\ln\frac{\left(\frac{\partial Q}{\partial L}\right)}{\left(\frac{\partial Q}{\partial K}\right)}=\ln\left(\frac{\alpha}{\beta}\right)+\ln\left(\frac{K}{L}\right)$$

주어진 비용극소화조건을 대입하고 미분을 하면 요소대체탄력성이 유도된다.

$$\frac{\partial\ln\left(\frac{K}{L}\right)}{\partial\ln\left(\frac{W}{r}\right)}=\frac{\partial\ln\left(\frac{K}{L}\right)}{\partial\ln\left(\frac{\partial Q/\partial L}{\partial Q/\partial K}\right)}=1$$

콥-더글라스생산함수는 요소대체탄력성이 언제나 1이다.

예제 9.3.13

기업의 한계수입(MR)과 시장가격(P)간의 관계를 수요의 가격탄력성을 이용하여 표현한 것이 "아모로조-로빈슨공식"이다. 총판매수입식 $TR=P\times Q$를 미분하여 다음의 아모로조-로빈슨공식을 유도하라.

$$MR=P\left(1-\frac{1}{\text{수요의 가격탄력성}}\right)$$

풀이

$$TR=P\times Q,\ MR=\frac{dTR}{dQ}=Q\times\frac{dP}{dQ}+P\times\frac{dQ}{dQ}\ \cdots\cdots\cdots\ \text{함수 곱의 미분공식 적용}$$

$$=P\left(1+\frac{Q}{P}\times\frac{dP}{dQ}\right)=P\left(1-\frac{1}{\text{수요의 가격탄력성}}\right)$$

"수요의 가격탄력성 $=-\frac{dQ}{dP}\times\frac{P}{Q}$"을 식에 대입하여 정리한 것이다. 수요의 가격탄력성은 절대값을 취해서 사용하는 것이 일반적으로 앞에 음의 부호가 붙어 있다. 수요법칙에 의해 $\frac{dQ}{dP}$는 음수이다.

제 10 장 기초통계개념

일러두기

본서는 경제학을 처음 접하는 독자들도 무리 없이 읽을 수 있도록 내용을 구성하였습니다. 다만, 좀 더 수월하게 본서를 마치고 싶은 독자는 본문과 문제에 다음 표시가 있는 부분을 제외시키고 공부해도 좋습니다. 굳이 분류기준을 밝히면 다음과 같습니다.

- ⧗ : 경제원론을 읽었으면 익숙한 내용
- ⧗⧗ : 굳이 보지 않아도 되는 내용

10.1 확률변수

1 확률의 정의

삼성전자의 주가가 100만 원을 넘을 가능성은 얼마나 될까? 연말에 금리가 5%를 넘을 가능성은 얼마나 될까? 우리가 예금을 든 저축은행이 부도날 가능성은 얼마나 될까? 등 ……. 우리는 매일매일 수없이 많은 가능성들을 점치면서 살아간다. 확률은 바로 이런 가능성을 표현하는 수단이다. 지금부터 확률에 대해 살펴보자.

(1) 동일한 상황이 무한히 반복될 때 발생 가능한 다양한 사건 중 특정 사건이 발생할 것으로 기대되는 비율을 확률이라고 한다.

동전을 3번 던진다고 해보자. 실제로 앞면이 나온 비율은 얼마나 될까? 한 번도 나오지 않아 0이 될 수도 있고, 3번 모두 앞면이 나와 1이 될 수도 있다. 그러나 동전을 100번 던질 때, 앞면이 나오는 비율이 0이나 1이 될 것으로 기대하기는 힘들 것이다. 또 던지는 횟수가 늘어나 1,000번을 던져서 앞면이 나오는 비율이 0이나 1이 될 가능성은 거의 없다고 봐도 될 것이다. 그렇다면 동전 던지는 횟수를 무한히 늘릴 때 앞면이 나오는 비율이 어느 값에 수렴할 것으로 기대하는가? 0.5이다. 이 값을 우리는 동전을 던져서 앞면이 나올 "확률"이라고 한다. 주사위를 던져서 눈금 1이 나올 확률은 얼마나 될까? 주사위를 무한히 반복해서 던진다고 가정할 때 6개의 눈금 중 1의 눈금이 나오는 비율은 1/6로 추정할 수 있다. 따라서 주사위를 던져 1의 눈금이 나올 확률은 1/6이다.

(2) **확률** $= \dfrac{\text{특정 사건이 발생할 경우의 수}}{\text{모든 사건이 발생할 경우의 수}}$

확률을 보다 정확하게 정의해보자. 다시 동전을 1번 던져서 앞면이 나올 확률을 생각해보자. 먼저, 동전을 1번 던질 때 출현 가능한 결과를 원소로 하는 집합 U는 다음과 같다.

U = {앞면, 뒷면} ………………………………… "표본공간(sample space)"이라고 함

또, 우리가 확률을 계산하고자 하는 특정 사건을 원소로 하는 집합 A는 다음과 같다.

A = {앞면} ……………………………………………………… "사상(event)"이라고 함

집합 U나 집합 A의 원소의 개수는 다음과 같이 표현한다.

$$n(U)=2,\ n(A)=1$$

우리가 계산하려는 확률 $P(A)$는 다음과 같이 계산된 것이다.

$$P(A)=\frac{n(A)}{n(U)}=\frac{\text{특정 사상의 원소갯수}}{\text{표본공간의 원소갯수}}=\frac{1}{2}$$

좀 복잡한 예를 하나 살펴보자. 동전 1개와 주사위 1개를 동시에 던져서 동전의 앞면이 나오거나 주사위눈금이 3미만으로 나올 확률은 얼마인가? 지금까지 살펴본 순서에 따라 확률을 계산하면 다음과 같다.

표본공간 : $U=$ {(1, 앞면), (1, 뒷면), (2, 앞면), (2, 뒷면), (3, 앞면), (3, 뒷면), (4, 앞면), (4, 뒷면), (5, 앞면), (5, 뒷면), (6, 앞면), (6, 뒷면)}

$n(U)=12$

사 상 : $A=$ {(1, 앞면), (1, 뒷면), (2, 앞면), (2, 뒷면), (3, 앞면), (4, 앞면), (5, 앞면), (6, 앞면)}

$n(A)=8$

그러므로, $P(A)=\frac{n(A)}{n(U)}=\frac{8}{12}=\frac{2}{3}$

2 확률 법칙

(1) 합의 법칙

학생구성이 다음과 같은 한 고등학교를 생각해보자.

1학년 500명(여학생 260명)
2학년 420명(여학생 168명)
3학년 380명(여학생 160명)

1학년이거나 여학생일 사상의 원소 개수는 어떻게 셀까? 1학년 학생수와 여학생수를 합한 다음, 1학년 여학생수를 빼면 된다. 벤-다이어그램(집합을 표현하는 다음 그림)에서 보는 것처럼 1학년 여학생은 1학년과 여학생 집합에 중복해서 속하기 때문이다.

이 내용을 집합기호로 나타내보자. 우선 합집합($A\cup B$)의 원소개수는 다음과 같다.

$n(A\cup B)$ ·· 사상 A나 사상 B에 속하는 원소의 개수

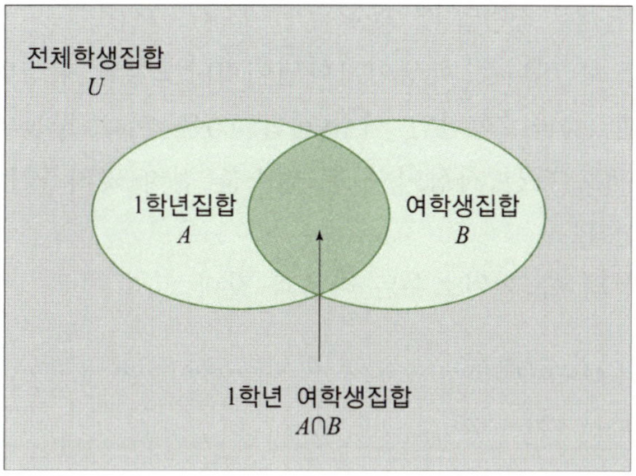

반면, 1학년인 사상과 여학생인 사상에 동시에 속하는 원소의 개수는 교집합($A\cap B$)의 기호를 이용하여 다음과 같이 표현한다.

$n(A\cap B)$ ································ 사상 A와 사상 B에 동시에 속하는 원소의 개수

① $n(A\cup B)=n(A)+n(B)-n(A\cap B)$

이 학교에 들어서서 처음으로 만난 학생이 1학년이거나 여학생일 확률을 계산해보자. 확률계산 공식을 적용하려면 1학년이거나 여학생인 사상의 원소 개수 $n(A\cup B)$를 계산해야 한다. 벤－다이어그램에서 보는 것처럼 1학년 학생수와 여학생수를 합한 수($n(A)+n(B)$)에서 중복 계산된 1학년 여학생수($n(A\cap B)$)를 빼야 한다. 즉,

$$\begin{aligned} n(A\cup B) &= n(A)+n(B)-n(A\cap B) \\ &= 500+588-260=828 \end{aligned}$$

② $P(A\cup B)=P(A)+P(B)-P(A\cap B)$

이제 확률을 계산하는 공식에 대입하여 확률을 계산해보자.

$$\begin{aligned} P(A\cup B) &= \frac{n(A\cup B)}{n(U)}=\frac{n(A)+n(B)-n(A\cap B)}{n(U)} \\ &= \frac{500+588-260}{1,300}=\frac{828}{1,300} \end{aligned}$$

위 식을 이용하여 합의 확률공식을 유도하면 다음과 같다.

$$\begin{aligned} P(A\cup B) &= \frac{n(A)}{n(U)}+\frac{n(B)}{n(U)}-\frac{n(A\cap B)}{n(U)} \\ &= P(A)+P(B)-P(A\cap B) \end{aligned}$$

·· 합의 법칙

③ 사상 A와 사상 C가 서로 배반일 때 $P(A\cup C)=P(A)+P(C)$

이번에는 처음으로 만나는 학생이 1학년이거나 2학년 학생일 확률을 계산해 보자. 1학년인 사상(집합 A)과 2학년인 사상(집합 C)은 서로 공통의 원소를 절대 포함할 수 없다. 이렇게 서로 다른 사상이 공통 원소를 전혀 갖지 않는 사상들을 "서로 배반인 사상"이라고 한다.

이 경우 두 사상의 합의 원소수는 다음과 같다.

$$\begin{aligned} n(A\cup C) &= n(A)+n(C) \cdots\cdots\cdots\cdots\cdots\cdots\cdots\cdots\cdots\cdots\cdots\cdots\cdots\cdots\cdots\cdots\cdots\cdots\cdots\cdots\cdots\cdots\cdots\cdots\cdots\cdots\cdots\cdots\cdots\cdots\cdots\cdots\cdots\cdots n(A\cap C)=0 \\ &= 500+420=920 \end{aligned}$$

확률공식에 대입하여 확률을 계산해 보면,

$$\begin{aligned} P(A\cup C) &= \frac{n(A\cup C)}{n(U)}=\frac{n(A)+n(C)}{n(U)} \\ &= \frac{500+420}{1,300}=\frac{920}{1,300} \end{aligned}$$

이것을 다시 확률을 이용하여 표현하면, 두 사상 A와 C가 서로 배반일 때

$$\begin{aligned} P(A\cup C) &= \frac{n(A)}{n(U)}+\frac{n(C)}{n(U)} \\ &= P(A)+P(C) \cdots\cdots\cdots\cdots\cdots\cdots\cdots\cdots\cdots\cdots\cdots\cdots\cdots\cdots\cdots \text{배반사상에서 합의 법칙} \end{aligned}$$

(2) 곱의 법칙

학교 들어설 때 처음으로 여학생을 만났다고 해보자. 이 여학생이 1학년일 확률은 얼마나 되겠는가? "여학생이라는 전제하에서 1학년일 확률!" 이렇게 조건을 전제로 계산된 확률을 "조건부확률"이라고 한다. 조건부확률은 다음과 같이 표현한다.

$$P(\text{특정사상}|\text{조건사상})=P(\text{1학년}|\text{여학생})$$

① 조건부확률의 조건은 새로운 표본공간을 나타낸다.

벤-다이어그램을 살펴보자. 우리가 관심을 가지는 것은 1학년 여학생 사상 $A\cap B$이다.

"만일 처음 만난 학생이 1학년 여학생일 확률은 얼마인가?"라고 물었다면 확률은 다음과 같이 계산된다.

$$P(A\cap B)=\frac{n(A\cap B)}{n(U)}=\frac{260}{1,300}$$

처음으로 1학년 여학생을 만날 확률은 표본공간이 전체학생집합이다.

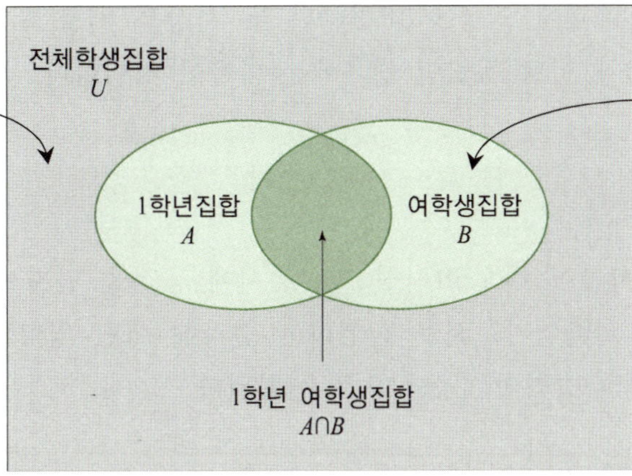

처음으로 만난 여학생이 1학년 여학생일 확률은 표본공간이 여학생집합이다.

그러나 여학생이라는 전제(조건)하에서 1학년인 확률을 계산하기 위해서는 여학생 중에서 1학년 여학생이 차지하는 비율을 계산해야 할 것이다. 즉,

$$P(A|B) = \frac{n(A \cap B)}{n(B)} \quad \cdots\cdots \text{조건사상 } B\text{가 표본공간이 됨}$$

$$= \frac{260}{588}$$

② $P(A \cap B) = P(B|A)P(A) = P(A|B)P(B)$

조건분확률을 계산하는 식 우변의 분모와 분자를 $n(U)$로 나누면 확률을 이용해서 조건부확률을 계산하는 공식을 유도할 수 있다([부록 5] 베이즈 정리 참고).

$$P(A|B) = \frac{n(A \cap B)}{n(B)} = \frac{n(A \cap B)/n(U)}{n(B)/n(U)} = \frac{P(A \cap B)}{P(B)} \quad \cdots\cdots \text{조건부확률공식}$$

이 식을 활용하면 사상 A와 B가 동시에 발생할 확률 공식도 유도할 수 있다. 이것을 곱의 법칙이라고 한다.

$$P(A \cap B) = P(A|B)P(B) \text{ 또는 } P(B \cap A) = P(B|A)P(A) \quad \cdots\cdots \text{곱의 법칙}$$

③ 사상 A와 B가 서로 독립이면 $P(A|B) = A, P(B|A) = B$이고, $P(A \cap B) = P(A)P(B)$이다.

동전을 2번 던진다고 해보자. 첫 번째 던질 때 앞면이 나오건 뒷면이 나오건 두 번째 동전이 나오는 면에 영향을 미치지 않는다. 이런 상황을 “독립시행”이라고 한다. 주사위를 던지고 동전을 던지는 경우도 마찬가지로 독립시행이다. 두 번째 동전을 던질 때 앞면이 나올 확률은 얼마인가? 1/2이다. 첫 번째 던진 동전이 앞면이 나왔다고 하자. 두 번째 던진 동전이 앞면이 나올 확률은 얼마인가? 역시 1/2이다. 동전을 던지고 주사위를 던지는 경우도 마찬가지이다. 주사위 눈금이 짝수가 나왔다고 하자. 동전의 앞면이 나올 확률이 얼마인가? 역시 1/2이다. 이것은 동전을 던져 앞면이 나올 확률과 같다. 이처럼 독립시행에서는 전제 조건이 확률에 아무런 영향을 미치지 않는

다. 만약 조건이 확률에 영향을 미쳤다면 두 사상은 서로 독립이 아니다. 그러므로 사상 A와 사상 B가 서로 독립인 경우에는 다음이 성립한다.

$$P(A|B) = P(A)$$
$$P(B|A) = P(B)$$

주사위을 던져서 1이 나오고(사상 A), 동시에 동전을 던져서 앞면이 나올(사상 B) 확률($P(A \cap B)$)은 얼마인가? 서로 출현하는 결과에 어떤 영향도 미치지 않는 독립시행인 경우에는 곱의 법칙이 다음식으로 변형된다.

$$P(A \cap B) = P(A)P(B) = \frac{1}{6} \times \frac{1}{2} = \frac{1}{12}$$ ································ 독립시행에서 곱의 법칙

독립시행에서는 각 사상이 발생할 확률을 곱하면 두 사상이 동시에 발생할 확률이 된다.

3 확률변수와 확률분포

(1) 확률변수란 그 변수가 특정 값을 가질 확률이 존재하는 변수이다.

주사위를 던져서 나오는 눈의 수에 만원을 곱한 금액을 상금으로 주는 게임을 한다고 가정해 보자. 받는 상금을 Y 눈금 수를 X라고 할 때 상금식은 다음과 같다.

$$Y = f(X) = 10{,}000X$$

이 식에서 X는 1에서 6까지의 숫자를 갖는다. 또한 각 숫자는 모두 $\frac{1}{6}$의 확률로 출현할 것이다. X처럼 변수의 값이 확률적으로 결정될 때 이 변수를 "확률변수"라고 한다. 이 식에서 Y 역시 확률적으로 결정되는 확률변수이다.

확 률	1/6	1/6	1/6	1/6	1/6	1/6
X	1	2	3	4	5	6
Y	1만 원	2만 원	3만 원	4만 원	5만 원	6만 원

예를 들어 확률변수가 특정값을 가질 확률은 다음과 같이 표현한다.

$$P(X=1) = \frac{1}{6}$$ ································ 확률변수 $X=1$일 확률

$$P(X=5) = \frac{1}{6}$$ ································ 확률변수 $X=5$일 확률

$$P(X=\text{짝수}) = \frac{3}{6}$$ ································ 확률변수 $X=$짝수일 확률

(2) 변수가 취할 수 있는 값이 연속인 것을 연속확률변수, 이산적인 것을 이산확률변수라고 한다.

확률변수가 취할 수 있는 값을 하나하나 헤아려 열거할 수 있을 때 그 확률변수를 "이산확률변수"라고 한다. 반면, 주어진 실수구간 내에 속하는 어떠한 실수도 취할 수 있을 때 그 확률변수를 "연속확률변수"라고 한다.

먼저, 이산확률변수의 예를 들어보겠다.

① 한 대학에서 각종 자격시험에 합격한 학생들의 수
② 일주일 동안 판매한 제품수량
③ 어떤 공인회계사의 원장에서 발견된 실수의 개수

연속확률변수의 예는 다음과 같은 것들이 있다.

① 집에서 학교까지의 운전시간(최소 20분에서 최대 1시간까지 소요된다면 $20 \le X \le 60$)
② 어느 슈퍼마켓에서 구매된 사과 1상자의 무게(최소 6.5kg에서 최대 7.9kg까지라면 $6.5 \le X \le 7.9$)
③ 일정 기간 동안 생산라인에서 발견되는 완제품의 불량률($0 \le X \le 1$)

(3) 연속확률변수는 연속확률분포를 갖고 이산확률변수는 이산확률분포를 갖는다.

확률변수의 각 값에 대응하는 확률의 분포모양을 보여주는 것이 확률분포이다. 이산확률변수는 각 값에 대응하는 확률이 존재하는데 이것을 "이산확률분포"라고 한다. 반면, 연속확률변수에 대응하는 확률의 분포를 연속확률분포라고 한다.

확률은 전체변수에서 특정변수가 출현할 상대적 비율(또는 "상대돗수"라고 함)이다. 그러나 연속확률분포에서는 이 개념이 통하지 않는다. 연속확률변수의 특정값이 차지하는 비중은 0에 가깝기 때문이다. 연속확률분포에서는 확률변수의 구간에서만 확률이 정의될 수 있다.

(4) 확률분포의 모든 확률을 합하면 1이다.

확률은 확률변수의 전 구간에서 확률변수의 특정값이 차지하는 구간의 비율을 의미한다. 따라서 확률변수 전체에 대응하는 확률을 모두 합하면 항상 1이 된다. $P(X_i)$를 확률변수 X가 특정값을 가질 확률이라고 정의할 때,

$$\sum_{i=-\infty}^{\infty} P(X_i) = 1$$

예제 10.1.1

다음 확률을 계산하시오.

(1) 동전을 두 번 던져서 앞면, 뒷면의 순서로 나올 확률은?

(2) 주사위를 3번 던져서 짝수, 홀수, 짝수의 순서로 나올 확률은?

(3) 주사위과 동전을 각각 하나씩 던져서, 주사위 눈금이 4를 초과하고, 동전이 앞면이 나올 확률은?

풀이

(1) 앞 서 던진 동전의 결과와 관계없이 뒤에 던진 동전의 결과가 나오므로 서로 독립시행이다. 따라서 앞면이 나올 확률과 뒷면이 나올 확률을 곱하면 된다.

$$P=\frac{1}{2}\times\frac{1}{2}=\frac{1}{4}$$

(2) 앞 서 던진 주사위에서 출현한 눈금이 나중에 던지는 주사위의 눈금이 나오는 것에 영향을 미치지 않으므로 서로 독립시행이다.

$$P=\frac{1}{2}\times\frac{1}{2}\times\frac{1}{2}=\frac{1}{8}$$

(3) 주사위와 동전을 던지는 것은 독립시행이므로 각 출현확률을 곱하면 된다.

$$P=\frac{1}{3}\times\frac{1}{2}=\frac{1}{6}$$

예제 10.1.2

동전을 2번 던져서 앞면이 나온 횟수를 X라고 하자. 확률변수 X의 확률분포를 계산하시오.

풀이

동전을 2번 던질 때 표본공간 U은 원소가 4개이다.

U={(앞면, 앞면), (앞면, 뒷면), (뒷면, 앞면), (뒷면, 뒷면)}

$n(U)=4$

앞면이 n번 나올 사상을 A_n으로 표시할 때,

A_0={(뒷면, 뒷면)} ······ $n(A_0)=1$

A_1={(앞면, 뒷면), (뒷면, 앞면)} ······ $n(A_1)=2$

A_2={(앞면, 앞면)} ······ $n(A_2)=1$

이산확률분포표를 만들면 다음과 같다.

X	0	1	2
$P(X)$	1/4	1/2	1/4

10.2 평균과 표준편차

1 확률변수의 평균

(1) 집단의 수가 30 이상이면 정규분포로 간주한다.

① 정규분포로 수렴되는 과정

확률변수의 특성을 나타내는 확률분포는 특성에 따라 여러 종류가 있다. 그러나 사회과학에서는 측정하는 대상의 수가 충분히 많기 때문에 연속확률분포인 "정규분포"를 전제하고 활용한다. 다음 그래프는 이산확률분포가 집단의 크기가 커짐에 따라 정규분포로 변형되는 과정을 보여준다.

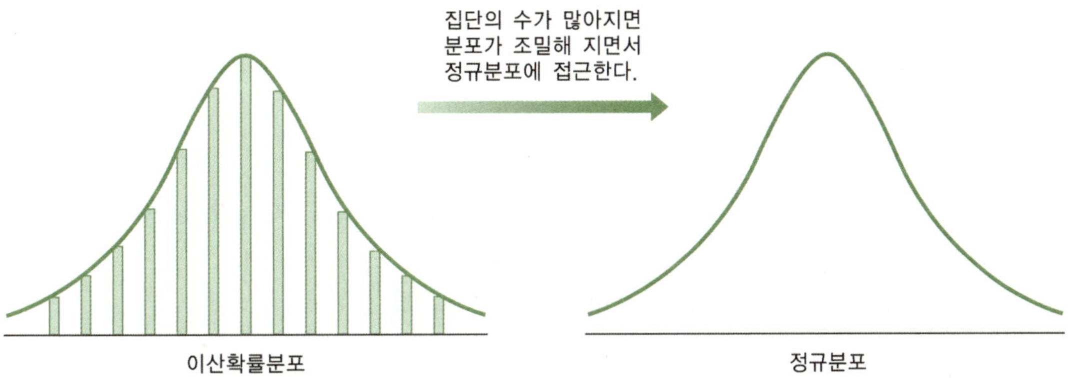

좌측 그래프는 이산확률분포로서 확률변수의 각 값에 대응하는 확률이 세로막대의 높이로 표시되어 있다. 예를 들어 전국적으로 실시한 토익점수를 점수대별로 나누어서 상대적인 비율을 구하면 좌측 그래프 형태로 표현할 수 있다. 그런데 토익점수를 본 사람의 수가 몇만 명에 해당되기 때문에 같은 점수에도 수십 명, 또는 수백 명이 포함되어 있을 가능성이 높다. 따라서 점수대를 세분화해서 표현할 수 있다. 그렇게 그려나가면 우측과 같이 매끄러운 확률분포곡선이 나타날 것이다.

② 정규분포는 좌우대칭종형인 자연의 분포로 알려져 있다.

정규분포는 연속확률분포로서 매끄러운 곡선을 갖는다는 특성보다 더 중요한 특성을 갖는다. 중앙을 중심으로 좌우대칭의 종형이라는 사실이다. 이론적으로 볼 때, 조사대상이 되는 집단의 크기가 30 이상이면 정규분포(가우스 분포)꼴을 간주해도 무리가 없다고 알려져 있다. 정규분포는 자연의 분포라고 볼 수 있다.

(2) 확률변수 X의 평균은 $E(X) = \sum[X_i \times P(X_i)]$이다.

① 평균은 확률분포의 무게중심으로 확률분포의 가장 중요한 특성이다.

확률변수와 확률분포를 이용하여 얻을 수 있는 집단의 가장 중요한 특성이 평균이다. 예를 들어 한 지역에서 학력신장도를 측정하기 위해 시험을 실시하였다고 가정하자. 작년과 올해의 평균점수를 비교하는 일을 먼저 생각할 수 있다. 그래프와 같이 작년 평균성적이 79점이고 올해 평균성적이 83점이라면 학력이 평균적으로 신장되었다고 결론지을 수 있다.

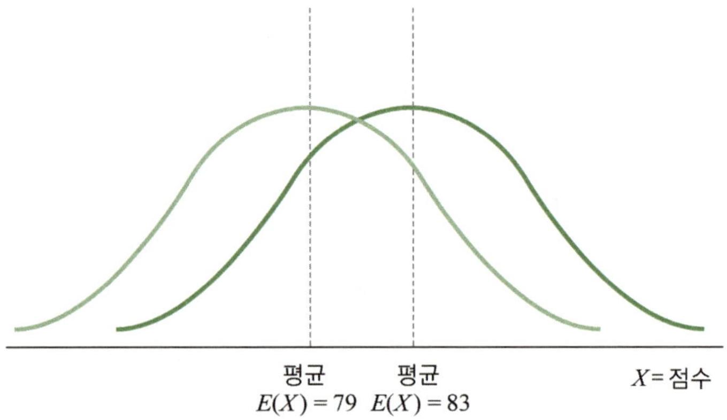

평균은 그 집단에서 확률변수의 무게중심이다. 다시 말해 그 집단의 확률분포에 있는 평균 밑에 삼각대를 놓으면 확률분포는 어느 쪽으로도 기울지 않고 정확하게 균형을 유지할 것이다[1]. 특히 정규분포는 평균을 중심으로 정확하게 좌우대칭이다.

② 평균은 확률분포를 가중치로 확률변수를 가중평균한 값이다.

다음은 주택복권에 대한 자료이다. 인위적으로 만들어진 확률로서 정규분포를 하고 있지 않은 이산확률분포를 보여준다. 여기서는 당첨금을 확률변수 X로 표현하자. 주택복권을 한 장 구입할 때 당첨금의 평균금액은 얼마나 될까? 통계학에서는 이것을 기댓값이라고 하며 다음과 같이 표현한다[2].

E(당첨금) 또는 $E(X)$

당첨금의 평균금액(기대금액)은 총 당첨금을 복권의 수로 나눈 것이다.

$$E(\text{당첨금}) = \frac{\text{총당첨금}}{\text{복권수}} = \frac{\sum(\text{각 등 당첨금} \times \text{각 등 당첨복권수})}{\text{복권수}}$$

---

1) 집단의 수가 많지 않아 극단적인 값이 평균을 좌우할 때 평균은 대표성의 의미를 잃을 수도 있다는 사실을 잊지 말아야 한다. 이때는 중앙값(예를 들어 순서상 중앙에 위치한 점수) 등을 집단의 특성치로 사용하기도 한다.

2) 보통 평균은 실현된 값의 평균치로 인식되며, 기댓값은 불확실한 상황에서 평균적 출현예상치로 인식된다. 그러나 통계학에서는 구분없이 사용하기도 한다.

$$= \sum (\text{각 등 당첨금} \times \text{각 등 당첨복권비율})$$

등 수	당첨복권수	당첨금액	상대도수(비율)	당첨금액 × 당첨복권수비율
1	1	1억 5천만 원	1/360만	1억 5천만 원×1/360만
2	2	3천만 원	2/360만	3천만 원×2/360만
3	6	백만 원	6/360만	백만 원×6/360만
4	7,200	5천 원	7,200/360만	5천 원×7,200/360만
5	10,800	천 원	10,800/360만	천 원×10,800/360만
6	1,080,000	5백 원	1,080,000/360만	5백 원×1,080,000/360만
	360만 장 발행			기댓값 250원

표에서 보는 것처럼 각등 당첨금에 각등 당첨복권수의 비율을 곱하여 모두 합한 것이 평균(기댓값)이다. 이때 당첨복권수의 비율이 당첨확률이 되기 때문에 기댓값은 확률변수의 각 값을 확률가중치로 가중평균한 값이라고 볼 수 있다.

$$E(X) = \sum X_i \times P(X_i) \cdots\cdots \ X_i\text{는 } X\text{의 특정한 값임}$$

이 복권의 기댓값은 250원이다. 기댓값 250원은 이 복권을 반복적으로 계속 산다고 할 때 평균적으로 한 장당 250원씩 당첨금을 받을 것으로 기대할 수 있다는 의미이다.

(3) 기댓값의 성질

a와 b를 상수, X와 Y를 서로 독립인 확률변수라고 할 때 기댓값은 다음과 같은 성질을 갖는다.

① $E(a) = a$

예 $Z = 500$일 때, $E(Z) = E(500) = 500$

② $E(aX) = aE(X)$

예 $Y = 3X$일 때, $E(Y) = E(3X) = 3E(X)$

③ $E(a+bX) = a+bE(X)$

예 $Y = 20+0.5X$일 때, $E(Y) = E(20+0.5X) = 20+0.5E(X)$

④ $E(aX+bY) = aE(X)+bE(Y)$

예 $U = 5+3X$, $V = 3+4Y$일 때,
$E(U+V) = E(5+3X+3+4Y) = 8+3E(X)+4E(Y)$

이상의 성질은 기댓값이 마치 상수처럼 취급된다는 사실을 보여준다. 뺄셈에 대해서도 위 식이 모두 성립한다.

예제 10.2.1

한 기업이 종업원들에게 회사채에 1백만 원을 투자할 수 있는 선택권을 주었다고 가정하자. 투자한 종업원들은 1년 뒤 기업의 이윤에 따라 표와 같은 금액으로 구입한 회사채를 회사에 되팔게 된다. 각 금액을 받게 될 확률은 과거의 경험에 비추어 볼 때 표와 같다고 한다.

X(단위 : 천 원)	$P(X)$
0	0.01
500	0.22
1,000	0.30
1,500	0.22
2,500	0.25

(1) 투자한 종업원이 1년 뒤에 1백만 원 이하로 되팔게 될 확률은 얼마인가?
(2) 1년 뒤에 회사채의 기댓값은 얼마일까?
(3) 1백만 원을 투자하여 1년 후 종업원이 얻게 되는 기대수익율은 얼마인가?

풀이

(1) 서로 배반인 사상들이므로 확률을 모두 더하면 된다.

$$P(X=0)+P(X=500)+P(X=1,000) = 0.01 + 0.22 + 0.30 = 0.53$$

(2) 회사채의 기댓값은 확률가중평균 값을 계산한 것이다.

$$E(X)=\sum[X_i \times P(X_i)]$$
$$= 0 \times 0.01 + 500 \times 0.22 + 1,000 \times 0.30 + 1,500 \times 0.22 + 2,500 \times 0.25 = 1,365,000\text{원}$$

(3) 기대수익 = 채권의 기댓값 − 투자금액

= 1,365,000 − 1,000,000 = 365,000원

$$\text{기대수익률} = \frac{36.5}{100} = 0.365$$

2 분산과 표준편차

(1) 확률분포의 또 다른 특성은 퍼짐 정도이다.

다시 학력측정을 위한 시험결과를 생각해보자. 두 지역을 비교해 본 결과, 그림과 같은 확률분포를 보였다. 공교롭게도 평균점수가 일치한다. 그렇지만 A지역보다 B지역의 분포가 더 볼록한 모양을 보이고 있다.

확률분포의 면적은 항상 1이기 때문에 위로 볼록한 모양을 갖는 분포는 평균에 집중하는 양상을 보일 수밖에 없다.

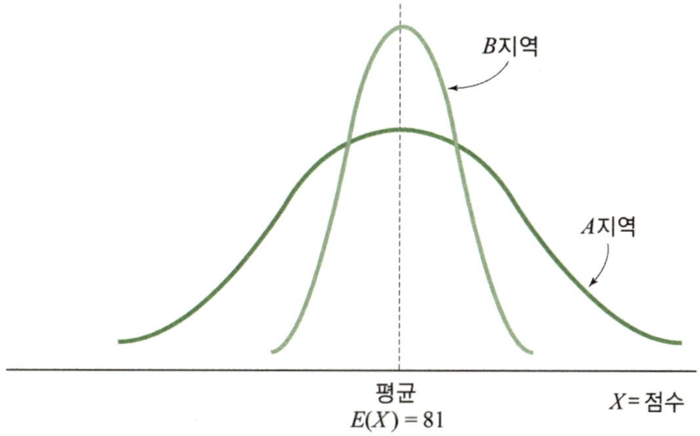

확률분포에서 우리는 B지역이 A지역보다 학생들의 성적차이가 적다는 사실을 추론할 수 있다. 우리는 확률분포의 특성을 이용하여 집단의 개별값이 평균에 얼마나 근접하는지를 파악할 수 있다.

이렇게 분포의 특성이 평균에서 얼마나 넓게 퍼져있는지를 나타내는 것이 산포도(散布度)이다. 산포도로는 분산과 표준편차가 가장 많이 사용된다.

(2) 평균에서 개별값이 떨어진 평균거리가 표준편차이다.

① 편차의 자승의 평균치가 분산이다.

다음 표의 예를 이용하여 평균에서 개별값들이 떨어진 평균거리를 측정하는 방법을 생각해보자. 한 대학에서 정원이 100명인 1학년 2개과에서 조사한 나이 자료이다.

나이를 확률변수 X로 잡으면 각 학과의 평균연령은 다음과 같다.

경영과 기대나이 : $E(X) = \sum X_i \times P(X_i)$ ································ $P(X_i)$는 연령비율

$= 20.42$

철학과 기대나이 : $E(X) = \sum X_i \times P(X_i)$ ································ $P(X_i)$는 연령비율

$= 21.35$

개별학생들이 평균나이에서 얼마나 떨어졌는지를 파악하기 위한 방법을 생각해보자. 가장 쉽게 떠오르는 방법이 평균에서 개별학생들의 나이를 빼서 비교해보는 것이다. 이렇게 평균에서 개별값들을 뺀 것을 "편차"라고 한다.

편차 $= X_i - E(X)$

편차의 평균을 계산하면 얼마나 될까? 0이 된다. 평균은 그야말로 개별값들에서 떨어진 거리의 중앙에 자리 잡은 무게중심이기 때문이다. 이 때문에 편차를 자승하여 가중평균한 값을 사용하여 분포의 퍼짐을 측정한다. 이것이 "분산"이다.

나 이	경영학과				철학과			
	학생수	비 율	편 차	편차자승	학생수	비 율	편 차	편차자승
18	5	0.05	−2.42	5.8564	0	0	−3.35	11.2225
19	14	0.14	−1.42	2.0164	4	0.04	−2.35	5.5225
20	45	0.45	−0.42	0.1764	27	0.27	−1.35	1.8225
21	20	0.2	0.58	0.3364	38	0.38	−0.35	0.1225
22	8	0.08	1.58	2.4964	12	0.12	0.65	0.4225
23	3	0.03	2.58	6.6564	5	0.05	1.65	2.7225
24	4	0.04	3.58	12.8164	8	0.08	2.65	7.0225
25	1	0.01	4.58	20.9764	6	0.06	3.65	13.3225
합계	100	1			100	1		

분산 $Var(X) = \sum[X_i - E(X)]^2 P(X_i)$

$$= \frac{\sum[X_i - E(X)]^2 \times n(X_i)}{n(X)} \cdots\cdots\cdots\cdots\cdots\cdots \quad P(X_i) = \frac{n(X_i)}{n(X)} (X_i\text{의 비율})$$

두 학과의 나이분산을 계산하면 다음과 같다

경영과 나이분산 $Var(X) = 1.643888$
철학과 나이분산 $Var(X) = 2.3075$

철학과가 경영과보다 나이가 더 고루 분포되어 있음을 보여준다.

② $Var(X) = E(X_i^2) - [E(X)]^2$

분산을 기댓값 연산자 E를 이용하여 표현해보자.

$$\begin{aligned} Var(X) &= E[X_i - E(X)]^2 \\ &= E[X_i^2 - 2X_iE(X) + (E(X))^2] \\ &= E(X_i^2) - 2E(X)E(X_i) + (E(X))^2 \\ &= E(X_i^2) - (E(X))^2 \end{aligned}$$

식에서 $E(X_i) = E(X)$, $E(E(X))^2 = (E(X))^2$라는 점을 이용하였다. 확률변수의 기댓값은 기댓값이고, 기댓값의 기댓값은 기댓값인 것이 자명하다.

③ 집단평균에서 개별값이 떨어진 평균차이가 표준편차이다.

분산이 평균에서 개별값들이 얼마나 떨어졌는지를 판단할 수 있는 기준이기는 하지만 정확하게 얼마나 떨어져 있는지를 알려주지는 않는다. 그래프에 표시된 것처럼 평균적으로 떨어진 거리는 "표준편차"를 계산하면 알 수 있다.

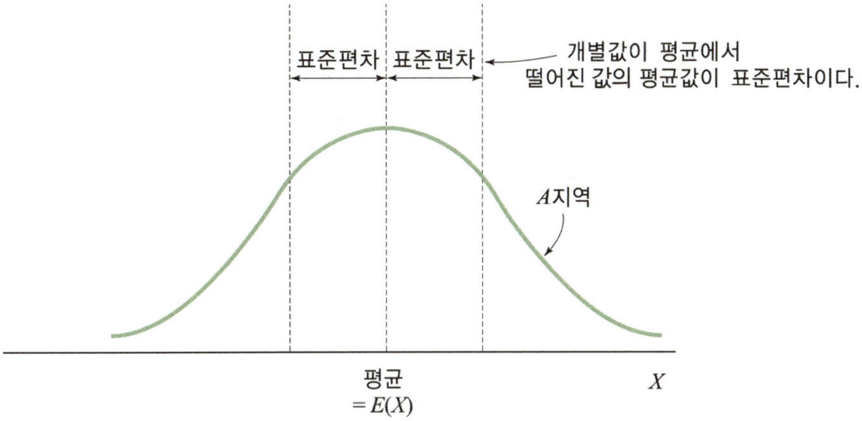

표준편차는 분산에 $\sqrt{\ }$를 씌운 값이다.

$$\begin{aligned} \text{표준편차 } \sigma &= \sqrt{Var(X)} \\ &= \sqrt{E[(X_i - E(X)]^2} \\ &= E[|X_i - E(X)|] \end{aligned}$$ ································· 평균에서 떨어진 평균거리

앞의 예에서 표준편차를 구해보면 다음과 같다.

경영과 학생나이의 표준편차 $\sigma = \sqrt{1.643888} = 1.282$
철학과 학생나이의 표준편차 $\sigma = \sqrt{2.3075} = 1.519$

경영학과 학생들의 나이는 평균나이에서 평균적으로 1.282세 정도 떨어져 있고 철학과 학생들은 평균나이에서 평균적으로 1.519세 정도 떨어져 있다.

④ 투자이론에서는 표준편차를 위험지표로 이용한다.

동일한 수익률을 기대할 수 있는 두 주식이 있다고 해보자. 하나는 표준편차가 크고 다른 하나는 표준편차가 작다면 어느 주식을 사는 것이 안정적인 수익률을 기대할 수 있는가?

표준편차가 크면 기대수익률에서 실제수익률이 평균적으로 벗어난 거리가 크다. 따라서 기대수익률보다 훨씬 못한 수익률을 낼 가능성도 그만큼 크다고 볼 수 있다. 따라서 표준편차가 큰 것을 위험이 더 크다고 한다.

예제 10.2.2

다음은 유가변동이 주식 A와 B의 수익률에 미치는 영향도의 확률분포이다.

유가변동	확 률	주식수익률(%)	
		주식 A	주식 B
상승	1/2	3	-4
유지	1/4	16	12
하락	1/4	18	36

주식의 수익률에 대한 평균과 분산을 계산하시오.

풀이

주식 A와 주식 B의 기대수익률을 구하면 다음과 같다.

$$E(A) = \frac{1}{2}\times 3 + \frac{1}{4}\times 16 + \frac{1}{4}\times 18 = 10\%$$

$$E(B) = \frac{1}{2}\times(-4) + \frac{1}{4}\times 12 + \frac{1}{4}\times 36 = 10\%$$

주식 A와 B 모두 10%의 수익률을 얻을 것으로 기대할 수 있다.

주식 A와 B에 대한 수익률의 분산을 계산하면 다음과 같다.

$$Var(A) = \left(\frac{1}{2}\right)\times(3-10)^2 + \left(\frac{1}{4}\right)\times(16-10)^2 + \left(\frac{1}{4}\right)\times(18-10)^2 \fallingdotseq 49\%$$

$$Var(B) = \left(\frac{1}{2}\right)\times(-4-10)^2 + \left(\frac{1}{4}\right)\times(12-10)^2 + \left(\frac{1}{4}\right)\times(36-10)^2 \fallingdotseq 268\%$$

주식 A와 주식 B의 기대수익률은 서로 같은 것으로 나타났지만 주식 B가 주식 A보다 더 큰 분산을 갖는다. 주식 A는 표준편차가 7%이고 주식 B는 표준편차가 약 16%이다. 주식 A는 평균적으로 음의 수익률을 걱정하지 않아도 되지만 주식 B는 음의 수익률을 낼 수도 있다.

10.3 확률변수 사이의 분포

1 결합확률분포

우리는 지금까지 하나의 확률변수가 갖는 분포특성만을 다루었다. 그렇지만 우리는 두 주식가격의 움직임, 소득과 소비의 움직임 등 둘 이상의 확률변수 간 움직임에 관심을 가질 때가 많다. 이런 관련성을 통계적으로 파악하는 방법에 대하여 알아보자.

(1) 독립인 두 확률변수의 결합확률은 각 사상의 확률을 곱한 것이다.

동전을 두 번 던져서 앞면이 나온 횟수를 확률변수 X로 표기하고, 주사위를 던져 나온 눈금의 숫자를 확률변수 Y로 표현하자. 이때 $X=0$이고 $Y=5$가 출현할 확률은 얼마인가? 동전던지기와 주사위 던지기는 독립시행이므로 각각의 확률을 곱하면 된다. 이렇게 만든 표를 "결합확률분포표"라고 한다.

확률변수		Y						주변확률
		1	2	3	4	5	6	
X	0	1/24	1/24	1/24	1/24	1/24	1/24	1/4
	1	1/12	1/12	1/12	1/12	1/12	1/12	1/2
	2	1/24	1/24	1/24	1/24	1/24	1/24	1/4
주변확률		1/6	1/6	1/6	1/6	1/6	1/6	1

결합확률분포표에서 색칠된 부분이 결합확률분포이다. 각 결합확률은 다음과 같이 표현한다.

$$P(X=1, Y=5)=\frac{1}{12}$$

$$P(X=2, Y=4)=\frac{1}{24}$$

(2) 결합확률을 더해서 주변확률을 계산한다.

결합확률분포표에서 $X=0$일 때의 확률 $P(X=0)$를 계산하려면 $X=0$과 결합되는 모든 Y값의 결합확률을 더하면 된다. 이것을 $X=0$일 때의 "주변확률"이라고 한다.

$$\begin{aligned} P(X=0) &= P(X=0, Y=1)+P(X=0, Y=2)+P(X=0, Y=3) \\ &\quad +P(X=0, Y=4)+P(X=0, Y=5)+P(X=0, Y=6) \\ &= \frac{1}{24}+\frac{1}{24}+\frac{1}{24}+\frac{1}{24}+\frac{1}{24}+\frac{1}{24}=\frac{1}{4} \end{aligned}$$

이렇게 계산해놓은 주변확률의 분포를 주변확률분포라고 한다.

2 공분산

(1) 공분산은 두 확률변수의 움직임을 파악하기 위한 지표이다.

① **두 확률변수의 움직임** : 결합확률분포표를 그래프로 옮겨 놓았다. 정확히 확률에 맞게

결과가 나왔다면 그래프와 같이 찍히게 된다. $X=1$일 때는 출현 확률이 다른 점보다 2배 높기 때문에 진한 점으로 표시하였다.

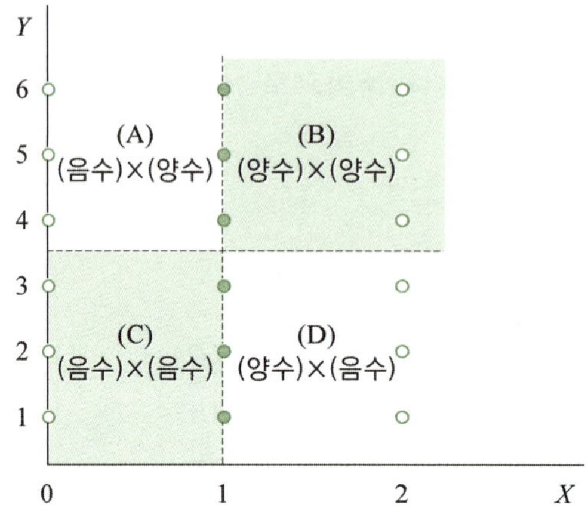

그래프에서 점선은 각 확률변수의 기댓값(평균)을 나타낸다. 시행결과를 보여주는 점들은 점선 주위에 고르게 분포되어 있다. X값과 Y값의 움직임에 특별히 관련성이 없어 보인다. 하지만 다음과 같은 상황도 생각해 볼 수 있다.

다음 좌측 그래프에서 두 확률변수 X와 Y는 동일한 방향으로 움직이고 있고, 우측 그래프는 두 변수가 반대방향으로 움직이고 있다. 이런 움직임을 잡아내기 위해 만들어낸 지표가 "공분산"이다.

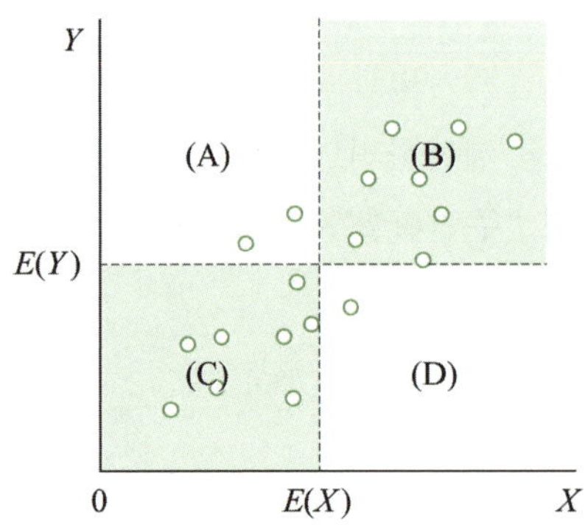

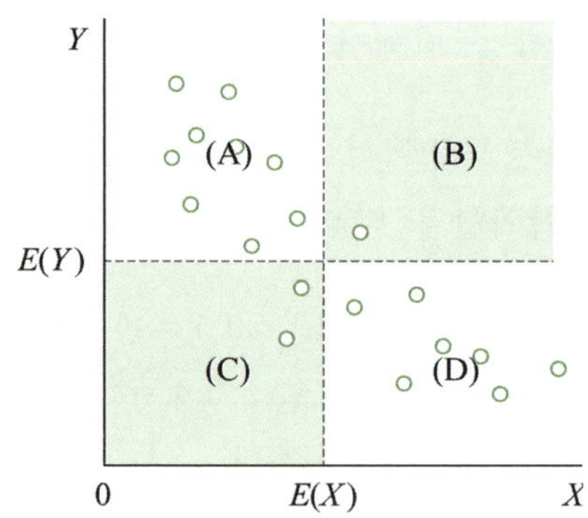

② **공분산** $Cov(X, Y) = E[(X_i - E(X))(Y_j - E(Y))]$: 확률변수 X, Y의 공분산 $Cov(X, Y)$은 좌표평면 상의 각 점과 각 확률변수의 기댓값(평균)의 차이를 곱한 평균값이다. 식으로 표현하면 다음과 같다.

$$Cov(X, Y) = E[(X_i - E(X))(Y_j - E(Y))]$$
$$= \sum_i \sum_j [(X_i - E(X))(Y_j - E(Y) \times P(X_i Y_j)]$$

또는, $Cov(X,\ Y) = E[(X_i - E(X))(Y_j - E(Y))]$

$$
\begin{aligned}
&= E[X_i Y_j - X_i E(Y) - E(X) Y_j + E(X) E(Y)] \\
&= E(X_i Y_j) - E(X_i) E(Y) - E(X) E(Y_j) + E(X) E(Y) \\
&= E(X_i Y_j) - E(X) E(Y)
\end{aligned}
$$

참고로 앞에서 살펴본 분산공식과 비교하면 분산은 자기 자신과의 공분산인 셈이다.

$$Var(X) = E(X_i^2) - [E(X)]^2$$

③ 공분산이 음의 값을 가지면 두 확률변수의 움직임은 반대이다.

맨 처음 그래프를 보면서 공분산의 부호를 고려해보자. 그래프 평면을 평균값을 중심으로 4개의 평면으로 분할하였다. 각 평면에서 공분산의 부호는 다음과 같이 결정되므로 색칠해진 평면은 양의 부호를 갖는다.

$$Cov(X, Y) = E[(X_i - E(X))(Y_j - E(Y))]$$

평면(A)	−	−	+
평면(B)	+	+	+
평면(C)	+	−	−
평면(D)	−	+	−

그러므로 어느 분할평면에 점들이 집중되는가에 따라 공분산의 부호와 값이 결정된다. 예를 들어 첫 번째 예로 든 주사위와 동전의 경우처럼 모든 평면에 점들이 고르게 분포되어 있으면 공분산은 0이 나온다(평균선 위에 있는 점은 부호가 0이다). 또 바로 앞에서 두 확률변수가 같은 방향으로 움직이는 좌측 그래프는 공분산이 양의 값을 가질 것이고, 두 확률변수가 반대 방향으로 움직이는 우측 그래프는 공분산이 음의 값을 가질 것이다.

㉠ 공분산이 양 : 두 확률변수가 같은 방향으로 움직임

㉡ 공분산이 음 : 두 확률변수가 반대 방향으로 움직임

한 가지 유의할 점이 있다. 공분산은 분할평면에서 우상향이나 우하향의 직선에 가깝게 분포할수록 큰 값을 가진다. 동일한 부호가 많이 존재하기 때문이다. 설사 두 변수의 움직임이 특정한 관계를 가진다고 해도 점들이 두 평균이 교차하는 점 주위에 고루 퍼져 있으면 공분산 값은 작게 나온다. 결론적으로 공분산 값은 두 확률변수가 직선에 가까운 형태를 보이면서 움직일수록 큰 값을 갖는다.

㉢ 공분산이 0 : 두 확률변수가 서로 독립적으로 움직이거나 움직임에 관련은 있어도 평균점 주위에 점들이 고르게 퍼져 있다.

④ **분산의 성질** : 분산의 성질은 다음과 같다. 유도과정은 참고만 하기 바란다. a, b가 상수이고, X, Y가 확률변수일 때,

㉠ $Y = aX + b$라면, $Var(Y) = a^2 Var(X)$

$$\begin{aligned} Var(Y) = E[Y_i - E(Y)]^2 &= E[aX_i - aE(X)]^2 \\ &= E[a^2(X_i - E(X))^2] \\ &= a^2 E[X_i - E(X)]^2 = a^2 Var(X) \end{aligned}$$

㉡ $Var(aX + bY) = a^2 Var(X) + b^2 var(Y) + 2abCov(X, Y)$

$$\begin{aligned} Var(aX+bY) &= E[(aX_i + bY_j) - E(aX+bY)]^2 = E[(aX_i - aE(X)) + (bY_j - bE(Y))]^2 \\ &= a^2 E[X_i - E(X)]^2 + b^2 E[Y_j - E(Y)]^2 + 2abE[(X_i - E(X))(Y_j - E(Y))] \\ &= a^2 Var(X) + b^2 Var(Y) + 2abCov(X, Y) \end{aligned}$$

그러므로, 두 확률변수가 독립이어서 $Cov(X, Y) = 0$이면,

$$Var(aX+bY) = a^2 Var(X) + b^2 Var(Y)$$

㉢ $Var(aX - bY) = a^2 Var(X) + b^2 var(Y) - 2abCov(X, Y)$

$$\begin{aligned} Var(aX-bY) &= E[(aX_i - bY_j) - E(aX-bY)]^2 \\ &= E[(aX_i - aE(X)) - (bY_j - bE(Y))]^2 \\ &= a^2 E[X_i - E(X)]^2 + b^2 E[Y_j - E(Y)]^2 - 2abE[(X_i - E(X))(Y_j - E(Y))] \\ &= a^2 Var(X) + b^2 Var(Y) - 2abCov(X, Y) \end{aligned}$$

그러므로, 두 확률변수가 독립이어서 $Cov(X, Y) = 0$이면,

$$Var(aX-bY) = a^2 Var(X) + b^2 Var(Y)$$

참고로 공분산의 성질을 몇 개 소개하면 다음과 같다.

㉣ $Cov(a, X) = 0$

상수와 확률변수가 움직임에 관련이 있을 수 없으므로 너무 당연한 결과이다.

㉤ $Cov(aX, bY) = abCov(X, Y)$

$$\begin{aligned} Cov(aX, bY) &= E[(aX_i - E(aX))(bY_j - E(bY))] \\ &= abE[(X_i - E(X))(Y_j - E(Y))] \\ &= abCov(X, Y) \end{aligned}$$

㉥ $Cov(aX + bY, cX + dY) = ac\,Var(X) + bd\,Var(Y) + (ad + bc)Cov(X, Y)$

3 상관계수

(1) 공분산의 절대수치는 의미가 모호하다.

공분산으로 두 확률변수 사이에 얼마나 직선에 가까운 움직임을 보이는지 파악할 수 있다고는 하지만 그 정도가 정확하게 얼마인지 알 수는 없다. 두 확률변수의 개별값이 기댓값(평균)에서 떨어진 거리를 측정할 때 단위가 그대로 유지되기 때문이다. 이 같은 문제점을 보완하기 위해 고안된 것이 "상관계수"이다.

(2) 상관계수는 공분산을 각 변수의 표준편차 곱으로 나눈 값이다.

① **상관계수의 식** : 상관계수 ρ는 공분산을 두 확률변수의 표준편차 σ_X와 σ_Y를 곱한 값으로 나눔으로써 공분산의 단위를 제거하여 절대수치로 만든 것이다.

$$\rho_{XY} = \frac{Cov(X,\ Y)}{\sigma_X \sigma_Y}$$

② 상관계수가 -1이면 음의 기울기를 가진 직선의 관계를 갖는다.

상관계수는 -1과 1 사이의 값을 갖는다. 상관계수는 다음과 같이 해석한다.

㉠ $\rho_{XY} = -1$: 두 확률변수 X, Y는 정확하게 음의 기울기를 가진 직선의 관계를 가지고 움직인다. 직선의 기울기가 -1이라는 의미가 아님에 유의하기 바란다.

㉡ $\rho_{XY} = 1$: 두 확률변수 X, Y는 정확하게 양의 기울기를 가진 직선의 관계를 가지고 움직인다.

㉢ $\rho_{XY} = 0$: 두 확률변수 사이에 전혀 선형(직선)관계가 존재하지 않는다. 두 변수의 움직임 사이에 아무런 관련이 없다고 해석하면 잘못이다. 예를 들어 $Y = X^2$과 같이 완벽한 곡선의 관계를 가져도 상관계수는 0에 가깝게 나온다.

③ 상관계수가 곧바로 인과관계를 의미하지 않는다.

함수에서 공부한 인과관계는 원인변수를 통제하면 종속변수가 이에 반응하여 움직인다는 것을 의미한다. 그러나 상관관계는 꼭 인과관계를 의미하지 않는다. 예를 들어 아버지의 몸무게와 아들의 몸무게는 상관관계를 갖지만 아버지가 갑자기 식욕이 돌아 몸무게가 늘었다고 해도 아들의 몸무게가 늘어나는 것은 아니다.

④ **상관계수를 이용한 분산성질의 표현** : 상관계수식을 공분산의 식으로 변형할 수 있다.

$$\rho_{XY} = \frac{Cov(X, Y)}{\sigma_X \sigma_Y} \Leftrightarrow Cov(X,\ Y) = \sigma_X \sigma_Y \rho_{XY}$$

이 식을 이용하여 분산성질을 다시 정리해 보자.

㉠ $Var(aX+bY)=a^2Var(X)+b^2var(Y)+2ab\sigma_X\sigma_Y\rho_{XY}$

㉡ $Var(aX-bY)=a^2Var(X)+b^2var(Y)-2ab\sigma_X\sigma_Y\rho_{XY}$

이 식은 재무경제학의 포트폴리오이론에서 사용되는 것이니 참고하기 바란다.

예제 10.3.1

다음은 주식 A와 B의 수익률에 대한 확률분포이다. 두 주식수익률 간의 공분산과 상관계수를 구하시오.

유가변동	확 률	주식수익률(%)	
		주식 A	주식 B
상승	1/2	3	-4
유지	1/4	16	12
하락	1/4	18	36

풀이

이 문제는 [10.2.2] 예제와 같은 것이다. $E(A)=10\%$, $E(B)=10\%$, $Var(A)=49\%$, $Var(B)=259\%$였다.

$$\begin{aligned}Cov(X,Y)&=E(XY)-E(X)E(Y)\\&=\left[\left(\frac{1}{2}\right)(3)(-4)+\left(\frac{1}{4}\right)(16)(12)+\left(\frac{1}{4}\right)(18)(36)\right]-[(10)(10)]\\&=204-100=104\%\end{aligned}$$

공분산이 양의 값을 가지므로 A, B 두 주식의 수익률이 기대수익률을 중심으로 같은 방향으로 움직인다고 추론할 수 있다. 상관계수를 구해 두 주식수익률 간의 선형관계를 파악해보자.

$$\rho_{XY}=\frac{Cov(X,Y)}{\sigma_X\ \sigma_Y}=\frac{104}{7\times16.1}\fallingdotseq 0.92$$

그 크기가 1에 가까운 값을 나타내므로 밀접한 선형관계를 보이면서 두 주식의 수익률이 같은 방향으로 움직인다고 결론지을 수 있다.

예제 10.3.2

X와 Y가 확률변수이며 $E(X)=10$, $Var(X)=1$, $E(Y)=8$, $Var(Y)=4$, $\rho_{XY}=-0.5$라 할 때 확률변수 $Z=3X-4Y+2$의 기대값과 분산을 구하시오.

풀이

먼저, 평균을 구해보자.

$$E(3X-4Y+2)=3E(X)-4E(Y)+2=30-32+2=0$$

다음으로 분산은 다음과 같다.

$$Var(3X-4Y+2) = 9\,Var(X) + 16\,Var(Y) - 24Cov(X, Y)$$
$$= 9\times 1 + 16\times 4 - 24\times 1\times 2\times(-0.5)$$

왜냐하면, $\sigma_X = \sqrt{Var(X)} = 1$, $\sigma_Y = \sqrt{Var(Y)} = 2$, $Cov(X, Y) = \sigma_X\sigma_Y\rho_{XY} = -1$

예제 10.3.3

다음 표와 같이 두 주식에 대한 정보가 주어졌다고 가정해보자. 주식투자자의 목적은 가능한 한 위험(분산 또는 표준편차)를 줄이고자 한다. 질문에 답하시오.

	기대수익률	표준편차
주식 A	$E(R_A)$	σ_A
주식 B	$E(R_B)$	σ_B

(1) 투자자가 주식투자자금 중 a비율로 주식 A에 투자하고 나머지는 모두 주식 B에 투자하였다고 하자. 이 포트폴리오의 기대수익률 식을 세우시오.

(2) 위와 같은 상황에서 포트폴리오의 수익률분산이 결정되는 식을 세우시오. 단, 두 주식사이의 상관계수는 -0.5이다($\rho_{AB} = -0.5$).

(3) 포트폴리오의 위험이 가장 낮은 a를 계산하시오.

풀이

(1) 포트폴리오의 수익률 R은 두 주식 수익률의 가중평균치이므로 기대수익률 $E(R)$식은 다음과 같다.

$$R = aR_A + (1-a)R_B,\quad E(R) = aE(R_A) + (1-a)E(R_B)$$

(2) 포트폴리오 수익의 분산 $Var(R)$은 다음과 같이 결정된다.

$$Var(R) = a^2\,Var(R_A) + (1-a)^2\,Var(R_B) + 2a(1-a)\,Cov(R_A, R_B)$$
$$= a^2\sigma_A^2 + (1-a)^2\sigma_B^2 + 2a(1-a)\sigma_A\sigma_B\rho_{AB}$$
$$= a^2\sigma_A^2 + (1-a)^2\sigma_B^2 - a(1-a)\sigma_A\sigma_B \quad \cdots\cdots\cdots \quad \rho_{AB} = -0.5 \text{ 대입함}$$

(3) 수익률분산식을 a로 편미분하여 0으로 놓고 정리한다.

$$\frac{\partial\,Var(R)}{\partial a} = 2a\sigma_A^2 - 2(1-a)\sigma_B^2 + 2(1-2a)\sigma_A\sigma_B\rho_{AB} = 0$$

$$a = \frac{\sigma_B^2 - \sigma_A\sigma_B\rho_{AB}}{\sigma_A^2 + \sigma_B^2 - 2\sigma_A\sigma_B\rho_{AB}}$$

예제 10.3.4

다음 표와 같이 두 주식에 대한 정보가 주어졌다고 가정해보자. 주식 A는 우량주여서 수익률은 낮지만 위험이 적은 반면, 주식 B는 소형주로서 수익률은 높지만 위험이 높다.

	기대수익률	표준편차
주식 A	8%	2%
주식 B	12%	20%

(1) 두 주식의 상관계수가 0.5이다. 두 주식에 투자금액의 50%씩을 투자할 때 기대수익률과 표준편차를 계산하시오.
(2) 두 주식의 상관계수가 −0.5이다. 두 주식에 투자금액의 50%씩을 투자할 때 기대수익률과 표준편차를 계산하시오.

풀이

(1) 공식 $E(aX+bY)=aE(X)+bE(Y)$을 이용하여 기대수익률을 계산하면,

$$E(R)=0.5\times8+0.5\times12=10\%$$

공식 $Var(aX+bY)=a^2Var(X)+b^2Var(Y)+2ab\sigma_X\sigma_Y\rho_{XY}$을 이용하여 기대수익의 분산을 계산하면,

$$\begin{aligned}Var(0.5A+0.5B)&=0.5^2Var(A)+0.5^2Var(B)+2\times0.5\times0.5\times2\times20\times0.5\\&=0.25\times4+0.25\times400+10\\&=111\%\end{aligned}$$

표준편차 $=\sqrt{111}=10.54\%$

(2) 기대수익률은 앞 문제와 같이 10%이다. 분산은 다음과 같이 감소한다.

$$\begin{aligned}Var(0.5A+0.5B)&=0.5^2Var(A)+0.5^2Var(B)+2\times0.5\times0.5\times2\times20\times(-0.5)\\&=0.25\times4+0.25\times400-10\\&=91\%\end{aligned}$$

표준편차 $=\sqrt{91}=9.54\%$

이 문제에서 알 수 있는 것처럼 음의 상관관계를 갖는 주식들로 분산투자하면 동일한 수익률을 유지하면서도 위험(표준편차)을 줄일 수 있다. 이것이 포트폴리오이론의 기본원리이다.

10.4 기대효용이론

1 기대효용이론

(1) 불확실자산을 조건부상품이라고 한다.

복권과 같이 상황에 따라 다른 가치가 되는 상품을 "조건부상품"(또는 불확실자산, 위험자산)이라고 한다. 이렇게 상품의 가치가 확률에 의해 결정되는 상태를 위험이 존재한다고 한다. 조건부상품은 다음과 같이 표현한다.

조건부상품 $L(V_a,\ V_b,\ V_c,\ \cdots : P_a,\ P_b,\ P_c\ \cdots)$

단, V_a은 a상황에서의 자산가치

P_a는 a상황이 벌어질 확률

(2) 위험이 존재하는 상품은 기대효용이 높은 것을 선택한다.

표준적인 경제이론인 "기대효용이론"에서는 불확실자산의 선택에 직면할 때 사람들은 (기대)효용(만족도)이 높은 자산을 선택한다고 전제한다.

① 기대효용은 불확실자산에서 느끼는 효용(만족도)이다.

복권을 구입해 본 독자는 당첨되었을 때의 기쁨을 상상해 보았을 것이다. 이것을 이론적으로 계산 가능하다고 전제하고 시작하자. 마트에서 행운권행사를 실시하고 있다. 당첨되면 9만 원짜리 상품권을 주고, 당첨되지 않아도 2,500원짜리 상품권을 모든 응모자에게 주는 행사이다. 이 응모권을 선착순 1,000명에게만 나누어 주었다. 이중에서 100명만 당첨된다.

응모권을 조건부상품 A로 표현하면 다음과 같다.

$$\text{조건부상품}\ \ A = L(90{,}000,\ 2{,}500 : 0.1,\ 0.9)$$

여러분이 이 응모권을 한 장 받았다고 해보자. 여러분의 효용 U는 다음과 같이 당첨금 V에 의해 결정된다고 가정하자.

$$\text{효용함수}\ \ U = U(V) = \sqrt{V}$$

다시 말해 당첨이 되면 여러분의 효용은 $\sqrt{90{,}000} = 300$이고, 당첨되지 않아도 $\sqrt{2{,}500} = 50$은 된다. 그러나 당첨되어 300의 효용을 누릴 확률은 0.1에 불과하므로 이 응모권에서 기대되는 효용은 다음과 같다.

$$\begin{aligned}\text{기대효용}\ \ EU &= 0.1 \times \sqrt{90{,}000} + 0.9\sqrt{2{,}500} \\ &= 75 \cdots\cdots\cdots\cdots \text{응모권의 (기대)효용}\end{aligned}$$

② 불확실자산에서 위험을 제거한 후의 효용이 기대가치효용이다.

이 응모권에서 기대되는 당첨금액은 얼마나 될까? 0.1의 확률로 90,000원, 0.9의 확률로 2,500원이 당첨될 것이므로 이를 가중평균한 값이 응모권의 기대가치다.

$$\begin{aligned}\text{기대가치}\ \ EV &= 0.1 \times 90{,}000 + 0.9 \times 2{,}500 \\ &= 11{,}250\text{원}\end{aligned}$$

결국, 이 응모권은 기대가치가 11,250원인 불확실(위험)자산이다. 여기서 위험 또는 불확실이란 확률적으로 가치가 결정된다는 의미이다.

따라서 이 응모권과 동일한 가치를 가지는 "확실자산"은 현금 11,250원이라고 볼 수 있다.

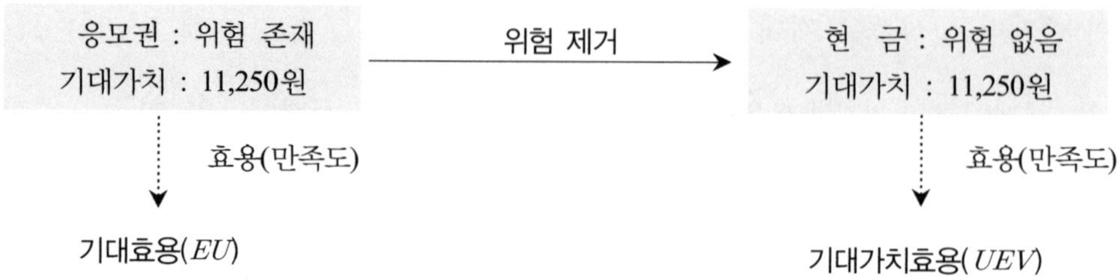

응모권과 동일한 기대가치를 지니면서 위험이 제거된 현금 11,250원의 효용을 "기대가치효용(UEV)"이라고 한다. 이것은 위험자산에서 위험만 제거한 상태에서 느끼는 효용이다.

(3) 당첨금과 당첨확률만 일치하면 여러 장으로 구성된 복합복권이나 단일복권이나 효용은 같다.

표준적인 경제이론에서는 여러 장으로 구성된 복권이라도 전체적으로 계산된 당첨금과 당첨확률만 일치한다면 한 장으로 구성된 복권과 만족도가 같다고 전제한다. 이를 "복합복권정리"라고 한다. 예를 들어 보자.

복권 $K = L(100,\ 9 : 0.3,\ 0.7)$
복권 $M = L(100,\ 9 : 0.2,\ 0.8)$

이들로 구성된 복합복권 S를 다음과 같이 가정한다.

복권 $S = L(K,\ M : 0.4,\ 0.6)$

이 복합복권과 동일한 효용을 얻을 수 있는 단일한 복권 T를 유도해 보자. 위험과 기대가치만 동일하면 동일한 복권이라고 볼 수 있으므로, 우선 복합복권의 기대가치와 확률을 계산한다.

$$
\begin{aligned}
EV &= 0.4 \times K\text{의 } EV + 0.6 \times M\text{의 } EV \\
&= 0.4(100 \times 0.3 + 9 \times 0.7) + 0.6(100 \times 0.2 + 9 \times 0.8) \\
&= 100 \times 0.24 + 9 \times 0.76
\end{aligned}
$$

이것과 동일한 기대가치와 확률을 가지는 단일한 복권 T는 다음과 같다.

복권 $T = L(100,\ 9 : 0.24,\ 0.76)$

복권 K의 기대효용은 5.1, 복권 M의 기대효용은 4.4이다. 복합 복권 S와 복권 T의 기대효용은 4.68로 일치한다.

2 리스크 프리미엄

(1) 위험에서 느끼는 감정을 위험에 대한 태도라고 한다.

위험이 있을 때와 없을 때 효용의 차로부터 위험에 대해 느끼는 감정을 추론할 수 있다. 위험이 있을 때의 효용 EU(기대효용)와 위험만 제거시켰을 때의 효용 UEV(기대가치효용)를 비교해보자. 만일 기대효용이 기대가치효용보다 작으면 위험에서 불안감을 느끼는 것이다. 이런 사람은 앞의 응모권보다는 현금 11,250원을 선호할 것이다.

① **위험기피자** : 기대효용(위험) > 기대가치효용(무위험)
② **위험선호자** : 기대효용(위험) < 기대가치효용(무위험)
③ **위험중립자** : 기대효용(위험) = 기대가치효용(무위험)

(2) 위험을 제거하기 위해 지불할 의사가 있는 최대금액이 "위험프리미엄"이다.

위험기피자는 위험에서 불쾌감을 느끼기 때문에 위험을 제거하기 위해 기꺼이 비용을 지불할 의사가 있을 것이다. 이때 최대로 얼마까지 지불할 의사가 있을까? 응모권을 이용하여 다시 이것을 생각해보자. 다음 그래프는 응모권의 내용을 그래프로 옮긴 것이다.

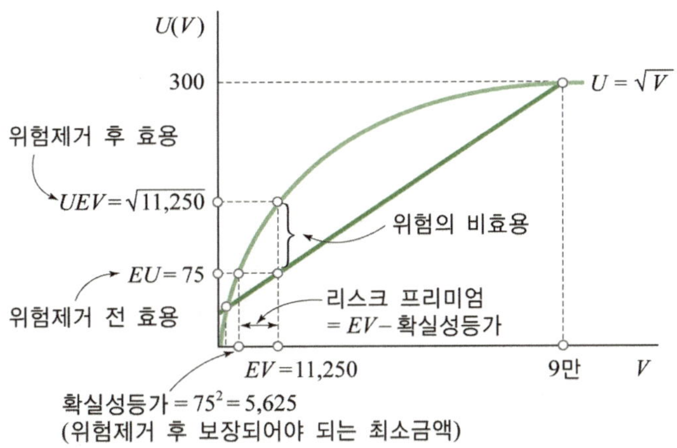

① 효용곡선의 두 점을 연결한 직선은 각 기대가치에 대응하는 기대효용을 나타낸다.

효용함수 $U = \sqrt{V}$로서 가로축에 오목한 그래프로 그려진다. 응모권에서 얻을 수 있는 두 금액 2,500원과 9만 원에 대응되는 점을 연결한 직선은 기대효용의 크기를 나타낸다. 기대가치는 두 금액 사이에 존재한다. 당첨확률이 높을수록 9만 원쪽 가까이에 위치할 것이다. 만일 당첨확률이 1이라면 기대가치는 당첨금액과 일치한다.

세로축의 기대효용은 두 금액에 해당되는 효용 사이에 존재할 것이다. 기대효용 역시 당첨확률이 높을수록 당첨시 효용에 가까워진다. 당첨확률이 1이면 기대효용은

300이 된다. 기대가치와 기대효용은 동일한 당첨확률에 의해 결정되기 때문에 효용곡선에서 두 점을 연결한 직선상에서 만나게 되는 것이다. 응모권의 당첨확률은 0.1로서 EU와 EV가 300과 9만 원에서 멀리 떨어져 있다.

② 가로축에 오목한 효용곡선은 위험기피자를 나타낸다.

표준적인 경제이론에서는 경제주체가 위험기피자라고 가정한다. 기대가치효용이 기대효용보다 높다. 그래프는 위험기피자를 표현하고 있다. 효용곡선의 형태와 위험태도를 연결시키면 다음과 같다.

㉠ 가로축에 오목한 효용곡선은 위험기피자의 효용곡선이다.

이런 효용곡선은 금액이 높아질수록 접선의 기울기가 점차 감소한다.

$$\frac{\partial}{\partial V}\left(\frac{\partial U}{\partial V}\right) < 0$$ ································ 화폐에 대한 한계효용이 체감하면 위험기피자

㉡ 우상향하는 직선의 효용곡선은 위험중립자의 효용곡선이다.

우상향하는 직선의 효용곡선에서는 두 금액을 연결한 직선이 효용곡선과 일치하기 때문에 기대가치효용과 기대효용이 항상 일치한다. 위험중립자의 효용곡선이다.

$$\frac{\partial}{\partial V}\left(\frac{\partial U}{\partial V}\right) = 0$$ ································ 화폐에 대한 한계효용이 불변이면 위험중립자

㉢ 가로축에 볼록한 효용곡선은 위험선호자의 효용곡선이다.

이 효용곡선에서는 두 금액을 연결한 직선이 효용곡선보다 위에 위치하기 때문에 기대가치효용보다 기대효용이 항상 더 크다. 효용곡선이 가로축에 볼록하면, 위험선호자의 효용곡선이다. 위험선호자의 한계효용은 체증한다.

$$\frac{\partial}{\partial V}\left(\frac{\partial U}{\partial V}\right) > 0$$ ································ 화폐에 대한 한계효용이 체증하면 위험선호자

③ 불확실자산과 동일한 효용을 얻을 수 있는 현금을 확실성등가라고 한다.

여러분이 가진 응모권을 팔라고 하면 최소한 얼마는 받아야겠는가? 기대효용이론의 가정에 따르면 그 금액은 응모권에서 느끼는 효용과 동일한 효용을 주는 현금일 것이다. 이 금액을 "확실성등가"라고 한다.

확실성등가 CE는 다음과 같이 정의한다.

$$U(CE) = EU$$

여기서는 효용함수가 $U = \sqrt{V}$이고, 기대효용 $EU = 75$이므로 확실성등가는 다음과 같이 계산된다.

$$\sqrt{CE} = 75$$

$$CE = 75^2 = 5{,}625\text{원}$$

④ 리스크 프리미엄은 기대가치에서 확실성등가를 뺀 것이다.

"리스크 프리미엄"은 불확실자산에서 위험을 제거하기 위해 최대로 지불할 의향이 있는 금액이다. 불확실자산에서 위험만 제거한다는 것은 기대가치에 해당되는 현금으로 교환해주는 것이다. 이때 교환의 대가로 최대 얼마까지 지불할 의향이 있을까?

이 위험제거비용을 지불하고도 확실성등가 이상만 보장되면 위험을 제거함으로써 효용이 더 높아지므로 합리적 행동이다. 따라서 불확실 자산을 가진 위험기피자는 위험을 제거하기 위해 비용을 지불하고 순수하게 남은 금액이 확실성등가 이상만 되면 위험을 제거하려고 할 것이다.

따라서 위험을 제거하기 위해 최대로 지불할 의사가 있는 금액은 기대가치에서 확실성등가를 뺀 금액이다. 이 금액을 리스크 프리미엄이라고 한다.

리스크 프리미엄 RP는 다음과 같이 정의한다.

$$\text{리스크 프리미엄 } RP = \text{기대가치}(EV) - \text{확실성등가}(CE)$$

응모권의 예에서 리스크 프리미엄은 5,625원이다.

$$RP = 11{,}250 - 5{,}625 = 5{,}625\text{원}$$

예제 10.4.1

철수의 효용함수는 $U = \sqrt{Y}$이다. 현재 철수의 소득 $Y = 0$이고 동전을 던져 앞면이 나오면 400원의 상금을 받고 뒷면이 나오면 상금이 없는 게임을 할 수 있는 게임권을 갖고 있다고 하자. 기대효용이론에 따르면 철수는 최소한 얼마를 받아야 이 게임권을 판매하겠는가? 단, $\sqrt{0} = 0$으로 잡는다.

풀이

확실성등가를 계산하는 문제이다. 먼저, 철수의 기대효용을 계산해보자.

$$EU = \left(\frac{1}{2} \times \sqrt{400} + \frac{1}{2} \times \sqrt{0}\right) = 10$$

확실성등가 CE를 계산하면 100원이다.

$$\sqrt{CE} = 10,\quad CE = 10^2 = 100\text{원}$$

예제 10.4.2

미국 메이저리그 야구선수 피터의 효용함수는 $U=\sqrt{W}$(W는 소득)이다. 시즌 동안 부상이 없으면 그의 소득은 900만 달러이지만 부상을 당하면 1만 달러가 된다. 부상을 입을 확률이 0.1이고 그렇지 않을 확률이 0.9이다.

(1) 피터의 기대가치와 기대효용은 얼마인가?
(2) 피터의 확실성등가는 얼마인가?

풀이

(1) $EV=0.1\times 10{,}000+0.9\times 9{,}000{,}000=8{,}101{,}000$달러

$$EU=0.1\times\sqrt{10{,}000}+0.9\times\sqrt{9{,}000{,}000}=2{,}710$$

(2) 확실성등가 $=7{,}344{,}100$달러

위험프리미엄 $=8{,}101{,}000-7{,}344{,}100=756{,}900$달러

예제 10.4.3

효용함수 $U(V)=\sqrt{V}$(V : 가치)인 어떤 운전자의 사고확률은 0.4이다. 사고가 없을 때 자동차의 가치는 900이고, 사고가 난다면 그 가치는 100이 된다. 이 운전자가 자동차종합보험에 가입한 경우 보험료 275를 지불하지만, 사고가 발생하면 피해보상을 575만큼 받는다. 이 운전자는 보험에 가입하는 것이 합리적인가?

풀이

보험가입시와 비가입시 기대효용을 계산하여 비교한다.

보험가입 전 : $L(100,\ 900 : 0.4,\ 0.6)$

$$EU=0.4\sqrt{100}+0.6\sqrt{900}=22$$

보험에 가입하고 사고가 나지 않으면 보험료만 날리게 되고, 사고가 나면 보험료는 날리지만 보험금을 받는다.

보험가입 후 : $L(100-275+575,\ 900-275 : 0.4,\ 0.6)$

$$EU=0.4\sqrt{400}+0.6\sqrt{625}=23$$

보험에 가입할 때 기대효용이 더 높으므로 보험에 가입한다.

예제 10.4.4

다음과 같이 당첨금을 주는 세 개의 복권이 있다.

$$L_1=L(25\text{만 원} : 1)$$
$$L_2=L(0,\ 100\text{만 원} : 0.5,\ 0.5)$$
$$L_3=L(0,\ 64\text{만 원},\ 144\text{만 원} : 0.5,\ 0.25,\ 0.25)$$

어떤 소비자가 돈 V에 대해 $U(V)=\sqrt{V}$의 효용함수를 가지고 있다면, 이 소비자의 선호에 관한 설명으로 옳은 것은?

(1) 1/2의 확률로 복권 L_1을, 1/2의 확률로 복권 L_2를 주는 새로운 복권을 복권 L_3보다 더 좋아한다.

(2) 1/2의 확률로 복권 L_2를, 1/2의 확률로 복권 L_3를 주는 새로운 복권을 복권 L_1보다 더 좋아한다.

(3) 1/4의 확률로 복권 L_1을, 3/4의 확률로 복권 L_3를 주는 새로운 복권을 복권 L_2보다 더 좋아한다.

(4) 1/4의 확률로 복권 L_2를, 3/4의 확률로 복권 L_3를 주는 새로운 복권을 복권 L_1보다 더 좋아한다.

(5) 세 개의 복권을 어떤 확률로 조합하더라도 모두 같은 기대효용을 준다.

풀이

복합복권의 기대효용을 비교하는 문제이다. 세 복권의 기대효용은 다음과 같다.

복권 L_1의 기대효용 $EU=5$

복권 L_2의 기대효용 $EU=5$

복권 L_3의 기대효용 $EU=5$

(1) $L_4=L(L_1,\ L_2:0.5,\ 0.5)=L(0,\ 25,\ 100:0.25,\ 0.5,\ 0.25)$

→ $EU=5$ 기대효용이 같다.

(2) $L_5=L(L_2,\ L_3:0.5,\ 0.5)=L(0,\ 64,\ 100,\ 144:0.5,\ 0.125,\ 0.25,\ 0.125)$

→ $EU=5$ 기대효용이 같다.

(3) $L_6=L(L_1,\ L_3:0.25,\ 0.75)=L(0,\ 25,\ 64,\ 144:0.375,\ 0.25,\ 0.1875,\ 0.1875)$

→ $EU=5$ 기대효용이 같다.

(4) $L_7=L(L_2,\ L_3:0.25,\ 0.75)=L(0,\ 64,\ 100,\ 144:0.5,\ 0.1875,\ 0.125,\ 0.1875)$

→ $EU=5$ 기대효용이 같다.

(5) 각 복권의 기대효용이 동일하므로 어떤 비율로 조합해도 기대효용은 동일하다.

부록

일러두기

본서는 경제학을 처음 접하는 독자들도 무리 없이 읽을 수 있도록 내용을 구성하였습니다. 다만, 좀 더 수월하게 본서를 마치고 싶은 독자는 본문과 문제에 다음 표시가 있는 부분을 제외시키고 공부해도 좋습니다. 굳이 분류기준을 밝히면 다음과 같습니다.

- Ⅰ : 경제원론을 읽었으면 익숙한 내용
- Ⅱ : 굳이 보지 않아도 되는 내용

부록 1. 수의 체계

수는 실수와 허수로 나눈다. 실수는 자승하면 0 또는 양수가 된다. 허수는 자승해도 0 또는 양수가 될 수 없다. 대표적인 허수는 $i=\sqrt{-1}$(허수단위라고도 한다.)이다. $i^2=-1$ 실수가 아니다.

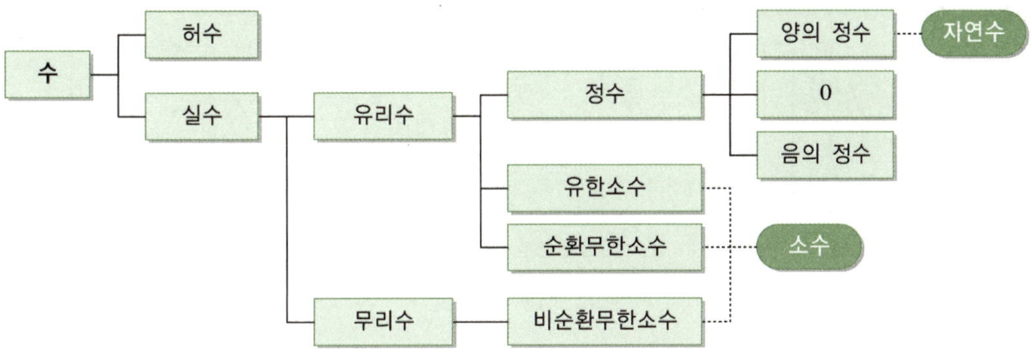

(1) 유리수

분수$\left(\frac{b}{a}\text{ 단, } a\neq 0\right)$로 표현 가능한 수를 유리수라고 한다. 유리수는 정수, 유한소수, 순환무한소수로 구성된다. 정수는 "자연수"로 부르는 양의 정수, 0, 음의 정수로 분류된다.

정수는 0과 1사이의 수를 포함하지 않은 수이다. 반면, 소수는 0과 1사이의 수를 포함하고 있는 수(예를 들어, 32.54231은 소수이며, '.'를 "소수점"이라 부른다)이다. 소수점 뒤의 수가 유한개이면 유한소수, 무한개이면 무한소수라고 한다.

얼핏 보기와 달리 무한소수 중 숫자가 일정한 마디를 이루며 반복적으로 나타나는 순환무한소수(예를 들어, 42.043529529529... = $42.043\dot{5}2\dot{9}$로 표현하며 숫자위에 점은 순환마디를 표현한다.)는 분수로 표현할 수 있는 유리수이다.

(2) 무리수

무리수는 분수로 표현할 수 없는 수이다. 비순환무한소수가 무리수이다. 우리가 흔히 접하는 무한소수는 다음과 같이 기호로 간단히 사용한다.

$\pi=3.141592653589...$

$e=2.17828...$

부록 2. 면적 계산 공식

평면의 면적은 식이 주어지면 적분을 이용하여 계산할 수 있다. 하지만, 경제학 문제에 등장하는 상황은 삼각형과 사각형 면적을 구하는 것이 전부이다.

(1) 삼각형의 면적

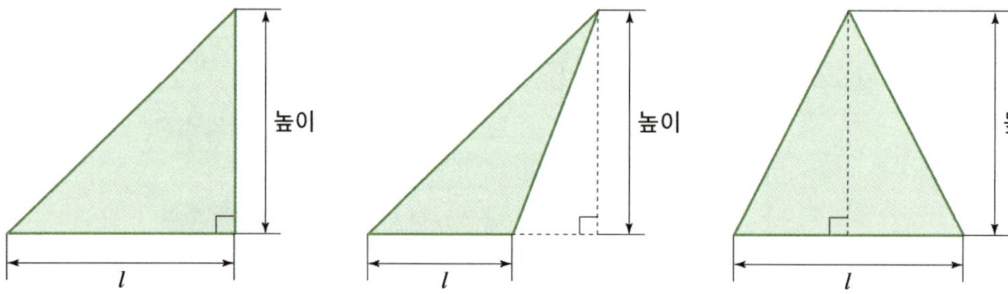

삼각형의 면적을 계산할 때는 한 변의 길이(l)와 이 변과 직각(⌐으로 표시함)을 이루는 높이를 찾아 다음 공식에 대입한다.

$$삼각형\ 넓이 = \frac{1}{2} \times l \times 높이$$

(2) 사각형의 면적

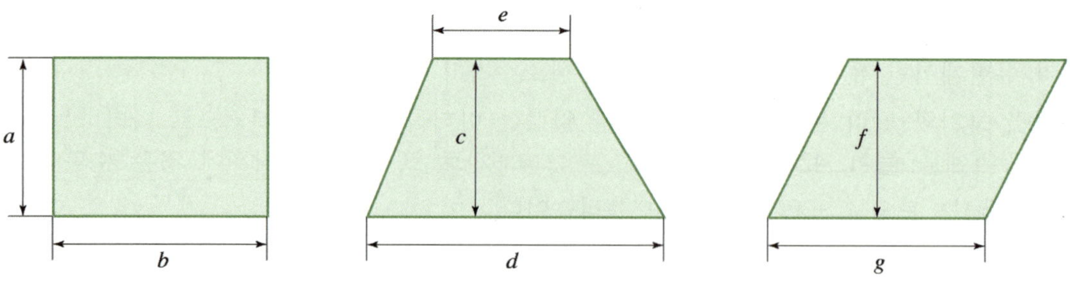

(직사각형) (사다리꼴) (평행사변형)

두 변이 평행이고 모든 각이 직각인 사각형을 "직사각형"이라고 한다(이 중 네 변의 길이가 같으면 정사각형이다.). 가장 좌측의 직사각형면적은 다음과 같다.

$$직사각형면적 = a \times b$$

한 쌍의 변이 평행인 사각형을 "사다리꼴"이라고 한다. 중앙의 사다리꼴 면적은 다음과 같이 계산한다.

$$사다리꼴면적 = c \times \frac{(d+e)}{2}$$

마주보는 두 쌍의 변이 모두 평행인 사각형을 "평행사변형"이라고 한다. 우측의 평행사변형 면적은 다음 공식을 이용하여 계산한다.

$$평행사변형면적 = f \times g$$

예제 0.2.1

다음 그래프에서 색칠된 면적을 계산하시오.

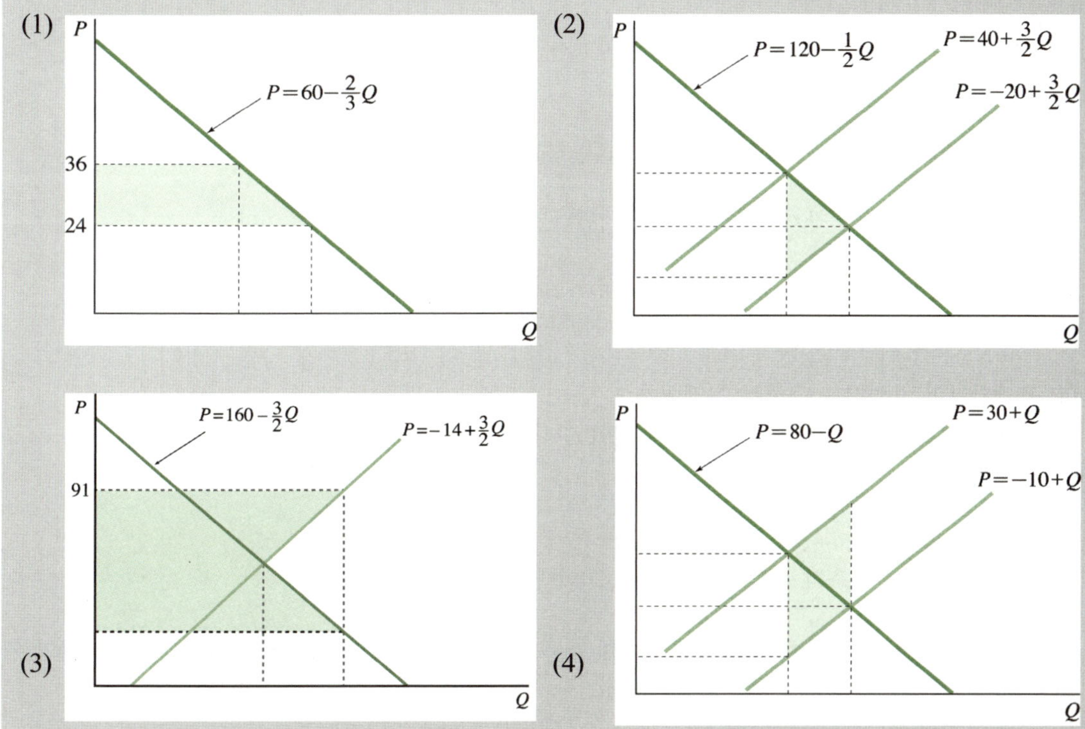

풀이

(1) 수평선이 평행이므로 사다리꼴의 면적을 구하는 문제이다.

$P=36$에서 $Q=\frac{3}{2}\times 24=36$

$P=24$에서 $Q=\frac{3}{2}\times 36=54$

높이는 12, 아랫변은 24, 윗변은 16이므로,

$$\text{사다리꼴면적} = 12 \times \frac{(36+54)}{2} = 540$$

(2) 삼각형의 높이와 변길이를 구하기 위해 두 식을 연립하여 교차하는 두 점을 계산해보자.

$P = 120 - \frac{1}{2}Q$와 $P = 40 + \frac{3}{2}Q$를 연립해서 풀면, $Q = 40$, $P = 100$.

$P = 120 - \frac{1}{2}Q$와 $P = -20 + \frac{3}{2}Q$를 연립해서 풀면, $Q = 70$, $P = 85$.

Q축의 차는 높이로서 30이고, P축의 차가 길이로서 60(P축 절편차)이므로,

$$\text{삼각형면적} = \frac{1}{2} \times 30 \times 60 = 900$$

(3) 사각형에서 삼각형을 뺀 면적을 구하자. 먼저 사각형의 면적을 구하기 위해 $P = 91$에서 Q를 구하면,

$$91 = -14 + \frac{3}{2}Q \longrightarrow Q = 70$$

$Q = 70$에서 $P = 160 - \frac{3}{2} \times 70 = 55$

따라서 사각형면적 $= (91 - 55) \times 70 = 2{,}520$.

삼각형의 높이를 찾기 위해 두 직선이 만나는 점을 계산하면, $Q = 58$이다.

$$\text{삼각형면적} = \frac{1}{2} \times (70 - 58) \times (91 - 55) = 216$$

색칠된 면적 $= 2{,}520 - 216 = 2{,}304$

(4) 평행사변형의 면적을 구하는 문제이다.

높이와 세로변의 길이를 알기 위해 직선이 만나는 두 점을 찾아보자.

$$80 - Q = 30 + Q \longrightarrow Q = 25,\ P = 55$$

$$80 - Q = -10 + Q \longrightarrow Q = 45,\ P = 35$$

따라서 Q축의 수평길이(높이)는 20이다.

세로변의 길이를 구하기 위해 $Q = 25$에서 $P = -10 + Q$직선의 P를 계산하면, 15이다. 세로변의 길이는 40이다.

평행사변형면적 $= 20 \times 40 = 800$이다.

부록 3. 포물선(2차식의 그래프)의 꼭지점

(1) 완전제곱식에서 포물선의 꼭지점 찾기

다음과 같이 2차식의 일반 꼴을 완전제곱식의 형태로 변형한다고 가정할 때, 꼭지점의 좌표는 (m, n)이다.

$$Y = AX^2 + BX + C \quad \cdots\cdots \text{ 2차식의 일반 꼴}$$
$$= A(X-m)^2 + n \quad \cdots\cdots \text{ 완전제곱식으로 변형할 꼴}$$

완전제곱식에서 $(X-m)^2$이 항상 0이상이므로 만일,

$A>0$(∪형 포물선)이면, $X-m=0$일 때 Y는 극소값 n을 갖고
$A<0$(∩형 포물선)이면, $X-m=0$일 때 Y는 극대값 n을 갖는다.

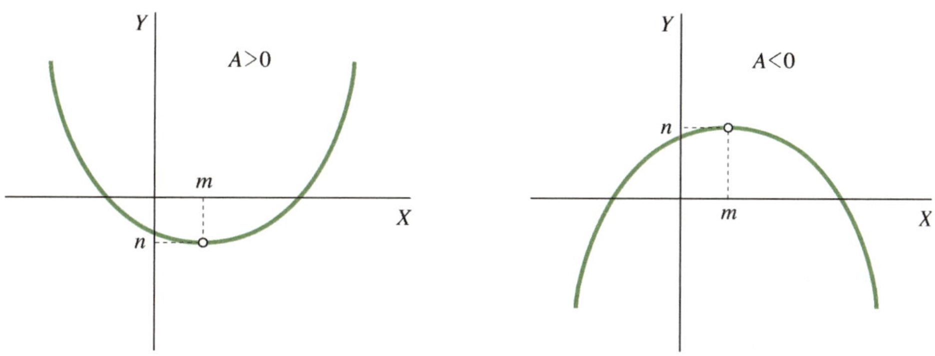

(2) 근의 공식을 이용하여 포물선의 꼭지점 찾기

2차식 $Y = AX^2 + BX + C$을 가정해 보자. 이 그래프가 2개의 실수근(해)을 갖는다고 가정할 때 근의 공식에 의해 두 해는 다음과 같다.

$$X = \frac{-B \pm \sqrt{B^2 - 4AC}}{2A} \quad \cdots\cdots \text{ 근의 공식}$$

이 2개의 해는 $Y=0$에서 구한 값($AX^2 + BX + C = 0$의 해)이므로 그래프에서 각기 포물선의 X축 절편($Y=0$에서 X 값)이 된다.

포물선은 꼭지점을 지나는 수직선을 중심으로 좌우대칭이다. 근의 공식은 이러한 특성

을 잘 보여주고 있다. 근의 공식을 변형해보자.

$$X = \frac{-B}{2A} \pm \frac{\sqrt{B^2-4AC}}{2A}$$

$\frac{\sqrt{B^2-4AC}}{2A}$ ········ 수직선에서 좌우대칭으로 떨어진 길이

$\frac{-B}{2A}$ ········ 꼭지점을 지나는 수직선의 식(꼭지점의 X축 좌표)

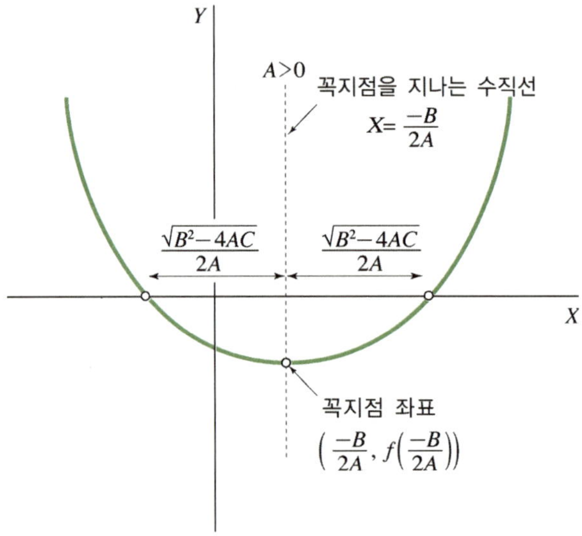

포물선의 좌우대칭성과 근의 공식을 응용하면, $Y=f(X)=AX^2+BX+C$인 2차식의 꼭지점은 다음과 같이 쉽게 계산할 수 있다.

$$\text{꼭지점 좌표} : \left(\frac{-B}{2A},\ f\left(\frac{-B}{2A}\right)\right)$$

예제 0.3.1

다음은 어느 기업이 직면하고 있는 총수입(TR)식이다. 이 기업의 총수입이 극대가 되는 생산량(Q)과 그 수량에서 총수입을 계산하시오.

$$TR = -2Q^2 + 300Q$$

풀이

이 문제의 답은 꼭지점을 이용하거나, 미분공식을 이용하여 모두 구할 수있다. 먼저 꼭지점 공식을 이용해보자.

꼭지점의 Q축값 : $Q=\frac{-B}{2A}=\frac{-300}{-4}=75$

$Q=75$에서 총수입 : $TR=f(75)=-2\times 75^2+300\times 75=11,250$

미분을 활용해보자. 그래프의 꼭지점에서 1차 미분값이 0이므로,

$$\frac{dTR}{dQ}=-4Q+300=0 \longrightarrow Q=75,\quad TR=11,250$$

이처럼 미분공식을 활용하면 꼭지점을 훨씬 쉽게 구할 수 있다.

부록 4. 그래프 그리기

1 n차 다항식 그래프의 특징

다음과 같이 일반적인 n차 다항식이 있다고 가정해 보자(이 특성들은 지수가 양의 정수인 경우에만 적용된다). 단, 하첨자가 붙은 a는 계수들이다. X값이 커질수록 최고차항의 영향력이 커져서 궁극적으로 Y값이 변동하는 방향을 결정한다. a_n, a_0과 X^n은 각기 그래프의 모형을 결정하는 중요 요소이다.

$$Y = a_nX^n + a_{n-1}X^{n-1} + a_{n-2}X^{n-2} + \dots\dots + a_1X + a_0$$

최고차항이 그래프의 특성을 결정　　　Y축 절편

(1) **a_0은 다항식의 Y축 절편이다.**

$X=0$일 때 $Y=a_0$이므로 a_0이 Y축절편이다.

(2) **a_n은 그래프의 오른쪽 끝 방향을 결정한다.**

① $a_0>0$이면 오른쪽 끝이 우상향

a_0가 양수이면 X가 양수영역에서 증가할 때 궁극적으로 Y도 증가한다.

② $a_0<0$이면 오른쪽 끝이 우하향

a_0가 음수이면 X가 양수영역에서 증가할 때 궁극적으로 Y는 감소한다.

(3) **X^n에서 n이 그래프 양 끝 방향을 결정한다.**

① n이 짝수이면 양 끝 방향이 같다.

n이 짝수이면 X^n은 X의 부호와 관계없이 0 이상이다. 따라서 X가 음수 영역에서 좌측으로 움직일 때와 양수 영역에서 우측으로 움직일 때 Y의 움직임은 일치한다.

② n이 홀수이면 양 끝 방향이 반대이다.

n이 홀수이면 X^n은 X의 부호와 일치한다. X가 음수 영역에서 좌측으로 움직일 때 Y는 감소하고, 양수 영역에서 우측으로 커질 때 Y는 커진다.

(4) n차식에서 꼭지점은 최고 $n-1$를 가질 수 있다.

예제 0.4.1

제시된 다항식을 그래프로 표현한 것이다. 최고차항을 a_nX^n, 상수항을 a_0로 표현할 때, a_n, a_0의 부호, X^n의 짝수가 홀수인지 짝수인지 판정하시오. 단, 문자는 0이 아닌 실수이고, n은 양의 정수이다.

$$Y=a_nX^n+a_{n-1}X^{n-1}+a_{n-2}X^{n-2}+\cdots\cdots+a_1X+a_0$$

(1)

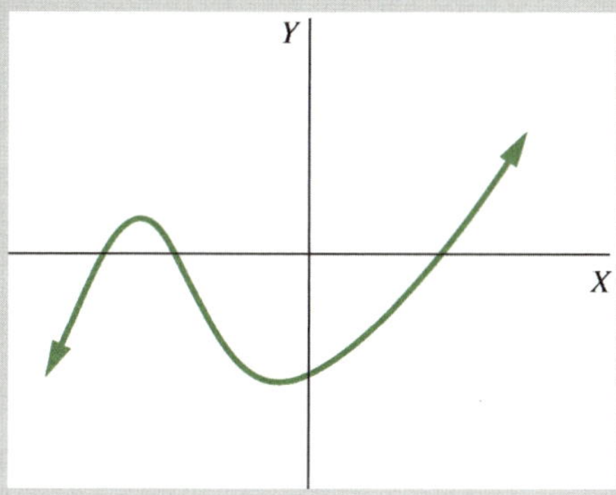

(2)

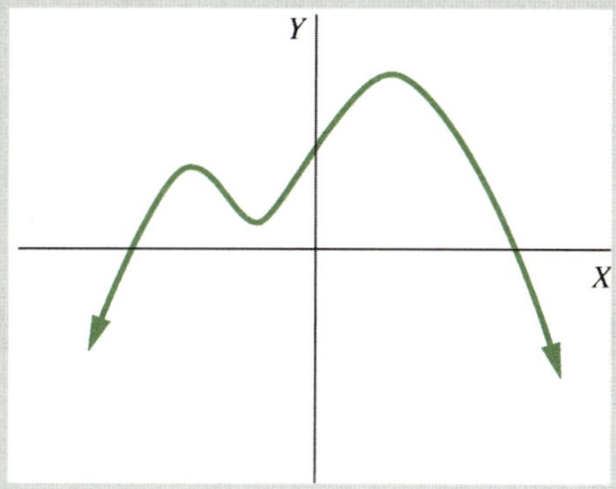

풀이

(1) X가 양수일 때 우상향하므로 a_n은 양수이다. 화살표의 양 끝이 반대방향을 향하고 있기 때문에 n은 홀수이며, Y 절편이 음수이므로 a_0은 음수이다.

(2) X가 양수일 때 우하향하므로 a_n은 음수이다. 화살표의 양 끝이 같은 방향을 향하고 있기 때문에 n은 짝수이며, Y 절편이 양수이므로 a_0은 양수이다.

예제 0.4.2

다음 제시된 식을 간략하게 그래프로 표현하시오. 단, 총비용 TC나 이윤 π의 금액을 세로축, Q를 가로축에 위치시키시오.

(1) 한 기업의 비용식이 다음과 같다. 그래프를 그리시오.

$$TC=20-15Q+10Q^2+4Q^3$$

(2) 한 기업의 이윤식이 다음처럼 밝혀졌다. 이 기업의 이윤식을 그래프로 표현하시오.

$$\pi=-30+500Q-10Q^2$$

풀이

(1)

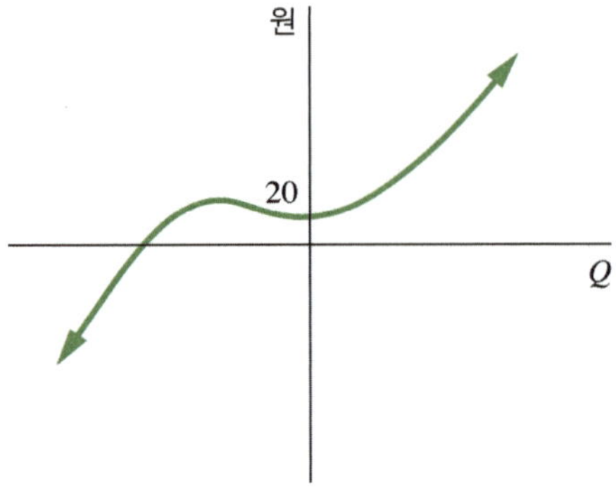

양의 Y절편
홀수차수(양 끝 방향 반대)
최고차수계수 양수(우측 끝 우상향)

(2)

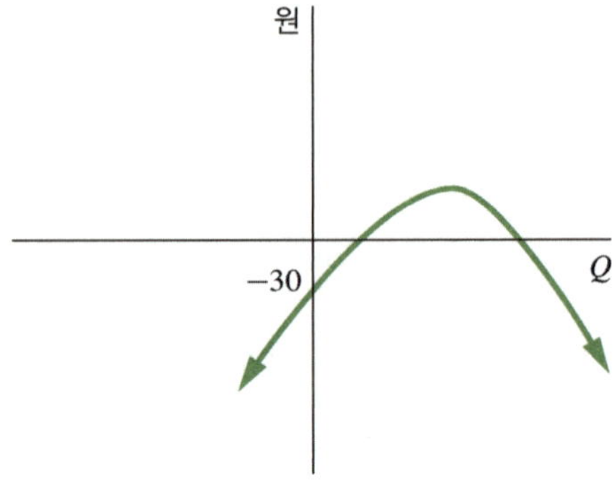

음의 Y절편
짝수차수(양 끝 방향 일치)
최고차수계수 음수(우측 끝 우하향)

2 분수함수 그래프 그리기(점근선 찾기)

가장 간단한 분수함수를 생각해보자. 직각쌍곡선의 기본꼴로서 그래프는 보는 봐와 같이 두 축의 절편을 갖지 않는다. 대신 끝없이 0을 향해 접근하고 있다. 이렇게 그래프가 어느 값에 수렴해 갈 그 값을 지나는 수직선과 수평선을 각각 "수직점근선"과 "수평점근선"이라고 한다. 다음 식에서 수직점근선과 수평점근선식은 다음과 같다.

$$Y = \frac{C}{X}$$

수직점근선식 : $X=0$
수평점근선식 : $Y=0$

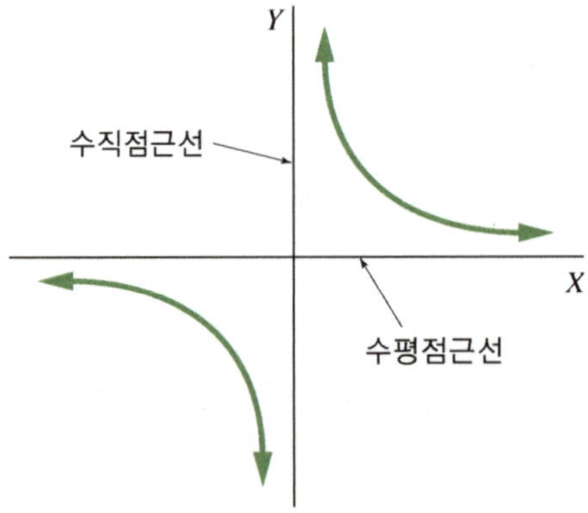

일반적으로 점근선은 다음과 같이 정의할 수 있다.

① **수직점근선** : X가 a에 가까워질 때 Y가 무한대(또는 음의 무한대)에 수렴하면 $X=a$가 수직점근선이다.

② **수평점근선** : Y가 b에 가까워질 때 X가 무한대(또는 음의 무한대))에 수렴하면 $Y=b$가 수평점근선이다.

가장 단순한 다음 분수식의 점근선 공식을 찾아보자.

$$Y=\frac{C}{X-a}+b$$

분모가 양수값에서 0에 접근하면 분수는 무한대에 수렴한다. 그러므로, X가 a에 접근하면 Y는 무한대에 접근하기 때문에 수직점근선은 $X=a$이다.

① 수직점근선의 공식 : 분모 = 0

위 식에서 $X-a=0$, 즉 $X=a$가 수직점근선이다.

② 수평점근선의 공식 : $Y=b$

위 식을 변형해보자.

$$Y-b=\frac{C}{X-a} \quad \rightarrow X-a=\frac{C}{Y-b} \quad \rightarrow X=\frac{C}{Y-b}+a$$

수직점근선을 찾는 방법과 동일한 원리로, 마지막 식에서 분모가 0에 접근하면 X는 무한대에 수렴한다. 따라서, 수평점근선은 $Y-b=0$, 즉 $Y=b$가 된다.

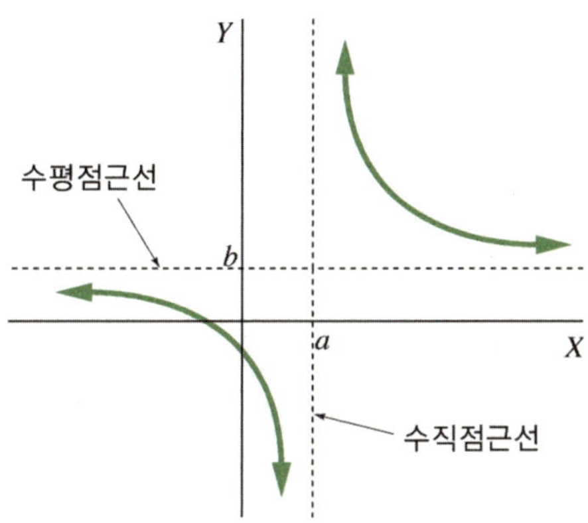

③ $Y=\dfrac{C}{X-a}+b$의 점근선은 $Y=\dfrac{C}{X}$의 점근선을 X축으로 a만큼, Y축으로 b만큼 평행이동한 것이다.

$Y=f(X)=\dfrac{C}{X}$라고 할 때 $Y=\dfrac{C}{X-a}+b$, 즉 $Y-b=\dfrac{C}{X-a}$는 $Y-b=f(X-a)$이다. 제5장의 그래프 이동원리를 적용할 때, $Y=\dfrac{C}{X}$ 그래프를 X축으로 a만큼, Y축으로 b만큼

평행이동한 것이다. 따라서 수평점근선과 수직점근선도 같은 크기로 평행이동한 것이다.

예제 0.4.3

다음 분수식의 점근선을 찾고 그래프의 윤곽을 그리시오.

$$Y=\frac{-10}{(X-2)}-3$$

풀이

수직점근선은 $X-2=0$에서 $X=2$이고, 수평점근선은 $Y+3=0$에서 $Y=-3$이다. 임의의 X값을 대입하여 대응하는 점을 지나도록 직각쌍곡선을 그린다.

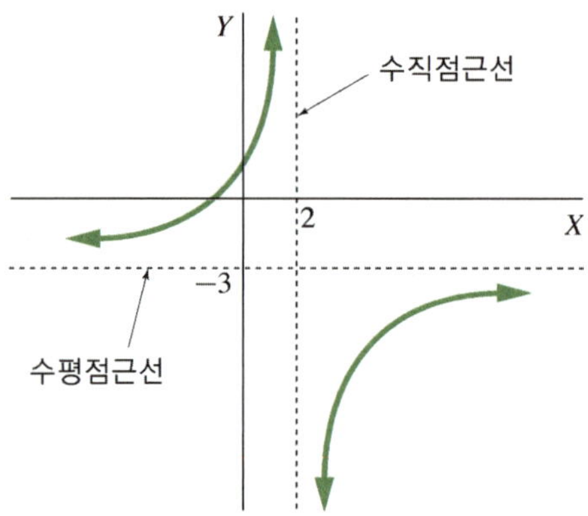

3 그래프의 변형

복잡한 그래프라도 원점을 통과하는 가장 단순한 형태로부터 차근차근 유도할 수 있다. 이때 적용되는 함수 변환 원리를 살펴보자. 함수 $Y=f(X)$의 그래프는 다음과 같이 다양한 방식으로 이동시킬 수 있다.

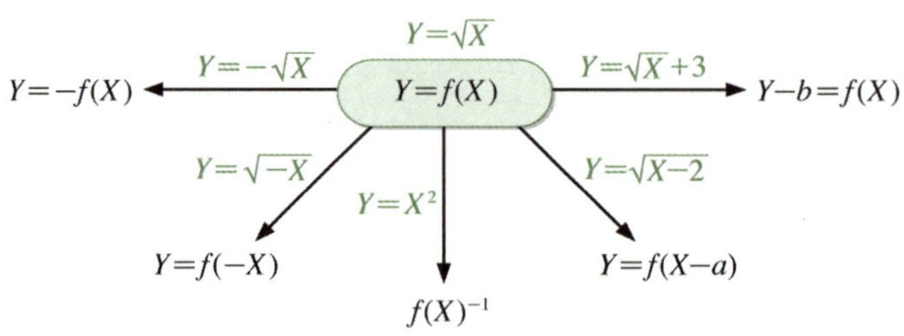

① $Y=-f(X)$ 그래프는 $Y=f(X)$ 그래프를 X축으로 접어 생긴 자욱이다.
② $Y=f(-X)$ 그래프는 $Y=f(X)$ 그래프를 Y축으로 접어 생긴 자욱이다.
③ 역함수 $f(X)^{-1}$의 그래프는 $Y=f(X)$ 그래프를 45도 선으로 접어 생긴 자욱이다.
④ $Y=f(X-a)$ 그래프는 $Y=f(X)$ 그래프를 X축으로 a만큼 평행이동한 그래프이다.
⑤ $Y-b=f(X)$ 그래프는 $Y=f(X)$ 그래프를 Y축으로 b만큼 평행이동한 그래프이다.

이러한 특성을 이해하기 위해 $Y=\sqrt{X}$인 기본그래프를 변형시켜 보면 다음과 같다. 앞의 표에 있는 각 화살표의 수식과 다음 그래프는 같은 방향에서 일대일로 대응한다.

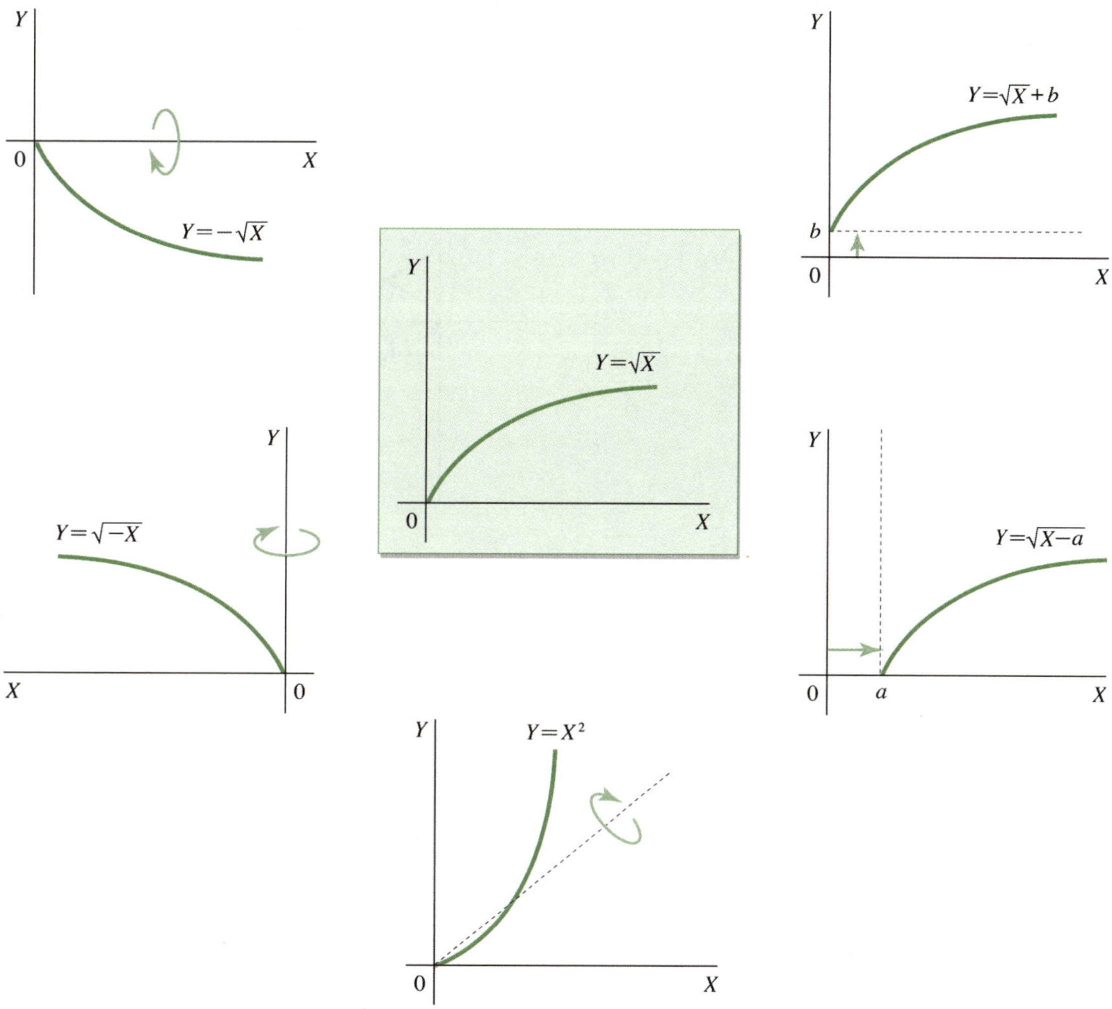

예제 0.4.4

민희와 영철의 효용함수(소비에서 나타나는 만족도를 나타내는 함수)는 다음 식으로 표현된다. 효용수준 30을 나타내는 효용곡선을 원점을 통과하는 기본그래프에서부터 추론하여 $X-Y$평면에 그리시오. 단, X, Y는 각 상품의 소비량, U는 효용이다.

(1) 민희의 효용함수 : $U=Y+\sqrt{X}$

(2) 영철이의 효용함수 : $U=Y+\sqrt{X+20}$

풀이

두 사람의 효용곡선은 모두 $Y=\sqrt{X}$를 변형시켜 그려낼 수 있다.

(1) $30=Y+\sqrt{X} \rightarrow Y=30-\sqrt{X}$(그래프 식)

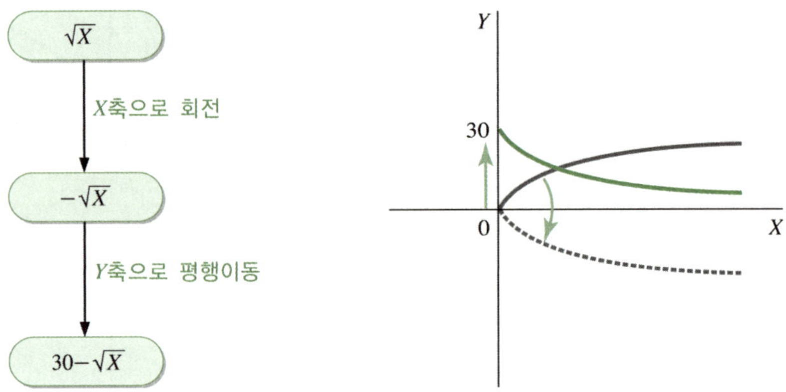

(2) $30=Y+\sqrt{X+20} \rightarrow Y=30-\sqrt{X+20}$(그래프 식)

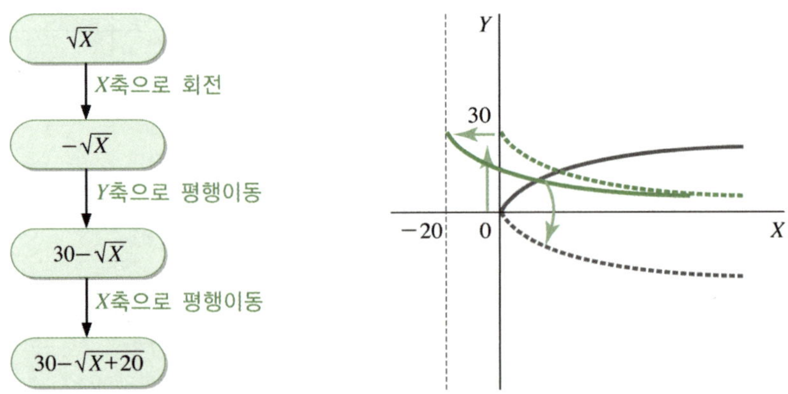

단, 음의 소비는 존재하지 않으므로 X, Y의 음의 영역은 제외시켜서 그린다.

부록 5. 베이즈 정리

증권사직원이 추천한 주식을 사면 그냥 사는 것보다 주가가 상승할 가능성이 얼마나 더 높을까? 또 기상통보관이 이번 주말에 비가 올 것이라고 예보할 때 통상적으로 비가 올 확률에 비해 확률이 얼마나 더 높아지는 것일까? 이런 궁금증을 해결하는 실마리를 제공하는 것이 "베이즈 정리"이다.

"베이즈 정리"는 제10장에서 살펴본 "조건부확률"과 원리상 동일한 것이다. 다만, 새로운 단서, 즉 "증권사 직원의 추천", "기상통보관의 예보"라는 추가정보가 주어질 때, 사전적 확률, 즉 "주가가 오를 확률"이나 "비가 올 확률"이 얼마나 더 높아질 수있는지 보여주기 때문에 의미가 있다. 다시 말해, 사후적으로 추가되는 정보가 사전적으로 주어진 확률을 얼마나 개선시킬 수있는지 알아볼 수 있다.

중고차를 예로 들어보자. 중고차를 구매하고자 하는 사람이 중고차시장에서 직면하는 상황은 다음과 같다.

중고차의 질	분포확률	지불할 의사가 있는 금액
A급	0.4	1000만원
B급	0.6	800만원

이 사람은 중고차의 질을 파악할 능력이 없기 때문에 A급을 구매하고자 하지만, 혼자 구매를 결정하면 실제 A급을 살 가능성은 40%에 불과하다. A급의 중고차를 구입할 가능성을 높이기 위해서는 중고차매매상을 이용할 수 있는데, 이 중개상이 "A급이라고 판정했을 때 실제 A급일 가능성은 90%이다"라고 알려져 있다. 이 중개상이 A급이라고 판정하면 실제 A급일 가능성은 얼마나 될까? 중고차구입자는 바로 이 확률이 궁금할 것이다. 이것을 알아야 수수료를 지불하고 중고차매매상을 통해 거래하는 것이 합리적인지 판정할 수 있을 것이다.

이상의 내용을 벤다이어그램으로 표현해보자.

A급 자동차의 확률 : $P(A)=0.4$
B급 자동차의 확률 : $P(B)=0.6$
A급 자동차가 A급의 자동차로 판정될 확률 : $P(Z\cap A)=0.36$
B급 자동차가 B급의 자동차로 판정될 확률 : $P(Z\cap A^c)=0.06$

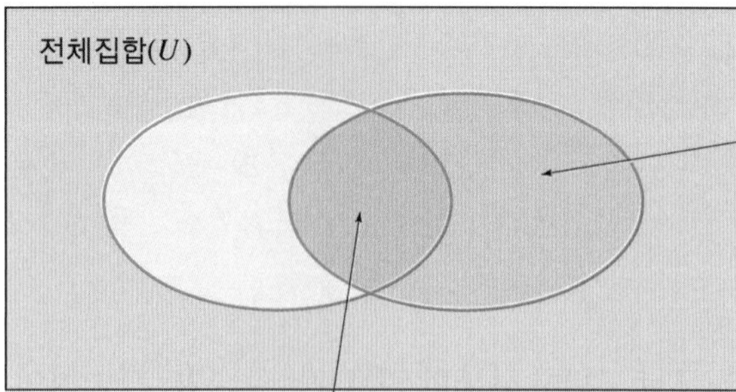

중고차매매상이 A급질의 자동차라고 판정하여 구매할 경우 실제로 A급 자동차를 구매할 확률은 어떻게 되는가? 조건부확률의 개념을 이용하여 표현하면 다음과 같다.

$$P(A|Z)$$

조건부확률에서 "조건"의 집합은 조건부확률의 표본공간을 한정하기 때문에 결국 이 식은 "A급이라고 판정된 자동차 공간에서 실제로 A급질의 자동차비율"을 의미한다. 이를 다시 확률로 표현하면,

$$P(A|Z)=\frac{A\text{급판정된 자동차 중 }A\text{급자동차수}}{A\text{급판정된 자동차수}}$$

$$=\frac{P(A\cap Z)}{P(Z)}=\frac{0.46}{0.52}=0.885$$

$$\because\ P(Z)=P(Z\cap A)+P(Z\cap A^c)=0.46+0.06=0.52$$

자동차구매자는 중고차매매상을 통함으로써 A급 자동차를 구매할 확률을 0.4에서 0.885로 배 이상 높일 수 있음을 알 수 있다.

이상의 내용을 나타내는 베이즈 정리 공식은 다음과 같다.

$$P(A|Z)=\frac{P(Z|A))\times P(A)}{P(Z|A)\times P(A)+P(Z|A^c)\times P(A^c)} \quad \cdots\cdots\cdots \text{베이즈 정리}$$

베이즈 정리의 내용을 보면 $P(Z|A)$, $P(Z|A^c)$ 등은 중고차매매상이 각 중고차질의 자동차에 대한 판정능력을 보여주는 사전에 알려진 확률정보이다. 반면, $P(A|Z)$은 중고차질의 판정결과가 주어졌을 때 중고차의 실제 질을 사후적으로 추정할 수 있는 확률정보이다. 이처럼 베이즈 정리는 사전적 확률을 이용하여 사후적 확률을 추정할 수 있는 방법을 제공한다.

예제 0.5.1

4월 중 토요일에 비가 내릴 확률이 30%로 알려진 지역이 있다. 월요일 일기예보에서 토요일 비가 올 것이라는 예보가 나왔다. 지금까지 통계로 볼 때 토요일에 비가 온다는 예보가 적중한 확률은 60%였다. 베이즈 정리에 의하면, 토요일에 실제 비가 올 확률은 얼마인가?

풀이

토요일 비가 올 사전 확률 : $P(A)=0.3$
비가 올 것이라는 예보에 실제 비가 온 확률 : $P(Z|A)=0.6$

$$P(Z\cap A)=P(Z|A)\times P(A)=0.6\times 0.3=0.18$$

비가 올 것이라는 예보에 실제 비가 안 온 확률 : $P(Z|A^c)=0.4$

$$P(Z\cap A^c)=P(Z|A^c)\times P(A^c)=0.4\times 0.7=0.28$$

비가 온다가 예보할 확률 : $P(Z)=P(Z\cap A)+P(Z\cap A^c)=0.46$
토요일에 비가 온다고 예보해서 실제 비가 올 확률 : $P(A|Z)=\dfrac{P(A\cap Z)}{P(Z)}=\dfrac{0.18}{0.46}=0.391$
일기예보의 오보가 많아서 확률 개선이 크지 않다.

부록 6. 표준 경제이론 모형에 내재된 2개의 패러다임

여기서는 독자들에게 필자의 연구를 소개하려고 한다. 경제학을 책의 구조와 큰 흐름을 이해하는 데 도움이 될 것이다.

경제이론에 등장하는 경제 4주체는 가계, 기업, 정부, 해외다. 주류경제학자들은 이들이 잉여를 극대화시키는 합리적인 경제주체라는 가정 하에 이론을 구성한다. 잉여를 극대화시킨 결과, 가계는 효용이 극대가 되고 기업은 이윤이 극대가 된다.

미시경제이론은 가계와 기업의 의사결정모형을 이용하여 이론적인 수요곡선과 공급곡선을 유도하고 이들이 수요법칙과 공급법칙이 성립하는 이론적 근거를 밝힐 것이다. 수요법칙과 공급법칙은 시장이 안정적으로 균형에 도달할 수 있는 중요한 근거가 된다. 그러므로 수요법칙과 공급법칙을 이론적으로 정당화시키는 작업은 매우 중요하다.

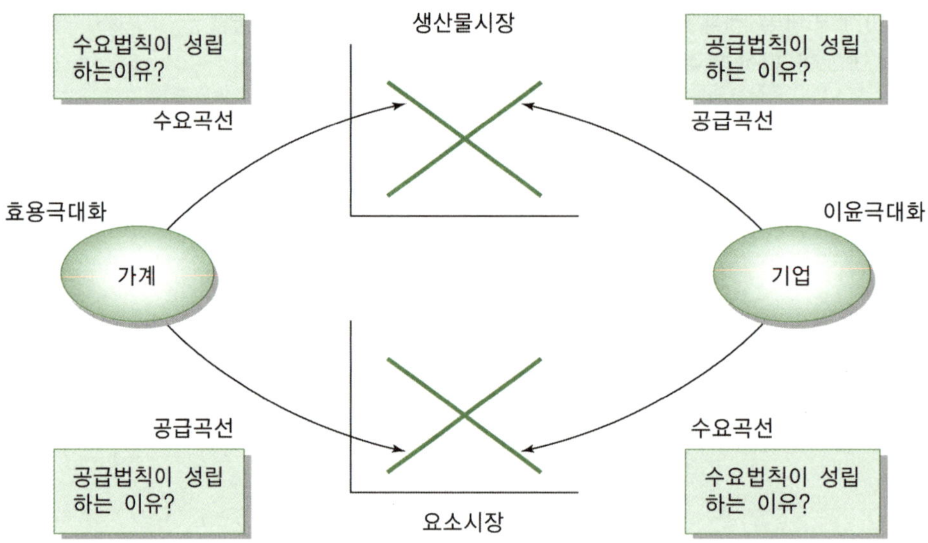

1 경제인패러다임

(1) 경제인의 수익과 비용체계

경제인은 시장에서 주어진 목적(효용극대화, 이윤극대화 등)을 합리적으로 실현해가는 경제주체이다. 경제인은 잉여의 추구라는 동기를 쫓아서 행동하지만 능동적으로 경제행위의 목적을 설정하지는 못한다.

경제인은 의사결정상황에서 수익과 비용정보를 찾아낸다. 여기서 수익이란 경제적 의사결정대상을 늘리면 얻게 되는 어떤 것으로서 꼭 물질적인 것에 국한되지는 않는다. 또 비용은 의사결정대상을 늘리는 과정에서 잃게 되는 어떤 것이다.

잉 여 = 선택에서 건지는 것 − 경제적 비용(기회비용)

선택에서 양수가 나오면 최선의 선택   선택을 포기할 때 건질 수 있는 최고수입

경제인은 이 두 정보를 이용하여 잉여를 계산한다. 잉여는 경제학에서만 사용하는 특별한 용어인데, 어떤 선택에서 건지는 최고수익에서 이 선택을 포기할 때 건질 수 있는 최고수익을 뺀 것이다.

따라서 잉여가 양수이면 가장 수익이 높은 최선의 선택(합리적 선택, 최적선택)이 이루어졌다는 의미이다. 합리적인 경제주체는 의사결정대상을 잉여가 극대가 될 때까지 조정해나간다.

표준적 경제이론에서 경제인의 의사결정과정은 획일적으로 정형화되어 있고 합리적 의사결정점도 유일하게 존재하도록 조작되어 있다. 필자는 전자를 “경제인패러다임”, 후자를 “균형패라다임”이라고 이름 붙였다. 두 패러다임을 염두하고 경제학책을 읽으면 훨씬 쉽게 큰 흐름을 이해할 수 있을 것이다.

(2) 경제학적 의사결정체계

경제학적 의사결정은 극히 상대적이다. 각 경제주체의 의사결정은 기본적으로 4가지 요소를 갖추고 있다. 의사결정의 목표, 의사결정대상, 수익정보, 비용정보이다. 이중 의사결정과정은 수익정보와 비용정보에 집중한다. 그래서 의사결정과정을 수익−비용분석이라 한다. 예를 들어서, 우리가 과일장사를 한다고 해보자.

우리의 행동을 경제학적 의사결정체계로 구성하면 다음과 같다. 의사결정목표는 이윤극대화, 의사결정대상은 과일, 수익정보는 과일을 팔아서 얻는 소득, 비용정보는 과일을 팔 때 발생하는 경제적 비용이다.

(3) 경제인의 표준적 의사결정과정

경제인은 경제학적 의사결정체계를 중심으로 합리적 의사결정을 시도한다. 경제이론에 표현되는 경제인의 마음 속을 정보처리과정식으로 표현하면 다음과 같다.

▶ 경제인의 의사결정과정(한계주의 원칙)

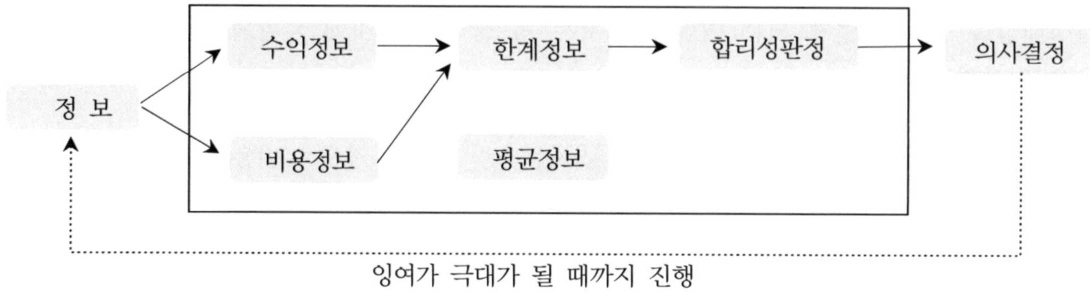

경제인은 이기적이라고 전제한다. 그래서 경제인은 자신의 입장에서만 정보를 조작한다. 현실의 인간은 정보에 대한 인지능력의 한계와 조작능력의 한계를 가지고 있으나 이론 속의 경제인은 그런 제약이 없다. 또한, 경제인은 의사결정에서 얻은 결정을 즉각 행동으로 옮긴다.

도표 속의 의사결정과정을 보면 경제인은 자신의 상황정보를 수익정보와 비용정보로 분류하고, 한계정보로 조작한 다음 합리성이 달성될 때까지 선택행위를 조정해 나간다(경제학책은 이 과정순으로 기술되어 있다).

주류경제이론의 의사결정과정은 한계정보에 기초하기 때문에 “한계주의원칙”이라고 한다. 우리가 미분개념을 다양한 각도에서 공부한 것도 한계정보를 잘 활용하는 능력을 기르기 위해서다.

행동경제학에서는 이런 경제인모형이 실제 경제활동 주체의 의사결정과정이나 의사결정 능력과 큰 차이가 있다는 점을 강조한다. 필자가 이 연구를 했던 것도 표준모델의 경제인을 심리학적으로 분석해보려는 시도였다.

▶ 표준경제이론의 수익–비용분석체계

의사결정주체	의사결정목표	의사결정대상	수익정보	비용정보	이론의 종류
소비자	효용극대화	소비재수요량	효용	상품구입비용	한계효용이론
		소비재수요량	효용	상품구입비용	무차별곡선이론
기업	비용극소화	요소수요량	생산량	요소투입비용	비용극소화
	이윤극대화	상품생산량	판매수입	생산비	생산물공급
		요소수요량	판매수입	생산비	요소수요
투자자	효용극대화	채권수요량	기대수익	위험의 비효용	자산선택이론
노동공급자	효용극대화	노동공급량	임금	노동의 비효용	노동–여가결정

(4) 3가지 기본적 합리성 달성기준

① **단일대상의 잉여극대화** : 다시 잉여를 극대화하려는 사과장수의 의사결정과정을 살펴보자. 사과판매량을 늘릴 때의 한계수입과 한계비용을 비교하여 합리적인 수량을 결정하는 과정은 다음과 같았다.

한계수입	>	한계비용	한계잉여 > 0 →	대상을 늘림
한계수입	<	한계비용	한계잉여 < 0 →	대상을 줄임

예를 들어 사과장사가 사과를 하나 구입할 때 경제적 비용(한계비용)은 300원이고, 판매할 때 가격(한계수익)은 500원이라면 한계잉여가 200원 추가 발생하므로 사과판매량을 늘리는 것이 합리적이다. 이런 과정을 거쳐서 사과 하나 구입의 경제적 비용과 판매가격이 일치하면 더 이상 잉여를 늘릴 수 없다. 즉, 한계잉여가 0이 되어 잉여극대 상태이다(1차미분계수가 0인 상태임).

이 상태를 표현하면 다음과 같다.

합리성 달성기준1 　 한계수입 = 한계비용

한계잉여 = 0

② **다수 대상의 잉여극대화 1** : 한지를 만드는 공장에서 노동자와 기계 중 어느 것을 더 투입해야 할지 고민하고 있다. 노동자는 하루에 5만 원의 임금을 주면 150장의 종이를 생산한다. 반면 종이를 생산하는 기계는 하루 리스비용이 10만 원이고 종이를 200장 생산할 수 있다고 가정하자. 노동자와 기계 중에서 어느 것을 더 투입하는 것이 합리적인가? 이럴 때 우리는 일반적으로 다음과 같은 의사결정 규칙을 적용할 수 있다.

> "같은 비용이면 수익이 높은 것을 늘리고, 같은 수익이면 비용이 적은 것을 늘린다!"

이 규칙을 쉽게 적용할 수 있도록 비용 1원어치의 생산량을 계산해서 비교해보자. 노동자 1원어치의 생산량은 종이 0.003장이고, 기계 1원어치의 생산량은 종이 0.002장이다. 따라서 노동을 1원어치 늘릴 때마다 종이 0.001장의 잉여가 발생한다.

이런 조정과정을 표현하면 다음과 같다.

$$\frac{\text{한 대상의 한계수익}}{\text{한 대상의 한계비용}} > \frac{\text{다른 대상의 한계수익}}{\text{다른 대상의 한계비용}}$$

비용단위당 수익　　　　비용단위당 수익

↓

비용단위당 수익이 높은 쪽을 늘리면 잉여가 발생

이런 조정과정을 거쳐서 잉여를 더 이상 늘릴 수 없는 상태는 다음과 같다. 이것이 잉여극대상태이다.

합리성 달성기준 2

$$\frac{\text{한 대상의 한계수익}}{\text{한 대상의 한계비용}} = \frac{\text{다른 대상의 한계수익}}{\text{다른 대상의 한계비용}}$$

한계잉여 = 0

③ **다수 대상의 잉여극대화 2** : 여러분이 현재 과일가게에 있다고 해보자. 사과와 배 중 어느 것을 더 구입할지 고민하고 있다. 사과는 하나에 500원이고 배는 하나에 1,000원이다. 즉, 배가 사과에 비하여 2배 더 비싸다. 그런데 여러분은 배를 사과보다 3배 더 맛있다(효용이 크다)고 느낀다면 사과와 배 중에서 무엇을 더 구입하겠는가? 당연히 가격에 비하여 상대적으로 맛이 더 있는 배를 늘리는 것이 합리적이다.

$$\frac{\text{한 대상의 한계수익}}{\text{다른 대상의 한계수익}} > \frac{\text{한 대상의 한계비용}}{\text{다른 대상의 한계비용}}$$

상대적 수익　　　　상대적 비용

↓

상대적으로 수익이 높은 대상을 늘리면 잉여를 얻을 수 있다.

이런 과정을 거쳐 도달하는 잉여극대화상태는 사과와 배의 상대적인 가격과 상대적인 맛(효용)이 일치한다. 이것을 정형화된 규칙으로 표현하면 다음과 같다.

합리성 달성기준 3

$$\frac{\text{한 대상의 한계수익}}{\text{다른 대상의 한계수익}} = \frac{\text{한 대상의 한계비용}}{\text{다른 대상의 한계비용}}$$

한계잉여 = 0

2 균형패러다임

(1) 경제인의 균형패러다임

필자는 표준적인 경제이론들을 수익-비용분석체계로 재구성하고 균형이 존재할 조건을 고려해본 결과 다음과 같은 결론을 얻었다. 이것이 주류이론경제학의 "균형패러다임"이다.

"한계수익정보는 체감하거나 불변이고, 한계비용정보는 체증하거나 불변이다. 단, 수익정보와 비용정보가 모두 불변인 경우는 없다.1)"

개별경제주체의 의사결정이론을 구성할 때 "~체감의 법칙"이나 "~체증의 법칙"이라는 개념들이 등장한다(우리는 2차미분계수의 부호를 이용하여 표현하였다). 경제학 책들은 이들 법칙을 실증된 법칙인양 표현하고 있지만, 사실은 그렇지 않다. 단지, 경제주체가 의사결정을 진행시켜 나갈 때 안정적으로 균형이 존재하기 위한 조건에 불과하다.

"합리성 달성기준 1"을 살펴보자. 다음과 같이 한계잉여가 양수인 상황에서 의사결정대상을 늘려나갈 때 합리성 달성달성기준이 존재할 조건은 무엇인가? 한계수입은 체감하거나 불변이고 한계비용은 체증하거나 불변이어야 한다. 그러나 둘 다 불변이어서는 안 된다. 이 조건이 만족해야만 한계잉여가 점차 감소하여 0인 순간이 나타나 조정과정이 완료되기 때문이다.

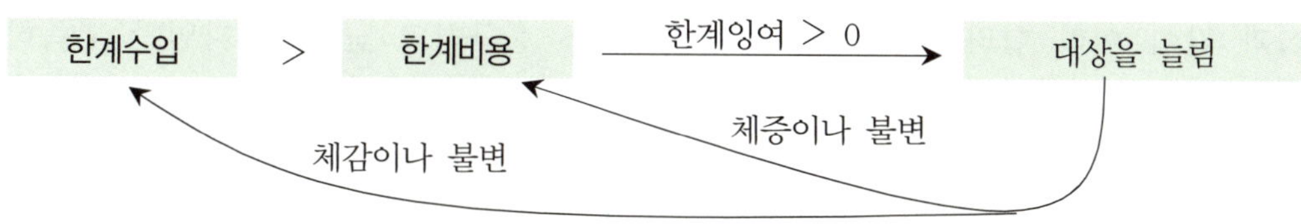

"합리성 달성기준 2"를 살펴보자. 다음과 같은 상황에서는 비용 단위당 수익이 큰 좌측 대상을 늘리고 우측 대상을 줄이는 것이 합리적이다. 좌측 대상을 늘릴 때 한계비용이 체

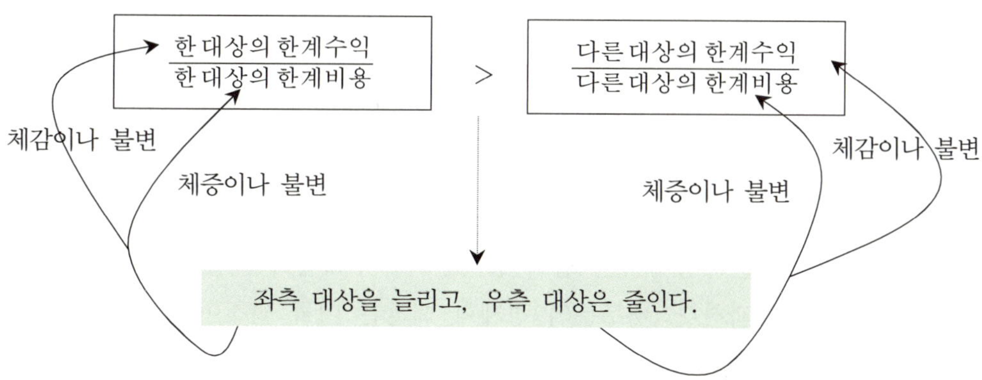

1) 체감이란 원인변수와 반응변수가 반대방향으로 움직인다는 의미이고, 체증이란 원인변수와 반응변수가 같은 방향으로 움직인다는 의미이다.

증하여 증가하고, 한계수익이 체감하여 감소하면 비용 단위당 수익이 점차 감소한다. 반대로 우측 대상을 줄일 때 체감하는 한계수익이 증가하고 체증하는 한계비용이 감소하면 비용 단위당 수익은 점차 상승한다. 결국 더 이상 조정이 불필요한 합리성 달성기준 2에 도달할 것이다.

마지막으로 "합리성 달성기준 3"을 살펴보자. 현상태에서 분자에 위치한 의사결정대상이 비용에 비해 상대적으로 수익이 높다. 따라서 분자에 위치한 의사결정대상을 늘리고, 분모에 위치한 의사결정대상을 줄이는 것이 합리적이다. 이때 수익정보는 체감하고, 비용정보는 체증한다면 좌변의 값이 하락하고, 우변의 값이 상승하면서 점진적으로 균형에 접근하게 된다.

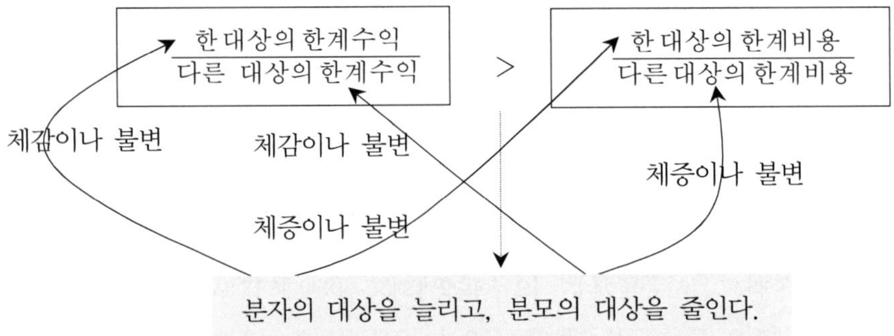

이상과 같이 여러 합리성달성조건이 존재함에도 불구하고 균형패러다임만 만족하도록 이론을 구성하면 경제인의 의사결정과정은 언제나 안정적으로 합리적인 상태에 도달하게 된다. 여러분이 공부하려는 주류경제이론은 이런 원리를 토대로 만들어졌다는 것이 필자의 주장이다. 왜 이론 속에서 소비자의 한계효용은 진실과 관계없이 체감한다고 기술되어 있고, 기업의 한계비용도 진실과 관계없이 체증한다고 기술되어 있는지 이제 알았는가? 균형패러다임에 만족되지 않게 이론이 구성되어 있으면 경제주체는 극단적인 의사결정을 한다. 소비자는 한 소비재만 소비하게 되고 기업은 한 생산요소만 투입하며 시장에서는 한 기업만 살아남게 된다.

경제학 책을 읽으면서 균형패러다임의 유효성을 실감하게 될 것으로 확신한다.

(2) 시장의 균형패러다임

경제학 책에서 가장 먼저 등장하는 법칙 중 하나가 수요법칙과 공급법칙이다. 이 두 법칙도 균형패러다임에 불과하다. 대부분의 경제학 책들은 이들 법칙이 마치 실증된 법칙인 것처럼 쓰여져 있지만 그 보다는 균형이 존재할 이론적 조건이라고 이해하는 편이 더 정확하다고 필자는 생각한다. 다음 두 개의 표는 표준적인 미시경제이론에 등장하는 이론들의 균형패러다임과 적용된 합리성달성기준을 보여주고 있다.

▶ 표준경제이론의 균형패러다임 구성

의사결정주체	의사결정목표	의사결정대상	한계수익정보	한계비용정보
소비자	효용극대화	소비재수요량	한계효용 체감	상품가격 불변
		소비재수요량	한계대체율 체감	상대가격 불변
기업	비용극소화	요소수요량	한계기술대체율 체감	요소상대가격 불변
	이윤극대화	상품생산량	한계수입 불변(체감)	한계비용 체증
		요소수요량	한계수입생산물 체감	한계요소비용 체증(불변)
투자자	효용극대화	채권수요량	기대수익률 불변	한계대체율 체증
노동공급자	효용극대화	노동공급량	임금 불변	한계대체율 체증
시장수준에서 수요법칙과 공급법칙은 시장균형이 안정적으로 존재할 균형패러다임				

주) 한계수입은 불변이거나 체감하고, 한계비용은 불변이거나 체증하지만, 동시에 불변인 조합은 없다.

▶ 표준경제이론의 합리성 달성기준

의사결정목표	의사결정이론	한계수익정보	한계비용정보	합리성달성기준
효용극대화	한계효용이론	$\frac{\partial U}{\partial X} = MU_X$ 체감	$\frac{\partial I}{\partial X} = P_X$ 불변	$\frac{\partial U/\partial X}{\partial I/\partial X} = \frac{\partial U/\partial X}{\partial I/\partial X}$
	무차별곡선이론	$\left\lvert \frac{dY}{dX}\Big\rvert_{\overline{U}} \right\rvert = MRS_{XY}$ 체감	$\left\lvert \frac{dY}{dX}\Big\rvert_{\overline{I}} \right\rvert = \frac{P_X}{P_Y}$ 불변	$\frac{dY}{dX}\Big\rvert_{\overline{U}} = \frac{dY}{dX}\Big\rvert_{\overline{I}}$
비용극소화	비용극소화	$\left\lvert \frac{dK}{dL}\Big\rvert_{\overline{Q}} \right\rvert = MRTS_{LK}$ 체감	$\left\lvert \frac{dK}{dL}\Big\rvert_{\overline{TC}} \right\rvert = \frac{W}{r}$ 불변	$\frac{dK}{dL}\Big\rvert_{\overline{Q}} = \frac{dK}{dL}\Big\rvert_{\overline{TC}}$
이윤극대화	생산물공급결정	$\frac{dTR}{dQ} = MR$ 불변(체감)	$\frac{dTC}{dQ} = MC$ 체증	$\frac{dTR}{dQ} = \frac{dTC}{dQ}$
	요소수요결정	$\frac{dTR}{dL} = MRP_L$ 체감	$\frac{dTC}{dL} = MFC_L$ 체증(불변)	$\frac{dTR}{dL} = \frac{dTC}{dL}$ $\frac{dTR}{dK} = \frac{dTC}{dK}$
효용극대화	포트폴리오이론	$\frac{dER}{d\sigma}$ 불변	$\frac{dER}{d\sigma}\Big\rvert_{\overline{U}} = MRS_{\sigma ER}$ 체증	$\frac{dER}{d\sigma}\Big\rvert_{\overline{U}} = \frac{dER}{d\sigma}$
효용극대화	여가-노동결정	$\frac{dI}{dL} = W$ 불변	$\frac{dI}{dL}\Big\rvert_{\overline{U}} = MRS_{LI}$ 체증	$\frac{dI}{dL}\Big\rvert_{\overline{U}} = \frac{dI}{dL}$

주) X 소비재, Y 소비재, U 효용, L 노동량, K 자본량, Q 생산량, ER 기대수익, σ 위험(표준편차), I 소득, TR 판매수입, TC 생산비, W 임금

독자들은 미시경제이론을 공부할 때 왜 수요법칙이나 공급법칙에서 위배되는 이론부분이 민감하고 중요하게 다루어지는지도 균형패러다임의 시각해서 이해할 수 있을 것이다.

이상의 내용을 숙지하면 의사결정이론에 포함되는 많은 가정들을 별 어려움 없이 소화할 수 있다. 대부분의 책들이 이런 가정들을 실제 현상인 것처럼 기술하고 있어 필자처럼 처음에 혼란을 겪는 독자가 많을 것으로 생각한다.

이 책을 공부한 독자들은 경제이론을 공부할 때 그런 가정들이 현실적인지 아닌지에 매달려 시간낭비하지 않길 바란다.

▶ 표준경제이론의 흐름도

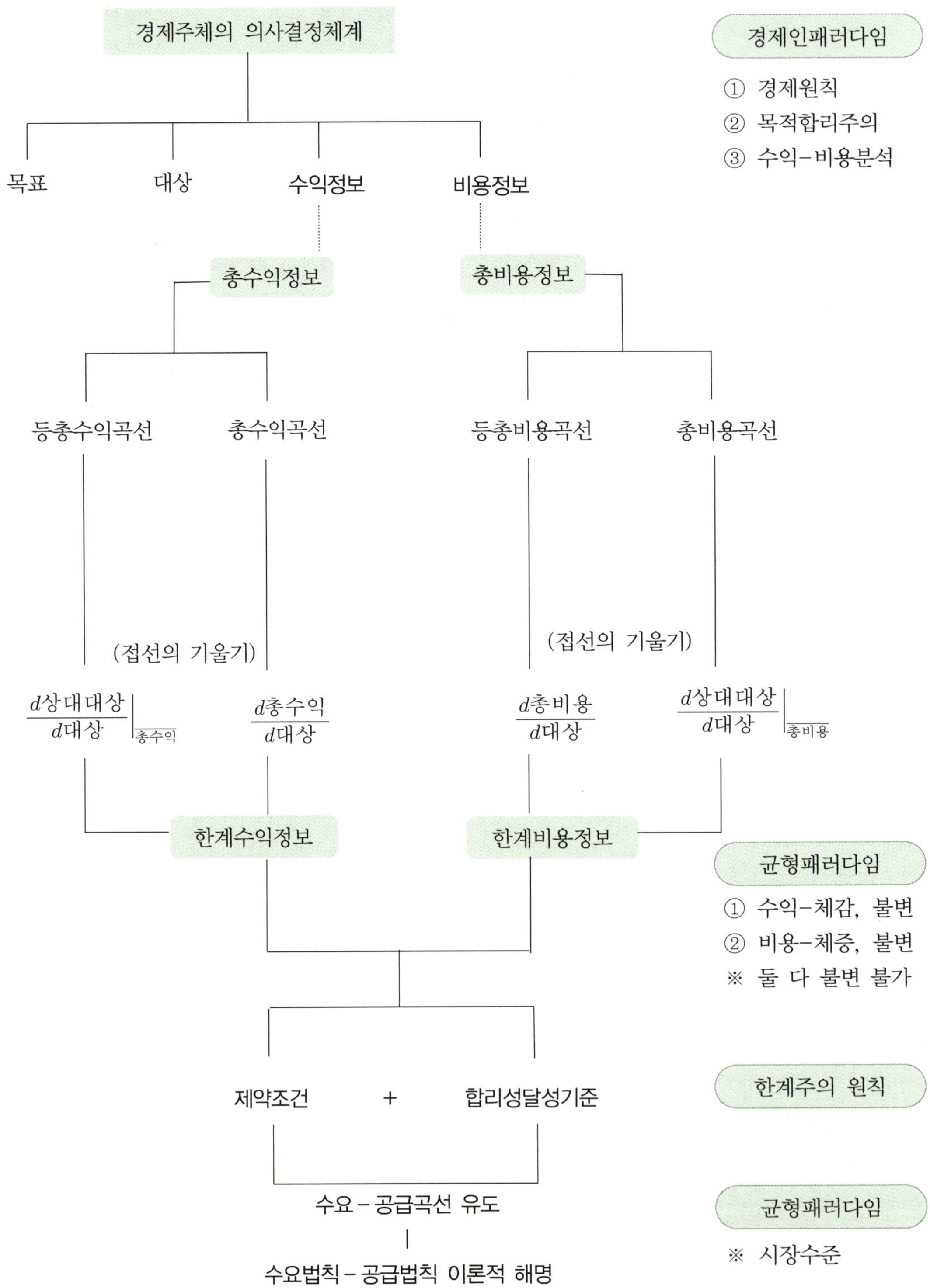
경제주체의 의사결정체계
목표
대상
수익정보
비용정보
총수익정보
총비용정보
등총수익곡선
총수익곡선
등총비용곡선
총비용곡선
(접선의 기울기)
(접선의 기울기)
d상대대상 / d대상 | 총수익
d총수익 / d대상
d총비용 / d대상
d상대대상 / d대상 | 총비용
한계수익정보
한계비용정보
제약조건 + 합리성달성기준
수요 – 공급곡선 유도
수요법칙 – 공급법칙 이론적 해명
경제인패러다임
① 경제원칙
② 목적합리주의
③ 수익–비용분석
균형패러다임
① 수익–체감, 불변
② 비용–체증, 불변
※ 둘 다 불변 불가
한계주의 원칙
균형패러다임
※ 시장수준

부록 7. 바로 써먹는 기초수학개념정리

(1) 함수(인과성의 표현도구)

$$Q_x = f(P_x, \text{소득, 관련재 가격, 선호, 수요자의 수 등})$$

↓ 종속변수(반응변수) ↓ 독립변수(원인변수)

예를 들어, 효용함수 : $U = U(X, Y) = 0.5X^{0.3}Y^{0.7}$

(2) 그래프(함수의 그래프 표현)

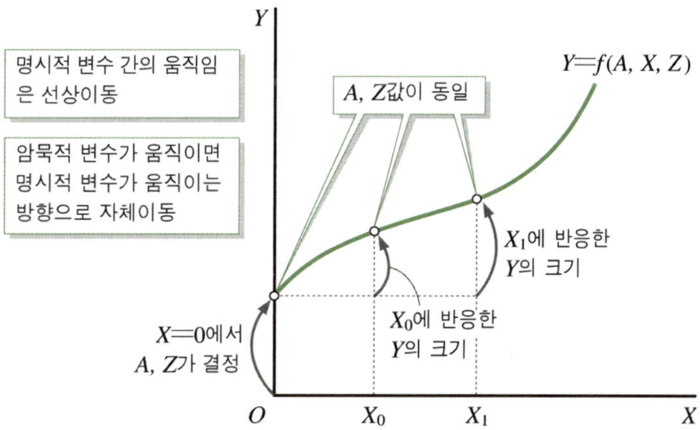

함수를 그래프로 옮길 때 그래프 축에 할당된 변수를 명시적 변수, 나머지 변수를 암묵적 변수라고 하자. 그래프는 명시적 변수 간의 대응관계만 직접 보여 준다.

① **그래프의 선상이동** : 명시적 변수가 변동하여 명시적 변수가 변동할 때
② **그래프의 자체이동** : 암묵적 변수가 변동하여 명시적 변수가 변동할 때

예를 들어, 수요곡선에서 가격이 변하면 선상이동, 가격 이외의 요인이 변하면 수요가 움직이는 방향으로 자체이동한다(수요곡선에서 명시적 변수는 가격과 수량이다).

▶ 수식과 그래프 이동의 연결(수요곡선의 예)

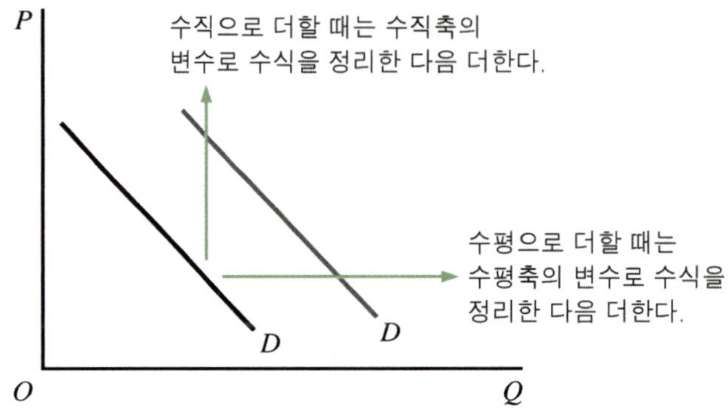

예제 0.7.1

다음과 같은 수요곡선식을 가지는 수요자가 10명 존재한다면 시장 수요곡선식은 어떻게 표현되는가?

$P=300-2Q_i$　　단, i는 i라는 수요자

풀이

시장 수요량은 개별수요량을 더해야 한다. 즉, 개인수요곡선을 수평으로 더해야 하므로 Q에 대해 정리해서,

$$Q_i = 150 - 0.5P$$

$$\rightarrow Q = 10 \times Q_i = 10 \times (150 - 0.5P) = 1{,}500 - 5P$$

(3) 직선그리기(1차식)

예를 들어, 다음 1차식을 $X-Y$평면에 그래프로 그린다고 하자.

$$10{,}000 = 200X + 500Y$$

다음처럼 Y에 대해 정리해서 그릴 수 있다.

$$Y = -\frac{200}{500}X + \frac{10{,}000}{500}$$

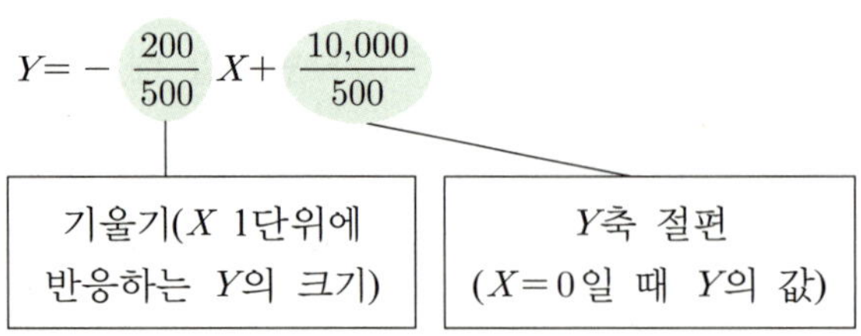

직선은 다음과 같은 두 가지 정보를 이용하여 그릴 수 있다.

① 평면의 두 좌표
② 평면의 한 좌표와 기울기

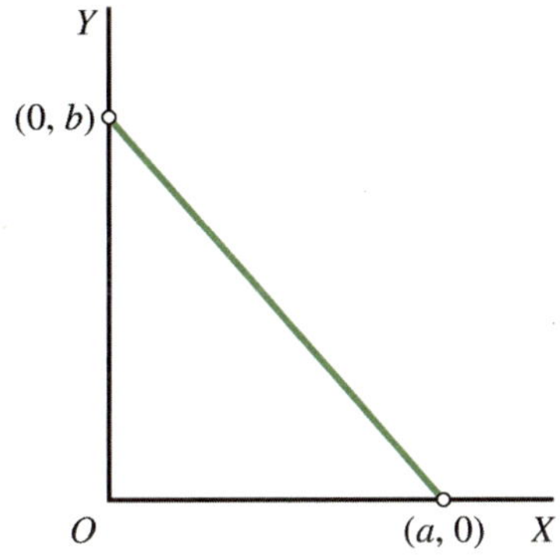

기울기$=\frac{\Delta Y}{\Delta X}=-\frac{b}{a}$
Y축 절편$=b$
$\therefore Y=-\frac{b}{a}X+b$

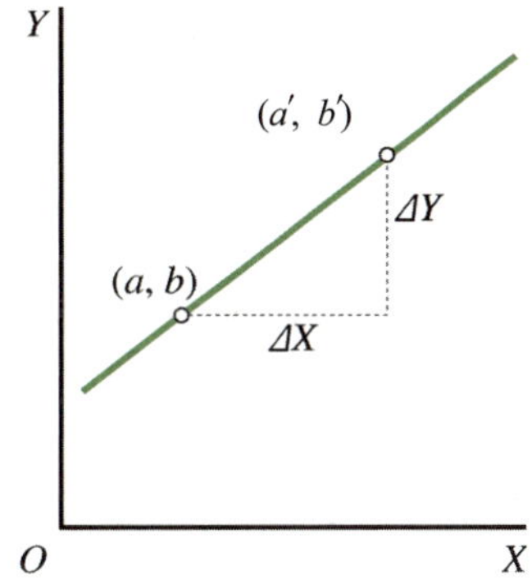

기울기$(m)=\frac{\Delta Y}{\Delta X}=\frac{(b'-b)}{(a'-a)}$
$Y=mX+k$에서, 한 점(a, b)을 대입해서 k에 대해 정리하면,
Y축 절편$(k)=a-mb$
$\therefore Y=mX+k$

경제학에서는 두 절편점을 잡아서 직선을 그리는 것이 좋다.

예제 0.7.2

좌표상의 두 점 (2, 8)과 (4, 12)를 지나는 직선의 식은?

풀이

$Y=mX+k$에서

기울기(m) $=\frac{12-8}{4-2}=2$

(2, 8)을 대입해서 k를 계산하면,

$k=8-4=4$

$\therefore Y=2X+4$

(4) 지수법칙

$$X^n = \underbrace{X \times X \times \cdots \times X \times X}_{X\text{를 n번 곱한 것}}$$

다음 지수법칙을 암기해 두어야 한다.

① $X^n \times X^m = X^{n+m}$

예를 들어, $5^2 \times 5^5 = 5^7$

② $X^{-n} = \dfrac{1}{X^n}$

예를 들어, $7^{-3} = \dfrac{1}{7^3}$

③ $X^0 = 1$

예를 들어, $4^0 = 1$이다. 단, $0^0 \neq 1$이다.

④ $X^n \div X^m = X^{n-m}$

예를 들어, $3^2 \div 3^5 = 3^{2-5} = 3^{-3}$(②에 의해 양수임에 유의)

⑤ $(X^n)^m = X^{n \times m}$

예를 들어, $(5^2)^3 = 5^{2\times3} = 5^6$

⑥ $(X \times Y)^n = X^n \times Y^n$

예를 들어, $(2 \times 3)^5 = 2^5 \times 3^5$

⑦ $\left(\dfrac{X}{Y}\right)^n = \dfrac{X^n}{Y^n}$

예를 들어, $\left(\dfrac{4}{3}\right)^2 = \dfrac{4^2}{3^2}$

⑧ $\sqrt{X} = X^{\frac{1}{2}}$

예를 들어, $\sqrt{400} = 400^{\frac{1}{2}} = (20^2)^{\frac{1}{2}} = 20$

일반적으로 다음과 같은 경우를 정리하는 데 익숙해야 한다.

$$\frac{aX^{-0.3}Y^{0.7}}{bX^{0.7}Y^{-0.3}} = \frac{aY^{0.7}Y^{0.3}}{bX^{0.7}X^{0.3}} = \frac{aY}{bX}$$

(5) K차 동차함수

원함수의 모든 독립변수를 λ배 했을 때 다음과 같이 정리되면 k차 동차함수이다.

원함수 : $Y = f(X_1,\ X_2,\ X_3)$

$\rightarrow f(\lambda X_1,\ \lambda X_2,\ \lambda X_3) = \lambda^k Y$($k$차 동차함수)

예제 0.7.3

$Q = Q(L, K) = 0.3L^{0.2}K^{0.8}$이라는 함수의 동차성을 판정하라.

풀이

$$
\begin{aligned}
Q(\lambda L, \lambda K) &= 0.3(\lambda L)^{0.2}(\lambda K)^{0.8} \\
&= 0.3\lambda^{0.2}L^{0.2}\lambda^{0.8}K^{0.8} \\
&= \lambda^{0.2+0.8}0.3L^{0.2}K^{0.8} \\
&= \lambda^{1}0.3L^{0.2}K^{0.8} \\
&= \lambda Q
\end{aligned}
$$

그러므로 1차 동차함수이다. $Y = AX^{a}Z^{\beta}$꼴은 $a+\beta$등차이다.

(6) 인수분해(해를 찾을 때 사용)

먼저 곱셈식을 전개해 보자.

① $m(X+Y) = mX + mY$

예를 들어, $2(3X+4Y) = 6X+8Y$

② $(X+a)(X+b) = X^2 + (a+b)X + a \times b$

예를 들어, $(X+3)(X+2) = X^2 + (3+2)X + 3 \times 2 = X^2 + 5X + 6$

인수분해는 곱셈공식을 역으로 적용하여 식을 곱의 형태로 나타내고 있는 것이다. 인수분해공식은 다음과 같다.

③ $mX + mY = m(X+Y)$

예를 들어, $6X + 8Y = 2(3X+4Y)$

④ $X^2 + (a+b)X + a \times b = (X+a)(X+b)$

예를 들어, $X^2 + 5X + 6 = (X+3)(X+2)$

(7) 식의 해 구하기

A. 단일 변수식에서 인수분해를 이용하는 방법

예제 0.7.4

$X^2 + 5X + 6 = 0$을 만족하는 X는 얼마인가?

풀이

인수분해를 이용하면,

$(X+3)(X+2) = 0$

$\therefore X = -3,\ -2$

근의 공식을 이용해 보자.

$aX^2+bX+c=0$을 만족하는 두 근을 구하는 공식은 다음과 같다.

$$X=\frac{-b\pm\sqrt{b^2-4ac}}{2a}$$

2차방정식의 근의 공식을 이용하면,

$$X=\frac{-5\pm\sqrt{25-24}}{2}=-2,\ -3$$

B. 변수가 여럿일 경우 해를 찾는 방법(연립방정식의 해)

(* 식의 개수가 변수의 개수와 일치해야 유일한 해가 나온다.)

예제 0.7.5

다음 두 식을 동시에 만족하는 Q와 P를 구하면?

$$Q=100-2P$$
$$2Q=20+8P$$

풀이

다음 세 가지 방법 중 하나를 이용하여 해를 구한다.

(1) 가감법(식의 양변을 곱하거나 나누어서 한 변수를 제거함)

$$\begin{array}{rl} & 2Q=200-4P \\ -) & 2Q=20+8P \\ \hline & 0=180-12P \end{array}$$

$180=12P$이므로, $P=15$이고, $Q=70$이다.

(2) 대입법(한 식을 한 변수에 대하여 정리해서 다른 식에 대입)

$Q=100-2P$이므로, $2Q=20+8P$의 Q에 대입하면,

$$\Rightarrow 2(100-2P)=20+8P$$
$$\Rightarrow 12P=180$$
$$\Rightarrow P=15$$

(3) 등치법(두 식을 한 변수에 대해 정리해서 같다고 놓고 해를 찾음)

$$Q=100-2P$$
$$Q=10+4P$$
$$\Rightarrow 100-2P=10+4P$$
$$\Rightarrow 6P=90$$
$$\Rightarrow P=15$$

(8) 일차미분의 개념

① 차분계수(좌표상의 두 점을 연결한 직선의 기울기)

$\frac{\Delta Y}{\Delta X}$: 그래프상의 두 대응점을 연결한 직선의 기울기

"X가 추가로 일 단위 증가할 때 변동하는 Y의 변화량"

"X의 한계 Y"라고 읽음

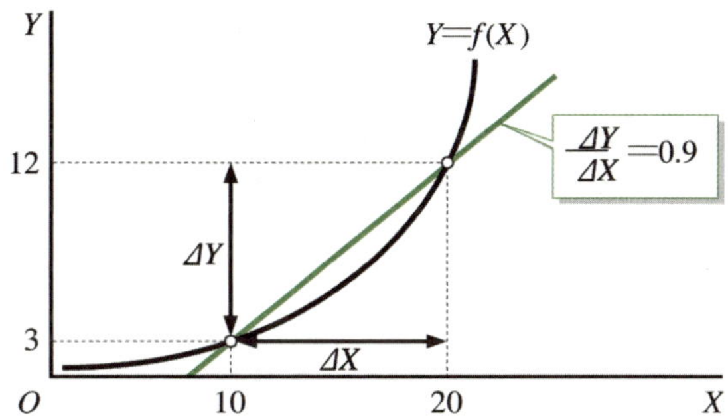

예를 들어, $\frac{\Delta \text{효용}}{\Delta \text{사과}}$= 사과를 하나 추가로 먹을 때 늘어나는 효용,

"사과의 한계효용"이라 읽는다.

② 미분계수(주어진 점에서 접선의 기울기)

$\frac{dY}{dX}$: X가 미량 변할 때 $\frac{\Delta Y}{\Delta X}$

"주어진 점에서 접선의 기울기",

"X의 한계 Y"라고 읽음

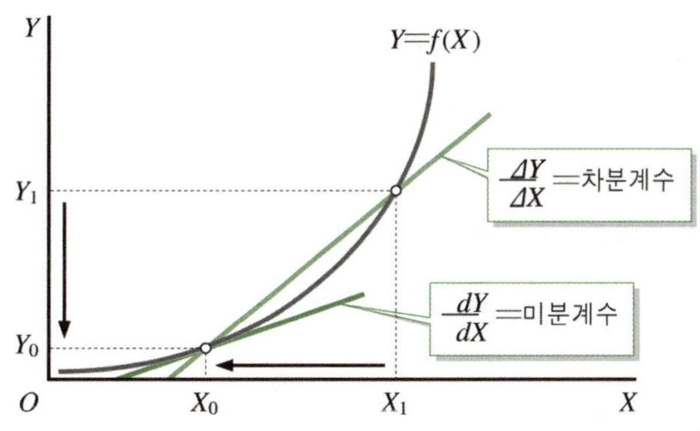

(9) 일차미분부호의 활용

$\frac{dY}{dX} > 0$: X와 Y가 같은 방향으로 움직인다.

$\frac{dY}{dX} < 0$: X와 Y가 반대 방향으로 움직인다.

$\frac{dY}{dX} = 0$: X가 변해도 Y는 변동하지 않는다.

(Y는 X의 근방에서 극대나 극소값을 갖는다.)

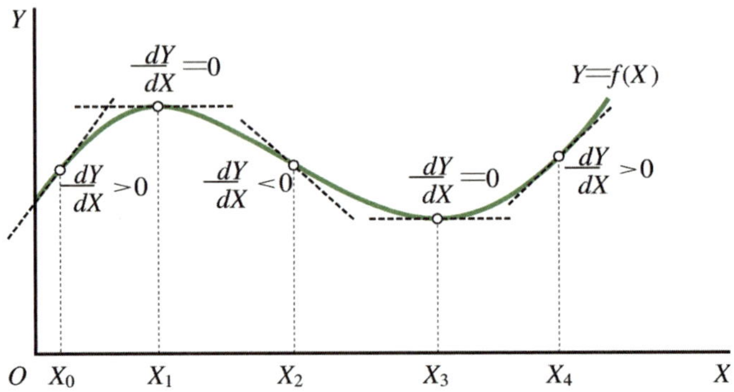

예를 들어, 이상의 내용을 이용하면 다음과 같이 수식을 읽을 수 있다.

$\frac{d\text{소요}}{d\text{소득}} > 0$: 소득이 늘면 수요도 는다. 정상재이다.

$\frac{d\text{수량}}{d\text{가격}} < 0$: 가격이 올라가면 수량은 준다. 또는 수요법칙을 만족한다.

$\frac{d\text{효용}}{d\text{사과}} > 0$: 사과를 먹으면 효용이 늘어난다.

$\frac{d\text{한계대체율}}{d\text{사과}} < 0$: 사과를 먹을수록 한계대체율이 감소한다.

(10) 미분공식(도함수를 유도하는 공식, ⑤번 이후는 암기할 필요 없음)

① $Y = X^n \rightarrow \frac{dY}{dX} = n \times X^{n-1}$

예를 들어, $Y = X^3 \rightarrow \frac{dY}{dX} = 3X^2$

② $Y = aX^n \rightarrow \frac{dY}{dX} = a\frac{dX^n}{dX} = a \times nX^{n-1}$

예를 들어, $Y = 0.5X^{0.4} \rightarrow \frac{dY}{dX} = 0.5 \times 0.4X^{-0.6}$

예를 들어, $Y = 3 = 3X^0 \rightarrow \frac{dY}{dX} = 0 \times 3 \times X^{-1} = 0$

③ $Y = aX^n + bX^m \rightarrow \frac{dY}{dX} = a \times nX^{n-1} + b \times mX^{m-1}$

예를 들어, $Y = 0.2X^{0.7} + 0.5X^2 \rightarrow \frac{dY}{dX} = 0.2 \times 0.7X^{-0.3} + 0.5 \times 2X$

④ $Y=f(X)+g(X) \rightarrow \dfrac{dY}{dX}=\dfrac{df(X)}{dX}+\dfrac{dg(X)}{dX}$

⑤ $Y=f(X)\times g(X) \rightarrow \dfrac{dY}{dX}=g(X)\dfrac{dg(X)}{dX}+f(X)\dfrac{dg(X)}{dX}$

⑥ $Y=\dfrac{f(X)}{g(X)} \rightarrow \dfrac{dY}{dX}=\dfrac{g(X)\dfrac{df(X)}{dX}-f(X)\dfrac{dg(X)}{dX}}{g(X)^2}$

(11) 극값 찾기(기하학적 원리)

기업에서 이윤이(π) 판매량(Q)의 함수라고 하고, 다음과 같은 그래프로 표현된다고 가정하자. 그러면 이윤극대화 수량은 다음과 같이 수량으로 이윤을 미분한 1차 미분값(접선의 기울기)이 0일 때 값이다.

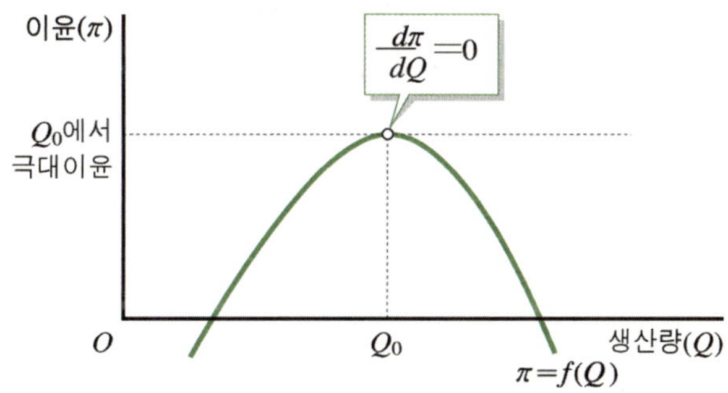

즉, 함수 $\pi=f(Q)$에서 π가 극값을 갖는 Q는 다음 조건을 만족하면 된다.

$$\frac{d\pi}{dQ}=0$$

예제 0.7.6

$\pi=-Q^2+10Q+4$에서 π가 극대인 Q는?

풀이

$\dfrac{d\pi}{dQ}=-2Q+10=0$

$\therefore Q=5$

(12) 편미분(독립변수가 여럿 있을 때 한 변수가 움직인 효과분석)

예를 들어, 함수(U)가 다음과 같다고 하자.

$$U = U(X, Y)$$

여기서 Y는 변화되지 않고 X만 추가로 한 단위 움직일 때 U가 움직인 크기는 다음과 같이 편미분으로 표현한다.

$\dfrac{\partial U}{\partial X}$: (여타변수는 고정이고 X만 추가로 1단위 늘어날 때 변화되는 U의 크기)

식에서 편미분을 적용할 때는 앞에서 본 미분공식을 그대로 적용하되 미분하지 않는 변수는 상수로 보고 계산하면 된다.

예를 들어, 함수가 $U = U(X, Y) = 3\sqrt{X} + 5X^2Y^3$이라면 X만 한 단위 X축으로 늘어난 효과를 파악하고자 할 때는 Y^3을 0.5처럼 상수로 취급하여 미분한다.

$$\frac{\partial U}{\partial X} = 3 \times \frac{1}{2} X^{-0.5} + 5 \times 2XY^3$$

Y만 한 단위 추가로 늘어난 효과를 파악하자고 할 때는 X를 상수로 취급하여 미분공식을 적용한다.

$$\frac{\partial U}{\partial Y} = 5 \times 3X^2Y^2$$

(13) 한계와 평균의 일반적 관계

한계효용과 평균효용, 한계생산성과 평균생산성, 한계비용과 평균비용 등 한계와 평균의 관계를 표현하는 그래프가 미시경제편에서는 많이 사용된다. 이들 그래프의 일반적인 관계를 기억해 두면 그래프를 이해하는 데 매우 편리하다.

① 한계와 평균의 일반적인 관계(평균의 움직임으로 파악)

평균이 증가 : 평균 $<$ 한계

평균이 감소 : 평균 $>$ 한계

평균이 불변 : 평균 $=$ 한계

② 평균곡선이 직선

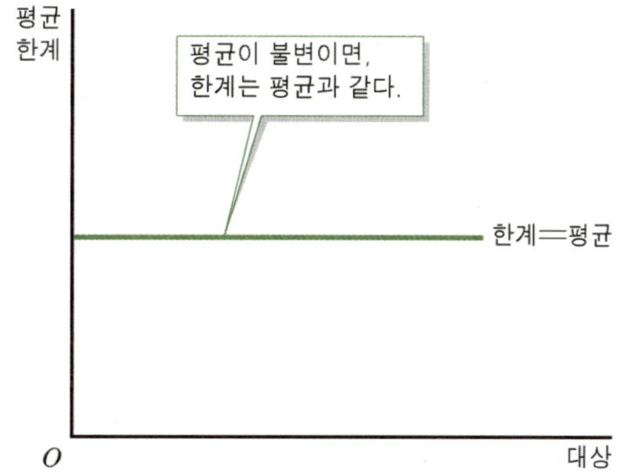

예를 들어, 완전경쟁시장의 생산물 수요곡선, 완전경쟁요소시장의 노동 공급곡선

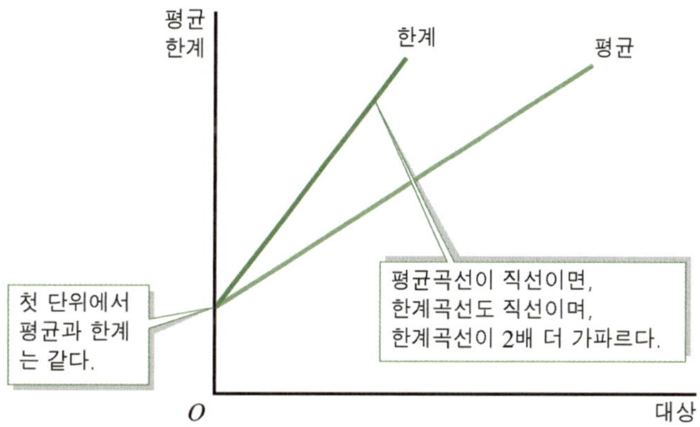

예를 들어, 수요독점, 노동시장의 한계요소비용곡선

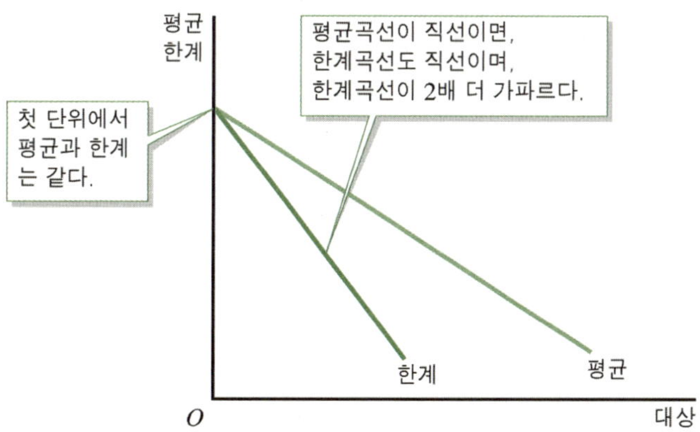

예를 들어, 독점기업의 생산물수요곡선, 공급독점기업의 노동의 한계생산물가치

③ **평균곡선이 ∩ 형태**

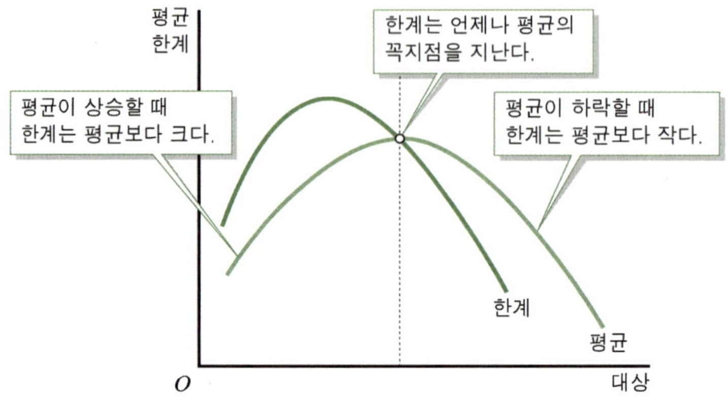

예를 들어, 한계효용과 평균효용, 한계생산성과 평균생산성

④ **평균곡선이 ∪ 형태**

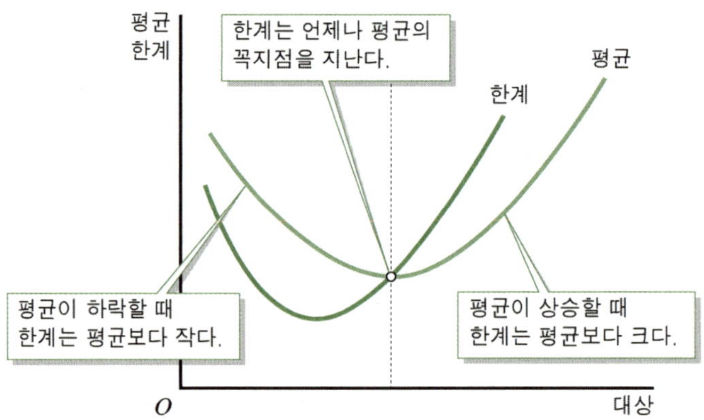

예를 들어, 한계비용과 평균비용

(14) 오일러의 정리

1차 동함수에서는 다음 정리가 성립한다.

$Q=Q(N, K)$가 1차 동차라면,

$$\Rightarrow Q=\frac{\partial Q}{\partial N}N+\frac{\partial Q}{\partial K}K$$

예를 들어, 성산함수가 $Q=3L^{0.3}K^{0.7}$이면

$$0.9L^{-0.7}K^{0.7}\times L+2.1L^{0.3}K^{-0.3}\times K$$

$= 0.9L^{0.3}K^{-0.7} + 2.1L^{0.3}K^{-0.7}$

$= 3L^{0.3}K^{-0.7}$이다.

(14) 비율의 크기 비교

①

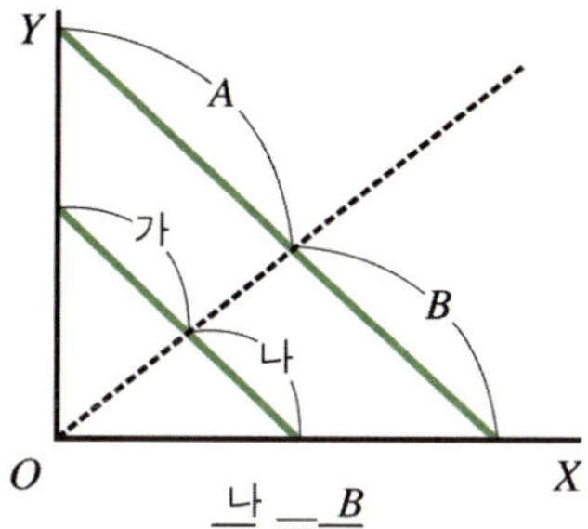

$\frac{나}{가} = \frac{B}{A}$

②

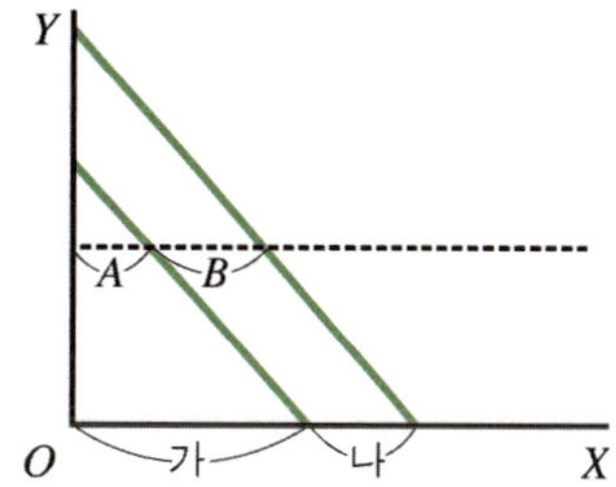

$\frac{나}{가} < \frac{B}{A}$

③

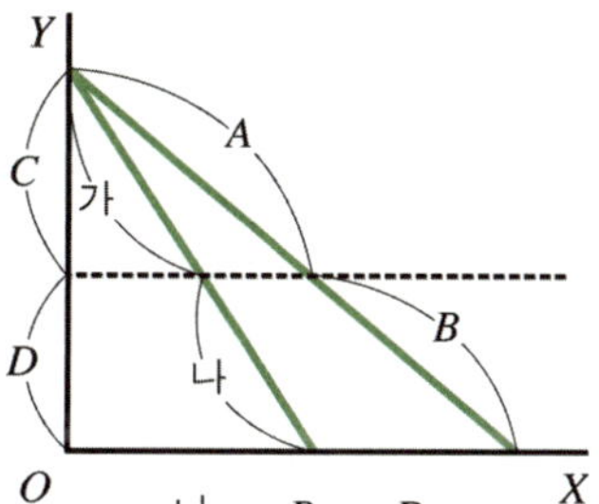

$\frac{나}{가} = \frac{B}{A} = \frac{D}{C}$

④

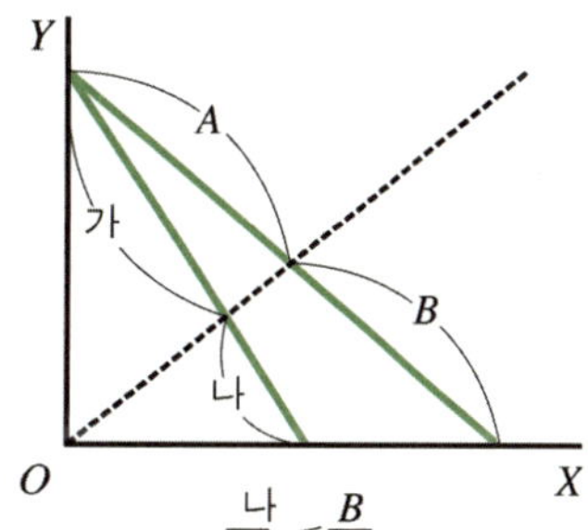

$\frac{나}{가} < \frac{B}{A}$

찾아보기

ㅁ

ㅂ

ㅅ

ㅇ

ㅎ

수험생을 위한

기초경제수학 특강

초　판 1쇄 발행 / 2010년 3월 26일
개 정판 1쇄 발행 / 2011년 5월 20일
개정2판 1쇄 발행 / 2014년 7월　4일
개정3판 1쇄 발행 / 2016년 6월 24일
개정4판 1쇄 발행 / 2024년 7월 26일
개정4판 2쇄 발행 / 2025년 3월 28일

공저　이재민 · 정영숙 · 장선구
발행처　형설출판사
경기도 파주시 회동길 37-23 · 전화 (031) 955-2361～4 · 팩시밀리 (031) 955-2341
발행인　장진혁
등록　라-제9호 · 1962년 5월 1일
홈페이지　http://www.hyungseul.co.kr
e-mail　hs@hyungseul.co.kr

정가 25,000원

ISBN 978-89-472-8678-7 13410

기초 경제수학 특강